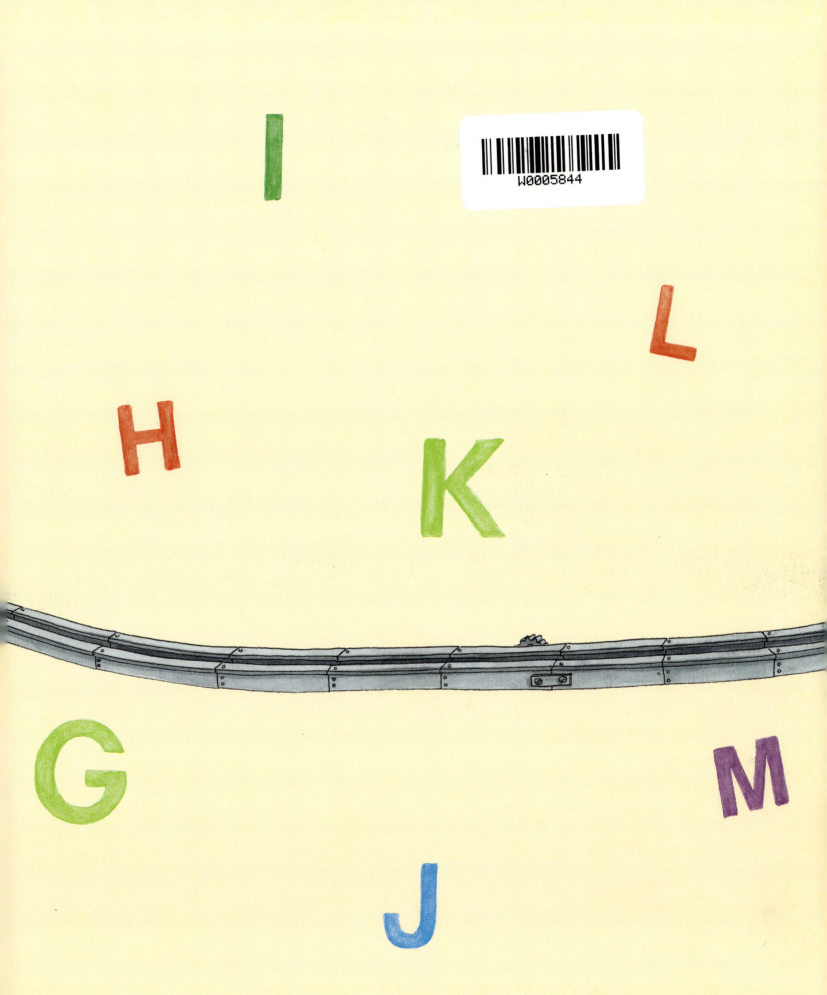

GRUNDSCHULLEXIKON

Duden

GRUND-SCHUL-LEXIKON

3., aktualisierte Auflage

Dudenverlag
Berlin

Bibliografische Information der Deutschen Nationalbibliothek
Die Deutsche Nationalbibliothek verzeichnet diese Publikation
in der Deutschen Nationalbibliografie; detaillierte bibliografische Daten
sind im Internet über http://dnb.d-nb.de abrufbar.

Das Wort **Duden** ist für den Verlag Bibliographisches Institut GmbH
als Marke geschützt.

Kein Teil dieses Werkes darf ohne schriftliche Einwilligung des Verlages in irgendeiner
Form (Fotokopie, Mikrofilm oder ein anderes Verfahren), auch nicht für Zwecke der
Unterrichtsgestaltung, reproduziert oder unter Verwendung elektronischer Systeme
verarbeitet, vervielfältigt oder verbreitet werden.

Für die Inhalte der im Buch genannten Internetlinks, deren Verknüpfungen zu anderen
Internetangeboten und Änderungen der Internetadresse übernimmt der Verlag keine
Verantwortung und macht sich diese Inhalte nicht zu eigen. Ein Anspruch auf Nennung
besteht nicht.
Für die Nutzung des zugehörigen Downloadangebots zum Buch gelten die Allgemeinen
Geschäftsbedingungen (AGB) der Website www.duden.de, die jederzeit unter dem
entsprechenden Eintrag abgerufen werden können.

Alle Rechte vorbehalten. Nachdruck, auch auszugsweise, nicht gestattet.

© Duden 2014   D
Bibliographisches Institut GmbH, Mecklenburgische Straße 53, 14197 Berlin

Redaktionelle Leitung Anika Donner
Redaktion Angelika Sust
Texte A–Z Bärbel Oftring, Angelika Sust, Dr. Marcus Würmli
Texte Sonderseiten im A–Z-Teil Angelika Lenz
Bildredaktion Colibris-Lektorat Dr. Barbara Welzel, Ulrich Kilian, Angelika Sust,
Dr. Eva Bambach-Horst
Pädagogische Beratung Ulrike Holzwarth-Raether, Ines Faber, Matthias Dautel,
Nicola Kossen, Sandra Schauer, Kirsten Braun

Herstellung Ursula Fürst
Layout Horst Bachmann, Weinheim
Illustration Begleitfigur Barbara Scholz
Umschlaggestaltung Bueorecco, Augsburg
Umschlagabbildungen Panda, Erde, Dino: Bibliographisches Institut GmbH, Berlin
Flugzeug: MEV Verlag, Augsburg; Nilpferd: © CORBIS/Royalty-Free

Satz Katrin Kleinschrot, Stuttgart
Druck und Bindung MOHN Media Mohndruck GmbH
Carl-Bertelsmann-Straße 161 M, 33311 Gütersloh
Printed in Germany

ISBN 978-3-411-73432-0
Auch als E-Book erhältlich unter: ISBN 978-3-411-90856-1
www.duden.de

Vorwort

Warum lassen Bäume im Herbst ihre Blätter fallen? Wovon ernährt sich das Eichhörnchen? Wie funktioniert der Dynamo am Fahrrad? Und was macht eigentlich ein Bürgermeister?

Fragen wie diese hast du dir sicher schon häufig gestellt – in der Schule, zu Hause oder unterwegs. Viele deiner Fragen können dir vermutlich deine Eltern oder Lehrer beantworten. Aber auch Erwachsene können nicht alles wissen, und außerdem macht es einfach mehr Spaß, selbst Antworten zu finden. Dabei hilft dir dieses Lexikon. Du findest darin Artikel zu ganz vielen verschiedenen Themenbereichen, die dir die Dinge so erklären, dass du sie verstehst. Und manchmal findest du darin nicht nur eine Antwort auf deine Frage, sondern du erfährst ganz nebenbei noch andere spannende Dinge. Jedes Mal, wenn du in diesem Lexikon blätterst und liest, wirst du Neues entdecken und dein Wissen wird Stück für Stück größer.

Meinst du, so könnte die Steinzeit-Zeit gemessen worden sein, Ben?

Bei einigen Themen haben wir zurück in die Vergangenheit und hinaus in die Welt geschaut und besonders spannende Einzelheiten und Ereignisse zusammengestellt. So erfährst du zum Beispiel, wie Menschen vor 1000 oder 10 000 Jahren gewohnt haben oder was Kinder auf der anderen Seite der Erde essen. Stell dir vor, du wärst in einer anderen Zeit oder in einem anderen Land geboren! Du wirst sehen, dass unser Leben jetzt und hier nur eine von vielen möglichen Lebensformen ist.

Dein Lexikon hilft dir auch, wenn du bei den Hausaufgaben gerade nicht weiterweißt und schnell mal nachschlagen willst: Was ist ein Nomen? Wie viele Ecken hat ein Quader? Und wie heißt die Hauptstadt des Bundeslandes, in dem ich lebe? In dem Abschnitt „Schulwissen kompakt" hinten im Buch findest du viel Wissenswertes zu den einzelnen Schulfächern auf einen Blick.

Dein Lexikon ist also ein richtig guter Begleiter durch deine Grundschulzeit – und sicher auch noch darüber hinaus. Wir wünschen dir viel Spaß beim Nachschlagen, Schmökern und Entdecken!

Die Grundschulredaktion des Dudenverlags

Hole dir jetzt die Schnupperversion* deines interaktiven Grundschullexikons!

Lade dir das E-Book herunter.

Es ist ganz einfach:
1. Scanne den nebenstehenden QR-Code ein oder gehe auf den folgenden Link:
http://s.duden.de/ebook/grundschullexikon
2. Lade dir die Datei herunter.

Bitte beachte, dass das E-Book für das iPad entwickelt wurde. Reader und Apps anderer Anbieter müssen das Format EPUB 3 ausreichend unterstützen.

Wenn du Hilfe brauchst, frage einen Erwachsenen, ob er dir helfen kann.
Übrigens: Das komplette interaktive E-Book findest du im iBookstore.

Viel Spaß!

Ich heiße Luzie und begleite dich mit meinem Hund Ben durch dieses Lexikon. Wir geben dir spannende Zusatzinformationen, Hilfen und Nachschlagetipps.

* ohne weitere Berechnung

Inhalt

So findest du dich in deinem Lexikon zurecht   8–9

So besorgst du dir Informationen zu einem Thema   10–11

Lexikon von A bis Z   12–271

Mit Sonderseiten zu folgenden Themen:

- Berufe   34–35
- Ernährung   64–65
- Geld   86–87
- Haus   100–101
- Klima   122–123
- Landwirtschaft   136–137
- Medien   152–153
- Mode und Kleidung   158–159
- Musik   166–167
- Religiöse Feste   194–195
- Schrift   208–209
- Schule   210–211
- Tod und Trauer   240–241
- Uhr   246–247
- Verkehr   250–251

Anhang „Schulwissen kompakt"   274–299

- Deutsch   274–277
- Englisch   278–279
- Mathematik   280–283
- Sachunterricht   284–297
- Musik   298–299

Register   300–318

Bildquellenverzeichnis   319

So findest du dich in deinem Lexikon zurecht

Im Hauptteil dieses Lexikons sind alle Stichwortartikel von A bis Z geordnet. Bei der Suche nach einem bestimmten Stichwort helfen dir die Kopfwörter links beziehungsweise rechts oben auf der Seite. Findest du zu einem Thema keinen eigenen Lexikoneintrag, dann schau mal im Register am Ende des Buches nach. Dort stehen sehr viele zusätzliche Stichwörter – vielleicht ist das gesuchte ja dabei! Wie du das Register am besten benutzt, wird auf Seite 300 erklärt.

Beim Lesen eines Artikels werden dir die roten Verweispfeile → im Text auffallen. Ein solcher Pfeil bedeutet, dass es zu dem dahinter stehenden Wort einen eigenen Artikel gibt. Mithilfe dieser Querverweise kannst du dich kreuz und quer durchs Lexikon bewegen und du wirst erkennen, wie verschiedene Themen miteinander zusammenhängen. Die farbige Leiste am rechten Seitenrand hilft dir, dich in deinem Lexikon zu orientieren: Das Alphabet zeigt dir im A–Z-Teil, wo der gesuchte Artikel steht, und die Sonderseiten und den Teil „Schulwissen kompakt" erkennst du an der blauen beziehungsweise grünen Leiste.

Und jetzt wünschen wir dir viel Spaß mit deinem Lexikon!

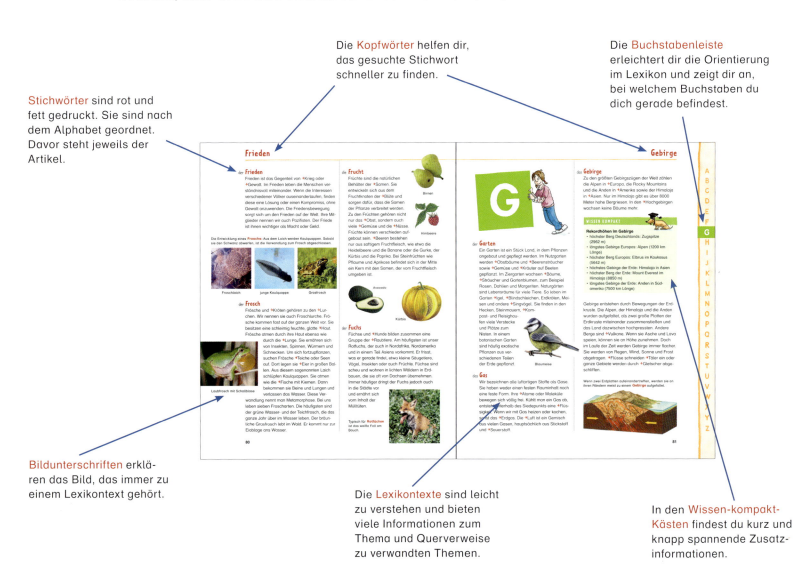

Die **Kopfwörter** helfen dir, das gesuchte Stichwort schneller zu finden.

Die **Buchstabenleiste** erleichtert dir die Orientierung im Lexikon und zeigt dir an, bei welchem Buchstaben du dich gerade befindest.

Stichwörter sind rot und fett gedruckt. Sie sind nach dem Alphabet geordnet. Davor steht jeweils der Artikel.

Bildunterschriften erklären das Bild, das immer zu einem Lexikontext gehört.

Die **Lexikontexte** sind leicht zu verstehen und bieten viele Informationen zum Thema und Querverweise zu verwandten Themen.

In den **Wissen-kompakt-Kästen** findest du kurz und knapp spannende Zusatzinformationen.

Benutzerhinweise

Sonderseiten unter dem Motto Früher und heute und Hier und anderswo erkennst du an der blauen Leiste rechts. Hier findest du Informationen zu besonders spannenden Themen.

Auf Früher und heute-Seiten reist Luzie in einer Zeitmaschine durch die Zeit und schaut, wie die Menschen früher im Vergleich zu heute gelebt haben. Auf den Seiten Hier und anderswo dagegen findet Luzie heraus, wie Menschen an anderen Orten der Welt leben.

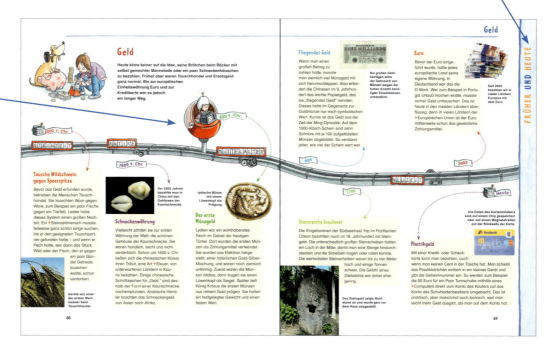

Im Teil Schulwissen kompakt steht viel Wissenswertes zu den einzelnen Schulfächern zum schnellen Nachschlagen. Du erkennst die Seiten an der grünen Leiste rechts.

Luzie und ihr schlauer Hund **Ben** begleiten dich mit vielen Zusatzinformationen und Tipps durch das Lexikon!

So besorgst du dir Informationen zu einem Thema

Bei den Hausaufgaben, bei der Vorbereitung eines kleinen Vortrags in der Schule oder wenn du einfach nur neugierig bist: Sicher hast du schon häufiger vor der Aufgabe gestanden, dich über ein bestimmtes Thema gut zu informieren. Und vielleicht hast du dich dabei gefragt: Wie komme ich schnell an zuverlässige Informationen und wie gehe ich mit dem gesammelten Wissen um? Dazu findest du hier einige hilfreiche Tipps.

Du hast verschiedene Möglichkeiten, Informationen zu einem Thema zu sammeln:

Ich gehe in eine **Bücherei**.

Ich schlage in meinen **Sachbüchern** oder im **Lexikon** nach.

So beschaffe ich mir Informationen

Ich schaue im **Internet** nach.

Ich frage **Freunde** oder **Verwandte**.

Ich frage einen **Experten**.

Informationsbeschaffung

Einmal angenommen, du sollst deinen Klassenkameraden etwas zum Thema Haustiere erzählen. So kannst du vorgehen:

- Du schlägst zunächst einmal in diesem **Lexikon** unter „Haustier" nach und erfährst dort schon einige allgemeine Dinge zum Thema. Außerdem findest du Verweise zu anderen Artikeln, in denen bestimmte Haustiere genauer beschrieben werden, etwa der Hund. Vielleicht hast du auch ein **Sachbuch** über Tiere zu Hause, in dem du nähere Informationen nachschlagen kannst.
- In der **Bücherei** suchst du dir Bücher, die sich zum Beispiel mit der Pflege von Haustieren beschäftigen.
- Du suchst im **Internet** mit einer Suchmaschine nach Seiten, die sich mit Haustieren befassen. Zwei Suchmaschinen speziell für Kinder sind www.blinde-kuh.de und www.fragfinn.de. Einen Überblick über gute Kinderseiten findest du außerdem unter www.seitenstark.de. Generell gilt aber beim Umgang mit dem Internet: Gehe mit Informationen, die du dort findest, immer kritisch um. Denn nicht alles, was im Internet steht, stimmt auch!
- Du befragst **Freunde** oder **Verwandte,** die selbst ein Haustier haben und dir sicher viel darüber erzählen können.
- Du suchst dir einen **Experten,** dem du Spezialfragen stellen kannst. Das könnte ein Tierpfleger im Tierheim oder im Zoo sein, der sich beim Thema Futter besonders gut auskennt. Oder ein Tierarzt, der dich darüber informieren kann, welche Impfungen ein Haustier braucht.

Wenn du viele Informationen zum Thema gesammelt hast, musst du sie ordnen und gewichten, also entscheiden, was sehr wichtig und was weniger wichtig ist. Das kannst du tun, indem du eine **Mindmap** („Gedankenlandkarte") anfertigst. In die Mitte schreibst du das Thema. Daran hängst du für jeden Bereich, den du behandeln möchtest, einen Hauptast und schreibst den Oberbegriff darauf. Von jedem Hauptast können mehrere Nebenäste mit Unterbegriffen abzweigen. Zum Thema Haustiere könnte eine Mindmap zum Beispiel so aussehen wie die unten auf der Seite.

Mithilfe deiner Mindmap kannst du die verschiedenen Abschnitte deines Textes planen oder die wichtigsten Stichwörter geordnet auf Karteikarten schreiben. So bekommt dein Text oder dein Vortrag eine klare Gliederung. Mit passenden Fotos oder Zeichnungen kannst du deinen Vortrag auflockern.

Wir wünschen dir viel Erfolg!

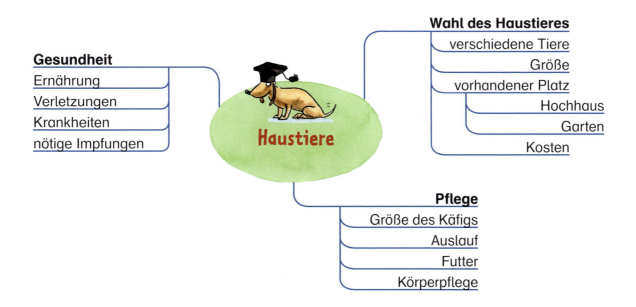

Aal

der Aal

Die Aale sind →Fische, die wir in erster Linie an ihrem schlangenförmigen Körper und den bandförmigen Flossen erkennen. Die Flussaale leben im Süßwasser, doch ihr Leben beginnt im Ozean: Sie wandern aus Seen und Flüssen einige Tausend Kilometer weit ins Meer. Dort legen sie ihre →Eier ab und sterben. Aus den Eiern schlüpfen kleine durchsichtige →Larven, die sich zur Küste treiben lassen und dann die Flüsse hochsteigen. Die jungen Aale wachsen in unseren Binnengewässern heran. Nach einigen Jahren unternehmen sie ihre Reise ins Meer. Im Gegensatz zum Flussaal hält sich der Meeraal ausschließlich im Meer auf. Er wird drei Meter lang und bis zu 100 Kilogramm schwer. In warmen Meeren leben die Röhrenaale.

Aale können sich auch durch feuchtes Gras schlängeln.

das Abitur

Das Abitur ist eine Prüfung, die man am Ende der Oberstufe des Gymnasiums oder am Ende der Gesamtschule ablegt. Wenn jemand das Abitur hat, darf er eine →Universität oder Hochschule besuchen. Dort studiert er, um zum Beispiel Lehrer, Arzt oder Rechtsanwalt zu werden. Statt Abitur oder kurz Abi sagt man auch Reifeprüfung. In →Österreich und der →Schweiz heißt das Abitur Matura.

das Abonnement

Das Wort Abonnement stammt aus dem Französischen und heißt auf Deutsch Dauerbezug. Wenn man ein Abonnement über einen →Vertrag abschließt, bekommt man eine →Zeitung oder Zeitschrift regelmäßig in dem vereinbarten Zeitraum zugeschickt. Dann braucht man die Zeitung nicht am Kiosk zu kaufen und spart oft Geld, weil Zeitungen im Abonnement meist günstiger sind. Auch Monatsmarken für Bus und Bahn oder Karten für →Theater- und →Opernvorstellungen kann man über ein Abonnement beziehen. Meistens wird das Wort Abonnement mit Abo abgekürzt.

Zeitschriften bezieht man oft im **Abonnement**.

die Abschiebung

Wer in Deutschland um →Asyl bittet, muss nachweisen, dass er in seiner Heimat religiös oder politisch verfolgt ist. Nicht selten wird der Asylantrag abgewiesen. Wenn abgelehnte Asylbewerber nicht freiwillig aus Deutschland ausreisen, nimmt die Polizei sie in Gewahrsam und schickt sie mit dem nächsten Flugzeug zurück. Diesen Vorgang nennt man Abschiebung.

Bei **Abschiebungen** werden die Asylbewerber oft in Handschellen bis zum Flugzeug gebracht. Viele Mitbürger finden es unmenschlich, wie Asylbewerber behandelt werden.

Affe

die Ader

Das Wort Ader hat ganz unterschiedliche Bedeutungen. Zum einen meint man mit Adern die Blutgefäße, die sich im gesamten menschlichen →Körper verzweigen. Die Arterien transportieren das sauerstoffreiche →Blut vom →Herzen weg in die →Organe. Die Arterien werden immer dünner und enden in feinen Haargefäßen. In den Haargefäßen oder Kapillaren gibt das Blut den →Sauerstoff an die Zellen ab und nimmt Kohlendioxid auf. Das nun sauerstoffarme Blut wird schließlich von den Venen wieder zum Herzen zurücktransportiert. An manchen Stellen des Körpers kann man die Adern gut sehen, wie unter der Haut des Handrückens.

Auch →Blätter haben Adern. In ihnen verlaufen die Gefäße der Pflanzen. Sie befördern Wasser und zuckerhaltige Säfte. Wenn Blätter verrotten, bleiben die Adern als Skelett am längsten erhalten. Erzgänge in →Gesteinen nennen wir ebenfalls Adern, zum Beispiel gibt es Gold- oder Silberadern.

die Adoption

Wenn ein Mann und eine Frau ein Kind adoptieren, so nehmen sie es als ihr eigenes Kind an. Sie haben es zwar nicht gezeugt und die Frau hat es nicht geboren, doch dieses Paar sagt vor einem →Gericht, dass es dieses Kind von nun an als das eigene Kind betrachtet. Das Kind erhält dann den Familiennamen der Eltern. Ist das Kind mindestens 14 Jahre alt, so muss es seine Einwilligung zur Adoption geben. In der Regel haben die Eltern das Kind schon längere Zeit bei sich gehabt. In Deutschland werden jedes Jahr mehrere Tausend Kinder adoptiert. Auch Erwachsene können übrigens adoptiert werden. Das geschieht meistens, damit ein Familienname nicht ausstirbt.

Affe: Ausgewachsene Gorillamännchen haben ein silbernes Rückenfell – und wie alle Menschenaffen keinen Schwanz.

der Affe

Affen sind →Säugetiere. Zu den Affen zählen wir ebenso die Menschenaffen, wie die Gorillas und die Schimpansen, und in einem streng zoologischen Sinn auch den Menschen.

Die meisten Affen haben einen langen Schwanz und ein dichtes Fell. Mit ihren Händen und Füßen können sie sehr geschickt umgehen. Wie die Menschen besitzen Affen einen den anderen vier Fingern gegenübergestellten Daumen, der die Hand zum Greifen befähigt. Viele südamerikanische Affen haben einen Greifschwanz, den sie wie eine fünfte Gliedmaße zum Klettern verwenden. Am Boden bewegen sich Affen oft auf allen vieren. Wenn sie jedoch mit ihren Händen etwas festhalten, setzen sie sich hin oder stellen sich auf die Hinterbeine. Häufig leben Affen in Familien oder größeren Gruppen in einem bestimmten Gebiet. Diesen Raum verteidigt die Gruppe gegen andere Affengruppen.

Es gibt ungefähr 400 verschiedene Affenarten. Die meisten leben in den →Tropen. Die einzige in Europa lebende Art sind die Berberaffen auf dem Felsen von Gibraltar im Süden Spaniens.

Totenkopfäffchen

Afrika

Afrika

Afrika ist der zweitgrößte →Kontinent der Erde. Die →Wüste Sahara bedeckt den größten Teil Nordafrikas. In der Mitte Afrikas verläuft der →Äquator. Dort wachsen undurchdringliche →tropische Regenwälder. Zebras, Giraffen, Elefanten, Löwen, Hyänen und Geparde leben in den →Savannen im östlichen und südlichen Afrika. In Afrika gibt es wertvolle Bodenschätze wie Gold und Diamanten.

Dennoch sind viele Menschen in Afrika arm, während nur sehr wenige reich sind. Die meisten Menschen leben als Bauern in Dörfern und pflanzen wichtige Nahrungsmittel wie Mais, Hirse, Kaffee, Kakao und Tee an. Andere wohnen in modernen Großstädten und arbeiten in Geschäften, Büros und Fabriken. In vielen afrikanischen Ländern gibt es derzeit große wirtschaftliche und politische Schwierigkeiten. Immer wieder brechen Kriege aus.

Nur in **Afrika** leben Giraffen.

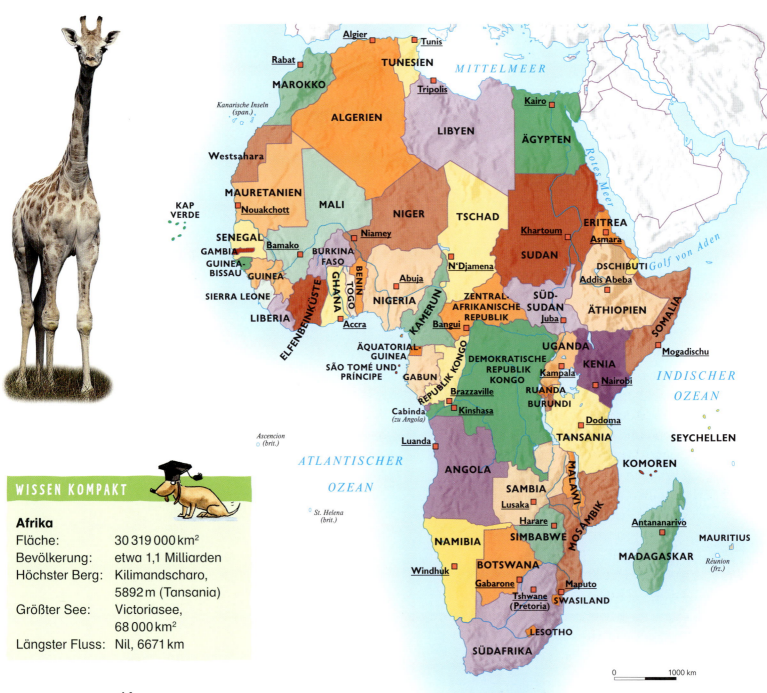

WISSEN KOMPAKT

Afrika
Fläche: 30 319 000 km²
Bevölkerung: etwa 1,1 Milliarden
Höchster Berg: Kilimandscharo, 5892 m (Tansania)
Größter See: Victoriasee, 68 000 km²
Längster Fluss: Nil, 6671 km

Aids

Afrika: Der Ngorongorokrater in Tansania ist der Rest eines Vulkans, dessen Gipfelregion vor vielen Tausend Jahren in sich zusammenbrach. Der geschützte Kraterkessel ist ein Tierparadies.

Lange Zeit war Afrika unerforscht. Dann besetzten Europäer große Gebiete. Sie beuteten die Bodenschätze aus und verkauften Afrikaner als →Sklaven. Die Afrikaner wehrten sich in blutigen Kämpfen gegen die europäischen Besatzer. Heute sind die afrikanischen Länder unabhängig.

das Ägyptische Reich

Vor ungefähr 5000 Jahren entstand auf dem Gebiet des heutigen Ägypten eine der ersten großen Hochkulturen der Welt, das Ägyptische Reich. Etwa 2500 Jahre lang war Ägypten eines der mächtigsten und reichsten Länder der Erde.

Das Ägyptische Reich wurde von Königen regiert, die Pharaonen hießen. Ein Pharao wurde wie ein →Gott verehrt. Er besaß einen großen Teil des Landes und trieb →Steuern ein. Auch Priester und hohe Beamte waren reich und mächtig, während die meisten Ägypter als Bauern in einfachen Hütten lebten.

Totenmaske des Pharaos Tutanchamun

Die schönsten ägyptischen Gebäude waren →Tempel und riesige →Pyramiden. Eine Pyramide wurde als Grabdenkmal für den Pharao erbaut. Sein einbalsamierter Leichnam (die →Mumie) wurde tief im Inneren der Pyramide bestattet. Da die Ägypter an ein Leben nach dem Tod glaubten, gaben sie den Mumien Schätze, Nahrungsmittel und andere Gegenstände mit ins Grab.

Die Ägypter kannten eine Bilderschrift, die Hieroglyphen. Sie schrieben auf →Papier, das sie aus der Papyruspflanze herstellten.

Ägyptisches Reich: Die Hieroglyphen wurden oft in Tempeln und an Grabwänden verwendet und waren ursprünglich meist farbig ausgemalt.

Aids

Aids ist eine ansteckende →Krankheit. Der Erreger ist ein →Virus, das abgekürzt HIV genannt wird. Es befällt die Zellen im Körper, die den Menschen vor anderen eindringenden Krankheitserregern schützen. So bricht die Abwehrbereitschaft des Körpers zusammen. Von der Ansteckung bis zum Ausbruch der Krankheit können viele Jahre vergehen, in denen sich der Patient gesund fühlt. Erst wenn die Krankheit ausgebrochen ist, leidet der betroffene Mensch unter verschiedenen Infektionskrankheiten.

Das Virus wird über Körpersäfte übertragen, zum Beispiel über →Blut oder beim Geschlechtsverkehr über Sperma. Ein →Kondom schützt vor Ansteckung.

WISSEN KOMPAKT

Aids
Das Wort Aids setzt sich aus den Anfangsbuchstaben des englischen Namens dieser Krankheit zusammen: **A**cquired **I**mmune **D**eficiency **S**yndrome. Auf Deutsch heißt das „erworbenes Immundefektsyndrom".

Alge

Blasentang

Grünalge

die Alge

Die kleinste →Pflanze der Welt ist eine einzellige Alge. Die längste Pflanze ist eine Meeresalge, ein Tang, der mehrere Hundert Meter lang wird. Algen sind Pflanzen, die meist im Wasser vorkommen. Es gibt fadenförmige, blattförmige, ästig verzweigte, muschel- oder riemenförmige Algen. Sie sind eine wichtige Nahrung für viele Wassertiere.

Bei einer Wasserverschmutzung vermehren sich manche Algen des →Planktons massenhaft und bilden große Teppiche auf der Oberfläche. Dann spricht man von einer Algenblüte. Algen pflanzen sich niemals durch Blüten, sondern nur durch Sporen oder Zweiteilung fort.

Je nach der Farbe der Algen unterscheidet man Braunalgen, Rotalgen und Grünalgen. Die Kieselalgen haben interessant geformte Skelette. Große Meeresalgen werden vor allem in Ostasien gegessen. Aus Grünalgen gewinnt man Eiweiße.

der Alkohol

Es gibt verschiedene Formen von Alkohol. Am bekanntesten ist der Alkohol, der in Bier, Wein und Schnaps enthalten ist. Er entsteht durch Gärung von zuckerhaltigen Säften. Dabei verwandeln Hefen den Zucker in Alkohol und Kohlendioxid. Durch Gärung von Traubensaft entsteht Wein. Er enthält ungefähr zwölf Prozent Alkohol. Eine viel höhere Alkoholkonzentration kann durch Einwirkung von Hefen nicht erreicht werden. Soll stärkerer Alkohol gewonnen werden, etwa für Schnaps, so erreicht man dies durch Destillation.

Der Alkohol ist das am meisten verbreitete →Suchtmittel. Etwa 1,3 Millionen Menschen in Deutschland sind vom Alkohol abhängig. Wir bezeichnen sie als Alkoholiker oder Alkoholkranke. Sie brauchen Hilfe, um von der →Droge Alkohol loszukommen. Alkoholabhängigkeit verändert den Charakter eines Menschen. Zu viel Alkohol ruft im Körper schwere Schäden hervor, die sogar zum Tod führen können.

die Allergie

Wenn unser →Körper auf bestimmte Stoffe überempfindlich reagiert, spricht man von einer Allergie. Die bekannteste Form ist der Heuschnupfen. Die Menschen, die darunter leiden, reagieren auf eine oder mehrere Pollenarten empfindlich. Sind diese Pollen in der Atemluft enthalten, so kommt es zu einer allergischen Reaktion. Die Schleimhäute der Augen und Nase jucken und sondern viel Schleim ab. In schlimmen Fällen kommt es zu →Fieber oder sogar zu Asthma, also zu Atemnot.

Es gibt Allergien gegen die verschiedensten Stoffe, etwa gegen Erdbeeren, Waschmittel, Textilien, Staub, sogar Gerüche. Viele Allergien zeigen sich auch dadurch, dass auf der Haut ein Ausschlag oder Ekzem sichtbar wird.

Aa Bb Cc Dd Ee Ff Gg Hh Ii Jj Kk Ll
Mm Nn Oo Pp Qq Rr Ss Tt Uu Vv Ww
Xx Yy Zz

Αα Ββ Γγ Δδ Εε Ζζ Ηη Θθ Ιι Κκ Λλ
Μμ Νν Ξξ Οο Ππ Ρρ Σσ Ττ Υυ Φφ Χχ
Ψψ Ωω

das lateinische (oben) und das griechische **Alphabet** (unten)

das Alphabet

Im Alphabet ist die Reihenfolge der Buchstaben einer →Sprache festgelegt. Die Stichwörter dieses Lexikons sind nach dem Alphabet angeordnet. Das lateinische Alphabet, mit dem wir schreiben, hat 26 Buchstaben. Dazu kommen im Deutschen noch drei Schriftzeichen für die Umlaute ä, ö und ü. Das längste Alphabet ist das thailändische mit rund 80 Schriftzeichen, das kürzeste mit nur elf Buchstaben hat eine Sprache auf der Insel Neuguinea in Asien. Das Wort Alphabet stammt aus dem Griechischen: Dort beginnt die Reihenfolge der Buchstaben mit Alpha (A) und Beta (B). Analphabet nennt man einen Menschen, der weder lesen noch schreiben kann.

Amerika

Diese **Ameise** transportiert ein Blatt zum Ameisenbau. Dort wird es zerkaut. Auf dem entstandenen Brei züchten die Blattschneiderameisen Pilze, von denen sie sich ernähren.

die Ameise

Ameisen leben wie die verwandten →Wespen und →Bienen in Nestern oder Tierstaaten. Deswegen nennen wir sie auch soziale Insekten. Die meisten Ameisenarten legen ihre Nester im Boden an. Die befruchtete Königin legt →Eier und zieht daraus die ersten unfruchtbaren Weibchen heran, die Arbeiterinnen. Sie helfen der Königin bei der Aufzucht der nächsten Arbeiterinnen. Die Königin legt nur Eier. Die Arbeiterinnen dagegen kümmern sich um das gesamte Nest: Sie pflegen die Eier und →Larven, sammeln Nahrung, bauen am Nest weiter und verteidigen es. Meist im Frühjahr legt die Königin besondere Eier, aus denen neue Königinnen sowie Männchen hervorgehen. Diese fruchtbaren Tiere schwärmen aus und paaren sich. Die Männchen sterben nach der Paarung, die jungen Königinnen gründen neue Nester.

Arbeiterin

Männchen

Königin

Auf der Erde gibt es über 10 000 Ameisenarten. Bei uns kommen 111 Arten vor. Ameisen spielen eine wichtige ökologische Rolle. Die Gelbe Wiesenameise schichtet zum Beispiel jedes Jahr mehrere Tonnen Boden pro Hektar um.

Amerika

Amerika besteht aus zwei →Kontinenten: Nord- und Südamerika. Sie sind über eine schmale Landbrücke verbunden, die Mittelamerika heißt. Wenn von Amerika die Rede ist, meint man meistens die Vereinigten Staaten (USA). Die USA und Kanada liegen in Nordamerika. Im Westen erstreckt sich das →Gebirge der Rocky Mountains. Die Ebenen in der Mitte Nordamerikas waren einst von weiten Grasflächen, den Prärien, bedeckt.

Amerika: Die Ruinenstadt Machu Picchu in den südamerikanischen Anden wurde um 1450 von den Inka erbaut.

Menschen aus der ganzen Welt siedelten sich in Nordamerika an. Zunächst kamen die Vorfahren der heutigen →Indianer. Im Jahr 1492 hat Christoph Kolumbus Amerika entdeckt. Danach wanderten viele Weiße aus Europa ein. Sie vertrieben und töteten fast alle Indianer. Auf den weiten Grasflächen legten sie riesige Felder an, auf denen sie heute vor allem Weizen und Mais anbauen. Die meisten Nordamerikaner sprechen Englisch, manche auch Französisch. USA und Kanada sind sehr reiche Länder. Dreizehn Staaten bilden den Kontinent Südamerika. Im Westen liegen die Anden, der längste Gebirgszug der Erde. Im Osten befindet sich das regenwaldreiche

indianischer Wappenpfahl an der Westküste Nordamerikas

Amerika

Amazonasgebiet, das aber zunehmend abgeholzt wird. In den südlichen Grasgebieten weiden Millionen von Schafen und Rindern. Südamerika besitzt viele Bodenschätze wie Silber, Zinn und Kupfer. Trotzdem sind die meisten Südamerikaner sehr arm.

Die Ureinwohner Südamerikas sind Indios. Weiße Eroberer brachten bei ihren Eroberungszügen vor rund 500 Jahren ganze Stämme um, wie die →Inka, →Maya und →Azteken.

Der größte Staat, Brasilien, nimmt nahezu die Hälfte des südamerikanischen Erdteils ein. In Brasilien wird Portugiesisch gesprochen, in den anderen Ländern Spanisch.

Nord- und Südamerika waren ursprünglich zwei getrennte Kontinente. Sie haben sich erst im Laufe der Zeit miteinander verbunden.

WISSEN KOMPAKT

Amerika
- Fläche: 42 069 560 km²
- Bevölkerung: etwa 950 Millionen
- Höchster Berg: Aconcagua, 6962 m (Argentinien)
- Größter See: Oberer See, 82 100 km² (Nordamerika)
- Längster Fluss: Amazonas, 6518 km
- Größte Stadt: São Paulo (Brasilien), etwa 20 Millionen Einwohner

Antarktis

der Amoklauf

Das Wort „Amuk" stammt aus dem Indonesischen und bezeichnet dort eine besondere Art des mehrfachen Mordes. Ein Amokläufer tötet wahllos andere Menschen und meist auch sich selbst. Der Täter ist meist ein Einzelgänger, bei dem sich über Jahre hinweg Hassgefühle angestaut haben. Oft genügt schon ein unbedeutendes Ereignis, um die →Gewalttat auszulösen. In den letzten Jahren gab es immer wieder verheerende Amokläufe an Schulen, wie 2009 an der Albertville-Realschule in Winnenden.

die Amsel

Amseln sind →Singvögel. Das Männchen hat ein schwarzes Gefieder mit einem gelben Ring um beide Augen und einen gelben Schnabel. Weibchen und junge Amseln sind graubraun gefiedert. Noch vor 100 Jahren waren Amseln scheue Waldvögel. Heutzutage ist die Amsel der häufigste Vogel bei uns und besiedelt Dörfer und Städte. Weil sie in den →Gärten und Parkanlagen genügend Nahrung wie Regenwürmer, Früchte und Schnecken findet, brütet sie mehrmals im Jahr. Das Weibchen baut sein rundes, mit weichem Moos gepolstertes →Nest in Hecken, Sträuchern oder direkt am Boden. Hellblaue Eierschalen, die oft am Wegrand liegen, stammen von der Amsel.

Eine männliche **Amsel** füttert ihre Jungen.

die Antarktis

Den →Kontinent, in dessen Zentrum der →Südpol liegt, nennen wir Antarktis oder Antarktika. Die Antarktis ist der trockenste, windigste und kälteste aller Kontinente. Nur wenige →Pflanzen oder →Tiere leben hier. Fast die gesamte Antarktis ist von einer dicken Eiskappe bedeckt, über die einige wenige Gebirgszüge hinausragen. Die Eiskappe ist im Durchschnitt

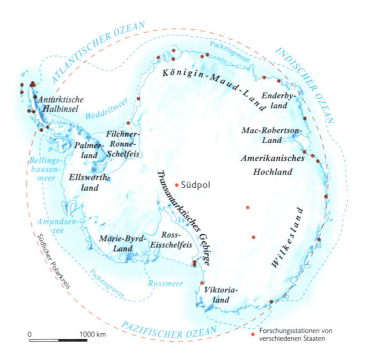

WISSEN KOMPAKT

Antarktika
Fläche: 12 400 000 km²
Höchster Berg: Mount Vinson, 4897 m

2000 Meter dick; in der Ostantarktis erreicht sie sogar 4500 Meter. Sie lastet so schwer auf der Antarktis, dass die Landmasse einige Hundert Meter tief in die Erdkruste hineingedrückt wird.

In der **Antarktis** wurde die tiefste Temperatur auf der Erde gemessen: −89,2 °C. Dennoch leben an den Küsten viele Tiere, etwa Kaiserpinguine.

Antike

WISSEN KOMPAKT

Antarktis oder Arktis?
Der Name Arktis für die Region um den Nordpol leitet sich vom nördlichen Sternbild Großer Bär ab, der von den Griechen in der Antike Arktos genannt wurde. So lässt es sich auch leicht merken, dass nur in der Arktis Eisbären leben. Das Wort Antarktis für die Region um den Südpol bedeutet „gegenüber der Arktis".

Abgesehen von einigen Forschungsstationen ist die Antarktis nicht von Menschen bewohnt. Sie gehört niemandem. Im Antarktisvertrag von 1959 haben 43 Länder beschlossen, vorerst auf Gebietsansprüche zu verzichten. Deswegen ist die Antarktis heute ein „dem Frieden und der Wissenschaft gewidmetes Naturreservat".

Antike: Das farbig glasierte Ziegelrelief am Ischtartor von Babylon ist mehr als 2500 Jahre alt. Es zeigt einen Schlangendrachen, ein heiliges Tier aus der Religion der Babylonier.

die Antike

Die Zeit von etwa 3000 v. Chr. bis 500 n. Chr. bezeichnen wir als Antike oder Altertum. Die Antike beginnt mit den Hochkulturen des →Ägyptischen Reichs und den Hochkulturen, die sich auf dem Gebiet des heutigen Irak in der Landschaft zwischen den Flüssen Euphrat und Tigris entwickelt haben. Dieses Gebiet nennen wir auch Zweistromland oder Mesopotamien. Die wichtigsten Völker dort waren die Sumerer, die Babylonier und die Assyrer. Wenn wir jedoch von der Antike reden, meinen wir oft nur die →griechische Kultur und die Zeit des →Römischen Reichs.

der Apfel

Äpfel sind die →Früchte des Apfelbaums, der schon seit mehr als 1000 Jahren angebaut wird. Äpfel sind gesund, da sie viele Mineralstoffe und wichtige →Vitamine enthalten. Im Handel werden grüne und rotbackige, süße und säuerliche Äpfel angeboten. Es gibt über 20000 verschiedene Sorten. Der Apfel besteht aus dem saftigen Fruchtfleisch, in dessen Mitte sich das Kerngehäuse mit den kleinen braunen →Samen befindet. Auch Birnen und Quitten besitzen ein Kerngehäuse. Daher gehören sie wie der Apfel zum Kernobst.

Apfel: Schnitt durch die Frucht (oben) und die Blüte (unten)

Apfelbäume wachsen auf Streuobstwiesen oder auf Plantagen. Dort werden sie jedes Jahr stark zurückgeschnitten. So bleiben sie klein und tragen viele Früchte.

das Aquarium

In einem Aquarium werden →Fische und andere Wassertiere gehalten. Damit sich die Fische wohlfühlen, sollte das Aquarium möglichst groß sein. Zwischen Wasserpflanzen, Steinen und Muschelschalen können sich die Fische zum Ruhen oder zum Schutz zurückziehen. Der Boden des Aquariums ist mit Kies und Flusssand bedeckt. Jedes Aquarium benötigt einen Filter, der das Wasser sauber hält, und eine Beleuchtung für die Pflanzen. Heimische Fische wie Goldfische können in einem Kaltwasseraquarium gehalten werden. Tropische Zierfische wie Guppys, Buntbarsche und Regenbogenfische brauchen warmes Wasser, das mithilfe einer →Heizung auf die richtige →Temperatur gebracht wird.

Beliebte **Aquariumfische** sind Guppys.

Arbeit

In den **Aquarien** von Zoos kann man manchmal große Fische oder im Meer lebende Säugetiere wie diesen Schwertwal beobachten.

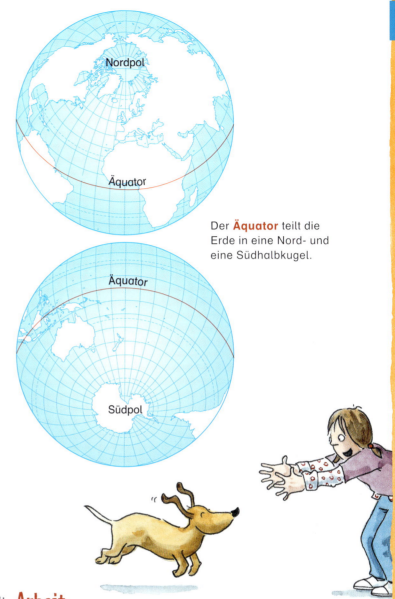

Der **Äquator** teilt die Erde in eine Nord- und eine Südhalbkugel.

der Äquator

Der Äquator ist eine gedachte Linie, die um die →Erde herumführt, genau auf halbem Weg zwischen Nord- und Südpol. Auf der Erde ist die Linie nicht eingezeichnet, aber auf einem →Globus oder auf →Landkarten. Der Äquator teilt die Erdkugel in zwei Hälften, die wir Nordhalbkugel oder Nordhemisphäre und Südhalbkugel oder Südhemisphäre nennen. Die Entfernung nord- und südwärts vom Äquator messen wir mit Breitengraden. Der Äquator selbst liegt in einer Breite von null Grad. Eine Reise entlang des Äquators ist 40 076 Kilometer lang.

Am Äquator dreht sich die Erde mit 1610 Stundenkilometern. An den Polen hingegen beträgt die Drehgeschwindigkeit fast null. Wenn ein Mensch am Äquator hochhüpft, bewegt er sich mit der Erddrehung. Bis er wieder den Boden berührt, haben sich er und die Erde um einige Hundert Meter nach Osten bewegt.

Straßenschild in Kenia, das anzeigt, dass man den **Äquator** überschreitet

die Arbeit

Mit Arbeit erzielen fast alle Menschen ihr Einkommen, das heißt, sie verdienen Geld für ihren Lebensunterhalt. Die meisten Berufstätigen sind Angestellte. Sie haben vorher eine →Ausbildung gemacht. Angestellte arbeiten in einer Firma für einen Chef oder einen Abteilungsleiter und nach deren Anweisungen. Dafür tragen sie ein viel geringeres Risiko als Menschen, die selbstständig arbeiten. Angestellte genießen zum Beispiel Kündigungsschutz und können somit nicht von einem Tag auf den anderen entlassen werden. Ganz allgemein gilt: Je besser die Ausbildung, umso leichter findet man Arbeit und umso weniger gerät man in →Arbeitslosigkeit.

Arbeitslosigkeit

die Arbeitslosigkeit

Es gibt viele Gründe für Arbeitslosigkeit: Maurer und Zimmerleute verlieren im Winter oft ihre Arbeit, weil sie in der kalten Jahreszeit nicht im Freien arbeiten können. Oder →Maschinen übernehmen die Arbeit von Menschen. Für Arbeiter ohne →Ausbildung gibt es nicht mehr genug zu tun. Mit einer guten Ausbildung ist es meist einfacher, eine Stelle zu finden.

Arbeitslosigkeit ist für viele Menschen ein schwerer Schicksalsschlag. Denn wer arbeitslos ist, hat meist nicht mehr genug Geld, um den Lebensunterhalt für sich und seine Familie aufzubringen. Deshalb können sich arbeitslose Menschen bei der Agentur für Arbeit melden. Sie bekommen dann vom Staat Unterstützung und die Agentur für Arbeit versucht ihnen eine neue Stelle zu vermitteln. Arbeitslosigkeit gibt es erst, seitdem das →Handwerk zunehmend durch die Massenfertigung der →Industrie abgelöst wurde.

Mit einem friedlichen Sitzstreik, auch Sit-in genannt, fordern diese Demonstranten die Regierung auf, etwas gegen die hohe **Arbeitslosigkeit** zu tun.

die Archäologie

Die Archäologie studiert die Geschichte von Völkern durch Ausgrabungen und Bodenfunde. Dazu gehören Werkzeuge, Töpferwaren, Tempel, Gräber und Schrifttafeln. Selbst eine Abfallgrube kann den Archäologen sagen, wie die Menschen früher gelebt haben. Nahrungsreste wie Knochen und Getreidekörner verraten zum Beispiel viel über die Ernährung. Die Archäologen notieren alle Spuren der Vergangenheit, vom winzigsten Samenkorn bis zum größten Bauwerk. Aus den vielen kleinen Informationen tragen sie ein Mosaik zusammen, das uns einen Blick in die Vergangenheit erlaubt.

Dieses Keramikschwein fanden **Archäologen** in einem chinesischen Grab.

In Hessen fanden **Archäologen** 1996 eine lebensgroße Sandsteinfigur aus dem 5. Jahrhundert v. Chr., die vermutlich einen Keltenfürsten darstellt.

die Architektur

Die Architektur ist die →Kunst, Bauwerke zu entwerfen und zu bauen. Bauwerke können Häuser, Brücken, Staudämme oder Türme sein. Früher hießen die Architekten Baumeister.

Die Architektur nahm ihren Anfang, als die Menschen sesshaft wurden. Schon vor 5000 Jahren entstanden im →Ägyptischen Reich riesige →Pyramiden und Tempel mit vielen Säulen. Die Griechen und Römer bauten in der →Antike viele Paläste, Brücken und Straßen. Ungefähr 800 n. Chr. kam in Europa ein neuer Baustil auf: die Romanik. Romanische Kirchen wirken sehr massiv und schwer und haben schmale Rundbogenfenster. Auf die Romanik folgte die Gotik. Ein gotischer Dom wirkt mit seinen lang gezogenen, spitzbogigen Fenstern leichter als eine romanische Kirche. In der Gotik gibt es oft eine Vielzahl von unterschiedlichen Pfeilern und Bögen mit zahlreichen kleinen Türmchen und

Architektur: Die Kathedrale Notre Dame in Paris ist ein typisches Bauwerk der Gotik.

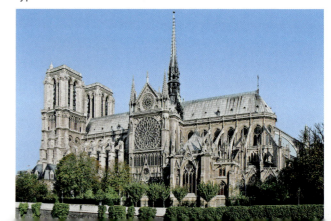

Arktis

Architektur: Der Ufa-Kristallpalast, ein moderner Kinobau in der Dresdener Innenstadt, besteht außen fast ganz aus Stahl und Glas.

Figuren. Ab 1400 griffen die Baumeister in der Renaissance wieder auf antike Stilelemente zurück. Auf das Zeitalter der Renaissance folgte der Barock mit seinen üppigen geschwungenen Formen. Es entstanden prunkvolle Paläste, Schlösser und Kirchen.

Jahrhundertelang bauten Architekten nur mit Naturstein, Lehm, Ton und Holz. Moderne Gebäude bestehen heute aus Beton und Stahl, aus Glas und sogar Kunststoff. Dadurch können viel höhere Fabriken, Sportarenen, Büro- und Wohnhäuser gebaut werden.

die Arktis

Das Gebiet rund um den →Nordpol heißt Arktis. Am Nordpol befindet sich keine Landmasse, sondern nur eine meterdicke Eisschicht über dem Nordpolarmeer. Innerhalb des Polarkreises liegen viele Inseln und die nördlichen Festlandsgebiete von Asien, Europa und Nordamerika. Ihr Boden bleibt fast das ganze Jahr über gefroren. Nur im Sommer taut er etwas auf, sodass spärlich Pflanzen wachsen können. Im Winter liegen die Temperaturen im Durchschnitt bei −40 Grad Celsius, im Sommer bei bis zu acht Grad.

In der Arktis steht die Sonne nie hoch am Himmel. An vielen Tagen im Winter bleibt sie sogar völlig unter dem →Horizont. Dann ist es den ganzen Tag über dunkel (Polarnacht). Im Sommer hingegen verschwindet die Sonne an manchen Tagen gar nicht unter dem Horizont. Man spricht dann vom Polartag oder von der Mitternachtssonne.

Am Nordpol treten häufig farbige Leuchterscheinungen am Nachthimmel auf. Man nennt sie Polar- oder Nordlicht. Sie entstehen, wenn kleinste Teilchen der Sonne in die →Atmosphäre der Erde eindringen und dort vom Erdmagnetfeld zum Leuchten gebracht werden. Zu den Lebewesen der Arktis zählen Eisbär, →Wolf, Eisfuchs, Hermelin, Rentier, Schneehase, Lemming sowie zahlreiche See- und Wasservögel. In den kalten Küstengewässern ziehen riesige Schwärme von Garnelen und Fischen umher, von denen sich →Robben, Walrosse, Seehunde und →Wale ernähren. Heute gehört die Arktis zu den bedrohten Regionen der Erde, denn durch den →Klimawandel steigen die Temperaturen. Dann schmilzt das polare Eis und viele Tiere verlieren ihren Lebensraum.

Eisbären gibt es nur in der **Arktis**. Sie sind sehr gute Schwimmer.

Asien

Asien

Asien ist der größte →Kontinent der Erde. Dort leben fast vier Milliarden Menschen, das ist mehr als die Hälfte der Weltbevölkerung. Die Flussdeltas in Bangladesch, die Flusstäler in China, die Inseln Java und Japan gehören zu den am dichtesten besiedelten Gebieten der Erde. Die großen →Religionen sind in Asien entstanden, das →Judentum, das →Christentum, der →Islam, der →Hinduismus und der →Buddhismus.

Das höchste Gebirge der Erde, der Himalaja, befindet sich in Asien. Im kalten Klima Nordasiens wachsen nur niedrige Pflanzen. Südasien hingegen liegt in den feuchtheißen →Tropen. Die wirtschaftliche Entwicklung der Länder Asiens ist sehr unterschiedlich. In vielen Staaten betreiben die Menschen Landwirtschaft. Viele Länder wie China, Thailand und Korea versuchen eine →Industrie zu entwickeln, doch bis heute ist nur Japan ein richtiger Industriestaat.

Europäer begannen im 15. Jahrhundert nach Asien zu reisen und →Handel zu treiben. Später schlossen China und Japan für mehrere Jahrhunderte ihre Grenzen und ließen keine Europäer ins Land. Vor ungefähr 100 Jahren waren die meisten asiatischen Länder europäische Kolonien. Nach dem Zweiten →Weltkrieg wurden diese Länder unabhängig.

WISSEN KOMPAKT

Asien

Fläche:	45,1 Millionen km²
Bevölkerung:	etwa 4 Milliarden
Höchster Berg:	Mount Everest, 8850 m (Nepal/China)
Größter See:	Kaspisches Meer, 436 000 km²
Längster Fluss:	Jangtsekiang, 6000 km

Atmung

Reis ist in **Asien** das Hauptnahrungsmittel. Meistens wird er auf Feldern angebaut, die regelmäßig überflutet werden, um Unkraut und Schädlinge abzuwehren.

das Asyl

Das Wort „Asyl" stammt aus der griechischen Sprache und bedeutet Zufluchtsort. Ein Asyl ist ein Heim, in dem Vertriebene, obdachlose Menschen und Hilfsbedürftige Aufnahme finden. Heute bitten viele Menschen in fremden Ländern um Asyl. Manche werden nach einer Prüfung als politisch oder religiös Verfolgte und als →Flüchtlinge anerkannt und können dann in dem Land ihrer Wahl bleiben und leben.

der Atlas

Ein Buch mit vielen verschiedenen →Landkarten nennt man Atlas. Im Jahr 1585 brachte Gerhard Mercator eine erste gebundene Landkartensammlung heraus und gab ihr den Namen Atlas. Diese Bezeichnung hat sich bis auf den heutigen Tag erhalten. In einem Schulatlas sind Landkarten von allen Ländern der Erde enthalten. In Autoatlanten sind alle Straßen und Autobahnen eines Landes eingezeichnet.

Die Mehrzahl von Atlas lautet Atlanten.

die Atmosphäre

Die Lufthülle, die unsere Erde umgibt, nennt man Atmosphäre. Ohne sie wäre kein Leben möglich. Man unterscheidet fünf Schichten: Wir leben in der Troposphäre. Sie umfasst drei Viertel aller →Luft. Hier spielt sich auch das →Wetter ab. Die Stratosphäre (in 15 bis 50 Kilometer Höhe) enthält keine Wolken. Die angrenzende Mesosphäre ist die kälteste Schicht mit Temperaturen bis zu −80 Grad Celsius. Die zweitäußerste Schicht (Thermosphäre) ist durch die Nähe zur →Sonne etwa 1400 Grad Celsius heiß. Darüber liegt die Exosphäre, die in das →Weltall übergeht. Die Atmosphäre wirkt wie eine Schutzhülle. Sie stellt den lebensnotwendigen →Sauerstoff bereit und mildert die Hitze der Sonne. Vor den gefährlichen Teilen der Sonnenstrahlen schützt uns die →Ozonschicht.

Polarlichter sind Leuchterscheinungen in der äußeren **Atmosphäre**.

die Atmung

Beim Einatmen füllen wir unsere →Lungen mit Luft. Dabei geht →Sauerstoff aus der Luft auf die roten →Blutkörperchen über und Kohlendioxid wird an die Atemluft abgegeben. Kohlendioxid entsteht bei der Verbrennung der Nährstoffe in unseren →Organen. Bei der Atmung nehmen wir also nicht nur Sauerstoff auf, sondern scheiden auch schädliches Kohlendioxid aus. Die →Pflanzen hingegen nehmen Kohlendioxid aus der Luft auf und verwandeln es in den für uns lebensnotwendigen Sauerstoff.

WISSEN KOMPAKT

Atmung mit Kiemen oder Lungen
Tiere, die unter Wasser leben, atmen meist mit Kiemen. Diese nehmen den Sauerstoff aus dem Wasser auf. An Land lebende Lurche, Kriechtiere, Vögel, Säugetiere und der Mensch hingegen atmen mit den Lungen Luft ein und aus.

Atom

Atomkern (rot/orange) mit Elektronen (blau)

das Atom

Alle Dinge bestehen aus Atomen. Das gilt für Gegenstände, die wir sehen können, wie einen Tisch, und auch für Dinge, die wir nicht sehen können, etwa die Luft. Auch wir selbst sind aus Atomen aufgebaut.

Atome sind winzig klein. Der Punkt am Ende dieses Satzes besteht aus rund 250 Billiarden Atomen. Die Atome sind aus noch kleineren Einheiten zusammengesetzt, die Proton, Elektron und Neutron heißen. Jedes →chemische Element besteht aus Atomen mit gleichen Eigenschaften. Mehrere Atome können sich zu einem Molekül verbinden. So besteht zum Beispiel ein Wassermolekül aus zwei Wasserstoffatomen und einem Sauerstoffatom.

die Atomenergie

In einem →Atomkern gibt es unvorstellbar große Kräfte. Wenn man gewisse Atomkerne spaltet oder miteinander verschmilzt, werden die Kräfte frei. Die Kernspaltung wird im Atom- oder Kernkraftwerk zur →Energiegewinnung genutzt. Man beschießt Atomkerne des →Metalls Uran mit Neutronen. Das sind einzelne Bausteine eines Atomkerns. Die Urankerne brechen auseinander und setzen neue Neutronen frei, die weitere Urankerne aufbrechen und so weiter. In einem Atomkraftwerk läuft diese Kettenreaktion kontrolliert ab. Ein unkontrollierter Ablauf hätte eine Explosion zur Folge wie bei der Zündung einer Atombombe.

das Attentat

Ein Attentat ist ein Mord aus politischen oder religiösen Gründen. Attentate wurden anfänglich nur gegen Politiker verübt. Aber mit dem Aufkommen des weltweiten →Terrors werden immer mehr unbeteiligte Menschen Opfer von Attentätern. Besonders heimtückisch sind Selbstmordattentate, bei denen sich der Attentäter selbst auch tötet. Am 11. September 2001 flogen Selbstmordattentäter in das World Trade Center in New York.

das Auge

Unser Auge ist ein →Sinnesorgan, mit dem wir →Licht wahrnehmen und Farben sowie Gegenstände sehen. Das Licht dringt durch die Pupille ein und wird von der →Linse so gebrochen, dass auf der Netzhaut ein scharfes Bild entsteht. Millionen lichtempfindlicher Sinnesorgane nehmen den Lichtreiz wahr und liefern dem →Gehirn über den Sehnerv die Informationen für das Bild. Die äußeren Schichten des Auges sind die Augenbindehaut und die Hornhaut. Die Pupille wird von der Regenbogenhaut oder Iris umgeben. Sie ist gefärbt und gibt uns unsere Augenfarbe. Der Augapfel liegt geschützt in der Augenhöhle. Sechs →Muskeln sorgen dafür, dass wir unser Auge bewegen können.

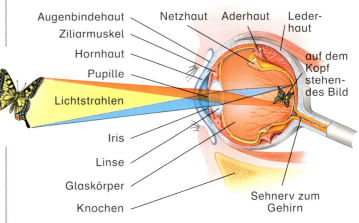

Auf der Netzhaut des **Auges** entsteht ein auf dem Kopf stehendes Bild. Das Gehirn dreht das Bild aber wieder um, sodass wir alles „richtig" sehen.

die Ausbildung

Die Ausbildung jedes Kindes beginnt bei uns in der Regel mit dem sechsten Lebensjahr. Die Grundschule dauert meist vier Jahre. Danach besucht das Kind die Hauptschule, die Realschule oder das Gymnasium. Nach insgesamt neun Jahren kann man den Hauptschulabschluss machen. Der Realschulabschluss erfolgt nach dem zehnten Schuljahr. Wer 12 oder 13 Jahre erfolgreich auf dem Gymnasium war, macht das →Abitur. Die Ausbildung zu einem bestimmten →Beruf erfolgt an einer Berufsschule, einer Fachschule oder an der

Australien

Die **Ausbildung** zum Bäcker dauert drei Jahre (links). Ein Klempner (rechts) lernt, wie man Gegenstände aus Blech herstellt und bearbeitet.

→Universität. Jeder Ausbildungsabschluss führt zu einem anderen Beruf. Viele Jugendliche gehen auf die Berufsschule und nehmen eine Lehrstelle in einem Betrieb an, etwa als Friseur oder Schreiner. Diese Jugendlichen haben meist einen Haupt- oder Realschulabschluss. Die Ausbildung dauert zwei oder drei Jahre. Wer eine Berufsausbildung abgeschlossen hat, kann sich weiterbilden. Handwerker können zum Beispiel den Meistertitel erwerben.

Australien

Australien ist der kleinste →Kontinent. Er ist ungefähr drei Viertel so groß wie Europa, hat aber nur rund 20 Millionen Einwohner. Fast alle Australier leben an den Küsten und über die Hälfte wohnen in den vier größten Städten Sydney, Melbourne, Brisbane und Perth. Den größten Teil Australiens bedeckt eine flache →Wüste. Eines der größten Naturwunder Australiens ist das Große Barriereriff, das längste →Korallenriff der Erde. Landwirtschaft und Viehzucht spielen eine wichtige Rolle. Im Landesinneren grasen Rinder und auf den Hochebenen im Osten riesige Schafherden. Die australischen Ureinwohner heißen Aborigines. Australien war, mit Ausnahme der →Antarktis, der letzte Kontinent, der von Europäern entdeckt und besiedelt wurde. Die ersten Siedler kamen aus Großbritannien. Heute ist die Bevölkerung bunt gemischt aus Menschen aller Länder Europas und Südostasiens. In Australien

WISSEN KOMPAKT

Australien
Fläche: 7 692 030 km²
Bevölkerung: etwa 22 Millionen
Höchster Berg: Mount Kosciuszko, 2228 m
Längster Fluss: Darling, 2720 km
Größte Stadt: Sydney, rund 4,6 Millionen Einwohner

Auto

Wegen der abgeschiedenen Lage des Kontinents gibt es in **Australien** eine einzigartige Tierwelt: Wombats (links) gehören wie Koalas (rechts) und Kängurus zu den Beuteltieren.

wird Englisch gesprochen. Die englische Königin Elisabeth ist offiziell Staatsoberhaupt, Australien wird jedoch demokratisch regiert.

das **Auto**

Innerhalb einer Zeitspanne von etwa 100 Jahren hat das Auto die Welt völlig verändert. Wegbereiter des modernen Autos waren Carl Benz und Gottlieb Daimler. Fast alle Autos fahren mit Verbrennungsmotoren. Am häufigsten ist der Benzinmotor. →Benzin wird mit Luft gemischt und mit einem Funken zur Explosion gebracht. Die Kraft dieser schnell aufeinanderfolgenden Explosionen treibt das Auto an. Mit dem Gaspedal regelt der Fahrer die Fahrgeschwindigkeit. Je mehr Benzin zum Verbrennen in den →Motor gelangt, umso schneller läuft das Auto. Die Verbrennung findet im Zylinder statt. Kolben gehen auf und nieder und versetzen zuerst die Kurbelwelle und dann die →Räder in eine Drehbewegung. Mit dem Getriebe kann man verschiedene Gänge einlegen. Dabei muss man den Motor mit der Kupplung für einen Augenblick von der Getriebeschaltung trennen und in einen anderen Gang schalten. Man fährt immer im ersten Gang an und schaltet mit zunehmender Geschwindigkeit höher.

So sah der erste Porsche aus. Dieses **Auto** wurde von einem Elektromotor angetrieben, der in den vorderen Radnaben saß.

WISSEN KOMPAKT

Autos: Pkw oder Lkw
Die Abkürzung Pkw bedeutet **P**ersonen**k**raft**w**agen, ein **L**ast**k**raft**w**agen hingegen wird mit den Buchstaben Lkw abgekürzt.

der **Automat**

Die ersten Automaten wurden im 17. Jahrhundert gebaut. Dabei wollte man die Bewegungen und Tätigkeiten von Menschen und Tieren nachahmen. Einfach gebaut sind Münzautomaten, die ihre Ware nach dem Einwerfen eines Geldstücks selbsttätig abgeben. In der →Industrie gibt es vielfach elektronisch gesteuerte Automaten, die sehr komplizierte Arbeiten übernehmen. Wir bezeichnen sie auch als →Roboter.

die **Azteken**

Die Azteken waren ein bedeutendes →Indianervolk mit einem großen Reich in Mexiko und Mittelamerika. Sie glaubten an zahlreiche →Götter, die man durch Opfer milde stimmen musste. Zu Ehren des Sonnen- und Kriegsgottes Huitzilopochtli wurden in den Tempeln regelmäßig Menschenopfer dargebracht.

Im Jahr 1519 landete der spanische Eroberer Hernando Cortez mit 600 Männern im Aztekenreich. Innerhalb von zwei Jahren hatte er die Hauptstadt Tenochtitlán und die →Kultur der Azteken vollkommen zerstört. Der letzte Aztekenkönig hieß Montezuma. Die Spanier nahmen ihn als Geisel gefangen. So gelang es ihnen, sein ganzes Volk zu unterjochen. Als Nachkommen der Azteken gilt eine Volksgruppe der Mexikaner. Ihre Sprache leitet sich von der Sprache der Azteken her.

Ausschnitt aus einer Handschrift, in der die **Azteken** in ihrer Bilderschrift ihre Geschichte für die Spanier aufschreiben mussten.

Bahnhof

der Bach

Jeder Bach beginnt mit einer →Quelle. Bäche entspringen meist in gebirgigen Gegenden. Durch das Gefälle im Gebirge fließt das Wasser sehr schnell und sehr bewegt, wobei es viel →Sauerstoff aus der Luft aufnimmt. Bäche sind sehr eigentümliche Lebensräume. Zunächst leben darin nur kleine Insektenlarven, die sich der heftigen Strömung angepasst haben. Einige →Larven von Eintagsfliegen, Steinfliegen und Mücken verstecken sich unter Steinen. Andere halten sich mit Krallen, Saugnäpfen, Haken und Ankern an der Oberfläche von Steinen fest. Im Bach leben auch Fischarten, die sauerstoffreiches, kaltes Wasser benötigen. Dazu gehören die Bachforelle, die Groppe und die Elritze. Am Bachufer kann man Bachstelzen beobachten, die auf Insektenfang gehen. Manchmal ist sogar die Wasseramsel zu sehen. Wenn der Bach breiter wird und ruhiger strömt, wird er zum →Fluss.

In einem schnell fließenden und kühlen **Bach** mit Sand- oder Kiesboden fühlt sich die Bachforelle wohl.

der Bahnhof

An Bahnhöfen halten Züge, S- und U-Bahnen. Kleine Durchgangsbahnhöfe haben meist nur einen oder zwei Bahnsteige, an denen die Reisenden ein- und aussteigen können. In einem Kopfbahnhof können Züge nicht in derselben Richtung weiterfahren. Sie müssen den Bahnhof in umgekehrter Richtung verlassen. Auf den größeren Bahnhöfen kreuzen sich mehrere →Eisenbahnlinien und viele Reisende steigen in andere Züge um. Ein solcher Personenbahnhof hat auch Fahrkartenschalter, Auskunftsstellen, Gepäckaufbewahrung, Schließfächer, Kioske, Cafés oder Restaurants und Wartesäle.

Güterbahnhöfe dienen dem Transport von Waren. Die Güter sind in großen Stahlbehältern verpackt, den sogenannten Containern. So lassen sie sich gut stapeln. Mit riesigen Ladekränen werden die Container auf die einzelnen Zugwagen geladen.

Bahnhof: Güter werden oft mit dem Zug transportiert. In Güterbahnhöfen werden die Container mithilfe von Krananlagen umgeladen.

Zu jedem Bahnhof gehören Gleisanlagen, Weichen, Abstellgleise, Hallen zur Reinigung von Zügen, Werkstätten und natürlich ein Stellwerk. Dort laufen alle Informationen über die eintreffenden und abfahrenden Züge zusammen und die Signale und Weichen werden gestellt. Das Stellwerk sorgt dafür, dass die Züge nicht zusammenstoßen.

Bakterien

die Bakterien

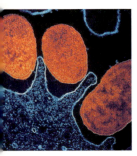

ein **Bakterium**, das sich in die Schleimhaut des Magens (blau) einnistet

Bakterien sind winzige Lebewesen, die man nur unter dem →Mikroskop sehen kann. Auf diesen i-Punkt passen so viele Bakterien, wie eine Großstadt Einwohner hat. Bakterien gehören weder zu den →Pflanzen noch zu den →Tieren, sie bilden eine eigene Gruppe. Manche sind rund, andere stäbchen- oder spiralförmig. Sie vermehren sich sehr schnell: Alle 20 Minuten werden aus einem Bakterium zwei.

Es gibt Tausende verschiedener Bakterienarten. Sie kommen überall vor, im Erdboden genauso wie auf der menschlichen Haut. Die meisten sind harmlos, manche sogar nützlich. So wird unter dem Einfluss von Bakterien →Milch zu Joghurt oder Käse. Die Bakterien in unserem →Darm helfen uns bei der →Verdauung. Es gibt auch krankheitserregende Bakterien, mit denen man sich anstecken kann. Sie können etwa zu Durchfall, Keuchhusten oder Tuberkulose führen.

die Bank

Viele Menschen haben ein Konto bei einer Bank. Wer →Geld gespart hat, legt es auf einem Sparkonto an. Damit übergibt man das Ersparte der Bank und erhält dafür Zinsen. Die Bank arbeitet mit dem Geld, indem sie es an andere verleiht. Geliehenes Geld nennt man Kredit oder Darlehen. Dafür fordert die Bank höhere Zinsen. Nach Abzug ihrer eigenen Kosten verdient sie dabei also Geld. Banken erledigen alle möglichen Geldgeschäfte: Sie wechseln Geld, nehmen Überweisungen entgegen, besorgen Bausparverträge oder Wertpapiere.

der Bär

Bären kommen mit Ausnahme Australiens und Afrikas auf der ganzen Welt vor. Sie gehören zu den größten →Raubtieren. In Deutschland gab es einst Braunbären. Heute sind sie bei uns ausgestorben. Braunbären gibt es noch als Grizzlybären und Kodiakbären in Alaska. Sie können bis zu 750 Kilogramm schwer

Großer Panda

werden. Ein weiterer Riese unter den Bären ist der weiße Eisbär, der nur in der →Arktis vorkommt. Die nordamerikanischen Bären, die in den Nationalparks leben, sind Schwarzbären. Die kleinste Bärenart ist der seltene Brillenbär aus Südamerika. In Asien gibt es Kragenbären, Lippenbären und Malaienbären.

Alle sieben Großbären mit Ausnahme des Eisbären sind Allesfresser: Sie nehmen tierische wie pflanzliche Nahrung zu sich und fressen das, was gerade reichlich zu finden ist.

Bär: Der Grizzlybär ist ein Einzelgänger. Meistens bewegt er sich gemächlich fort. Bei der Jagd kann er aber mehr als 60 km/h schnell laufen. Normalerweise geht er auf allen vieren. Er kann sich aber auch auf die Hinterbeine stellen und ein paar aufrechte Schritte machen.

das Barometer

Mit einem Barometer können wir den Luftdruck messen und damit relativ genaue Wettervorhersagen machen. Hoher Luftdruck bedeutet in der Regel schönes →Wetter, niedriger Luftdruck hingegen bringt Veränderung und Regen.

Die meisten Barometer enthalten im Inneren eine luftleere Metalldose. Sie wird je nach herrschendem Luftdruck mehr oder weniger stark zusammengedrückt. Diese Bewegung überträgt sich mittels eines Gelenks auf einen Zeiger, der uns auf einer Skala den richtigen Luftdruck anzeigt. Weil der Luftdruck beim Aufsteigen im Gebirge immer geringer wird, kann man das Barometer auch als Höhenmesser verwenden.

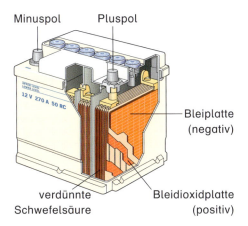

die **Batterie** eines Autos

die **Batterie**

Batterien speichern elektrische →Energie in Form von chemischer Energie. Sie enthalten chemische Stoffe, die miteinander reagieren und dabei →Strom erzeugen. Eine Batterie ist nach einiger Zeit leer gebrannt. Akkumulatoren (Akkus) hingegen können immer wieder aufgeladen werden. Trotz ihres Namens ist auch die Autobatterie ein Akkumulator, denn der →Motor lädt sie während des Betriebs dauernd auf.

Die üblichen Trockenbatterien bestehen aus einem Zinkbecher und enthalten einen Kohlestab sowie Braunstein und Salmiaklösung in Form einer Paste. Wenn man den Pluspol und den Minuspol einer solchen Batterie mit einem Leiter verbindet, fließt Strom.

der **Bauernhof**

Ein Bauernhof ist ein →landwirtschaftlicher Betrieb, der →Milch, Fleisch, →Eier, →Getreide, →Gemüse und →Früchte liefert. Ein Bauernhof besteht aus vielen Gebäuden. Neben dem Wohnhaus für die Bauernfamilie gibt es Ställe für das Vieh. In Scheunen und

Mit einem Traktor können auf einem **Bauernhof** schwere Arbeiten verrichtet werden.

Bauernhof

Bauernhof: Große Mähdrescher schneiden das Getreide an einem breiten Balken ab. Dann werden die Getreidekörner aus der Ähre herausgedroschen und aufgefangen.

Silos wird Heu und anderes Futter für die →Tiere aufbewahrt. Moderne Bauernhöfe besitzen eine Biogasanlage, in der aus dem Kot und Urin der Tiere →Energie gewonnen wird. In den Schuppen stehen die Geräte und →Maschinen, die der Bauer für seine Arbeit auf den Feldern braucht. Dazu gehören Traktor, Pflug, Ernte- und Mähmaschinen.

Früher haben sich die Bauern mit den tierischen und pflanzlichen Produkten selbst versorgt. Damals lebten auf einem Bauernhof viele verschiedene Tiere, wie Rinder, →Schweine, Ziegen, →Schafe und →Hühner. Heutzutage werden meist entweder Milchkühe, Schweine oder Geflügel gehalten. Viele Bauern arbeiten tagsüber in einem Büro oder einer Fabrik. Nur abends und am Wochenende verrichten sie ihre Arbeit auf dem Hof.

Bauernhof: In den heutigen Schweinezuchtbetrieben sehen die Tiere so gut wie nie das Tageslicht.

Baum

Mammutbaum

der Baum

Bäume haben einen verholzten Stamm und eine Krone aus Ästen und Zweigen. Die Rinde oder Borke schützt das →Holz des Stammes und der Äste vor Feuchtigkeitsverlust. Im Holz verlaufen die Leitbündel. Diese Röhren leiten das Wasser von den →Wurzeln bis zu den →Blättern. In umgekehrter Richtung wird Zuckerlösung transportiert. Die Blätter stellen diesen Zucker her und die Leitbündel verteilen ihn im ganzen Baum.

Nach den Blättern unterscheidet man zwei Gruppen von Bäumen, die →Laubbäume mit Laubblättern und die →Nadelbäume mit Nadelblättern. Die Laubbäume werfen ihre Blätter im Herbst ab, die Nadelbäume sind das ganze Jahr lang grün. Zu den heimischen Laubbäumen gehören Buche, →Eiche, Linde und Ahorn, zu den heimischen Nadelbäumen Kiefer, Tanne und →Fichte.

Frühling   Sommer   Herbst   Winter

Bäume spenden uns nicht nur Schatten, sie liefern uns auch →Nüsse oder verschiedene →Früchte wie die →Obstbäume. Vor allem aus dem Holz der Nadelbäume werden Möbel und Häuser gebaut. Bäume sind notwendig für die Umwelt. Die →Wälder reichern die Luft mit →Sauerstoff an. Viele Tiere finden Schutz und Nahrung auf Bäumen. Vögel suchen unter der Rinde nach →Insekten und bauen →Nester in die Baumkronen.

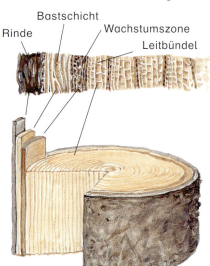
Rinde, Bastschicht, Wachstumszone, Leitbündel

Ein Schnitt durch einen Stamm zeigt das Alter des **Baums**. Jeder dunkle Ring steht für ein Jahr.

die Baumwolle

Der Baumwollstrauch wächst in warmen und →tropischen Gebieten. An seinen Samen hängen ein bis fünf Zentimeter lange weiße Fasern. Sie werden zu Garnen versponnen und diese weiter zu Stoffen verwoben. Aus den Samen des Baumwollstrauchs gewinnt man Öl, das zu Brennöl, Seife und Kosmetika weiterverarbeitet wird. Die meiste Baumwolle wird in China, den USA, Indien und Pakistan erzeugt.

Baumwollkapsel

die Beere

Weiche, saftige →Früchte bezeichnen wir als Beeren. Ihre kleinen →Samen sitzen meist innen und sind vom Fruchtfleisch umgeben. Zu den essbaren Beeren zählen Heidelbeeren, Johannisbeeren, Stachelbeeren und Weinbeeren. Die Himbeere hingegen ist keine Beere, sondern setzt sich aus vielen kleinen Steinfrüchten zusammen. Auch die Erdbeeren sind keine Beeren. Die kleinen „harten Körnchen" sind Nussfrüchte, die auf einem saftigen Blütenboden sitzen. Aus essbaren Beeren stellt man vor allem Marmelade und Säfte her. Giftige Beeren haben zum Beispiel Tollkirsche, Efeu und Seidelbast. Für die Botaniker sind auch die Gurke, Banane und →Tomate und sogar die Orange und die Zitrone Beeren! In der Natur dienen die Beeren der Verbreitung der Samen einer →Pflanze. Die

Schnitt durch eine Stachelbeere

Schwarze Johannisbeere

Heidelbeere

Beeren werden häufig von Vögeln gefressen, wobei die Samen unverdaut wieder ausgeschieden werden. In einer gewissen Entfernung von der Mutterpflanze können sie dann keimen und sich ungestört entwickeln.

die Behinderung

Ein behinderter Mensch hat eine körperliche, geistige oder seelische →Krankheit. Durch Unfälle kann es zu einer körperlichen Behinderung kommen. Querschnittsgelähmte können zum Beispiel ihre Beine nicht mehr bewegen und sind auf Rollstühle angewiesen. Straßen, Wege und Häuser müssen behindertengerecht gebaut werden, damit Rollstuhlfahrer überall freien Zugang haben. →Gehörlose oder →blinde Kinder besuchen eine besondere Schule, in der sie die Gebärdensprache oder die Blindenschrift lernen. Oft werden behinderte Kinder auch zusammen mit nicht behinderten Kindern unterrichtet. Es ist wichtig, Behinderte in die Gesellschaft der Nichtbehinderten einzugliedern.

das Benzin

Benzin ist eine durchsichtige, leicht brennbare →Flüssigkeit. Es wird aus →Erdöl gewonnen. Benzindämpfe entzünden sich leicht in der Luft. Deshalb dient das Benzin als Treibstoff in den →Motoren der →Autos. Da die Erdölvorkommen der Erde begrenzt sind, werden heutzutage auch Autos entwickelt, die mit anderen Brennstoffen fahren, wie Rapsöl, →Erdgas oder Biogas. Da Benzin zudem Fette löst, benutzen wir im Haushalt Waschbenzin zum Entfernen von Flecken.

der Beruf

Mit dem Beruf verdient man das Geld zum Leben, also für den Lebensunterhalt. Die Berufswahl ist frei: Niemand darf zu einem bestimmten Beruf gezwungen werden. Die meisten Jugendlichen erlernen nach der →Schule einen Ausbildungsberuf. Je besser der Schulabschluss, desto eher finden sie eine Lehrstelle. Sie lernen ihren Beruf in einem Betrieb und besuchen

Verschiedene **Berufe:** Als Hebamme hilft man unter anderem bei Geburten. Wissenschaftler führen oft Versuche im Labor durch.

daneben die Berufsschule. Es gibt viele Hundert staatlich anerkannte Ausbildungsberufe. Dazu gehört etwa das →Handwerk mit Tischler, Kfz-Mechanikerin oder Friseur. Die →Ausbildung dauert zwei bis drei Jahre. Eine immer größere Rolle spielen Berufe im Bereich der Dienstleistung, wie Hotelfachmann, Krankenschwester oder Bankangestellte. Wer das →Abitur hat, kann an der →Universität oder Fachhochschule studieren. Um Lehrer, Arzt oder Anwalt zu werden, ist ein Studium unerlässlich. Viele junge Leute wissen nicht genau, welchen Beruf sie ergreifen sollen. Ihnen hilft die Berufsberatung in der Schule und bei der Agentur für Arbeit.

Mehr zum Thema Berufe auf den Seiten 34 und 35!

Heutzutage werden handwerkliche **Berufe** wie Tischler auch von Frauen ausgeübt.

Berufe

Unsere frühen Vorfahren arbeiteten zwar überwiegend körperlich, doch gab es auch in den alten Hochkulturen schon gebildete Menschen, die bei ihrer →Arbeit vor allem eins brauchten: Köpfchen. Viele konnten sich ihren Beruf aber nicht selbst auswählen – und das ist heute in weiten Teilen der Erde immer noch so.

Ein ägyptischer Traumjob

Einer der angesehensten Berufe im →Ägyptischen Reich war der des Schreibers. Ein ägyptischer Schreiber hielt alles schriftlich fest, was für die →Regierung und Verwaltung des Reiches wichtig war: zum Beispiel wie viele Nahrungsvorräte der Hof kaufte, wie viele →Steuern eingetrieben wurden, wie viel Vieh und wie viele Menschen es im Land gab oder wie viele Steine man zum Bau einer →Pyramide brauchte. Außerdem schrieb er →Verträge und Briefe und kopierte Texte auf Papyrus.

Zum Werkzeug des ägyptischen Schreibers gehörten Palette, Binse und Tintenfass.

Der Helm mit Wangenklappen stammt aus der Eisenzeit.

Heißes Eisen

Um 800 v. Chr. lernten die Kelten, Eisen aus Eisenerz zu gewinnen. In sogenannten Rennöfen aus Lehm, die zum Teil in den Boden eingelassen waren, schmolzen Arbeiter das Eisen unter Zugabe von Holzkohle zu einer zähen Masse. Diese Klumpen wurden anschließend von den Schmieden erhitzt und mit Hammer und Amboss bearbeitet. Schmiede stellten Werkzeuge wie Beile und Sicheln für andere →Handwerker her, oder sie schmiedeten Waffen und Rüstungen für die Kämpfer: Lanzen, Wurfspeere und Helme. Die langen Eisenschwerter fertigten sie nur für Fürsten und Adlige.

Anrüchig, aber angesehen

Buchstäblich anrüchig war der Beruf des Kürschners, der rohe Tierfelle zu fertigen Pelzen verarbeitete. Doch bevor er das Fell zuschneiden und daraus ein Wams nähen konnte, musste der Kürschner das Fell einweichen, das restliche Fleisch abschaben, dann das Fell waschen, gerben, färben und wasserundurchlässig machen. Dieses Geschäft war natürlich mit üblen Gerüchen verbunden, weshalb Kürschner ihr Gewerbe nur am Stadtrand ausüben durften. Trotzdem waren sie angesehene Mitglieder des Stadtrats.

Den Beruf des Kürschners gibt es noch heute.

Berufe

FRÜHER UND HEUTE

Weben bis zum Umfallen

Ein schlesischer Leinenweber lebte mit seiner Familie in Not und Elend. Er stellte in Heimarbeit auf seinem Handwebstuhl Leinwand oder Wollstoffe her, die er anschließend beim Fabrikbesitzer abgab. Dafür bekam er 10 bis 20 Silbergroschen in der Woche – ein Hungerlohn, von dem die Familie nicht satt wurde. Deshalb mussten Frau und Kinder mitarbeiten, bis zu 14 Stunden am Tag und oft bis zur völligen Erschöpfung.

Der Webstuhl gehört zu den ältesten Maschinen der Menschheit. Dieses Modell ist etwa 4000 Jahre alt.

Die Ausbildung zum Mediengestalter dauert drei Jahre.

Gestalten am Computer

Was haben eine →Internetseite, die Benutzeroberfläche eines Computerspiels und ein Werbeprospekt gemeinsam? Sie wurden von Mediengestaltern gemacht. In diesem Beruf sind gute Ideen gefragt, die der Profi am →Computer umsetzt. Dazu muss man sich mit der Technik auskennen und die entsprechenden Grafikprogramme beherrschen. Mit ihnen lassen sich Bilder bearbeiten, Zeichnungen erstellen, Texte einsetzen und tolle Effekte erzielen. Bis die Website oder Zeitschrift fertig ist, macht der Mediengestalter viele Entwürfe, prüft sie, verwirft sie und entscheidet sich schließlich für den besten.

1840 · NEUZEIT · 1890 · Heute

Minna stets zu Diensten

Ein einfaches junges Mädchen vom Land hatte kaum eine Wahl: Entweder es ging als Arbeiterin in die Fabrik oder arbeitete als Dienstmädchen bei einer wohlhabenden Familie „in Stellung". Als Dienstmädchen verdiente man zwar nicht üppig, hatte dafür aber freie Unterkunft und Verpflegung. In vielen Familien gab es drei Dienstboten: eine Köchin, ein Stubenmädchen und ein Hausmädchen. Das Hausmädchen musste die Schmutzarbeit verrichten, während das Stubenmädchen Besucher empfing und bei den Mahlzeiten servierte. Wenn Gäste zum Essen erwartet wurden, herrschte Hochbetrieb: Dann mussten Gläser, Porzellan und Leuchter auf Hochglanz poliert werden.

Wie dieses Dienstmädchen auf einem Foto von etwa 1843 waren viele Hausangestellte erst 14 Jahre alt.

Bibel

die Bibel

Die Bibel ist das heilige Buch der →Christen. Sie umfasst das Alte und das Neue Testament. Im Alten Testament werden die Schöpfungsgeschichte, die Sintflut, der Bund →Gottes mit Abraham und seinen Nachkommen sowie die Geschichte des Volkes Israel erzählt. Das Neue Testament hingegen berichtet vom Leben und Wirken Jesus Christus, von seiner Geburt an Weihnachten bis zu seinem Tod am Kreuz und seiner Auferstehung.

Auch im →Judentum gibt es eine heilige Schrift, in der das Alte Testament enthalten ist. Das heilige Buch der Juden heißt Tanach oder Mikra. Das heilige Buch im →Islam ist der Koran.

der Biber

Biber werden bis zu 90 Zentimeter lang und über 30 Kilogramm schwer und gehören zur Familie der →Nagetiere. Sie kommen nur in Flusslandschaften vor. Mit ihrem Ruderschwanz und den Schwimmhäuten zwischen den Zehen können sie gut schwimmen. Nachdem die Biber bei uns fast ausgestorben waren, breiten sie sich heute wieder stark aus. Die Biber können mit ihren scharfen Nagezähnen ganze Bäume fällen. Sie bauen daraus Dämme, um den Fluss aufzustauen. In den entstehenden Stauseen legen sie ihre Biberburgen an. Die Biber fressen die Rinde junger Bäume. Für den Winter legen sie sich einen Nahrungsvorrat an.

Der Eingang der **Biberburgen** liegt immer unter Wasser.

Imker halten ihre **Bienenvölker** in Körben oder Holzkästen.

die Biene

Wespen, Hornissen, Hummeln, Wild- und Honigbienen sind →Insekten. Sie alle gehören zur Familie der Bienen. Die Honigbiene ist das einzige →Haustier unter den Insekten. Der Imker hält Honigbienen in einem Bienenstock, damit sie Honig und Bienenwachs liefern.

Jedes Bienenvolk besitzt eine Königin, die täglich bis zu 1500 →Eier legt. Zudem gibt es bis zu 50 000 unfruchtbare Weibchen, die Arbeiterinnen. In den ersten drei Wochen ihres Lebens versorgen sie die Eier und →Larven im Stock, bauen die sechseckigen Waben und bewachen den Eingang. Anschließend fliegen sie aus und sammeln Nektar und Pollen in den →Blüten. Mit einem Tanz zeigen sie ihren Stockgenossinnen, wo die nächste Futterquelle ist. Aus dem Nektar stellen die Bienen Honig her, den sie in besonderen Waben aufbewahren.

Bekommen die Larven Gelée royale, entwickeln sie sich zu fruchtbaren Königinnen. Diese werden beim Hochzeitsflug von männlichen Bienen, den Drohnen, befruchtet. Eine Arbeiterin wird im Sommer nur sechs Wochen alt, eine Bienenkönigin lebt bis zu fünf Jahren.

Bienenkönigin

Arbeiterin

Drohne

Bildung

die Bildhauerei

Bildhauer schaffen Plastiken oder Skulpturen. Im Unterschied zu den Gemälden der →Malerei sind dies räumliche Gebilde. Sie werden aus verschiedenen Werkstoffen gefertigt, zum Beispiel aus Stein, →Holz, →Metall oder Ton. Man kann auch Skulpturen aus Bronze herstellen, das ist eine Legierung aus den beiden Metallen Kupfer und Zinn. Bronzeskulpturen werden gegossen. Dafür muss der Künstler zuerst ein Modell herstellen: Über einem Tonkern formt er die Plastik aus Wachs. Dann gibt er eine weitere dicke Tonschicht darüber. Während des Brennens in einem Brennofen läuft das Wachs aus. Wenn der Bildhauer nun in den entstandenen Hohlraum flüssige Bronze gießt, erhält er die fertige Plastik, die er nur noch nacharbeiten muss.

Der **Bildhauer** Auguste Rodin hat seine Skulptur „Ewiger Frühling" aus einem großen Marmorblock gehauen.

Bildung: Die Kinder, die in dieser afrikanischen Dorfschule Lesen und Schreiben lernen, müssen oft viele Kilometer zu Fuß gehen, um zum Unterricht zu kommen.

die Bildung

Ein gebildeter Mensch hat ein breites Allgemeinwissen. Er denkt über sein Leben, das seiner Mitmenschen und seine Umwelt nach. Er findet vielfältige Lösungen für anstehende Probleme und kann Dinge von vielen Standpunkten aus beurteilen. Zudem kann er seine Ideen mitteilen und sich in die Gedankenwelt anderer Menschen hineinversetzen. Er ist bereit, sein Leben lang dazuzulernen.

Bildung ist aber nicht dasselbe wie →Ausbildung. Die Ausbildung soll den Menschen befähigen, seinen →Beruf möglichst gut auszuüben. Die Bildung hingegen formt den Menschen für alle Lebensbereiche. Ein Beispiel: Ein gebildeter Informatiker kann nicht nur gut programmieren. Er denkt auch darüber nach, ob seine Programme den Menschen mehr schaden als nützen, und kann danach entscheiden, ob er sie weiterentwickeln will oder nicht.

Jeder Mensch hat das Recht auf Bildung. Das ist gesetzlich in den →Menschenrechten festgelegt. Die Vermittlung von Bildung darf nicht nur an eine Schule oder das Elternhaus gebunden sein. Vielmehr muss Bildung überall und in jeder Lebenssituation stattfinden können. Jedes Kind sollte die Möglichkeit haben, seine Fähigkeiten zu entfalten und ständig zu erweitern. So wird aus dem Kind ein reifer, gebildeter Mensch, der auf eine ganz persönliche Art und Weise mit dem täglichen Leben umgeht.

Das Recht auf Bildung ist genauso ein Menschenrecht wie das Recht auf Meinungsfreiheit, auf Selbstbestimmung, auf Gleichberechtigung …

Biologie

die Biologie

Die Biologie beschäftigt sich mit Lebewesen, also mit den →Bakterien und →Viren, den →Pflanzen, →Tieren und dem →Menschen. Die Biologie ist wohl die umfangreichste Wissenschaft, denn es gibt mindestens sechs Millionen verschiedene Arten von Pflanzen und Tieren.

Die Biologie untersucht die Lebewesen unter unterschiedlichen Gesichtspunkten. Zum Beispiel erforscht sie

Die **Biologie** erforscht auch das Verhalten der Tiere und des Menschen und versucht zum Beispiel, das Entstehen bestimmter Verhaltensweisen zu erklären.

den Körperbau der Lebewesen, ihr Verhalten, die Lebensweise, die Geschichte ihres Daseins, die Beziehungen zur Umwelt oder ihre →Vererbung. Biologische Forschungen werden heute bei der Züchtung widerstandsfähiger und ertragreicher Pflanzen und Nutztiere angewendet, bei der Erforschung von Krankheitserregern oder der Erkennung und Behandlung von Erbkrankheiten. Biologie wird auch als naturwissenschaftliches Fach an Schulen unterrichtet.

das Biotop

Biotope sind Lebensräume von →Pflanzen und →Tieren, zum Beispiel Weiher, →Seen, →Bäche und →Flüsse, →Wälder, →Wüsten oder auch →Hochgebirge. Die Lebewesen sind jeweils sehr gut an die dort vorherrschenden Lebensbedingungen angepasst, wie zum Beispiel Hitze oder Kälte. Sobald der Mensch in einen solchen Lebensraum eingreift, kann das natürliche Gleichgewicht der Lebensgemeinschaft gestört werden. Dies ist häufig der Grund für das Aussterben von Tier- und Pflanzenarten. Mehrere Biotope mit den darin lebenden Tieren und Pflanzen bilden zusammen ein →Ökosystem.

Wenn jemand ein Biotop im Garten anlegt, ist damit meistens ein Teich gemeint, der mehr oder weniger der Natur überlassen wird.

typische Lebewesen im **Biotop** (Weiher)

Blindschleiche

das Blatt

Blätter sind die Nahrungsmittelfabriken der grünen →Pflanzen. Sie stellen aus dem →Gas Kohlendioxid und aus Wasser Zucker her. Der Zucker ernährt die Pflanzen. Die Energie dazu liefert das Sonnenlicht. Es wird vom Blattgrün oder Chlorophyll der Blätter eingefangen und nutzbar gemacht. Das Kohlendioxid stammt aus der Luft, die über die Spaltöffnungen ins Blattinnere eindringt. Die Herstellung von Zucker aus Wasser und Kohlendioxid ist ein komplizierter Vorgang. Wir bezeichnen ihn als Fotosynthese. Dabei entsteht zudem →Sauerstoff, den die Pflanzen an ihre Umgebung abgeben und den wir zum Atmen benötigen.

Im Herbst wird der grüne Blattfarbstoff, das Blattgrün, abgebaut und die braunen Farbstoffe in den Blättern treten hervor. In den kalten Jahreszeiten können die Bäume nicht mehr genügend Wasser aus dem Boden aufnehmen. Deswegen werfen viele →Laubbäume ihre Blätter ab. Im Frühjahr entspringen dann die neuen Blätter aus den →Knospen.

Eiche

Rotbuche

Ahorn

Kastanie

blind

Mit den →Augen können wir sehen. In der Umwelt finden wir uns überwiegend mit diesem →Sinnesorgan zurecht. Blinde Menschen müssen bei der Orientierung auf diesen Sinn verzichten. Sie können auch dieses Buch nicht lesen. Um Blinden das Lesen zu ermöglichen, erfand der französische Lehrer Louis Braille die Blindenschrift. Sie besteht aus einem System von höchstens sechs erhöhten Punkten,

Blindenführhunde werden lange ausgebildet. Mit ihrer Hilfe können sich **Blinde** auf der Straße zurechtfinden.

die man mit den Fingerspitzen abtastet. Auch der Wert von Geldscheinen lässt sich an einer Stelle mithilfe von Prägedruck abtasten.

die Blindschleiche

Blindschleichen sind →Kriechtiere. Ihr beinloser Körper ist mit kleinen, braun glänzenden Schuppen bedeckt. Obwohl die Blindschleiche wie eine →Schlange aussieht, ist sie eine →Echse und mit der heimischen Zauneidechse verwandt. Blindschleichen leben bei uns in Wäldern und Gärten. Anders als die Zauneidechsen meiden sie sonnige Plätze. Sie fühlen sich an feuchten, schattigen Orten wohl und fressen hauptsächlich Nacktschnecken und →Regenwürmer. Das Weibchen trägt seine →Eier so lange im Körper mit sich herum, bis die Jungen schlüpfen. Den Winter verbringen Blindschleichen bewegungslos in Erdlöchern.

WISSEN KOMPAKT

Blindschleiche
Die Blindschleiche ist eine Echse ohne Beine. Sie unterscheidet sich vor allem durch zwei Merkmale von der Schlange:

- Sie besitzt Augenlider.
- Sie wirft bei Gefahr ihren Schwanz ab.

Blume

Sonnenblume

die Blume

Jede Blume ist eine →Blüte, aber längst nicht jede Blüte ist auch eine Blume. Als Blume bezeichnen wir auffällige Blüten und auch die →Pflanze, die die Blüte trägt. Zu den vielfältigsten und üppigsten Blumen zählen Orchideen, die hauptsächlich in den →Tropen wachsen. Sie haben eine ausgeprägte Lippe. Ähnliche Blütenformen zeigen die Lippenblütler und die Rachenblütler, wie zum Beispiel das Löwenmäulchen. Ganz regelmäßig gebaut sind die Blumen des →Apfels und der Tulpe. Beim Apfel ist die Blume offen und tellerförmig, bei der Tulpe hingegen kelchförmig. Ebenfalls regelmäßig sind die Sonnenblumen und die Margeriten. Wenn man aber genau hinsieht, erkennt man, dass die Blumen aus vielen Hundert einzelnen Blüten bestehen. Sie bilden ein sogenanntes Körbchen und somit einen Blütenstand.

das Blut

Unser Blut besteht aus dem hellgelben Plasma und Millionen von Blutkörperchen. Die roten Blutkörperchen transportieren den →Sauerstoff zu den →Zellen. Die weißen Blutkörperchen greifen krankheitserregende Fremdkörper an, die in den Körper eindringen. Die winzigen Blutplättchen bewirken, dass unser Blut nach einer Verletzung gerinnt und die entstandene Wunde mit einer Kruste abdeckt.

Das Blut wird im Knochenmark gebildet. Vom →Herz wird es ständig durch die →Adern unseres →Körpers gepumpt. Neben Sauerstoff transportiert es auch Nährstoffe aus dem →Darm zu den Zellen. Zudem sorgt es dafür, dass unser Körper die richtige →Temperatur hat.

die Blüte

Lupine (Schmetterlingsblütler)

Alle Blütenpflanzen besitzen Blüten, die der Vermehrung dienen. Zu den Blütenpflanzen gehören nicht nur die →Blumen, sondern auch die →Bäume. Eine Blüte besteht aus den Blütenblättern, den Staubblättern und dem Fruchtknoten. In den männlichen Staubblättern wird der Blütenstaub oder Pollen gebildet. Der weibliche Fruchtknoten enthält die Samenanlagen und die klebrige Narbe, die bei der Bestäubung den Blütenstaub aufnimmt. Nach der Bestäubung dringt der Pollen in den Fruchtknoten ein. Er befruchtet die Samenanlagen und die →Samen entwickeln sich.

Die Blüten zeigen eine große Vielfalt an Farben und Formen. Viele Blüten leuchten bunt

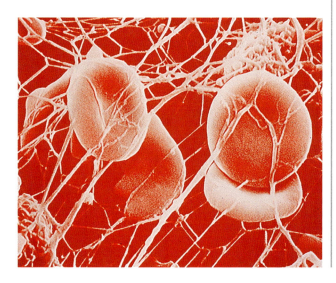

Blut: Unter dem Mikroskop kann man rote Blutkörperchen sehen, die bei der Blutgerinnung in einem Netz von Eiweißfäden gefangen wurden.

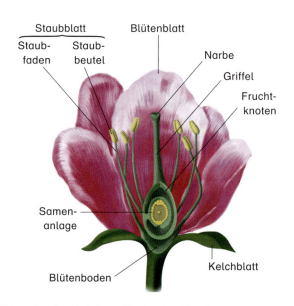

Blüte: An der klebrigen Narbe des Fruchtknotens (weiblich) bleiben die männlichen Pollen aus den Staubbeuteln hängen. Dies führt zur Befruchtung.

Brille

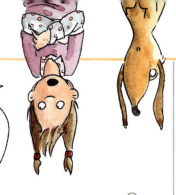

Die Blüte der Riesenrafflesie hat einen Durchmesser von einem Meter und kann bis zu elf Kilo schwer werden!

und verströmen einen starken Duft. Damit locken sie →Bienen, →Schmetterlinge und andere →Insekten an. Diese saugen den Nektar aus den Blüten und bestäuben sie dabei.

Die Blüten einiger Blumen stehen allein auf Stielen, so etwa Tulpenblüten. Bei den Korbblütlern, wie der Margerite und dem →Löwenzahn, bilden viele kleine Blüten zusammen eine Gruppe. Der Hahnenfuß ist ein Kreuzblütler mit einfach gebauten Blüten. Komplizierte Blütenformen haben die Schmetterlings- oder Lippenblütler, zum Beispiel Löwenmäulchen und Salbei.

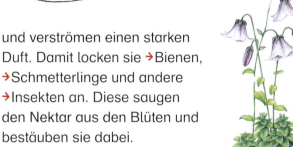

Glockenwinde (glockenförmige Blüte)

Eselsdistel (Korbblütler)

die Bremse

Wenn man die Bremse betätigt, verlangsamt sich das Fahrzeug und kommt zum Stillstand. Die meisten Bremsen wirken durch Reibung. Deswegen werden sie heiß. Die Bremsen beim →Auto und →Fahrrad sehen sich ziemlich ähnlich: Zwei Bremsbacken werden wie mit einer Zange zusammengedrückt. Dazwischen ist beim Auto die Bremsscheibe, beim Fahrrad die Felge des →Rades eingespannt. →Flugzeuge bremsen durch hochgestellte Klappen am Hinterrand der Flügel. Sie erhöhen den Luftwiderstand.

die Brennnessel

Brennnesseln sind heimische →Wildpflanzen, die meist am Rand von Wegen und →Wiesen wachsen. Die Blätter und Stängel der Brennnessel sind dicht mit kleinen Brennhaaren besetzt.

Beim Berühren bricht die Spitze des Brennhaares ab und bohrt sich wie eine Nadel in die Haut. Dabei ergießt sich eine scharfe Flüssigkeit in die Wunde. Das führt dazu, dass die Haut rot wird und schmerzt. Die Brennhaare schützen die Pflanze davor, von Tieren gefressen zu werden. Dennoch ernähren sich die →Raupen von einigen →Schmetterlingen ausschließlich von Brennnesselblättern, zum Beispiel die Raupe vom Tagpfauenauge. Von Juli bis September entwickeln Brennnesseln grüne Blüten, die wie dünne Perlschnüre aussehen. Früher wurden bei uns Brennnesseln angebaut. Aus ihren langen Fasern webten die Menschen Stoff für Kleidung und Putzlappen.

Brennnessel

die Brille

Fast jeder Mensch braucht im Laufe seines Lebens eine Brille. Diese Sehhilfe gleicht Sehfehler aus. Viele Kinder sehen in der Nähe scharf, ferne Gegenstände aber nur verschwommen. Sie sind kurzsichtig und bekommen eine Brille mit konkaven →Linsen. Wer weitsichtig ist, sieht nahe Gegenstände unscharf, weiter entfernte hingegen scharf. Er braucht eine Brille mit konvexen Sammellinsen. Im Alter lässt die Brechkraft der →Augenlinse bei den meisten Menschen nach. Dann kann man nicht mehr gut lesen und braucht eine Lesebrille. Auch sie enthält Sammellinsen.

Eine **Brille** kann die Augen vor schädlichen Einflüssen wie zum Beispiel Chemikalien, Staub oder Splittern schützen.

Brücke

die Brücke

Die ersten Brücken bildeten wahrscheinlich gefällte Bäume über einem Wasserlauf oder einem kleinen Tal. Später wurden sie abgestützt durch Pfeiler aus Stein oder Holz. Im →Römischen Reich wurden viele Bogenbrücken aus Stein gebaut. Im →Mittelalter baute man häufig Brücken, die auf beiden Seiten mit Läden und Häuschen gesäumt waren.

In Heidelberg verbindet eine Bogenbrücke die Ufer des Neckars. Diese **Brückenform** ist eine der ältesten und besonders stabil.

Heute gibt es eine große Vielfalt von Brücken. Man unterscheidet drei Typen: Die Balkenbrücke hat waagerecht aufgelegte Balken aus Holz, Stahlbeton oder Stahl. Als Stützen dienen meist Pfeiler. Bei der Bogenbrücke tragen ein oder mehrere Bögen das Gewicht der Brücke. Hängebrücken bestehen aus Stahl- oder Betonstützen, von denen Stahlgurte herabhängen, die die Fahrbahn tragen. Hängebrücken erreichen sehr große Spannweiten. Die längste Hängebrücke gibt es in Japan. Sie misst fast zwei Kilometer.

Brücken werden auf unterschiedliche Weise konstruiert: Hängebrücke (links), Zugbrücke (rechts)

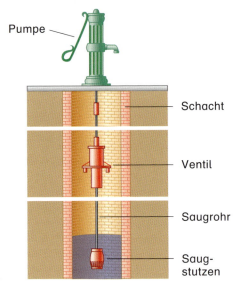

Betätigt man die Pumpe, wird Wasser im **Brunnen** nach oben befördert.

der Brunnen

Mit einem Brunnen gewinnt man Trinkwasser. Man baut einen Schacht in den Boden bis zum sauberen Grundwasser, das meist in mehreren Metern Tiefe liegt. Die Wände des Brunnenschachtes haben Schlitze und lassen das Wasser hindurchtreten. Von hier aus pumpt man es über das Saugrohr zur Oberfläche. Früher hatten die Brunnen gemauerte Wände und man schöpfte das Wasser aus ihnen mit Eimern an einer Seilwinde. Ein großer Teil des Wassers in Deutschland stammt aus Brunnen.

das Buch

Die frühesten Bücher, die wir kennen, stammen aus dem →Ägyptischen Reich: lange, beschriebene Papierrollen, die aus der Papyruspflanze hergestellt waren. Der Papyrus wächst am Ufer des Nil. Auch in der →griechischen Kultur und im →Römischen Reich kannte man Papyrusrollen. Daneben kam ein weiteres Material auf, das Pergament. Man stellte es aus gespannten und getrockneten Tierhäuten her. Das Pergament wurde in Blattform geschnitten, danach heftete man die Blätter in Buchform zusammen. Seither haben die Bücher diese Form beibehalten.

Im →Mittelalter schufen die Mönche in →Klöstern viele prächtige Bücher. Sie schrieben sie von Hand und schmückten sie mit bunten

Buddhismus

Buchdruck früher: Die Texte wurden aus Buchstaben zusammengesetzt. Diese wurden geschwärzt und mithilfe der Presse auf Papier gedrückt.

Malereien, den Illuminationen. In der Mitte des 15. Jahrhunderts erfand Johannes Gutenberg den Buchdruck mit beweglichen, gegossenen Buchstaben. Damit konnte man in kürzester Zeit sehr viele Bücher auf →Papier drucken.

die Bücherei

Eine Bücherei oder Bibliothek ist ein Raum oder Gebäude mit vielen →Büchern. Das kann eine Schul- oder eine Stadtbücherei sein. Moderne Büchereien verfügen nicht nur über Bücher, sondern auch über andere →Medien wie etwa Zeitschriften, →CDs, DVDs und Spiele. Um sie auszuleihen, muss man sich zuerst bei der Bücherei anmelden und bekommt einen Ausweis. Im Lesesaal kann man auch vor Ort in den Büchern schmökern.

der Buddhismus

Der Buddhismus ist eine der großen Weltreligionen. Begründet wurde er von Buddha, was so viel heißt wie „der Erleuchtete". Ursprünglich hieß er Siddhartha Gautama und wurde um 563 v. Chr. in Indien geboren. Buddha übernahm vom →Hinduismus die Lehre, dass der Mensch unaufhörlich wiedergeboren wird. Die guten und schlechten Taten eines Lebens entscheiden darüber, in welcher Form die Wiedergeburt erfolgt, ob als armer Mensch, als Reicher oder als Heiliger. Diesen ewigen Kreislauf kann man nur durchbrechen, wenn man die Begierde, den Hass und die Unwissenheit überwindet. Dann findet man den Weg zur Erlösung, dem Nirwana, wo das Ich erlischt. Der Weg dorthin führt zum Beispiel über gerechtes Reden und Handeln, bewusstes Denken und die Versenkung. Deswegen spielt im Buddhismus die Meditation eine so große Rolle.

Die buddhistische →Religion konnte sich vor allem in Hinterindien, etwa Thailand und Kambodscha, sowie auf Sri Lanka und in Japan halten. Tibet war früher ein rein buddhistisches Land. Von dort stammt der Dalai-Lama. Heute hat der Buddhismus auch in den westlichen Ländern viele Millionen Anhänger.

Buddhastatue in Japan

Bundeskanzler

der Bundeskanzler

In Deutschland und Österreich heißt der Chef der →Regierung Bundeskanzler. In anderen Ländern nennt man dieses Amt auch Premierminister. In Deutschland wird der Bundeskanzler auf Vorschlag des →Bundespräsidenten vom →Bundestag gewählt. Der Bundeskanzler schlägt dem Bundespräsidenten die Minister seiner Regierung zur Ernennung und Entlassung vor. Er bestimmt allein über die →Politik der Regierung. In der Schweiz sind alle Minister oder Bundesräte gleichberechtigt. Deswegen gibt es dort das Amt eines Bundeskanzlers nicht. Den Titel Bundeskanzler gibt es zwar in der Schweiz, doch der Beamte erledigt dort nur Kanzleigeschäfte und veröffentlicht zum Beispiel die beschlossenen →Gesetze.

Angela Merkel war die erste Frau im Amt des **Bundeskanzlers**.

Die Kuppel des Berliner Reichstagsgebäudes, das als Sitz des **Bundestages** von dem Architekten Lord N. R. Foster umgestaltet wurde

der Bundespräsident

Das Staatsoberhaupt heißt in Deutschland, Österreich und der Schweiz Bundespräsident. In Deutschland wird er von Mitgliedern des →Bundestags und des →Bundesrats auf fünf Jahre gewählt. Er vertritt Deutschland vor allem im Ausland, greift aber nicht in die deutsche Politik ein. Diese wird vielmehr vom →Bundeskanzler bestimmt. In Österreich wählt das Volk den Bundespräsidenten direkt für sechs Jahre. Der Schweizer Bundespräsident ist Vorsitzender des Bundesrats und wird jedes Jahr neu gewählt.

der Bundesrat

Im Deutschen Bundesrat sitzen Vertreter der 16 deutschen Bundesländer. Gesetze, die der →Bundestag beschlossen hat, müssen vom Bundesrat bewilligt werden. Der Bundesrat kann aber auch eigene Gesetzesvorlagen entwickeln. In Österreich hat der Bundesrat ähnliche Aufgaben wie in Deutschland. In der Schweiz bezeichnet man als Bundesrat die sieben Mitglieder oder Minister der Regierung. Was in Deutschland der Bundesrat ist, heißt in der Schweiz Ständerat.

der Bundestag

Das deutsche →Parlament heißt Bundestag. Er ist unsere Volksvertretung. Der Bundestag wird alle vier Jahre vom Volk gewählt und hat rund 600 Abgeordnete. Sein Sitz ist das Reichstagsgebäude in Berlin. Der Bundestag bestimmt zusammen mit dem →Bundesrat über neue →Gesetze. Bei den Debatten kann jeder Abgeordnete seine Meinung äußern. Dabei kommt es immer wieder zu erregten Diskussionen. Der Bundestag wählt auch den →Bundeskanzler. Das Parlament in der Schweiz und in Österreich heißt nicht Bundestag, sondern Nationalrat.

Der Amtssitz des deutschen **Bundespräsidenten** ist das Schloss Bellevue in Berlin.

Bürgermeister

die Burg

Eine Burg war im →Mittelalter einer der wenigen Plätze, wo sich Adelige und Könige sicher fühlen konnten. Sie verschanzten sich hinter den hohen Mauern und konnten von hier aus besser feindlichen Angriffen Widerstand leisten. Der höchste Turm des Burghofs war der Bergfried. Längs der Mauern erstreckte sich das Hauptgebäude, der Palas, an den sich die Burgkapelle anschloss. Die Mauern waren zum Teil mehrere Meter dick und hatten schmale Schießscharten. Die Soldaten standen auf der Mauer in einem umlaufenden Wehrgang. In überdachten Gängen konnten die Verteidiger schnell von einem Punkt der Burg zum andern gelangen, ohne von Wurfgeschossen getroffen zu werden. Manche Burgen wurden jahrelang belagert, jedoch nicht eingenommen. Ihre Bewohner hatten sich zuvor mit genügend Nahrungsmitteln versorgt und besaßen einen →Brunnen, aus dem sie Wasser schöpfen konnten. Wer im Schutz einer Burg wohnte, war ursprünglich ein Bürger. Heute heißen alle Angehörigen eines Staates Bürger.

WISSEN KOMPAKT

Burg oder Schloss?
Eine Burg ist ein Bauwerk, das verteidigt werden kann. Daher ist es immer von einer hohen Mauer, manchmal auch von einem tiefen Wassergraben umgeben. Nur wenige bewachte Tore führen in die Burg. Ein Schloss hingegen ist ein herrschaftlicher Wohnbau, der in der Regel unbefestigt ist.

der Bürgermeister

Der Bürgermeister ist das Oberhaupt einer →Gemeinde oder einer →Stadt und wird von den Bürgern oder vom Gemeinde- oder Stadtrat gewählt. Er ist der Leiter der Stadtverwaltung, die meistens im →Rathaus sitzt und aus vielen Mitarbeitern besteht. Zusammen mit dem Gemeinde- oder Stadtrat trifft der Bürgermeister die wichtigen Entscheidungen für eine Stadt – zum Beispiel, wie die Gestaltung des Marktplatzes sein soll oder ob eine neue Sporthalle gebaut wird.

In größeren Städten gibt es meist einen Oberbürgermeister sowie zusätzlich einen oder mehrere Bürgermeister. Diese sind dann für ganz bestimmte Bereiche wie für den Verkehr oder für das Bauamt zuständig.

Angriff auf eine **Burg:** Katapulte schleudern Steine und Fackeln über die Burgmauern, ein Rammbock zielt auf das Burgtor.

CD-ROM

die CD-ROM

CD-ROM steht für „compact disc read only memory" und bedeutet „Kompaktscheibe, die nur Daten liest". Das ist eine aluminiumbeschichtete Kunststoffscheibe, die sehr viele →Informationen speichern kann. Die Daten liegen in Form von winzigen Vertiefungen (Pits) auf einer Datenspur vor. Der →Laserstrahl eines Laufwerks tastet diese Spur ab und leitet die Informationen an den →Computer weiter. Dieser setzt sie dann in Bilder, Texte oder Töne um. Eine DVD („digital versatile disc" oder „vielseitige Digitalscheibe") hat noch mehr Speicherplatz, etwa für Spielfilme.

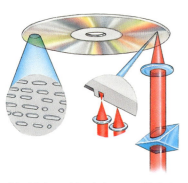

Die kleinen Vertiefungen (links) in der **CD-ROM** werden vom Laser (rechts) abgetastet.

das Chamäleon

Die Chamäleons gehören zu den →Echsen und damit zu den →Kriechtieren. Sie leben in Afrika, Asien und Südspanien und haben meist einen flachen Rumpf und einen Kamm auf dem Rücken. Manche Arten tragen Hörner auf dem Kopf. Das Chamäleon kann rasch Zeichnung und Farbe seiner Haut verändern und zeigt so an, ob es gereizt oder in Paarungsstimmung ist. Die meisten Chamäleons leben auf Bäumen. Sie sitzen stundenlang unbeweglich auf Zweigen. Dabei warten sie auf →Insekten, die nahe vorbeifliegen. Sie fangen sie mit ihrer langen, klebrigen Zunge. Diese schießt so schnell aus dem Maul hervor, dass man der Bewegung mit dem bloßen Auge kaum folgen kann.

Es gibt ungefähr 160 verschiedene Arten von **Chamäleons**. Dieses ist ein Europäisches oder Gewöhnliches Chamäleon, das zum Beispiel in Spanien und Portugal vorkommt.

die Chemie

Die Chemie untersucht, wie Stoffe zusammengesetzt sind und wie sie sich umwandeln lassen. Alle Stoffe bestehen aus einer begrenzten Zahl von Grundstoffen, den chemischen Elementen. In der Natur kommen 93 Elemente vor. Jedes Element besteht aus →Atomen mit identischen Eigenschaften. Elemente können miteinander zu chemischen Verbindungen reagieren. Chemiker erforschen solche Reaktionen in →Experimenten. Bisher stellten sie fast zehn Millionen verschiedene chemische Verbindungen her, wie →Kunststoffe oder →Dünger. Zudem untersuchen Chemiker etwa Luft, Wasser und Lebensmittel auf mögliche Schadstoffe. Man spricht dabei von der chemischen Analyse.

das Christentum

Das Christentum ist eine der großen Weltreligionen. Zur Gemeinschaft der Christen gehören über eine Milliarde →Menschen. Sie glauben an →Gott, den Schöpfer der Welt, und an Jesus Christus, der vor über 2000 Jahren als Sohn Gottes auf die Erde kam. Durch Jesu →Tod am Kreuz und seine Auferstehung hat er die Menschen erlöst. Das wichtigste Gebot des Christentums fordert von den Gläubigen unbedingte →Liebe zu Gott und den Menschen.

Das heilige Buch der Christen ist die →Bibel. Dort wird berichtet, dass Jesus viele Kranke heilte und Wunder tat. Er lehrte die Menschen, einander zu lieben und sich mit Gott zu versöhnen. Nach seinem Beinamen Christus, „der Gesalbte", nennen wir die →Religion heute Christentum. Das höchste Fest der Christen ist

Computer

Ostern, der Tag, an dem Jesus auferstanden ist. Heute gibt es verschiedene christliche Konfessionen (religiöse Untergruppen). Die älteste ist die orthodoxe →Kirche. Weiterhin gibt es die evangelische Kirche und die römisch-katholische Kirche.

Im **Christentum** lassen viele Eltern ihre Babys taufen, andere sind der Meinung, ihre Kinder sollten später selbst entscheiden, ob sie in die Kirchengemeinde aufgenommen werden möchten.

der Comic

Ein Comic ist eine Bildergeschichte mit kurzen Texten in Denk- und Sprechblasen. Zudem werden Geräusche mit Lautmalereien dargestellt, wie zum Beispiel „zack", „zisch" oder „bumm". Nicht alle Comics sind komisch. Die Geschichten mit Batman oder Spiderman sind eher abenteuerlich. Lustiges erzählen uns hingegen die Geschichten von Mickymaus, den Simpsons oder Asterix. Die meisten Comics lesen die Japaner, sie heißen Mangas. Viele Comics wurden auch verfilmt. Solche →Filme nennt man Zeichentrickfilm, wenn sie am →Computer gemacht wurden, sagt man Animationsfilm.

Batman ist ein amerikanischer **Comic**-Held.

der Computer

Ein Computer ist ein elektronischer, programmierbarer Rechner oder eine Rechenanlage. Die ersten Computer waren reine Rechenmaschinen und so groß, dass sie eine ganze Turnhalle füllten. Heute unterscheidet man nach der Rechenleistung Kleincomputer (PDA), Personal Computer (PC, Laptop) und Großrechner. Ein Computer besteht aus verschiedenen technischen Geräten, die Hardware genannt werden, und Programmen, der sogenannten Software. Zur Hardware gehören zum Beispiel der Prozessor, die Festplatte, der Bildschirm, die Tastatur, die Maus oder das Laufwerk für DVDs und →CDs. Zur Software zählen das Betriebssystem und die verschiedenen Anwendungsprogramme wie Spiele oder Programme zur Bearbeitung von Texten oder Bildern. Über die Tastatur und die Maus werden die Daten in den Computer eingegeben. Der Computer übersetzt sie dann über das Betriebssystem in eine Computersprache. Der Computer ist aus dem täglichen Leben nicht mehr wegzudenken. Man kann mit ihm Texte schreiben, im →Internet surfen, →E-Mails und Faxe schicken, Musik hören und spielen, Filme ansehen und Grafiken erstellen. Computer werden auch in Fabriken zur automatischen Steuerung von →Maschinen oder in der Medizin bei →Operationen eingesetzt.

Computer: Bevor Piloten ins Cockpit eines Hubschraubers oder Flugzeuges steigen, üben sie in Bewegungssimulatoren, mit den hohen Geschwindigkeiten umzugehen.

Laptop

Dampfmaschine

die **Dampfmaschine**

Wenn →Wasser kocht, wird es zu Wasserdampf. Dieser braucht 1700-mal mehr Platz als das flüssige Wasser. Wenn man Wasser in einem geschlossenen Behälter erhitzt, muss dieser einen hohen Druck aushalten können.

Im 18. Jahrhundert bauten englische Erfinder Dampfmaschinen, in denen Wasserdampf einen Kolben in einem Zylinder vorwärtsbewegt. Wenn sich der Dampf abkühlt und wieder zu Wasser wird, sorgt der Luftdruck für die Rückbewegung. Der Forscher James Watt verbesserte dieses Modell. Bald wurden auch Lokomotiven mit Dampf betrieben. Durch die Erfindung der Dampfmaschine entwickelte sich die →Industrie, zunehmend wurden →Maschinen eingesetzt und verdrängten das →Handwerk.

Wird Wasser erhitzt, dehnt es sich aus. Dadurch bewegt es in einer **Dampfmaschine** einen Kolben. Dieser überträgt die Kraft auf ein Schwungrad, mit dem früher Lokomotiven und Maschinen angetrieben wurden.

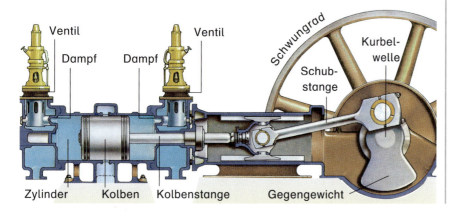

der **Darm**

Hinter dem →Magen und bis in den Unterbauch liegt beim Menschen ein sieben bis neun Meter langer Schlauch, der Darm. Im Darm wird die aus dem Magen kommende Nahrung zu Ende →verdaut. Es gibt verschiedene Darmabschnitte. Im sechs bis sieben Meter langen Dünndarm nehmen die fingerförmigen Darmzotten die Nährstoffe auf und geben sie an das →Blut weiter. An der Grenze zwischen Dünndarm und Dickdarm liegt der Blinddarm mit dem Wurmfortsatz. Dieser kann sich ziemlich leicht entzünden. Der Dickdarm dickt den nun verdauten Speisebrei ein. An seinem unteren Ende liegt der Darmausgang oder After.

> **WISSEN KOMPAKT**
>
> **Darm: Pflanzen- und Fleischfresser**
> Tiere, die Pflanzen fressen, haben einen längeren Darm als Fleischfresser. Die Verdauung von pflanzlicher Nahrung dauert nämlich länger. So misst der Darm eines Rindes 51 m und der eines Schafes 31 m, das ist das 27-Fache ihrer Körperlänge! Der fleischfressende Löwe hingegen besitzt einen nur 7 m langen Darm.

der **Deich**

Deiche sind Aufschüttungen aus Erde und Steinen. Sie schützen das Land am →Meer und an →Flüssen vor Überschwemmungen und →Hochwasser. Am Meer müssen die Deiche so hoch sein, dass selbst bei Sturmfluten das Wasser nicht ins Landesinnere gelangt. Mit Deichen kann man dem Meer auch Land abgewinnen. Das taten vor allem die Niederländer, denn ein großer Teil ihres Landes sind Polder oder Köge, also ursprünglich Meeresböden. Es dauert ungefähr zehn Jahre, bis der Boden das Meersalz verloren hat und man anpflanzen kann. Die Niederländer haben fast ihre ganze Küste durch Deiche geschützt. Ein riesiger Betondeich vor der Mündung des Flusses Schelde soll alle Sturmfluten abhalten.

der Delfin

Die Delfine gehören zu den →Walen und sind damit →Säugetiere, obwohl sie das Wasser nie verlassen. Sie atmen Luft über die →Lunge. Mit ihren scharfen Zähnen machen sie vor allem Jagd auf Fische. Es gibt rund 30 verschiedene Delfinarten, die einen Meter bis neun Meter lang werden können. Delfine sind intelligente Tiere und sehr gelehrig. Viele Tiere leben in großen sogenannten Schulen zusammen. Sie können sich mit verschiedenartigen Pfeiflauten untereinander verständigen. Dem Menschen gegenüber verhalten sie sich meist freundlich. Es gibt viele belegte Fälle, dass wilde Delfine Menschen vor dem Ertrinken retteten. Delfine können bei der Behandlung bestimmter Krankheiten helfen und werden vom Militär bei der Suche nach Wasserminen eingesetzt. Zur Familie der Delfine gehören auch der Grind- oder Pilotwal und der Schwertwal (Orca), der ein gefährlicher Räuber ist.

Der Gemeine Delfin ist der häufigste **Delfin** Europas.

Großtümmler gehören zu den **Delfinen**. Sie sind dafür bekannt, hohe Luftsprünge zu machen.

Demonstration

die Demokratie

Wir leben in einer Demokratie. Alle Bürger sind frei, haben gleiche →Rechte und können ihre Meinung frei äußern. Das Wort Demokratie heißt „Herrschaft des Volkes". Der einzelne Bürger kann bei geheimen →Wahlen bestimmen, wer ihn im →Parlament vertreten soll. Diese gewählten Vertreter bilden die Regierung, treffen in →Bundesrat und →Bundestag alle wichtigen Entscheidungen und beschließen Gesetze. Dabei müssen sie sich an die Verfassung oder das Grundgesetz halten.

Demokratien haben immer eine Gewaltenteilung. Die drei Gewalten, nämlich Regierung, Gesetzgebung und Rechtsprechung, sind streng getrennt. Das bedeutet zum Beispiel, dass die →Regierung nicht Gesetze verkünden und gleichzeitig straffällige Bürger vor Gericht verurteilen lassen kann. So handeln die Richter völlig unabhängig. Sie dürfen nur nach dem →Gesetz und nicht nach Weisungen von Politikern ihre Urteile sprechen.

die Demonstration

Demonstrationen sind öffentliche Umzüge oder Versammlungen, die meist unter freiem Himmel stattfinden. Statt Demonstration kann man auch Kundgebung sagen. Man kann etwa für mehr Kinderspielplätze im Wohnviertel oder gegen Massenentlassungen durch eine Firma demonstrieren. Die meisten Demonstrationen wollen auf Ungerechtigkeiten in der →Politik aufmerksam machen. Die Demonstranten tragen Transparente mit sich, auf denen ihr Anliegen steht. Meist enden Demonstrationen mit einer Rede. Mit stillen Demonstrationen setzen sich die Menschen für den Frieden ein oder nehmen Anteil am Schmerz anderer Menschen, zum Beispiel nach einer Katastrophe oder nach einem schweren Verbrechen. Das in der →Demokratie garantierte →Recht auf freie Meinungsäußerung umfasst auch das Recht auf friedliche Demonstration. Wenn Demonstranten jedoch gewalttätig werden, darf die →Polizei einschreiten.

Deutschland

Deutschland

Deutschland ist ein Land, das mitten in →Europa liegt. Auf das ausgedehnte Norddeutsche Tiefland folgen weiter südlich die Mittelgebirge. Im Süden Deutschlands erheben sich die Alpen. Die größten →Flüsse sind Rhein, Weser und Elbe.

Deutschland ist ein Bundesstaat aus 16 Bundesländern mit einer gemeinsamen →Regierung. Im deutschen →Parlament werden etwa Gesetze beschlossen, die die Außen- und Gesundheitspolitik betreffen. Jedes Bundesland hat außerdem eine eigene Landesregierung und eigene Landesparlamente. Sie dürfen in gewissen Bereichen eigene →Gesetze erlassen und zum Beispiel bestimmen, was in den →Schulen gelehrt wird. Das Staatsoberhaupt in Deutschland ist der →Bundespräsident. Deutschland ist Mitglied der →Europäischen Union.

Mehr über Deutschland erfährst du auf den Seiten 288 und 289!

Obwohl Deutschland kaum Bodenschätze hat, gehört das Land zu den führenden Industrienationen. Autofabriken, chemische Betriebe, Maschinenbau und Elektronik sind die wichtigsten Industriezweige.

Der Loreley-Felsen wird vom Rhein in einer engen Schleife umflossen. Er gehört für viele Touristen, die nach **Deutschland** kommen, zum Ausflugsprogramm.

Die Bundesrepublik Deutschland (BRD) entstand nach dem Zweiten →Weltkrieg im Jahr 1949 aus den Besatzungszonen der Franzosen, Amerikaner und Briten. Aus der Besatzungszone Russlands ging in Ostdeutschland die Deutsche Demokratische Republik (DDR) hervor. Die BRD war eine →Demokratie, die DDR eine sozialistische Diktatur. Die beiden deutschen Staaten waren durch eine scharf bewachte →Grenze getrennt und in Berlin durch eine Mauer, die mitten durch die Stadt verlief. 1989 erzwang das Volk in der DDR die Öffnung der Grenzen. Dabei fiel auch die Berliner Mauer. Am 3. Oktober 1990 fand die →Wiedervereinigung der beiden deutschen Staaten statt. Neue Bundeshauptstadt wurde Berlin.

WISSEN KOMPAKT

Deutschland
Hauptstadt: Berlin
Fläche: 357 022 km²
Bevölkerung: etwa 80,5 Millionen
Sprache: Deutsch
Währung: Euro

Diskussion

der Diabetes

Diabetes ist die medizinische Fachbezeichnung für die Zuckerkrankheit. Es handelt sich dabei um eine Störung des Stoffwechsels. Die Bauchspeicheldrüse produziert zu wenig Insulin. Dieses Hormon regelt den Zuckergehalt des Blutes. Die Diabetiker – so heißen die Zuckerkranken – haben zu viel Zucker im →Blut. In leichten Fällen hilft Diät, bei schwerer Erkrankung müssen sich die Patienten Insulin spritzen. Ob man Diabetes hat, kann man am eigenen Urin mit einem Teststreifen aus der Apotheke überprüfen.

der Dinosaurier

Das Wort Dinosaurier bedeutet „schreckliche Echse". Dinosaurier sind →Kriechtiere, die im Erdmittelalter vor 225 bis 65 Millionen Jahren lebten. Damals gab es noch keine →Säugetiere, geschweige denn →Menschen, sondern die Dinosaurier waren die beherrschenden Tiere der →Erde. Nach der Form ihrer Beckenknochen unterscheidet man Vogelbecken- und Echsenbecken-Dinosaurier. Die Vogelbecken-Dinosaurier waren friedliche Pflanzenfresser, wie der Stegosaurus und der Triceratops. Die Echsenbecken-Dinosaurier umfassten Pflanzen- und Fleischfresser. Unter ihnen befanden sich die schwersten Landtiere, die es je gab. Brontosaurus und Diplodocus waren über 30 Meter lange Pflanzenfresser. Tyrannosaurus und Megalosaurus hingegen waren Fleischfresser. Mit Körperlängen bis zu 14 Metern gehören sie zu den größten →Raubtieren der Erde.

Neben den Dinosauriern gab es im Erdmittelalter noch viele weitere Kriechtiere. Die Flugsaurier konnten fliegen. Manche waren so klein wie Spatzen. Der größte Flugsaurier hieß Quetzalcoatlus und war so groß wie ein Sportflugzeug. In den Meeren schwammen delfinähnliche Fischsaurier und bis zu neun Meter lange, gefährliche Paddelechsen.

Vor 65 Millionen Jahren starben alle Dinosaurier aus. Wahrscheinlich prallte damals ein großer Meteorit aus dem →Weltall auf die Erde und löste eine Umweltkatastrophe aus.

Wie alle Reptilien legten auch **Dinosaurier** Eier, aus denen Junge schlüpften.

die Diskussion

Diskussion bedeutet, wörtlich aus dem Lateinischen übersetzt, Untersuchung und Prüfung. Bei einer Diskussion tauschen →Menschen ihre Meinungen über eine bestimmte Frage aus. Sie wird dann zur Diskussion gestellt. Diskussionen sollten sachlich sein: Man kann zwar die Argumente des Gegners mit eigenen Argumenten bekämpfen, darf ihn aber nicht persönlich beleidigen oder verhöhnen. Politische Diskussionen, wie sie etwa im →Bundestag geführt werden, heißen Debatten.

Dinosaurier: Ein Tyrannosaurus hat es auf den pflanzenfressenden Ankylosaurus abgesehen.

Doping

das Doping

Beim Doping setzen Sportler verbotene Stoffe ein, um ihre Leistung auf unnatürliche Weise zu steigern. Es gibt viele verschiedene Dopingmittel. Die einen setzen Energiereserven frei, die der →Körper eigentlich für den Fall der Lebensgefahr bereithält. Sehr viele Sportlerinnen und Sportler nehmen heute Anabolika, die beim Aufbau von →Muskeln helfen. Durch die Einnahme von Anabolika entwickelt man Muskelpakete, die man auch durch hartes Training so nicht erreichen könnte. Dopingmittel haben schwere Nebenwirkungen und sind für den Körper sehr schädlich. In vielen →Sportarten gibt es heute Dopingkontrollen.

das Dorf

Ein Dorf ist ursprünglich eine kleine Siedlung, deren Bewohner vor allem Bauern oder Fischer sind. Daher sind Dörfer stets von Feldern umgeben oder liegen an einem Fluss, See oder Meer. Bei uns sind die Dörfer meist zu kleinen →Gemeinden zusammengeschlossen. In einer →Stadt leben viel mehr Menschen als in einem Dorf. Während bei uns die Häuser eines Dorfes meist an der Hauptstraße entlang gebaut sind, gibt es in Afrika noch typische Runddörfer.

die Droge

Als Drogen bezeichnete man früher alle getrockneten pflanzlichen Stoffe, etwa auch →Tee und →Gewürze. Man kaufte sie in der Drogerie. Heute verstehen wir unter „Drogen" meist nur noch Rauschmittel. Sie wirken auf das →Gehirn und das →Nervensystem des Menschen und versetzen ihn in einen traumartigen Zustand. Von Rauschgiften kann man psychisch abhängig werden und irgendwann findet man nicht mehr die Kraft, mit ihnen aufzu-

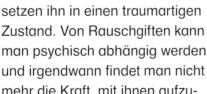

Drogen: Heroin wird meistens mit einer Spritze in die Blutbahn gebracht.

Aus Hanf (links) wird die **Droge** Marihuana oder Haschisch gewonnen, die Fruchtkapsel des Schlafmohns (rechts) enthält den Grundstoff für Heroin.

hören. Eine körperliche Abhängigkeit ergibt sich bei den harten Drogen wie Heroin und Kokain. Marihuana und Haschisch werden aus der indischen Hanfpflanze gewonnen. Sie wirken ähnlich wie →Alkohol und führen zu Benommenheit. Die Partydroge Ecstasy galt lange Zeit als eher harmlos. Heute weiß man, dass sie das Gehirn schwer schädigt. →Handel und Gebrauch von Drogen sind verboten.

die Druckerei

In Druckereien werden Bilder und Texte vervielfältigt. Es werden →Bücher, →Zeitungen und Zeitschriften gedruckt oder auch Etiketten und Fahrkarten. Es gibt drei Druckverfahren. Beim Hochdruck färbt man erhöhte Bildteile wie Buchstaben ein und druckt sie dann auf →Papier. Beim Tiefdruck sind die Buchstaben oder Bilder in die Druckplatte eingegraben. Die Druckfarbe setzt sich in den Vertiefungen fest und wird dann vom saugfähigen Papier aufgenommen. Beim Offsetdruck überträgt der Druckzylinder die Farbe erst auf ein Gummituch. Das Papier nimmt dann die Farbe von diesem Tuch ab.

Für den **Druck** müssen Flächen und Linien in Punkte zerlegt werden. Sind sie fein und dicht genug, kann unser Auge sie nicht mehr trennen.

Dynamo

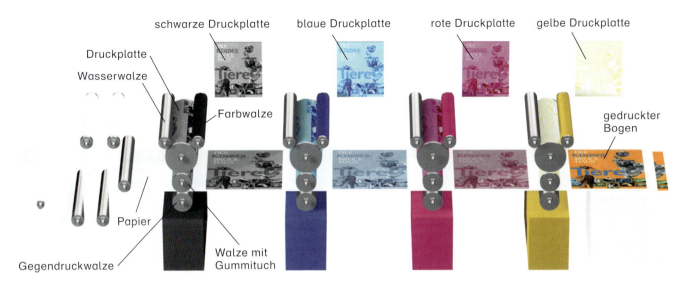

Druckerei: Offsetdruck mit den drei Hauptfarben Blau, Rot und Gelb sowie Schwarz

der Dünger

Die →Pflanzen können in ihren →Blättern zwar die notwendige Nahrung selbst herstellen, aber sie brauchen zudem Mineralstoffe, die sie dem Boden entnehmen. Wenn Pflanzen sterben, werden sie von →Bakterien abgebaut, sodass diese Mineralstoffe zurück in den Boden gelangen. In der →Landwirtschaft werden die Pflanzen geerntet und verkauft. Ihre Mineralstoffe gelangen also nicht mehr zurück auf das Feld. Der Boden verliert an Fruchtbarkeit und die Ernten werden geringer. Solche Böden werden mit zusätzlichen Mineralstoffen gedüngt.

Die wichtigsten Naturdünger sind →Kompost und Stallmist. Kunst- oder Mineraldünger stellt die chemische →Industrie her. Sie enthalten Mineralstoffe in Form von Salzen, die sich leicht im Bodenwasser lösen und den Pflanzen sofort zur Verfügung stehen. Wird zu viel gedüngt, besteht die Gefahr, dass der Dünger das Grundwasser verseucht.

die Dürre

Wenn der Regen längere Zeit ausbleibt, spricht man von einer Dürre. Die Dürre ist eine außergewöhnliche Trockenheit. Sie tritt in warmen Jahreszeiten auf und wird durch hohe Temperaturen verstärkt. In Dürrezeiten verlieren die →Pflanzen viel Wasser, bekommen aber keinen Nachschub. Die Böden trocknen langsam aus und werden an der Oberseite rissig. Wenn die Pflanzen über die →Wurzeln kein Wasser mehr aufnehmen können, welken die grünen Teile. Es kommt zu Dürreschäden. Diese werden durch trockene →Winde noch verstärkt.

Dürre: Trockenrisse im Boden

der Dynamo

Viele →Fahrräder haben einen Dynamo am Vorder- oder am Hinterrad, mit dem die Fahrradbeleuchtung angetrieben wird. Wenn man ihn einschaltet, treibt der Reifen während der Fahrt den Dynamo über das Treibrad an. Im Innern des Dynamos liegen →Magnete und Spulen. Zusammen erzeugen sie den →Strom, den man für die Beleuchtung braucht. Bei eingeschaltetem Dynamo muss man stärker treten. Ein Teil der →Energie wird nämlich für die Erzeugung des Stroms aufgewendet. Im Dynamo findet eine Induktion statt: Wenn man eine Spule aus einem elektrisch leitenden Draht in einem Magnetfeld bewegt, entstehen elektrische Spannungen in der Spule und es fließt Strom. Ein Dynamo ist somit ein →Generator. Ein besonders kraftsparender Dynamo ist der Nabendynamo.

Ebbe und Flut

Ebbe und Flut

Der Wasserspiegel in allen →Meeren schwankt in regelmäßigen Abständen von mehreren Stunden. Steigt der Meeresspiegel, so herrscht Flut. Dann überflutet das Wasser in der Nordsee zum Beispiel die Wattflächen. Sinkt der Meeresspiegel, so herrscht Ebbe und das →Watt liegt trocken. Ebbe und Flut nennen wir auch Gezeiten. Sie kommen durch die Anziehungskraft des →Mondes und der →Sonne zustande. Der Mond zieht die Wassermassen etwas zu sich, während er sich um die →Erde dreht. Der Unterschied zwischen dem höchsten Wasserstand, dem →Hochwasser, und dem niedrigsten Wasserstand, dem Niedrigwasser, beträgt im Mittelmeer nur ungefähr einen halben Meter, kann aber in Buchten an der englischen Küste bis weit über zehn Meter gehen.

das Echo

Wenn wir laut rufen, werden Schallwellen erzeugt. Treffen diese auf ein Hindernis, etwa eine Mauer oder Felswand, so werden sie zurückgeworfen, und wir hören ein Echo. Der →Schall bewegt sich mit einer Geschwindigkeit von ungefähr 330 Metern pro Sekunde fort. Wenn wir zwei Sekunden auf ein Echo warten müssen, ist das Hindernis 330 Meter von uns entfernt. Denn die Schallwellen müssen diese 330 Meter zweimal zurücklegen. Aus der Zeit, die man auf das Echo wartet, kann man also die Entfernung der Mauer berechnen. Nach diesem Prinzip bestimmen Schiffe mit einem Sonar die Meerestiefe. →Fledermäuse orientieren sich mithilfe der Echos ihrer hohen Schreie. Der →Radar nimmt Echos von →Radiowellen wahr.

die Echse

Rotkehlanolis

Die Echsen bilden die größte Gruppe der →Kriechtiere. Sie haben eine trockene, schuppige Haut, lange Schwänze und bewegen sich meist auf vier Beinen. Einige Echsen haben allerdings im Lauf der →Evolution ihre Beine verloren. Sie kriechen, ähnlich wie die →Schlangen, auf dem Boden, wie etwa die einheimische →Blindschleiche. Es gibt ungefähr 3000 Echsenarten, dazu gehören →Eidechsen, →Chamäleons, Leguane, Agamen und Warane. Die kleinsten Echsen sind nur wenige Zentimeter lang, während die größte, der Komodowaran aus Indonesien, drei Meter lang und über 120 Kilogramm schwer wird. Solche Kolosse haben schon Menschen angefallen.

Echse: Der australische Moloch, auch Wüsten- oder Dornteufel genannt, ernährt sich von Termiten und Ameisen.

der Edelstein

Edelsteine sind wertvolle →Mineralien, die nur selten gefunden werden. Damit sie schön glänzen, werden sie geschliffen und poliert. Dann verarbeitet sie der Juwelier zu Schmuckstücken. Viele Edelsteine sind farbig, wie der rote Rubin, der blaue Saphir und der grüne Smaragd. Der wertvollste Edelstein ist der Diamant. Er ist sehr hart und wird auch zum Bohren von →Gesteinen verwendet.

Edelstein: geschliffener Diamant

Eichhörnchen

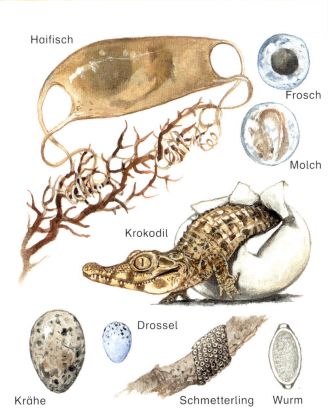

Manche **Eier** sind von einer harten Kalkhülle umgeben, andere bestehen aus gallertartiger Masse.

das Ei

In jedem Ei befindet sich eine winzige weibliche Eizelle. Bei der Befruchtung verschmilzt sie mit einer männlichen Samenzelle. Danach beginnt die befruchtete Eizelle sich immer wieder zu teilen und wächst schließlich zu einem neuen Lebewesen heran. Die Eizelle des Menschen misst nur ungefähr 0,2 Millimeter. Nach der Befruchtung entwickelt sich daraus in der Gebärmutter ein neuer →Mensch. Die Nährstoffe dazu erhält er von seiner Mutter.

Die Eier von →Vögeln, →Kriechtieren und →Fischen entwickeln sich unabhängig von der Mutter. Sie müssen deshalb viel größer sein und bereits alle benötigten Nährstoffe in Form von Dotter enthalten. Solche Eier sind nach außen abgeschlossen. Die Eier der Kriechtiere haben eine ledrige Haut, Vogeleier besitzen dagegen eine Kalkschale. Das größte Ei legt der →Strauß. Es wiegt 1,5 Kilogramm. Das kleinste Ei bringt gerade 0,2 Gramm auf die Waage und gehört einem →Kolibri.

die Eiche

Eichen sind große →Laubbäume, die bei uns ganze →Wälder bilden. Sie können mehrere Hundert Jahre alt und bis zu 50 Meter hoch werden. Ihre →Blätter sind länglich und weisen am Rand viele Einbuchtungen auf. Wenn eine Eiche 60 bis 80 Jahre alt ist, blüht sie zum ersten Mal. Die →Blüten sehen wie grüne Perlschnüre aus. Im Herbst bilden sich die Eicheln. Von diesen →Früchten ernähren sich viele Tierarten, etwa Eichelhäher, Eichhörnchen, Rehe und Hirsche. Aus dem harten →Holz der Eiche wurden früher Schiffe gebaut. Heutzutage verwendet man es für Möbel, Balken, Holzböden und Weinfässer. Bei uns sind die Stieleiche und die Traubeneiche die beiden häufigsten Arten.

Eicheln und Eichenblatt

das Eichhörnchen

Das Eichhörnchen gehört zu den →Nagetieren. Gern knabbert es →Nüsse und →Samen aller Art. Aber es frisst auch Vogeleier und sogar Jungvögel. Das Eichhörnchen lebt vor allem in Bäumen. Mit seinen scharfen Krallen kann es hervorragend klettern. Es springt gut vier Meter weit von einem Baum zum anderen und verwendet beim Sprung seinen buschigen Schwanz, um das Gleichgewicht zu halten. Hoch oben in den Bäumen baut es sich ein rundes →Nest, den sogenannten Kobel. Es hält keinen Winterschlaf, sondern sammelt im Herbst Nüsse und Eicheln und legt davon Vorräte an. In Europa gibt es rote und schwarze Eichhörnchen. Vor 100 Jahren wurde in England das amerikanische Grauhörnchen eingeführt, das an manchen Orten die einheimischen Eichhörnchen verdrängt.

Europäisches Eichhörnchen

Eidechse

die Eidechse

Eidechsen sind →Kriechtiere. Wie alle wechselwarmen Tiere können sie ihre Körpertemperatur nicht selbst regeln. Deswegen sitzen sie oft auf warmen Steinen und wärmen ihren Körper. Wenn sie wachsen, häuten sie sich und werfen ihre schuppige Haut ab. Eidechsen fressen hauptsächlich Insekten. Wenn ein Feind eine Eidechse angreift, wirft sie ihren Schwanz ab. Der Schwanz zuckt noch eine Weile und verwirrt den Angreifer. In der Zwischenzeit kann die Eidechse fliehen. Später wächst ihr ein Schwanzstummel nach. Bei uns leben vier Eidechsenarten. Die häufigste ist die Zauneidechse. Daneben gibt es Smaragdeidechsen, Mauereidechsen und Waldeidechsen.

Als einzige heimische **Eidechse** bringt die Waldeidechse lebende Junge zur Welt. Sie schlüpfen während der Geburt aus ihrem Ei.

das Eis

Bei null Grad Celsius gefriert reines →Wasser zu Eis und wird fest. Ungewöhnlich ist, dass sich Eis beim Gefrieren ausdehnt. Es vergrößert seinen Rauminhalt um rund ein Zehntel. Das macht sonst kein anderer Stoff. Eis ist leichter als Wasser. So schwimmen Eiswürfel im Wasserglas oben. Und Seen gefrieren von oben her zu. Wenn Wasser in einem geschlossenen Gefäß gefriert, wird dieses gesprengt. Deswegen können bei Kälte Wasserleitungen platzen. Sind im Wasser Salze gelöst, sinkt der Gefrierpunkt. Um Glatteis aufzutauen, streut man oft Salz auf die Straße. Allerdings schadet das Streusalz der →Umwelt und greift Pflanzen an.

WISSEN KOMPAKT

Eisberge
Eisberge sind abgebrochene Teile von Gletschern, die im Meer schwimmen. Von einem Eisberg sieht man immer nur die Spitze. Ungefähr ein Achtel ragt aus dem Wasser heraus, während die restlichen sieben Achtel unter Wasser liegen.

die Eisenbahn

Eine Eisenbahn ist ein →Verkehrsmittel, das auf Schienen fährt und Personen oder Güter transportiert. Die ersten Vorläufer der Eisenbahn fuhren auf Holzschienen. Sie wurden von Hand oder von Pferden gezogen und dienten in Bergwerken dem Transport von Erzen und →Kohle. Seit über 200 Jahren fahren Eisenbahnen auf Schienen aus Eisen. Daher stammt ihr Name. Im Jahr 1825 fuhr in England die erste Dampflokomotive, 1835 in Deutschland. Heute treiben elektrische Lokomotiven oder Dieselloks die Wagen an. Sie sind viel energiesparender als die Dampfloks.

In Reisezügen, S- oder U-Bahnen werden Passagiere befördert. Der modernste Reisezug in Deutschland ist der ICE. Er ist über 300 Stundenkilometer schnell und hält in größeren Städten. Nahverkehrszüge und S-Bahnen hingegen halten an jedem →Bahnhof. U-Bahnen gibt es nur innerhalb einer Großstadt. Noch schneller als der ICE ist die Magnetschwebebahn (Transrapid). Sie hat keine Räder, sondern schwebt auf einem →Magnetfeld. Die Güterzüge dienen dem Transport von schweren Gütern. Die Güter werden auf Wagen geladen oder in großen Containern befördert.

Eisenbahn: Für den ICE müssen oft spezielle Schnellfahrstrecken gebaut werden.

Elefant

Jagd auf Mammute in der **Eiszeit:** Die riesigen Tiere wurden in Fallgruben getrieben.

die **Eiszeit**

Wenn eine Eiszeit herrscht, kühlt sich die →Erde ab. Große Gebiete sind dann von dicken Eisschichten bedeckt, vor allem am →Nordpol und am →Südpol und im →Hochgebirge. Im Lauf der Erdentwicklung gab es viele Eiszeiten, die Jahrtausende andauern konnten. Dazwischen gab es wärmere Zeitabschnitte. Die letzte Eiszeit ging vor ungefähr 10 000 Jahren zu Ende. Wir wissen nicht, ob in den nächsten Jahrtausenden wieder eine Eiszeit kommen wird.

Während der Eiszeiten dehnten sich die →Gletscher aus. In der letzten Eiszeit reichten zum Beispiel die skandinavischen Gletscher bis weit nach Norddeutschland hinein, während die Gletscher von den Alpen bis über das Gebiet von München hinausreichten. Da während der Eiszeit viel Wasser im →Eis der Gletscher festgefroren war, sank der Meeresspiegel. Dadurch entstand eine Landbrücke zwischen den beiden →Kontinenten Asien und Nordamerika. Über diese Landbrücke konnte Amerika von Asien her besiedelt werden.

der **Elefant**

Die Elefanten sind die größten lebenden Landtiere. Afrikanische Elefanten sind größer als Indische Elefanten. Ein Männchen, der Bulle, wird doppelt so hoch wie ein Mensch und kann über sechs Tonnen wiegen. Das entspricht dem Gewicht von sieben Kleinautos. Mit ihrem Rüssel brechen Elefanten Zweige ab und pflücken →Früchte aus den Bäumen. Beim Trinken saugen sie Wasser in den Rüssel und spritzen es sich dann in den Mund. Elefanten brauchen 20 Jahre, bis sie ausgewachsen sind und werden ungefähr genauso alt wie Menschen. Sie leben in Gruppen unter der Leitung eines erfahrenen Weibchens. Die ausgewachsenen Bullen sind meistens Einzelgänger.

Oft werden Elefanten wegen des Elfenbeins ihrer Stoßzähne gewildert. In manchen Gebieten sind sie schon ausgestorben. Teilweise gibt es noch Elefanten in den Nationalparks Afrikas.

Afrikanischer Elefant

Elektrizität

die Elektrizität

Die Elektrizität ist eine Naturkraft. Sie beschreibt die Anziehung winziger Teilchen, die elektrisch geladen sind. Schon die alten →Griechen kannten die Elektrizität. Sie beobachteten, dass Bernstein kleine Papierstückchen anzieht, wenn man ihn mit einem Wolltuch reibt. Daher kommt auch der Name, denn Bernstein heißt auf Griechisch „elektron".

Wir kennen Elektrizität als →Strom, der aus der Steckdose kommt. Lampen, →Motoren und andere elektrische Geräte werden damit betrieben. →Kraftwerke gewinnen den Strom durch Verbrennen von →Kohle und →Erdöl, aus →Atomkraft, mit Windrädern oder aus der →Energie der Sonne. Über Leitungen gelangt der Strom in Fabriken, Büros und Wohnhäuser. In der Natur kommt Elektrizität in sehr großen Mengen bei der Entladung eines Blitzes vor. Wenn →Nerven in unserem Körper aktiv sind, fließt auch Elektrizität, allerdings in ganz kleinen Mengen.

Elektrizität: Ein Kamm, mit dem man mehrmals durch die Haare gefahren ist, ist elektrostatisch aufgeladen und zieht Styroporkügelchen an.

die Elektronik

Die Elektronik beschäftigt sich mit der Steuerung von →Strömen. Viele Geräte werden mit elektronischen Bauteilen gesteuert, etwa der →Computer, der →Fernseher, das →Telefon oder die Waschmaschine. Bei der Waschmaschine überwacht die Elektronik zum Beispiel den Heizstab, den Elektromotor, die Pumpe sowie die →Ventile und sie schaltet sie im richtigen Augenblick ein und aus.

Im Laufe der Zeit sind die Elektronikbauteile immer kleiner geworden. Angefangen hat alles mit großen Vakuumröhren, die bald durch Transistoren ersetzt wurden. Heute können Millionen von Transistorschaltungen auf einen winzigen Chip übertragen werden.

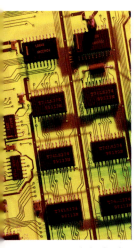

elektrische Schaltung

Elektronische Bauteile gibt es auch im Fön, im Herd, im Handy ...

die E-Mail

E-Mail ist die Abkürzung für „electronic mail", das heißt auf Deutsch elektronische Post. Um eine E-Mail, also eine elektronische Nachricht, versenden und empfangen zu können, braucht man einen Zugang zum →Internet, entsprechende Programme und eine E-Mail-Adresse. Sie ist zusammengesetzt aus dem Benutzernamen, gefolgt von dem „Klammeraffen" @, dem Providernamen und dem sogenannten Ländercode. Dabei ist „de" die Länderabkürzung für Deutschland. Österreich hat „at" und die Schweiz „ch" als Länderabkürzung. Der Provider ist eine Firma, die den Zugang zum Internet ermöglicht. Einer E-Mail kann man unterschiedliche Dateien anhängen: Bilder, Texte, sogar Musik, Videoclips oder auch Filme. Vom Versender zum Empfänger braucht die E-Mail meist nur wenige Sekunden, auch wenn beide viele Tausend Kilometer voneinander entfernt sind.

die Energie

Energie ist die Fähigkeit, →Arbeit zu leisten. Es gibt verschiedene Formen von Energie, etwa Wärmeenergie, elektrische, magnetische oder mechanische Energie. Energie kann nicht erzeugt und auch nicht verbraucht oder vernichtet werden. Man kann die Energieformen immer nur ineinander umwandeln. Bei einem →Kraftwerk wird die chemische Energie der →Kohle durch Verbrennung in Wärmeenergie umgewandelt. Die Wärme bringt →Wasser zum Verdampfen. Der Dampf wiederum treibt →Generatoren an und aus der mechanischen Drehbewegung wird elektrische Energie.

Gespeicherte Energie heißt potenzielle Energie. Das Wasser in einem Stausee enthält potenzielle Energie. Sobald es durch die Röhren in die Tiefe schießt, verwandelt sich die potenzielle Energie in Bewegungsenergie, auch kinetische Energie genannt. Zur →Energiegewinnung setzt man →Turbinen und Generatoren ein, die durch die Wasserkraft betrieben werden.

Entdecker

die Energiegewinnung

Es gibt verschiedene Möglichkeiten, die vorhandenen Formen von →Energie einzufangen und nutzbar zu machen. Das nennt man Energiegewinnung. Naturvölker erzeugen meist Wärme, indem sie →Holz verbrennen. Damit kochen sie und wärmen sich bei Kälte. Menschen in Industrieländern gewinnen die benötigte Energie oft aus der Verbrennung von →Erdöl, →Erdgas und →Kohle und erzeugen daraus in →Kraftwerken Strom. Die Vorkommen dieser Rohstoffe reichen aber nur noch wenige Jahrzehnte. Auch in Atomkraftwerken kann man →Strom erzeugen, jedoch hinterlassen sie für viele Tausend Jahre radioaktiv strahlende Abfälle.

Energiegewinnung: Bei einem Wasserkraftwerk wird die Bewegung des abfließenden Wassers in elektrischen Strom umgewandelt.

verschiedene Kraftwerke zur **Energiegewinnung:** Windkraftwerk (links), Solarkraftwerk (rechts)

Heutzutage will man vermehrt erneuerbare Energiequellen nutzbar machen, weil sie unsere →Umwelt weniger schädigen. Dazu gehören neben der Wasserkraft vor allem die Wind- und Sonnenenergie, Erdwärme und Biomasse. Fließendes →Wasser und →Wind treiben große propellerartige Räder zur Energiegewinnung an. Die Energie der →Sonne kann man direkt zur Erwärmung von Wasser in Sonnenkollektoren nutzen oder mit ihr in Solarzellen Strom erzeugen. Auch mit der Wärme aus dem Inneren der →Erde (Erdwärme) oder durch Verbrennen von Biomasse (wie Holz, Schilf oder Dung) lässt sich elektrische Energie erzeugen.

der Entdecker

Seit es Menschen gibt, unternehmen Entdecker lange →Expeditionen zu unbekannten Gebieten und erforschen fremde Inseln, →Kontinente oder Meeresstraßen. So wurde zum Beispiel →Amerika mindestens dreimal entdeckt, vor rund 28 000 Jahren von den Vorfahren der →Indianer, vor etwa 1000 Jahren von den →Wikingern und 1492 von Christoph Kolumbus.

Die erste Weltumsegelung wagte 1519 bis 1522 der Portugiese Ferdinand Magellan. Der schottische Missionar David Livingstone entdeckte zwischen 1841 und 1873 auf seiner Suche nach den Quellen des Nils die Victoriafälle im Innern →Afrikas. 1911 erreichte der Norweger Roald Amundsen als Erster den →Südpol.

Christoph Kolumbus gilt als der **Entdecker** Amerikas.

Ente

männliche Stockente

weibliche Stockente

die Ente

Die Enten sind mit den Schwänen, den Gänsen und den Sägern nahe verwandt. Nach der Lebensweise unterscheiden wir zwei Entengruppen: Die Schwimmenten gründeln bei der Nahrungssuche, tauchen aber nicht. Sie fliegen ohne Anlauf vom Wasserspiegel auf. Die Tauchenten hingegen tauchen nach ihrer Nahrung und müssen vor dem Abfliegen erst auf der Wasseroberfläche platschend ein Stück laufen. Die meisten Tauchenten leben am Meer. Zu ihnen gehört die Eiderente, die für ihre Daunen berühmt ist. Die weichen →Federn halten das Tier warm und verhindern, dass Wasser bis zur Haut vordringt. Schlafsäcke sind oft mit diesen Daunen gefüllt.

Die männlichen Enten heißen Erpel. Sie sind viel auffallender gefärbt als die Weibchen, die meist Tarnfarben tragen. Unsere Hausente stammt von der Stockente ab. Sie wird seit vielen Hundert Jahren gezüchtet.

das Entwicklungsland

Zu den Entwicklungsländern zählen wir viele Staaten →Afrikas, →Asiens und Südamerikas. Sie sind im Vergleich zu den Industrienationen technisch und gesellschaftlich wenig entwickelt. Die Menschen leben dort teilweise unter entsetzlichen Bedingungen und in bitterer Armut. Nur wenige können lesen und schreiben. Man spricht auch von der Dritten Welt – im Gegensatz zu den beiden ersten Welten, welche die reicheren Industrienationen umfassen.

Viele Entwicklungsländer liefern den Industrienationen billige Nahrung, Rohstoffe, billiges Holz und vor allem billige Arbeitskräfte. Der Reichtum auf unserer Erde ist also ganz ungleichmäßig verteilt. Und der Unterschied wird immer größer: Wenn die Entwicklungsländer ihre Rohstoffe billig verkaufen müssen, werden die Industrieländer immer reicher und die Entwicklungsländer immer ärmer. Auch die →Globalisierung kann zu einer Verschärfung dieser Unterschiede beitragen.

WISSEN KOMPAKT

Entwicklungsländer
Derzeit gehören rund 150 Staaten der Erde zu den Entwicklungsländern. Die meisten liegen in der Nähe des Äquators, wie zum Beispiel Sudan, Somali, Mali und Madagaskar in Afrika sowie Bangladesch, Vietnam und Kambodscha in Asien.

die Entzündung

Wenn wir einen Körperteil heftig anstoßen oder uns eine Verbrennung zuziehen, schwillt die verletzte Stelle nach einiger Zeit an, wird rot und heiß. Das verletzte Körpergewebe wird jetzt besonders gut durchblutet. Diese Reaktion des →Körpers nennen wir eine Entzündung. Entzündungen treten auch auf, wo →Bakterien in die →Haut eindringen. An solchen entzündeten Stellen werden die eingedrungenen Bakterien von den weißen Blutkörperchen in unserem →Blut bekämpft. Manchmal sondert die Haut dabei eine gelbliche Flüssigkeit ab, den Eiter.

Besonders gefürchtet ist die Lungenentzündung, die ebenfalls auf eine Infektion durch Bakterien oder durch →Viren oder Pilze zurückgeht. Kinder leiden häufig an einer Entzündung der Mandeln.

das Erdbeben

Bei einem Erdbeben wird die Oberfläche der →Erde erschüttert. Kleinere Erdbeben können entstehen, wenn ein →Vulkan ausbricht oder die Decke einer unterirdischen →Höhle einbricht. Die größten Erdbeben entstehen durch Bewegungen in der Erdkruste. Dabei können sich riesige Felsplatten ineinander verhaken. An dem sogenannten Erdbebenherd baut sich eine große Spannung auf, die sich dann in einem heftigen Erdbeben löst.

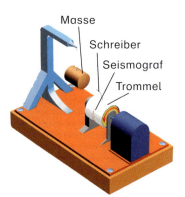

Seismograf

Erde

Erdbeben: Rettungshund bei der Suche nach Verschütteten

die Erde

Die Erde ist der fünftgrößte →Planet unseres →Sonnensystems, der mit sieben weiteren Planeten um einen →Stern, die Sonne, kreist. Einzigartig ist unsere Erde durch die →Atmosphäre und den →Wasserkreislauf. Die Atmosphäre schützt vor der Strahlung der →Sonne. Dadurch herrschen auf der Erdoberfläche gemäßigte Temperaturen, die das Leben von Menschen, Tieren und Pflanzen ermöglichen. Im Erdinneren jedoch ist es mehrere Tausend Grad heiß.

Die Erde ist zwischen vier und fünf Milliarden Jahre alt. Vor 225 bis 65 Millionen Jahren lebten die →Dinosaurier. Den →Menschen als kultur- und sprachbegabtes Wesen gibt es erst seit rund 50 000 Jahren.

Am →Äquator beträgt der Umfang der Erde 40 075 Kilometer. Wäre die Erde so groß wie ein Fußball, so wären die höchsten →Gebirge nicht höher als ein Farbanstrich. Die Erde ist wie ein riesiger →Magnet. Die beiden Pole sind der →Nordpol und der →Südpol. Nach dem Magnetfeld der Erde richtet sich der →Kompass aus. Auch →Wale und →Zugvögel orientieren sich auf ihren Wanderungen mithilfe des Erdmagnetfeldes.

In jeder Minute finden auf der Erde etwa zwei Erdbeben statt. Die meisten Erdbeben sind so schwach, dass wir sie nicht wahrnehmen. Wissenschaftler können sie nur mit Erdbebenmessern, den Seismografen, registrieren.

Bei einem Seebeben liegt der Erdbebenherd unter dem Meeresboden. Dabei können Tsunamis mit bis zu 30 Meter hohen Wellen entstehen. Im Jahr 2004 löste ein Seebeben vor der Küste der Insel Sumatra die bislang schlimmste Flutwelle aus, bei der rund 300 000 Menschen ums Leben kamen.

Im Inneren besteht die **Erde** aus flüssigem Gestein.

Erdgas

das Erdgas

Das Erdgas stammt aus der →Erde. Es entstand vor Millionen von Jahren auf ähnliche Weise wie das →Erdöl, nämlich aus abgestorbenen Tieren und Pflanzen. Diese wurden von Schlammschichten bedeckt, sodass sie nicht verwesen konnten. Schließlich verwandelten sie sich in Erdgas. Es blieb in der Erde unter undurchlässigen →Gesteinsschichten gefangen. Erdgas und Erdöl kommen oft zusammen vor. Der größte Teil des Erdgases besteht aus dem →Gas Methan. Daneben sind noch andere Gase vertreten, etwa Ethan, Propan und Butan. Erdgas ist eine wichtige →Energiequelle und viel umweltverträglicher als Erdöl oder →Kohle. Beim Verbrennen entsteht zwar auch Kohlendioxid, aber kein Schwefeldioxid und keine Stickoxide, die den sauren Regen verursachen.

Erdgaspipeline

die Erdkunde

Die Erdkunde oder Geografie beschäftigt sich mit der Oberfläche der →Erde. Sie erforscht zum Beispiel, wie die verschiedenen Formen der →Küsten entstanden sind und wie die →Gletscher der →Eiszeit die Landschaft geformt haben. Die Geografen erstellen →Landkarten von den verschiedenen Ländern. Außerdem untersuchen sie, wie sich die Städte entwickelt haben, wie die Pflanzen und Tiere verbreitet sind und wo die besten Bedingungen für die Landwirtschaft herrschen. Zu den Zweigen der Geografie gehören die Meteorologie, die Lehre vom →Wetter, und die Klimatologie, die sich mit dem →Klima beschäftigt.

das Erdöl

Erdöl ist eine meist dicke, braune Flüssigkeit, aus der man →Benzin, →Kunststoffe und Heizöl herstellt. Es entstand vor vielen Millionen von Jahren aus toten Pflanzen und Tieren. Diese wurden von Schlammschichten bedeckt und damit vom →Sauerstoff abgeschnitten. So fand keine vollständige Verwesung statt. Das Erdöl befindet sich in Zwischenräumen feinkörniger

Für den Transport von **Erdöl** über weite Entfernungen werden lange Rohrleitungen (Pipelines) eingesetzt.

→Gesteine, ähnlich wie von einem Schwamm aufgesogenes Wasser. Über den Erdöllagerstätten liegen undurchlässige Gesteinsschichten, die das Erdöl einschließen. Mit einem Bohrturm wird durch die undurchlässige Gesteinsschicht hindurch das Erdöllager angebohrt. Dann sprudelt das Öl nach oben oder wird hochgepumpt. Weil die Ölvorräte der Erde langsam zur Neige gehen, sucht man Ersatz. Zur →Energiegewinnung eignen sich auch die Energie der Sonne und Energie aus dem Erdinneren.

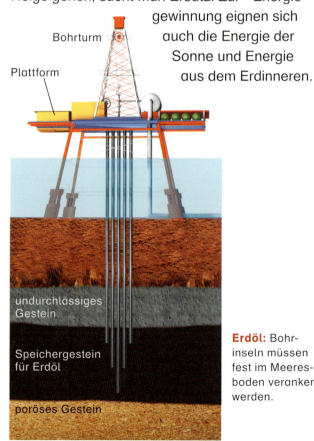

Erdöl: Bohrinseln müssen fest im Meeresboden verankert werden.

Eule

die Ernährung

Um leben zu können, müssen sich alle Lebewesen ernähren, das heißt, sie müssen Nahrungsstoffe aufnehmen. Die Pflanzenfresser unter den Tieren ernähren sich nur von Gras, Blättern, →Früchten oder →Wurzeln. Dazu gehören zum Beispiel Rehe und Mäuse. Fleischfresser wie Wölfe und Löwen machen Jagd auf Beutetiere oder ernähren sich von toten Tieren (Aas). Der →Mensch gehört wie auch das Schwein zu den Allesfressern. Wir ernähren uns von pflanzlicher und tierischer Kost. Auch →Pflanzen müssen sich ernähren: Sie brauchen Wasser, Nährstoffe und das Kohlendioxid aus der →Luft, um mithilfe der Sonnenenergie Zuckerverbindungen als Nahrung herzustellen.

Pflanzliche **Ernährung** ist gesund: Sie enthält viele Vitamine und Ballaststoffe.

Die mit der Nahrung aufgenommenen Nährstoffe stellen die Bausteine für das Wachstum unseres →Körpers dar. Deshalb müssen besonders Kinder und Jugendliche auf eine vielfältige Ernährung achten. Unsere Nahrung sollte Eiweiße, Kohlenhydrate, Fette sowie Mineralstoffe und →Vitamine in einem ausgewogenen Verhältnis aufweisen. Bei der →Verdauung der Nährstoffe wird Energie frei. Diese Energie brauchen wir, um uns zu bewegen und damit unser Körper stets gleichmäßig warm ist.

Mehr zum Thema Ernährung auf den Seiten 64 und 65!

die Erste Hilfe

Unter Erster Hilfe versteht man alle Sofortmaßnahmen, die nach einem Unfall menschliches Leben retten – und zwar bevor der Notarzt eintrifft. Jeder Mensch ist dazu verpflichtet, Erste Hilfe zu leisten, allerdings sollte er sich dabei nicht selbst gefährden. Der Ersthelfer benachrichtigt den Rettungsdienst über den →Notruf und sichert die Unfallstelle ab. Er bringt den Verletzten aus dem Gefahrenbereich und kümmert sich um ihn. Er redet mit ihm, damit sich der Verletzte beruhigen kann. Er verbindet blutende Wunden oder bringt einen Bewusstlosen in die stabile Seitenlage, so können →Blut und Erbrochenes aus dem Mund abfließen und der Patient erstickt nicht daran.

Ein Mensch, der vor dem Ertrinken gerettet wurde, atmet oft nicht mehr. Dann muss der Ersthelfer ihn von Mund zu Mund beatmen, bis der Notarzt kommt. Das →Rote Kreuz veranstaltet häufig Kurse in Erster Hilfe, in denen man solche Sofortmaßnahmen lernen kann.

die Eule

Eulen sind räuberische →Vögel, die nur in der Dämmerung und nachts auf Jagd gehen. Sie jagen vor allem Mäuse. Ihre →Federn sind so gebaut, dass sie lautlos fliegen und sich unbemerkt ihrer Beute nähern können. Eulen haben ein sehr gutes Gehör und sehen mit ihren großen →Augen nachts fast genauso gut wie wir am Tag. Sie verschlingen ihre Beute mit Haut, Haaren und Knochen. Die unverdaulichen Reste speien sie als Gewölle wieder aus.

Schleiereule, Waldkauz und Waldohreule sind bei uns die häufigsten Eulenarten. Auch der Uhu, die größte Eule der Welt, ist bei uns heimisch.

Uhu

Schleiereule

Ernährung

Damit unser →Körper seine vielfältigen Aufgaben erfüllen kann, müssen wir essen. Doch viele Menschen haben nicht genug zum Sattwerden, während andere im Überfluss leben und einfach zu viel futtern. Ein Blick in die Kochtöpfe der Welt offenbart riesige Unterschiede und ganz eigene Vorlieben.

Bratkartoffeln aus Bananen

Das Grundnahrungsmittel in vielen Ländern Lateinamerikas ist nicht die →Kartoffel, sondern die Kochbanane. Rund 60 Kilogramm im Jahr lässt sich ein Einwohner Venezuelas davon schmecken. Die Kochbanane ist größer und schwerer als die Obstbanane, und ihr festes Fruchtfleisch schmeckt etwas nach Kartoffel. Wie diese wird die Kochbanane gebacken, gebraten, gegrillt oder gekocht, und das fast zu jeder Tageszeit. Kinder lieben Kochbananen als frittierte Streifen, auf die sie Ketchup und Mayonnaise geben – „Pommes gestreift" auf Südamerikanisch. Wer davon noch nicht satt ist, nascht zwischendurch leicht gesalzene Chips – natürlich aus Kochbananen!

Kochbananen sind in vielen Ländern Südamerikas ein Grundnahrungsmittel.

Grillen unter der Sonne Südafrikas

Ein großes Freizeitvergnügen vieler Südafrikaner ist das Grillen unter freiem Himmel. Der Spaß nennt sich Braai und wurde von den niederländischen Buren eingeführt, die ab dem 17. Jahrhundert hier siedelten. Vom Rost auf den Teller wandern bevorzugt Steaks in beeindruckender Größe, Fisch, Spieße und natürlich Boerewors (wörtlich: Burenwurst) – stark gewürzte Bratwürste, die zu Schnecken aufgerollt sind. Wer keinen eigenen Garten mit Grill besitzt, brutzelt seine Wurst mit Freunden im Park oder einfach auf dem Bürgersteig.

eine würzige Braai-Spezialität: die geringelte Bratwurst Boerewors

Ernährung

Alles, was das Meer hergibt!

Im Inselstaat Japan kommen die meisten Speisen aus dem Meer: Fische, Meeresfrüchte, Muscheln und Seetang. Diese fettarmen, eiweißhaltigen Lebensmittel landen mehrmals am Tag auf dem Teller. Besonders beliebt sind Sushi-Röllchen aus rohem Fisch, scharfem, grünem Meerrettich und Reis, die kunstvoll in Rotalgenblätter eingewickelt sind und in kleinen Häppchen serviert werden. Bei Sashimi handelt es sich ebenfalls um rohen Fisch, der in dünne Scheiben geschnitten wurde. Auch aus dem Kugelfisch Fugu kann man Sashimi bereiten, aber Vorsicht: Man darf nur das Filet essen. Die Innereien sind hochgiftig!

Sushi – das Auge isst mit.

Delikatessen mit sechs Beinen

Die Ureinwohner Australiens, die Aborigines, ernährten sich als Nomaden von allem, was die Erde hergab – einschließlich Insekten und deren Larven. Einige essen die eiweißhaltigen Tierchen zumindest ab und zu heute noch. Man kann die Insekten roh essen oder in heißen Sand eingraben und glühende Kohlen darauflegen, bis sie geröstet sind. Aus den fleischigen Hinterleibern der Bogong-Motte kann man auch Kuchen backen. Und wer Lust auf Süßes hat, macht sich auf die Suche nach Honigameisen. Man saugt das prall mit süßem Nektar gefüllte Hinterteil der Ameise einfach aus. Um an das Nest zu kommen, muss man aber tief graben.

Die Arbeiterinnen der Honigameise speichern in ihrem Hinterleib süße Pflanzensäfte.

Bitte mit den Fingern essen!

Äthiopier dürfen genau das, was Kindern in Europa meistens verboten ist: mit den Fingern essen. Damit ihnen Soßen und Ähnliches dabei aber nicht durch die Finger rinnen, wird das Essen in vielen Familien mit Injera serviert. Das ist ein säuerliches Fladenbrot aus dem hirseähnlichen →Getreide Teff, das in einer breiten Pfanne ausgebacken wird. Man richtet gegartes Fleisch, Gemüse oder auch Linsenbrei sowie Soße darauf an, reißt mit der Hand ein Stück vom Fladen ab und nimmt damit die Speisen auf. Besteck ist da überflüssig – und die Hände bleiben trotzdem sauber!

Fleisch ist in Äthiopien sehr teuer. Gemüse ist deshalb in den meisten Familien die Beilage zu Injera.

Europa

Europa

Europa ist der zweitkleinste →Kontinent unserer Erde. In der südlichen Hälfte Europas liegen hohe Gebirgszüge, wie zum Beispiel die Alpen, während die →Gebirge in Nordeuropa überwiegend niedrig sind. Dazwischen befinden sich große Ebenen. Hier fließen die größten Flüsse Europas. Im Vergleich zu den anderen Kontinenten herrscht in Europa ein gemäßigtes →Klima. Im Süden ist der Sommer heiß und trocken, während das →Wetter in Mitteleuropa unbeständig ist. In Nordeuropa wachsen vermehrt →Flechten und →Moose. Weiter im Süden gibt es großflächige →Waldgebiete.

Europa ist der Kontinent mit der dichtesten Besiedelung. Europäer haben sich in den vergangenen Jahrhunderten auch in Nord- und Südamerika, in Australien, Neuseeland, Südafrika und Sibirien niedergelassen. Europäische Lebensweisen beeinflussten somit das Leben vieler Völker auf der Welt. Europa ist ein hoch industrialisiertes Gebiet. Hier liegen einige der reichsten Länder der Erde. Derzeit zählen 46 Staaten zu Europa. Einige der europäischen Staaten haben sich zur →Europäischen Union zusammengeschlossen.

Europa: Der Steinbock ist das Wappentier der Alpen.

WISSEN KOMPAKT

Europa
Fläche: 9 839 000 km²
Bevölkerung: etwa 740 Millionen
Höchster Berg: Elbrus, 5642 m (Russland)
Größter See: Ladogasee, 17 700 km² (Russland)
Längster Fluss: Wolga, 3531 km (Russland)
Größte Stadt: Moskau (Russland), rund 11,6 Millionen Einwohner

Mehr über Europa erfährst du auf den Seiten 290 bis 293!

Evolution

Europa: In Skandinavien haben die Gletscher der Eiszeit flache abgerundete Inseln hinterlassen.

die Europäische Union

Die Europäische Union, abgekürzt EU, ist ein Zusammenschluss europäischer Länder. Sie wurde 1993 gegründet. Ihr Hauptsitz liegt in Brüssel, der Hauptstadt Belgiens. Die EU-Staaten arbeiten gemeinsam an vielen politischen, wirtschaftlichen und sozialen Themen. Bis heute haben sie den →Handel, die Reise- und die Aufenthaltsbedingungen in →Europa einfacher gemacht. Jedes europäische Land kann der EU beitreten, sofern es eine →Demokratie ist. Viele EU-Länder haben sogar bereits eine gemeinsame Währung eingeführt, den Euro.

Die EU hat wie jedes Land auch besondere Einrichtungen, die wichtige Entscheidungen treffen und →Gesetze beschließen. Dies sind das Europäische Parlament, das direkt von den europäischen Bürgern gewählt wird, dann der „Rat der EU", in dem die einzelnen Mitgliedsstaaten vertreten sind, und schließlich die Europäische Kommission, die die Interessen der EU gegenüber den anderen Ländern der Erde vertritt. Der Europäische Gerichtshof sorgt dafür, dass die Rechte eingehalten werden.

EU: Auf der Rückseite der 20-Cent-Münze Sloweniens sind die dort gezüchteten Lippizaner abgebildet.

WISSEN KOMPAKT

EU: Mitgliedstaaten
Seit dem 1. Juli 2013 sind diese 28 Länder Mitglieder der EU: Belgien, Bulgarien, Dänemark, Deutschland, Estland, Finnland, Frankreich, Griechenland, Großbritannien, Irland, Italien, Kroatien, Lettland, Litauen, Luxemburg, Malta, die Niederlande, Österreich, Polen, Portugal, Rumänien, Schweden, die Slowakei, Slowenien, Spanien, Tschechien, Ungarn und Zypern. Island, Mazedonien, Montenegro, Serbien und die Türkei wollen auch der EU beitreten.

die Evolution

Die →Tiere und →Pflanzen, die heute auf der →Erde leben, waren nicht immer da. Sie haben sich vielmehr aus Vorfahren weiterentwickelt, die meist ganz anders aussahen. Diese sehr langsam fortschreitende Entwicklung von Lebewesen heißt Evolution. So haben sich im Lauf der Erdgeschichte einfachste Lebensformen, zum Beispiel erste Einzeller, langsam verändert und höherentwickelt. Dadurch sind die heutige Vielfalt an unterschiedlichen Pflanzen und Tieren sowie der →Mensch entstanden. Grund für die stetige Weiterentwicklung der Lebewesen ist, dass sich die Lebensbedingungen auf der Erde ständig ändern. So wird etwa das

Evolution: Der Birkenspanner hat die Farbe der Birkenrinde. Als die Baumstämme durch die Luftverschmutzung dunkler wurden, passte sich der Falter an.

Expedition

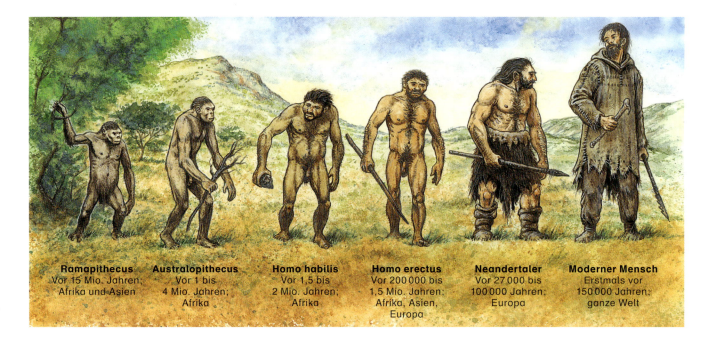

So stellen sich die Wissenschaftler die **Evolution** des modernen Menschen vor.

Ramapithecus Vor 15 Mio. Jahren; Afrika und Asien

Australopithecus Vor 1 bis 4 Mio. Jahren; Afrika

Homo habilis Vor 1,5 bis 2 Mio. Jahren; Afrika

Homo erectus Vor 200 000 bis 1,5 Mio. Jahren; Afrika, Asien, Europa

Neandertaler Vor 27 000 bis 100 000 Jahren; Europa

Moderner Mensch Erstmals vor 150 000 Jahren; ganze Welt

→Klima wärmer oder kälter, feuchter oder trockener oder Raubtiere aus fernen Gebieten wandern zu. Die Lebewesen müssen sich den neuen Lebensbedingungen anpassen. Sie entwickeln ein dickeres Fell gegen die Kälte oder längere Beine, um schneller vor Jägern wegrennen zu können.

die Expedition

Im Mai 1970 stiegen 18 deutsche Bergsteiger und 400 Träger mit acht Tonnen Last zum Basislager des Nanga Parbat, um diesen über 8000 Meter hohen Berg im Himalaja-Gebirge ein zweites Mal zu besteigen. Eine solche aufwendige Reise in unerforschte Gebiete nennt man Expedition. Viele Expeditionen sind Forschungsreisen. Es geht darum, neue Tier- und Pflanzenarten zu finden, von unbekannten Gebieten Karten anzufertigen oder versunkene Städte auszugraben. Die größte Expedition, die jemals stattfand, war 1969 die Landung der ersten Menschen auf dem →Mond.

das Experiment

Experimente sind Versuche, die in der →Wissenschaft durchgeführt werden. Chemiker, Physiker, Biologen und Techniker machen Experimente, um neue Informationen zu gewinnen und strittige Fragen zu klären. Mit Experimenten kann man eine Annahme oder Hypothese entweder beweisen oder widerlegen. Auch in den Schulfächern →Chemie, →Biologie und →Physik werden oft Experimente gemacht.

Nehmen wir einmal an, jemand behauptet: Ein Squashball springt höher als ein Tennisball. Diese Annahme kann man mit einem Experiment überprüfen. Der Versuch muss genau geplant sein. Die Bedingungen müssen für die beiden Bälle genau gleich sein: Den Squashball und den Tennisball lässt man aus derselben Höhe auf dieselbe Art Untergrund fallen, zum Beispiel harten Fußboden. Man führt den Versuch mehrfach durch und misst, wie hoch die beiden Bälle zurückspringen. Dann werden die Ergebnisse aufgezeichnet und ausgewertet. Schließlich kommt man zu dem Schluss: Die anfängliche Annahme war falsch, denn der Tennisball springt höher.

Experiment: Hier wurde untersucht, wie Kresse wächst, wenn sie in einem dunklen Schrank steht.

Farbe

die Fabel

Eine Fabel ist eine Erzählung, in der Tiere, manchmal auch Pflanzen oder Mischwesen, mit menschlichen Eigenschaften und Verhaltensweisen auftreten. Die Eigenschaften der Fabeltiere gleichen sich in fast allen Fabeln. So gilt der Fuchs als schlau, der Löwe als mutig, die Schlange als hinterhältig und die Eule als klug. Am Ende der Fabel steht meist eine Moral. Das ist eine Lehre, die man aus der Geschichte ziehen kann. Auch manche →Märchen oder →Sagen haben am Ende eine Moral.

Die ältesten Fabeln stammen von dem griechischen Dichter Äsop (um 500 v. Chr.). Im 17. Jahrhundert schrieb in Frankreich Jean de La Fontaine zahlreiche Fabeln. Die Fantasiegeschöpfe wie Einhorn, Basilisk, Greif und Drachen heißen auch Fabeltiere.

das Fahrrad

Den Vorläufer des heutigen Fahrrads baute im Jahr 1817 der Forstmeister Karl von Drais. Seine „Draisine" bestand aus zwei miteinander verbundenen Holzrädern und einem Sattel. Pedale gab es damals noch nicht, sondern der Fahrer stieß sich mit den Füßen ab. Ungefähr 50 Jahre danach gab es die ersten Fahrräder mit Pedalen. Diese waren direkt am Vorderrad befestigt. Um mit einer Pedaldrehung eine möglichst weite Strecke zurücklegen zu können, wurden die Vorderräder immer größer. Daraus entstand das Hochrad, das sehr schwer zu fahren war. Erst um 1880 erfand man das Prinzip des heutigen Fahrrads: Der Pedalantrieb wurde über eine Kette auf das Hinterrad übertragen. Damit durften beide →Räder gleich groß sein. Alle Fahrräder, ob Tourenrad, Rennrad oder Mountainbike, funktionieren nach dieser Antriebsweise.

Draisine

die Familie

Zu einer Familie gehören Eltern, →Kinder, Großeltern und die weitere →Verwandtschaft. Früher lebte die ganze Familie zusammen in einem Haus. Bei uns gibt es solche Großfamilien nur noch selten. Die heutige Familie besteht meist aus den Eltern und ihren Kindern. Wir nennen sie auch Klein- oder Kernfamilie. Wenn sich die Eltern →scheiden lassen und einen neuen Partner finden, der auch Kinder hat, entsteht eine sogenannte Patchworkfamilie. Kinder aus zwei verschiedenen Familien leben dann als Geschwister in der neuen Familie.

die Farbe

Farben sind nur da, wo auch →Licht ist. Ohne Licht sehen wir nur Schwarz. Schwarz ist deshalb keine Farbe, sondern das Fehlen von Licht. Der Forscher Isaac Newton machte eine wichtige Entdeckung: Er ließ das Licht der →Sonne durch ein dreieckiges Glas, ein Prisma, scheinen und erhielt dabei alle Farben des →Regenbogens, ein sogenanntes Spektrum. Weißes Licht besteht also aus vielen verschiedenen Farben. Wir sehen eine rote Blüte rot, weil die Blüte alle Farben des Spektrums aufnimmt und nur die rote Farbe zurückwirft. Eine weiße Blüte wirft alle Farben zurück, sodass in unserem Auge der Eindruck von Weiß entsteht.

Die verschiedenen **Farben** des Lichts ergeben zusammen Weiß (oben). Mischt man Farben auf Papier, entsteht Schwarz (unten).

Farn

der Farn

Farne gehörten zu den ersten →Pflanzen, die das Festland eroberten. Seit etwa 350 Millionen Jahren haben sie ihr Aussehen kaum verändert. Es sind krautige Pflanzen mit großen, meistens gestielten Blättern. Heute gibt es noch ungefähr 10 000 Farnarten. Sie pflanzen sich nicht durch →Blüten und →Samen fort, sondern durch Sporen. Farne bewohnen meist schattige und feuchte Orte. Die größten Farne sind die Baumfarne in den →Tropen, die bis zu 30 Meter hoch werden. Auch bei uns gibt es verschiedene Farne, wie zum Beispiel den Adlerfarn, der im Wald wächst.

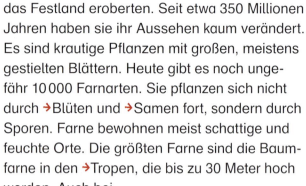

Adlerfarn

Häufchen von Sporen

das Faultier

Faultiere tragen ihren Namen zu Recht. Sie gehören zu den langsamsten →Säugetieren. Stundenlang hängen sie kopfüber an Ästen und halten sich dabei mit ihren langen Krallen fest. Sie kommen nur in Südamerika vor und ernähren sich von Blättern und →Früchten. Vor einigen Jahrmillionen gab es Faultiere, die auf dem Boden lebten und bis zu drei Meter lang wurden. Faultiere schlafen 19 Stunden am Tag. Wenn sie sich bewegen, tun sie dies nur mit einer Geschwindigkeit von höchstens zwei Metern pro Minute. In ihrem Fell wachsen grüne Algen, die die Tiere hervorragend im Urwald tarnen. Wegen ihrer Trägheit werden die Faultiere von den meisten Raubtieren nicht entdeckt, da diese nur Bewegungen wahrnehmen.

Dreifingerfaultier

die Feder

Alle →Vögel haben Federn. Federn sind leichte und doch widerstandsfähige Gebilde. Sie bestehen wie unsere →Haare und die Fingernägel aus Horn. Es gibt drei verschiedene Federtypen: Die Daunenfedern halten die Vögel warm, besonders Wasservögel wie die →Enten. Deckfedern halten ebenfalls warm und bilden den Körperumriss. Die langen Schwungfedern formen mit ihren kräftigen Kielen die Flügelflächen. Die Vögel wechseln ein- oder zweimal pro Jahr ihre Federn. Diese Zeit heißt Mauser. Dann werden die abgenutzten Federn durch neue Federn ersetzt.

Aufbau einer Feder

der Fernseher

Der Fernseher ist ein Gerät, das Fernsehsignale empfängt und wiedergibt. In der Sendeanstalt werden die Bilder und Töne einer Sendung oder eines →Films in unsichtbare Radiowellen umgewandelt und über einen Sender ausgesendet. Die Antenne des Fernsehers empfängt

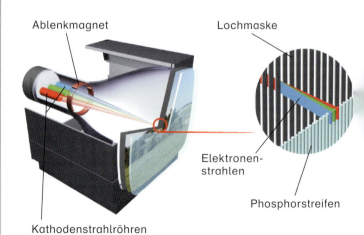

Ablenkmagnet · Lochmaske · Elektronenstrahlen · Phosphorstreifen · Kathodenstrahlröhren

Die Kathodenstrahlröhre des **Fernsehers** sendet Strahlen zur Leuchtschicht am Bildschirm. Dort leuchten farbige Punkte auf.

Feuerwehr

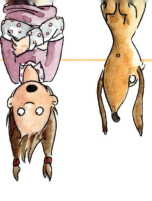

Die erste vollelektronische Fernsehübertragung gelang 1931 – alles in Schwarz-Weiß!

sie und gibt sie auf dem Bildschirm wieder. Die meisten der heute gebräuchlichen Röhrenbildschirme sind mit winzigen Bildpunkten in den →Farben Rot, Grün und Blau besetzt. Je nach den empfangenen Informationen werden diese Bildpunkte unterschiedlich stark von Elektronenstrahlen getroffen. Dabei leuchten sie auf und erzeugen den Bildpunkt in der gewünschten Farbe und Helligkeit. So entsteht das Fernsehbild. Bei Bildstörungen kann man sehen, dass das Fernsehbild aus Linien und Punkten zusammengesetzt ist. Bei normalem Empfang wechselt das Bild in jeder Sekunde 25-mal. Wie beim Film nimmt unser Auge jedoch keine Einzelbilder wahr, sondern eine fortlaufende Bewegung. Moderne Fernseher haben einen flachen Plasma- oder Flüssigkristallbildschirm (LCD). In ihm werden die Farben durch Leuchtstoffe erzeugt, die von einem ionisierten Gas (Plasma) angeregt wurden.

Heute kann man auch Fernsehprogramme aus weit entfernten Ländern empfangen. Die Sender lenken ihre Programme dabei auf →Satelliten, die sich in sehr großer Höhe über der Erde befinden.

das Feuer

Die Menschen der →Steinzeit kannten das Feuer nur von Buschfeuern, die sich zufällig durch Blitzeinschläge entfachten. Es versetzte sie zunächst in Schrecken. Doch dann lernten sie, es zu beherrschen und zu nutzen. Die Steinzeitmenschen verwendeten das Feuer als Licht- und Wärmequelle, zum Kochen und als Schutz vor wilden Tieren. Zum Feuerschlagen verwendeten sie Feuersteine.

Streichhölzer gibt es erst seit rund 150 Jahren. Wenn man mit der Zündholzkuppe eines Streichholzes über die Reibfläche fährt, reagieren zwei chemische Stoffe miteinander, sodass die Zündmasse Feuer fängt.

Chemisch gesehen ist Feuer eine heftige Verbrennung. Das brennbare Material verbindet sich dabei mit →Sauerstoff. Jedes Feuer braucht Sauerstoff, sonst geht es aus. Wenn →Holz verbrennt, entsteht das →Gas Kohlendioxid. Die Flammen sind heiße, verbrennende Gase.

die Feuerwehr

Die Feuerwehr versucht bei der Brandbekämpfung das →Feuer zu ersticken, etwa durch Schaummittel aus Löschgeräten. Bei der Brandbekämpfung mit Wasser will sie das brennbare Material so weit abkühlen, dass es sich nicht mehr entzünden kann. Eine wichtige Aufgabe der Feuerwehr ist heute auch der →Umweltschutz. Bei Ölunfällen müssen die Feuerwehrmänner zum Beispiel verhüten, dass das Öl in den Boden, ins Grundwasser oder in ein Gewässer gelangt. Auch bei →Hochwasser kommt die Feuerwehr zum Einsatz. Sie pumpt dann zum Beispiel Wasser aus vollgelaufenen Kellern.

Die **Feuerwehr** löscht manchmal auch mit Schaum. Schutzkleidung schützt die Helfer vor den schädlichen Substanzen.

Fichte

Fichtenzapfen

die Fichte

Fichten sind →Nadelbäume, die bis zu 60 Meter hoch werden können. An den Zweigen haben sie spitze, ein bis zwei Zentimeter lange Nadelblätter. Die bleiben sechs bis 13 Jahre lang am →Baum, bevor sie abfallen. Nur bei Fichten, die durch die →Luftverschmutzung krank geworden sind, fallen sie viel früher ab. Die männlichen →Blüten sehen aus wie kleine rote Zapfen. Im Frühjahr entlassen sie massenhaft Pollen. Aus den kleinen weiblichen Blüten entwickelt sich der bis zu 15 Zentimeter lange Zapfen. Unter seinen Schuppen sitzen die →Samen.

Bei uns ist die Gemeine Fichte heimisch, die wegen ihrer rotbraunen Rinde auch als Rottanne bezeichnet wird. Fichten werden oft angebaut, weil ihr →Holz als Bauholz, für Möbel und zum Herstellen von →Papier verwendet wird.

WISSEN KOMPAKT

Fichte oder Tanne?
Bei den Fichten hängen die Zapfen herab. Sind die Samen reif, fallen die Zapfen als Ganzes zu Boden. Die spitzen Nadeln sind rundherum um die Zweige angeordnet. Tannenzapfen hingegen stehen aufrecht auf den Ästen. Sobald die Samen reif sind, fallen die Schuppen des Zapfens einzeln herunter. Die weichen Nadeln sitzen bei Tannen in zwei Reihen an den Zweigen.

das Fieber

Von Fieber spricht der Arzt dann, wenn die Körpertemperatur eines Menschen um mindestens 1,5 Grad Celsius über der Normaltemperatur von 36,5 Grad Celsius liegt. Wir messen das Fieber mit einem →Thermometer, meistens unter der Achsel. Viel zuverlässiger ist allerdings die Messung im Mund oder im Enddarm. Fieber ist ein Krankheitszeichen, ein sogenanntes Symptom, keine eigenständige →Krankheit. Der Körper reagiert zum Beispiel auf Infektionen meist mit Fieber. Gefährlich wird Fieber von über 40 Grad Celsius.

Der 2004 veröffentlichte **Film** „Back to Gaya" war der erste deutsche Kinofilm, der komplett mit dem Computer erstellt wurde.

der Film

Ein Film besteht aus vielen Einzelbildern, die hintereinander auf einem langen Film aufgenommen wurden. Das menschliche →Auge kann höchstens 15 verschiedene Bilder pro Sekunde auseinanderhalten. Spielt man die Filmrolle schneller ab, verfließen die Bilder für den Zuschauer zu einer einzigen Bewegung.

Im Jahr 1895 gaben die Brüder Auguste und Louis Lumière ihre erste öffentliche Filmvorstellung in Paris. Ihren Vorführapparat nannten sie „cinématographe". Diese Bezeichnung lebt im deutschen Wort Kino weiter. Die ersten Filme waren nur in Schwarz-Weiß und ohne Ton (Stummfilme). Sie zeigten zunächst Nachrichten und wahre Begebenheiten. Doch bereits 1902 erzählten die Fil-

1937 brachte Walt Disney den ersten abendfüllenden Zeichentrickfilm heraus.

Die Produktion von **Filmen** auf Filmrollen wird immer mehr durch digitale Aufzeichnungen ersetzt.

memacher Geschichten, in denen Schauspieler auftraten. Diese Filme fanden sofort ein großes Publikum. Die Stadt Hollywood in Kalifornien (Nordamerika) wurde damals zum ersten und bedeutendsten Filmzentrum der Welt. Dort entstand im Jahr 1927 der erste Tonfilm. Um 1935 setzte sich der Farbfilm durch.

Heute spielt der →Computer beim Filmemachen eine immer größere Rolle. Man kann am Computer zum Beispiel verblüffend echt aussehende →Dinosaurier entwerfen und sie durch eine ebenfalls künstliche Landschaft laufen lassen. Dieses Verfahren heißt Computeranimation.

der Fisch

Die Fische bilden die bei Weitem artenreichste Gruppe der Wirbeltiere, zu denen auch die →Lurche, →Kriechtiere, →Vögel und →Säugetiere gehören. Fische sind an das Leben im Wasser angepasst und leben in →Flüssen, →Seen und →Meeren überall auf der Erde. Sie atmen keine Luft, sondern nehmen über ihre Kiemen den im Wasser gelösten →Sauerstoff auf. Ihr Körper ist mit Schuppen bedeckt. Unter Wasser bewegen sie sich mithilfe ihrer Flossen fort. Die meisten Fische legen →Eier, aus denen die Jungen schlüpfen.

Die Zoologen unterscheiden zwei große Fischgruppen. Die Knorpelfische haben ein Knorpelskelett, wie die →Haie und die Rochen. Bei den Knochenfischen ist das →Skelett knö-

Scholle

Seewolf

chern. Zu ihnen gehören die meisten Fische, etwa Thunfisch, Hering und →Hecht.

Fische sind eine wertvolle Nahrung für den Menschen. Fischer fangen in den Meeren Seelachse, Sardinen, Makrelen und andere Speisefische. Allerdings werden heutzutage in den riesigen Fischernetzen viel zu viele Meeresfische gefangen. Durch die Überfischung der Meere sind viele Fischarten bedroht. Andere Speisefische wie →Forellen oder Karpfen sind Süßwasserfische und werden in →Teichen gezüchtet.

Thunfisch

die Flagge

Staaten, Länder, →Gemeinden, Armeen und andere Organisationen haben eine Flagge. Sie dient ihnen als Wahrzeichen. Bei →Staaten spricht man auch von einem Hoheitszeichen. Statt Flagge kann man meistens auch Fahne sagen.

Auf hoher See muss jedes →Schiff Flaggen führen. Eine Flagge zeigt die Nationalität des Schiffs. Zusätzlich wird die Flagge des Landes gehisst, in dessen Gewässern sich das Schiff gerade befindet.

Ein Soldat legt einen Fahneneid ab und verspricht dabei, seinem Land treu zu dienen. Flaggen oder Fahnen gab es schon im →Ägyptischen Reich. Solche Kennzeichen wurden vor allem im →Krieg mitgeführt, damit die Soldaten im Kampf wussten, wo sich die eigenen Linien befanden. Wenn sie verhandeln oder kapitulieren und sich ergeben wollten, hissten sie eine weiße Flagge.

Fisch: Der Weiße Hai kann blitzschnell angreifen.

Flagge Seychellen

Europaflagge

Vereinte Nationen

Flaschenzug

der Flaschenzug

Der Flaschenzug ist eine hilfreiche →Maschine, um schwere Lasten zu heben. Im Gegensatz zur Umlenkrolle hat ein Flaschenzug zwei oder mehrere Rollen und ist dadurch viel kraftsparender. Die Last wird an einer beweglichen Rolle befestigt. Das Seilende hingegen hängt an einer festen Rolle, die an der Decke befestigt ist. Bei der Umlenkrolle muss man die Kraft aufwenden, die dem Gewicht entspricht. Beim Flaschenzug mit zwei Rollen kann man mit derselben Kraft zweimal so schwere Lasten heben. Allerdings braucht man auch zweimal so viel Seil.

Bei der Umlenkrolle braucht man so viel Kraft, wie das Gewicht wiegt.

Bei einem **Flaschenzug** mit sechs Rollen braucht man nur 1/6 der Kraft.

die Flechte

Flechten gehören zu den niederen →Pflanzen. Sie haben weder →Wurzeln noch grüne →Blätter oder →Blüten. In einer Flechte leben zwei ganz verschiedene Lebewesen zusammen, nämlich ein →Pilz und eine →Alge. Der Pilz bietet der Alge Schutz und sozusagen das Haus, während die Alge Zucker und andere Nährstoffe für den Pilz bereitstellt. Ein solches enges Zusammenleben nennen wir Symbiose.

Flechten kommen an Stellen vor, wo keine anderen Pflanzen mehr leben können, etwa auf Böden in der →Arktis, an nackten Felswänden oder auf höchsten Bergspitzen. Die Krustenflechten überziehen Rinden und Gesteine wie mit einer Kruste. Sie können über 100 Jahre alt werden. Dabei wachsen sie oft kreisförmig nach außen. Die Blattflechten haben einen ausgebrei-

Krustenflechte — Laubflechte — Strauchflechte

teten, einfachen Pflanzenkörper. Die Strauchflechten wie das Isländische Moos bilden einige Zentimeter lange Äste.

die Fledermaus

Fledermäuse fliegen wie →Vögel, gehören aber zu den →Säugetieren. Ihre Flügel bestehen nicht aus →Federn, sondern aus einer dünnen Haut, die zwischen den stark verlängerten Fingerknochen ausgespannt wird. Bei den meisten Arten reicht diese Flughaut bis zu den Beinen und zum Schwanz.

Auf der ganzen Welt leben über 2000 verschiedene Fledermausarten, die meisten davon in den warmen →Tropen. Bei uns sind nur wenige Arten heimisch und viele sind vom Aussterben bedroht. Die größte heimische Fledermaus ist mit einer Flügelspannweite von 35 Zentimetern das Mausohr.

Die meisten Fledermäuse sind nachtaktiv und orientieren sich anhand des →Echos hoher Schreie, die sie selbst ausstoßen. Mit dieser Methode finden sie auch ihre Beute, vorwiegend Schmetterlinge und andere fliegende Insekten. Die großen tropischen Flughunde ernähren sich von Früchten.

Fledermäuse wie das bei uns heimische Große Mausohr können nicht nur fliegen, sondern sich auch auf allen vieren am Boden fortbewegen.

Flüchtling

die Fliege

Die Fliegen unterscheiden sich von anderen →Insekten im Wesentlichen dadurch, dass sie zwei und nicht vier Flügel haben. Das zweite Flügelpaar ist zu zwei winzigen Kölbchen umgewandelt, mit denen die Tiere im Flug gut das Gleichgewicht halten können. Es gibt auf der Erde wahrscheinlich über 100 000 Fliegenarten. Die kleinste Fliege ist nur einen Millimeter groß, die größten Fliegen können bis zu sieben Zentimeter lang werden.

Manche Fliegen übertragen bei ihrem Stich schwere Krankheiten. Die tropische Tsetsefliege ist für die Ausbreitung der Schlafkrankheit in Afrika verantwortlich. Selbst die heimische Stubenfliege kann Krankheiten übertragen, da sie gerne an Kot und Abfällen saugt. Bremsen treten bei warmem Wetter oft in großen Massen auf. Sie stechen vermehrt Kühe, um von ihnen Blut zu saugen. Bremsenstiche können sehr schmerzhaft sein.

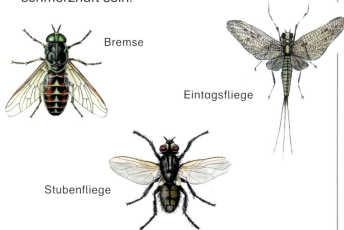

Fliege: Stuben- und Eintagsfliegen sind harmlos. Die Stiche der Bremse können hingegen Entzündungen hervorrufen.

der Fliegenpilz

Der Fliegenpilz ist ein giftiger →Pilz mit einem weißen Stiel und einem leuchtend roten oder orangefarbenen Hut mit weißen Flecken. Heftiger Regen wäscht oft die weißen Flecken ab. Auf der Unterseite des Hutes befinden sich die weißen Lamellen. Fliegenpilze findet man bei uns am häufigsten unter Birken, →Fichten und Kiefern. Meist stehen sie in kleinen Gruppen zusammen. Woher der Fliegenpilz seinen Namen hat, weiß man nicht genau. Vielleicht, weil er früher als Fliegenfalle verwendet wurde. Man legte kleine Stücke des giftigen Pilzes in gezuckerte →Milch ein, um lästige Fliegen im Haus anzulocken.

Fliegenpilze

der Floh

Flöhe sind nur wenige Millimeter große, flügellose →Insekten. Sie leben auf dem Körper von Vögeln und Säugetieren, auch auf der Haut des Menschen, und saugen dort Blut. Sie stechen ihre Mundwerkzeuge durch die Haut und spritzen einen Stoff ein, der verhindert, dass das →Blut gerinnt. Dadurch entsteht ein starker Juckreiz. Flöhe können auch Krankheiten übertragen. Bis zu 35 Zentimeter hoch und 20 Zentimeter weit kann ein Floh springen. Das ist das 150-Fache seiner Körperlänge. Wenn ein Mensch es dem Floh gleichtun wollte, müsste er 250 Meter hoch springen.

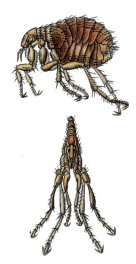

Menschenfloh, von vorne und seitlich

der Flüchtling

Heute sind viele Menschen, oft sogar ganze Gruppen oder Völker auf der Flucht. Sie werden von anderen Völkern verfolgt, vertrieben und getötet. Als Flüchtling gilt, wer seine Heimat aus politischen, religiösen oder rassischen Gründen verlassen muss. Flüchtlinge stehen unter internationalem Schutz. Sie dürfen nicht in ihre Heimat zurückgebracht werden, falls dadurch ihr Leben oder ihre →Freiheit gefährdet sind. Wenn Flüchtlinge keine Hoffnung haben, in ihre Heimat zurückkehren zu können, dann bitten sie in einem Land ihrer Wahl um politisches →Asyl.

Flughafen

Auf großen **Flughäfen** fahren die Flugzeuge direkt an den Flugsteig, damit die Passagiere einfach ein- und aussteigen können.

der Flughafen

Flughäfen haben drei Hauptaufgaben: Sie müssen Passagiere, Post und Fracht zu den Flugzeugen bringen und sie weitertransportieren. Sie müssen Flugzeuge sicher und zur richtigen Zeit starten und landen lassen. Und es müssen Hallen, sogenannte Hangars, vorhanden sein, in denen Techniker die Flugzeuge überprüfen und reparieren.

Das Zentrum des Flughafens ist der Kontrollturm, der auch Tower heißt. Hier bestimmen Fluglotsen, wer wann und wo landen und starten darf. Sie „übernehmen" das Flugzeug, wenn es sich noch in weiter Entfernung befindet, und führen es per Funk zu einer rund drei Kilometer langen Landebahn. Nach der Landung rollt das Flugzeug auf einem Taxiway zum Flugfeld. Von hier bringen Busse die Passagiere zum Flughafengebäude, dem Terminal. Oft rollen die Flugzeuge bis zu einem Tor, das auch Gate genannt wird. So können die Passagiere über eine schwenkbare Brücke direkt in den Terminal gehen.

Flughafen: Das Gepäck wird über Förderbänder in den Bauch des Flugzeugs verladen.

das Flugzeug

Um das Jahr 1500 zeichnete der Erfinder Leonardo da Vinci Pläne für einen →Hubschrauber; doch konnte man eine solche Maschine damals noch nicht bauen. Die eigentliche Eroberung der Lüfte begann erst 1783 mit dem Start des ersten →Heißluftballons. Später gab es Luftschiffe wie die Zeppeline, die sich steuern und mit Motoren antreiben ließen. Vorläufer der Flugzeuge waren die Gleitapparate. Otto Lilienthal bewies im 19. Jahrhundert, dass auch ein Flug mit Apparaten möglich war, die mehr wogen als Luft.

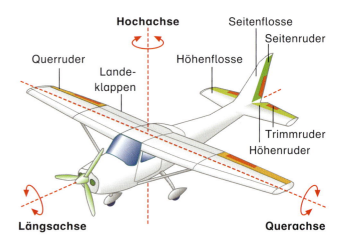

Mit den Rudern steuert der Pilot das **Flugzeug**, ausgefahrene Landeklappen erhöhen den Luftwiderstand.

Die Entwicklung der →Benzinmotoren war eine wichtige Voraussetzung für den Bau von Motorflugzeugen. 1903 unternahmen die Brüder Wright den ersten motorgetriebenen Flug in ihrem leichten Flugzeug, dem Flyer. Seither entwickelte sich die Flugzeugtechnik rasend schnell. Schon 16 Jahre danach flog das erste Flugzeug über den Atlantik. Heute gehört das Fliegen zu den selbstverständlichen Formen des Reisens. Der Spaceshuttle fliegt, angetrieben von einer →Rakete, sogar ins Weltall und kehrt dann wie ein Flugzeug zurück.

Beladen eines **Frachtflugzeugs**

Flusspferd

Ein **Fluss** prägt die Landschaft: Im Gebirge reißt er Steine und Sand mit, im Flachland wird er träger und breiter.

der **Fluss**

Fast jeder Fluss nimmt seinen Anfang im →Gebirge. Dort sprudelt er aus der Erde. Den oberen Abschnitt eines Flusses nennt man Oberlauf. Im Mittellauf fließt er etwas ruhiger. Wenn der Fluss in die Ebene gelangt, bewegt er sich nur noch langsam. Dann sprechen wir vom Unterlauf. Schließlich mündet der Fluss ins Meer und baut dabei ein mehr oder minder großes Delta auf.

Der Mensch nutzt die Flüsse auf vielfältige Weise: um →Strom in Wasserkraftwerken zu erzeugen, trockene Gebiete zu bewässern, Güter mit Schiffen zu transportieren, Trinkwasser zu gewinnen und um Abwasser loszuwerden. Heute sind die meisten Flüsse in mehreren Stufen gestaut und folgen deshalb nicht mehr ihrem natürlichen Lauf. So wurden viele Tierarten vertrieben.

die **Flüssigkeit**

Flüssigkeiten haben keine feste äußere Form. Wenn wir eine Flüssigkeit in einen Behälter gießen, nimmt sie dessen Form an. Der Rauminhalt oder das Volumen der Flüssigkeit bleibt allerdings immer gleich. Wenn wir Flüssigkeiten erhitzen, bewegen sich die einzelnen →Atome oder Moleküle darin schneller. Beim Siedepunkt verdampfen die Atome und es entsteht ein →Gas, zum Beispiel Wasserdampf. Wenn wir die Flüssigkeiten immer mehr abkühlen, werden die Atome oder Moleküle langsamer. Unterhalb des Schmelzpunktes wird aus der Flüssigkeit ein Festkörper. Bei Raumtemperatur sind viele Stoffe flüssig, etwa →Wasser, →Milch, Öl und auch das Element Quecksilber.

> **WISSEN KOMPAKT**
>
> **Fest, flüssig oder gasförmig?**
> Stoffe können fest, flüssig oder gasförmig sein. Diese Zustände heißen Aggregatzustände.
>
> - fest: Ein Feststoff behält seine Form und sein Volumen bei (Beispiel: Holzwürfel).
> - flüssig: Eine Flüssigkeit hat keine feste Form und passt sich bei gleichem Volumen dem verfügbaren Raum an (Beispiel: Wasser).
> - gasförmig: Ein Gas füllt stets den ganzen verfügbaren Raum aus und ändert sein Volumen (Beispiel: Luft).

das **Flusspferd**

Das Flusspferd ist kein Pferd, sondern mit den →Schweinen verwandt. Es lebt in Afrika. Zusammen mit dem →Nashorn ist es das zweitgrößte Landsäugetier nach dem →Elefanten. Das Große Flusspferd oder Nilpferd kann über vier Meter lang und drei Tonnen schwer werden.

Obwohl die Flusspferde nicht schwimmen können, halten sie sich gerne in Flüssen oder Seen auf. Da ihr Körper wegen der dicken Haut schnell überhitzen würde, verlassen sie meist nur nachts die Gewässer, um an Land Pflanzen zu fressen.

Flusspferde sehen plump aus, können aber bis zu 50 km/h schnell rennen.

Forelle

die Forelle

Die Forelle ist ein Süßwasserfisch, der mit dem →Lachs verwandt ist. Forellen haben einen lang gestreckten Körper mit kleinen schwarzen Flecken. Als Raubfische ernähren sie sich von kleinen →Fischen und anderen Wassertieren. Oder sie fressen Insekten, die auf die Wasseroberfläche gefallen sind. Weltweit gibt es viele verschiedene Forellenarten. In klaren →Bächen mit kühlem Wasser lebt bei uns die Bachforelle, die bis zu 50 Zentimeter lang wird. Die Meerforelle lebt im →Meer. Im Sommer wandert sie in die →Flüsse und Bäche, um ihre →Eier zu legen. Danach kehrt sie ins Meer zurück. Regenbogenforellen stammen aus Amerika. Sie werden in Forellenteichen gezüchtet. Alle Forellen sind wertvolle Speisefische, die gut schmecken.

Bachforelle

die Fortpflanzung

Lebewesen pflanzen sich fort und erzeugen Nachkommen. Sonst würde es bald keine →Menschen, →Tiere und →Pflanzen mehr geben. Wir kennen verschiedene Formen der Fortpflanzung. →Bakterien teilen sich einfach und schon sind aus einer →Zelle zwei geworden. Bei der →geschlechtlichen Fortpflanzung verschmilzt eine männliche Samenzelle mit einer weiblichen Eizelle. Das nennt man Befruchtung. Aus der befruchteten Eizelle entsteht ein neues Lebewesen. Fast alle Pflanzen und Tiere pflanzen sich so fort, auch der Mensch.

Bei →Bäumen und →Blumen heißt der männliche →Samen Pollen oder Blütenstaub. Er wird vom Wind oder von →Bienen zur →Blüte gebracht, wo die Bestäubung stattfindet. Dann reifen die →Früchte heran, die wiederum die Samen enthalten, mit denen sich die Pflanzen vermehren.

Die meisten Fisch- und Lurchweibchen legen ihre →Eier ins Wasser. Wir sagen, sie laichen. Die Männchen gießen ihren Samen darüber.

Fortpflanzung: Der Blütenstaub bleibt am Pelz der Bienen hängen. Fliegen sie zu anderen Blüten, werden diese bestäubt.

Nach der Befruchtung entwickeln sich die kleinen Fische und Lurche im Inneren der Eier. Bei Kriechtieren, Vögeln und Säugetieren findet die Befruchtung meistens im Körper des Weibchens statt. Bei der Paarung muss das Männchen seinen Samen in den Körper des Weibchens bringen. Nach der Befruchtung legen die Kriechtiere und die Vögel Eier. Bei den Säugetieren entwickelt sich ein Junges im Körper des Weibchens. Auch beim Menschen ist das so. Wir nennen diese Zeit →Schwangerschaft.

das Fossil

Fossilien oder Versteinerungen sind Reste oder Abdrücke von Pflanzen oder Tieren, die vor langer Zeit gelebt haben. Allerdings versteinern in der Regel nur harte Teile, zum Beispiel Schalen, →Knochen, Zähne, Blattrippen und →Skelette.

Fossil: Skelettanhäufung von sechs verschiedenen Tieren

Freiheit

Die meisten Versteinerungen stammen von Meerestieren. Nach dem Tod sanken sie auf den Meeresboden und der Körper wurde von Schlamm zugedeckt. Die weichen Teile wie die Innereien und die →Muskeln verwesten, während das harte Skelett erhalten blieb. Im Lauf der Jahrmillionen entstand aus dem Schlamm hartes →Gestein. Das darin eingebettete Skelett wurde zu einem Teil dieses Gesteins, zu einer Versteinerung. Die ältesten Versteinerungen, die man gefunden hat, stammen aus der Zeit vor drei Milliarden Jahren. Eine der besten Fundstellen für Fossilien in Deutschland ist die Ölschiefergrube Messel bei Darmstadt.

der Fotoapparat

Mit einem Fotoapparat, auch Kamera genannt, kann man Fotografien (Fotos) aufnehmen. Im Inneren einer analogen Kamera befindet sich ein lichtempfindlicher Film.

So sahen **Fotoapparate** vor rund 70 Jahren aus.

Um eine Fotografie zu machen, muss man auf den Auslöser drücken. Dann öffnet sich für einen kurzen Augenblick der Verschluss der Kamera und →Licht fällt über die →Linsen des Objektivs auf den Film. Auf der Oberfläche des Films erzeugen die Lichtstrahlen ein Bild. Die Fotos kann man nicht direkt auf dem Film sehen. Um sie als Papierabzug oder Dia anschauen zu können, muss der Film in einem Fotolabor chemisch behandelt werden. Wir sagen, er wird entwickelt.

Etwa 1995 kamen ganz neue Fotoapparate auf den Markt, die Digitalkameras. Sie brauchen keinen Film, sondern enthalten eine Speicherkarte. Die Fotos kann man sofort auf einem →Computer ansehen und selbst ausdrucken.

die Frau

Eine Frau ist ein weiblicher, erwachsener →Mensch. Als Kinder oder Jugendliche werden Frauen Mädchen genannt. Nur Frauen können Kinder gebären. Daher besitzen sie eine Gebärmutter und Brüste, mit denen sie ihren Nachwuchs mit Milch stillen.

Früher hatten Frauen und Männer völlig getrennte Rollen. Der →Mann arbeitete etwa als Bauer oder →Handwerker in einer Fabrik oder einem Büro und verdiente →Geld. Die Frau arbeitete im Haus und kümmerte sich um die Kinder. Diese Rollenverteilung gilt schon lange nicht mehr. Das Grundgesetz sagt ausdrücklich, dass Frauen und Männer gleiche →Rechte haben. Trotzdem sind sie noch längst nicht überall →gleichberechtigt. Es gibt zum Beispiel bei uns viel mehr Männer als Frauen, die in leitenden Positionen arbeiten. Ebenso werden Frauen oft für die gleiche Tätigkeit schlechter bezahlt als Männer.

die Freiheit

Freiheit bedeutet, dass einzelne →Menschen, Gruppen und Völker über ihr Leben selbst bestimmen können. Das ist zum Beispiel in einer →Demokratie der Fall. Ein freier Mensch ist keinem Zwang ausgesetzt, zugleich trägt er die volle Verantwortung für das, was er tut und was er nicht tut. Freiheit bedeutet aber nicht, dass jeder tun und lassen kann, was er will. Die Freiheit jedes Einzelnen hat ihre Grenze in der Freiheit des Nächsten: So muss jeder Rücksicht auf den anderen nehmen.

Die 1886 fertiggestellte **Freiheitsstatue** bei New York sollte die Einwanderer in der Neuen Welt begrüßen.

Frieden

der Frieden

Frieden ist das Gegenteil von →Krieg oder →Gewalt. Im Frieden leben die Menschen verständnisvoll miteinander. Wenn die Interessen verschiedener Völker auseinanderlaufen, finden diese eine Lösung oder einen Kompromiss, ohne Gewalt anzuwenden. Die Friedensbewegung sorgt sich um den Frieden auf der Welt. Ihre Mitglieder nennen wir auch Pazifisten. Der Friede ist ihnen wichtiger als Macht oder Geld.

Die Entwicklung eines **Froschs:** Aus dem Laich werden Kaulquappen. Sobald sie den Schwanz abwerfen, ist die Verwandlung zum Frosch abgeschlossen.

Froschlaich

junge Kaulquappe

Grasfrosch

der Frosch

Frösche und →Kröten gehören zu den →Lurchen. Wir nennen sie auch Froschlurche. Frösche kommen fast auf der ganzen Welt vor. Sie besitzen eine schleimig feuchte, glatte →Haut. Frösche atmen durch ihre Haut ebenso wie durch die →Lunge. Sie ernähren sich von Insekten, Spinnen, Würmern und Schnecken. Um sich fortzupflanzen, suchen Frösche →Teiche oder Seen auf. Dort legen sie →Eier in großen Ballen. Aus diesem sogenannten Laich schlüpfen Kaulquappen. Sie atmen wie die →Fische mit Kiemen. Dann bekommen sie Beine und Lungen und verlassen das Wasser. Diese Verwandlung nennt man Metamorphose. Bei uns leben sieben Froscharten. Die häufigsten sind der grüne Wasser- und der Teichfrosch, die das ganze Jahr über im Wasser leben. Der bräunliche Grasfrosch lebt im Wald. Er kommt nur zur Eiablage ans Wasser.

Laubfrosch mit Schallblase

die Frucht

Früchte sind die natürlichen Behälter der →Samen. Sie entwickeln sich aus dem Fruchtknoten der →Blüte und sorgen dafür, dass die Samen der Pflanze verbreitet werden. Zu den Früchten gehören nicht nur das →Obst, sondern auch viele →Gemüse und die →Nüsse. Früchte können verschieden aufgebaut sein. →Beeren bestehen nur aus saftigem Fruchtfleisch, wie etwa die Heidelbeere und die Banane oder die Gurke, der Kürbis und die Paprika. Bei Steinfrüchten wie Pflaume und Aprikose befindet sich in der Mitte ein Kern mit den Samen, der vom Fruchtfleisch umgeben ist.

Birnen

Himbeere

Avocado

Kürbis

der Fuchs

Füchse und →Hunde bilden zusammen eine Gruppe der →Raubtiere. Am häufigsten ist unser Rotfuchs, der auch in Nordafrika, Nordamerika und in einem Teil Asiens vorkommt. Er frisst, was er gerade findet, etwa kleine Säugetiere, Vögel, Insekten oder auch Früchte. Füchse sind scheu und wohnen in lichten Wäldern in Erdbauen, die sie oft von Dachsen übernehmen. Immer häufiger dringt der Fuchs jedoch auch in die Städte vor und ernährt sich vom Inhalt der Mülltüten.

Typisch für **Rotfüchse** ist das weiße Fell am Bauch.

Gebirge

der Garten

Ein Garten ist ein Stück Land, in dem Pflanzen angebaut und gepflegt werden. Im Nutzgarten werden →Obstbäume und →Beerensträucher sowie →Gemüse und →Kräuter auf Beeten gepflanzt. Im Ziergarten wachsen →Bäume, →Sträucher und Gartenblumen, zum Beispiel Rosen, Dahlien und Margeriten. Naturgärten sind Lebensräume für viele Tiere. So leben im Garten →Igel, →Blindschleichen, Erdkröten, Meisen und andere →Singvögel. Sie finden in den Hecken, Steinmauern, →Kompost- und Reisighaufen viele Verstecke und Plätze zum Nisten. In einem botanischen Garten sind häufig exotische Pflanzen aus verschiedenen Teilen der Erde gepflanzt.

Blaumeise

das Gas

Wir bezeichnen alle luftartigen Stoffe als Gase. Sie haben weder einen festen Rauminhalt noch eine feste Form. Ihre →Atome oder Moleküle bewegen sich völlig frei. Kühlt man ein Gas ab, entsteht unterhalb des Siedepunkts eine →Flüssigkeit. Wenn wir mit Gas heizen oder kochen, so ist das →Erdgas. Die →Luft ist ein Gemisch aus vielen Gasen, hauptsächlich aus Stickstoff und →Sauerstoff.

das Gebirge

Zu den größten Gebirgszügen der Welt zählen die Alpen in →Europa, die Rocky Mountains und die Anden in →Amerika sowie der Himalaja in →Asien. Nur im Himalaja gibt es über 8000 Meter hohe Bergriesen. In den →Hochgebirgen wachsen keine Bäume mehr.

WISSEN KOMPAKT

Rekordhöhen im Gebirge
- höchster Berg Deutschlands: Zugspitze (2962 m)
- längstes Gebirge Europas: Alpen (1200 km Länge)
- höchster Berg Europas: Elbrus im Kaukasus (5642 m)
- höchstes Gebirge der Erde: Himalaja in Asien
- höchster Berg der Erde: Mount Everest im Himalaja (8848 m)
- längstes Gebirge der Erde: Anden in Südamerika (7500 km Länge)

Gebirge entstehen durch Bewegungen der Erdkruste. Die Alpen, der Himalaja und die Anden wurden aufgefaltet, als zwei große Platten der Erdkruste miteinander zusammenstießen und das Land dazwischen hochpressten. Andere Berge sind →Vulkane. Wenn sie Asche und Lava speien, können sie an Höhe zunehmen. Doch im Laufe der Zeit werden Gebirge immer flacher. Sie werden von Regen, Wind, Sonne und Frost abgetragen. →Flüsse schneiden →Täler ein oder ganze Gebiete werden durch →Gletscher abgeschliffen.

Wenn zwei Erdplatten aufeinandertreffen, werden sie an ihren Rändern meist zu einem **Gebirge** aufgefaltet.

Geburt

die Geburt

Die Geburt steht am Ende der →Schwangerschaft und beginnt mit den Wehen. Dabei zieht sich die Gebärmutter, in der das Kind liegt, immer wieder schmerzhaft zusammen. Ihr unteres Ende, der sogenannte Muttermund, öffnet sich dabei langsam. Schließlich platzt die Fruchtblase und das Fruchtwasser fließt aus. Die Wehen werden immer stärker und sorgen dafür, dass das Kind durch die Scheide der →Frau gleitet. Wenn die Hebamme oder der Arzt die Nabelschnur durchtrennt, gilt das Kind als geboren. Diesen Augenblick nennen wir Entbindung. Kurz danach tritt die Nachgeburt aus. Sie besteht aus dem Mutterkuchen, der für die Verbindung zwischen Mutter und Kind sorgte. Die Geburt eines Menschen kann nur wenige Stunden dauern, manchmal aber auch mehr als einen halben Tag.

Beim Kaiserschnitt holt der Arzt das Kind aus dem Bauch der Mutter.

das Gedächtnis

Das Gedächtnis und seine Lernfähigkeit sind besondere Merkmale des →Menschen. Es handelt sich dabei um eine Funktion des →Nervensystems, das sein Zentrum in unserem →Gehirn sowie im Rückenmark hat. Forschungen haben ergeben, dass unser Gedächtnis aus verschiedenen Teilen besteht. Das Kurzzeitgedächtnis hält Informationen fest, während wir anderen Aufgaben nachgehen. Wenn du zum Beispiel diesen Satz liest, musst du dich am Ende noch an die ersten Wörter erinnern, sonst kannst du den Sinn nicht erfassen. Das Langzeitgedächtnis hingegen behält Informationen über lange Zeit hinweg. Der Übergang vom Kurz- zum Langzeitgedächtnis ist nicht leicht. Es ist das, was wir als →Lernen bezeichnen. Zudem gibt es das sensorische Gedächtnis. Es nimmt Töne und Bilder auf und hält sie kurze Zeit fest. Damit können wir zum Beispiel die einzelnen Bilder eines →Films als Gesamtbild wahrnehmen.

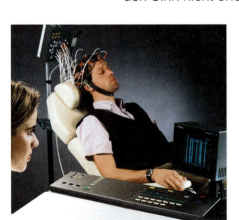

Forscher messen Gehirnströme und wollen daraus Rückschlüsse auf die **Gedächtnisleistung** ziehen.

das Gedicht

Gedichte stellen die älteste Form der →Literatur dar. Schon bevor die Menschen eine →Schrift entwickelten, gab es Gedichte. Die Menschen bemerkten nämlich, dass sie Geschichten am besten im →Gedächtnis behalten konnten, wenn die Wörter dazu rhythmisch gesungen wurden. So entstanden Gedichte. Noch heute achten die Dichter auf den Klang der Wörter, die sie verwenden. Die meisten Gedichte haben einen Rhythmus und die Silben am Ende einer Zeile reimen sich oft. Man kann sagen: Gedichte sind eine Art gesprochene Musik. Zu vielen Gedichten haben Komponisten im Nachhinein eine Melodie erfunden.

> **WISSEN KOMPAKT**
>
> **Gedicht**
> Auf einer roten Wiese tanzt ein gelbes Schwein
> mit einem blauen Ochsen den Walzer hinkebein.
> Die Ziege, sie ist rosa, pfeift den Takt dazu.
> Fünf weiße Raben wiehern: Nanu? Nanu? Nanu?
>
> Die Zeilen in einem Gedicht heißen Verse. Manchmal reimen sie sich, wie die Verse aus dem kleinen Scherzgedicht von Boy Lornsen. Mehrere Verse ergeben zusammen eine Strophe.

das Gefängnis

Wer ein Verbrechen begangen hat, bekommt eine Freiheitsstrafe. Er muss ins Gefängnis. Offiziell heißt das Gefängnis heute Justizvollzugsanstalt. Hier soll der Gefangene in Abgeschiedenheit über seine Taten nachdenken. Der Strafvollzug soll ihn bessern. Das gelingt allerdings nicht in allen Fällen. Deswegen soll das Gefängnis auch die Menschen draußen vor einem Verbrecher schützen. Wer sich im Straf-

Gefängnisse sind oft so gebaut, dass man die Gefangenen mit möglichst wenig Personal überwachen kann.

vollzug gut verhält, muss nicht die ganze Strafe absitzen. Häufig dürfen Strafgefangene zuvor in den offenen Vollzug: Tagsüber arbeiten sie außerhalb der Vollzugsanstalt, abends rücken sie wieder ein.

das Gehirn

Das Gehirn ist eine Art „Kontrollzentrum" des →Körpers. Es leitet über die →Nerven Befehle in die Körperteile und in alle →Organe. Auch Tiere haben ein Gehirn. Bei den Insekten ist es winzig klein. Bei →Säugetieren ist das Gehirn im Verhältnis zum Körper groß. Der Mensch besitzt so gesehen das größte Gehirn. Das Gehirn steuert das Denken, alle Bewegungen und Lebensvorgänge und auch unsere Gefühle.

Das menschliche Gehirn besteht aus fünf Teilen. Das Großhirn überdeckt alle anderen Hirnteile. In der Großhirnrinde findet das Denken statt. Es gibt unterschiedliche Bereiche für verschiedene Aufgaben, zum Beispiel einen Bereich für das Sprechen und Schreiben, für das Schmecken, Riechen und Hören und für das Körpergefühl. Das Zwischen-, Mittel- und Kleinhirn steuern unbewusste Lebensvorgänge wie die →Verdauung. Das Nachhirn oder das verlängerte Mark bildet die Verbindung zum Rückenmark. Es kontrolliert →Atmung und →Herzschlag.

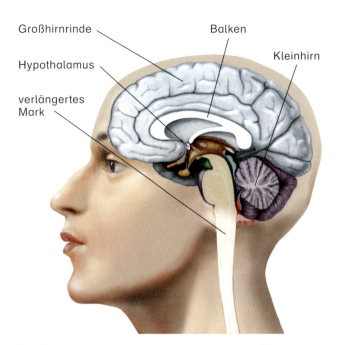

Gehirn: Das Kleinhirn regelt die unbewussten Muskelregungen, der Hypothalamus lebenswichtige Funktionen wie den Herzschlag. In der Großhirnrinde ist das Denken angesiedelt. Die beiden Hälften des Großhirns verbindet der Balken.

gehörlos

Anstatt „taub" sagt man heute gehörlos oder hörbehindert. Rund fünf von 10 000 Menschen sind gehörlos. Die meisten unter ihnen verloren den Hörsinn durch eine Infektionskrankheit oder einen Unfall. Dabei kann es zu einer Schädigung im Inneren des →Ohres kommen. Andere sind von Geburt an gehörlos. Manchmal ist es für Gehörlose schwierig, mit Menschen in Kontakt zu treten, die über ein intaktes Gehör verfügen. Da sie nie →Sprache hören, auch die eigene nicht, fällt es nicht leicht, Laute zu bilden. Trotzdem versucht man heute, gehörlosen Kindern das Sprechen beizubringen. Untereinander unterhalten sich die Gehörlosen oft mit Handzeichen, der sogenannten Gebärdensprache. Die Sprache ihrer Mitmenschen können sie meist von den Lippen ablesen.

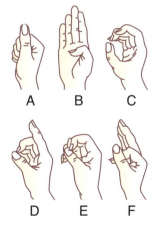

Mit dem Fingeralphabet können sich **Gehörlose** verständlich machen.

Geld

das Geld

Jeden Tag brauchen wir Geld. Wir bezahlen damit Dinge, die wir kaufen. Wir benutzen entweder Münzen oder Banknoten aus Papier. Eine andere Form von Geld sind die Schecks und die Kreditkarten. Es handelt sich dabei um eine Zahlungsanweisung. Wir erteilen unserer Bank den Auftrag, den Betrag auszuzahlen, der auf dem Scheck angegeben ist.

Seit 2002 gibt es eine gemeinsame europäische Währung, den Euro. Inzwischen haben viele Länder der →Europäischen Union, darunter Deutschland, den Euro eingeführt. Andere Länder in →Europa und auf der ganzen Welt haben ihr eigenes Geld. Zu den bekanntesten Währungen gehören zum Beispiel der amerikanische Dollar, der japanische Yen und der Schweizer Franken.

Mehr zum Thema Geld auf den Seiten 86 und 87!

die Gemeinde

In einem →Staat ist eine Gemeinde ein →Dorf oder eine →Stadt mit den zugehörigen Orts- und Stadtteilen. Zur Gemeinde gehören alle Menschen, die dort wohnen. Sie verwaltet sich selbst. Der →Bürgermeister ist das Oberhaupt der Gemeinde. In den Gemeinderat werden Bürger aus der Gemeinde gewählt. Dort fallen wichtige Entscheidungen, die die Gemeinde betreffen. Die kleinste Gemeinde in Deutschland ist Wiedenborstel mit nur sieben Einwohnern, zu den größten gehören München und Köln mit über einer Million Einwohnern.

Zur Kirchen- oder Pfarrgemeinde gehören die Menschen, die die Gottesdienste in derselben →Kirche besuchen. Eine Fangemeinde hingegen besteht aus den Anhängern eines Musikers oder eines Sportvereins.

die **Gemeinde** Hallstatt im oberösterreichischen Salzkammergut

das Gemüse

verschiedene Gemüsesorten

Unter den essbaren Pflanzen unterscheiden wir die →Früchte, das →Getreide und das Gemüse. Im Unterschied zum →Obst müssen die meisten Gemüsepflanzen jedes Jahr neu angebaut werden. Wir essen die unterschiedlichsten Pflanzenteile als Gemüse. Erbsen und Maiskörner sind →Samen, Gurken, →Tomaten und Paprika sind Früchte. Die meisten Salate und der Spinat bestehen aus →Blättern. Möhren und Sellerie sind →Wurzeln, während Spargel und Rhabarber als Pflanzenstängel wachsen. →Zwiebel und Lauch gehören zum Zwiebelgemüse. Eines der wichtigsten Gemüse ist die →Kartoffel.

Rhabarber

Weil Gemüse viele →Vitamine, Mineral- und Ballaststoffe enthalten, sind sie wichtig für eine gesunde →Ernährung. Manche Menschen essen nur pflanzliche Nahrung. Man nennt sie Vegetarier.

das Gen

Gen ist das Fremdwort für „Erbanlage". Die Gene bestimmen darüber, wie ein bestimmtes Merkmal bei einem Lebewesen ausgeprägt ist. In den Genen ist zum Beispiel festgelegt, ob man grüne oder braune Augen hat. Gene werden von den Eltern an die Kinder weitervererbt. Die →Vererbung erfolgt über ein langes, fadenförmiges Molekül. Es heißt Desoxyribonukleinsäure (DNA, DNS) und liegt im Zellkern jeder Körperzelle. Ein Gen entspricht einem bestimmten Abschnitt auf dieser DNA.

Auch manche →Krankheiten werden vererbt und beruhen auf einem defekten Gen. Wenn es gelänge, das fehlerhafte Gen auszutauschen, wäre bei gewissen Krankheiten eine Heilung möglich. Damit beschäftigt sich die Gentechnologie. Eine gentechnologische Methode ist das Klonen: Dabei werden →Zellen oder Organismen erzeugt, die dieselben Gene enthalten. Die Gentechnologie ist sehr umstritten, da in die Natur eingegriffen wird, ohne die Folgen zu kennen.

Vor der **Gentechnologie** in der Landwirtschaft wird oft gewarnt, da man nicht weiß, wie sich genverändertes Gemüse auf den Menschen auswirkt.

der Generator

Generatoren erzeugen elektrischen →Strom. Ein ganz kleiner Generator ist der →Dynamo, der für die Beleuchtung des Fahrrads sorgt. Wenn man einen Drahtring oder eine Spule zwischen den Enden eines Hufeisenmagneten bewegt, fließt im Draht ein Strom. Nach diesem Prinzip arbeiten alle Generatoren. Angetrieben werden sie über eine →Turbine von Wasser oder Wind oder auch von Verbrennungsmotoren. Es wird also mechanische →Energie in elektrische Energie umgewandelt. Im Elektromotor geschieht genau das Umgekehrte: Elektrische Energie wird in mechanische Energie verwandelt.

Im Inneren eines Wechselstromgenerators dreht sich ein Drahtring zwischen den beiden Polen eines →Magneten. Wenn der Drahtring senkrecht zu den Polen steht, ändert sich die

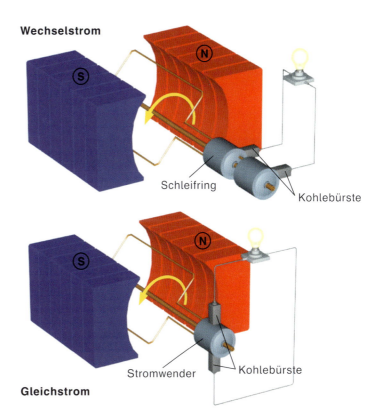

Generatoren verwandeln mechanische Energie in elektrische Energie. Das kann Wechsel- oder auch Gleichstrom sein.

Fließrichtung des erzeugten Stroms, sodass Wechselstrom entsteht. Gleichstrom erhält man, wenn man in den Generator einen sogenannten Stromwender einbaut.

das Gericht

Gerichte beurteilen, ob jemand gegen ein →Gesetz verstoßen hat, und setzen die Strafe für eine Tat fest. Man nennt diese Entscheidungen Verfahren oder Prozess.

Bei schweren Verbrechen wie Mord oder Körperverletzung ist der Staatsanwalt verpflichtet, Anklage vor dem Strafgericht zu erheben. Dagegen urteilen die Zivilgerichte zum Beispiel darüber, ob sich jemand an einen →Vertrag gehalten hat oder ob er an einem Autounfall schuld war und damit Schadensersatz leisten muss. Wer vor Gericht als Beklagter erscheinen muss, nimmt sich einen Rechtsanwalt. Dieser kennt sich in den Dingen des →Rechts aus und verteidigt den Beklagten.

Geld

Heute käme keiner auf die Idee, seine Brötchen beim Bäcker mit selbst gemachter Marmelade oder ein paar Schneckenhäuschen zu bezahlen. Früher aber waren Tauschhandel und Ersatzgeld ganz normal. Bis zur europäischen Einheitswährung Euro und zur Kreditkarte war es jedoch ein langer Weg.

6000 v. Chr. — STEINZEIT

1500 v. Chr. — ANTIKE

630 v. Chr. — MITTELALTER

Tausche Wildschwein gegen Speerspitze

Bevor das Geld erfunden wurde, betrieben die Menschen Tauschhandel. Sie tauschten Ware gegen Ware, zum Beispiel ein paar Fische gegen ein Tierfell. Leider hatte dieses System einen großen Nachteil: Ein →Steinzeitmensch musste teilweise ganz schön lange suchen, bis er den geeigneten Tauschpartner gefunden hatte – und wenn er Pech hatte, war dann das Stück Wild oder der Fisch, den er gegen ein paar Bündel Getreide tauschen wollte, schon verdorben.

Gerste war einer der ersten Wertmesser beim Tauschhandel.

Vor 3500 Jahren bezahlte man in China mit den Gehäusen der Kaurischnecke.

Schneckenwährung

Vielleicht zählten sie zur ersten Währung der Welt: die schönen Gehäuse der Kaurischnecke. Sie waren handlich, leicht und nicht verderblich. Schon um 1500 v. Chr. ließen sich die chinesischen Kaiser ihren Tribut, eine Art →Steuer, von unterworfenen Ländern in Kauris bezahlen. Einige chinesische Schriftzeichen für „Geld" sind deshalb der Form einer Kaurischnecke nachempfunden. Arabische Händler brachten das Schneckengeld von Asien nach Afrika.

lydische Münze mit einem Löwenkopf als Prägung

Das erste Münzgeld

Lydien war ein wohlhabendes Reich im Gebiet der heutigen Türkei. Dort wurden die ersten Münzen als Zahlungsmittel verwendet. Sie wurden aus Elektron hergestellt, einer natürlichen Gold-Silber-Mischung, und waren noch ziemlich unförmig. Zuerst waren die Münzen bildlos, dann trugen sie einen Löwenkopf als Siegel. Später ließ König Krösus die ersten Münzen aus reinem Gold prägen. Sie hatten ein festgelegtes Gewicht und einen festen Wert.

Geld

FRÜHER UND HEUTE

Fliegendes Geld

Wenn man einen großen Betrag zu zahlen hatte, musste man ziemlich viel Münzgeld mit sich herumschleppen. Also erfanden die Chinesen im 9. Jahrhundert das leichte Papiergeld, das sie „fliegendes Geld" nannten. Dieses hatte im Gegensatz zur Goldmünze nur noch symbolischen Wert. Kurios ist das Geld aus der Zeit der Ming-Dynastie: Auf dem 1000-Käsch-Schein sind zehn Schnüre mit je 100 aufgefädelten Münzen abgebildet. So verstand jeder, wie viel der Schein wert war.

Bei großen Geldbeträgen wäre der Gebrauch von Münzen wegen der hohen Anzahl benötigter Einzelmünzen unhandlich.

Euro

Bevor der Euro eingeführt wurde, hatte jedes europäische Land seine eigene Währung. In Deutschland war das die D-Mark. Wer zum Beispiel in Portugal Urlaub machen wollte, musste vorher Geld umtauschen. Das ist heute in den meisten Ländern überflüssig, denn in vielen Ländern der →Europäischen Union ist der Euro mittlerweile schon das gesetzliche Zahlungsmittel.

Seit 2002 bezahlen wir in vielen Ländern Europas mit dem Euro.

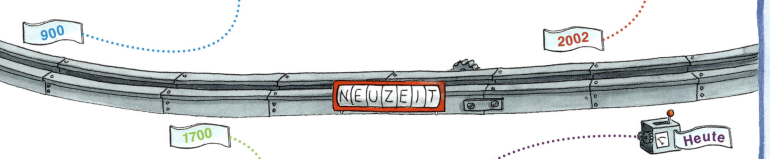

Steinreiche Insulaner

Die Eingeborenen der Südseeinsel Yap im Pazifischen Ozean bezahlten noch im 18. Jahrhundert mit Steingeld. Die unterschiedlich großen Steinscheiben hatten ein Loch in der Mitte, damit man eine Stange hindurchstecken und die Scheiben tragen oder rollen konnte. Die wertvollsten Steinscheiben waren bis zu vier Meter hoch und einige Tonnen schwer. Die Gefahr eines Diebstahls war daher eher gering.

Das Steingeld zeigte Wohlstand an und wurde gern vor dem Haus ausgestellt.

Plastikgeld

Die Daten des Karteninhabers sind auf einem Chip gespeichert oder auf einem Magnetstreifen auf der Rückseite der Karte.

Mit einer Kredit- oder Scheckkarte kann man bezahlen, auch wenn man keinen Cent in der Tasche hat. Man schiebt das Plastikkärtchen einfach in ein kleines Gerät und gibt die Geheimnummer ein. So werden zum Beispiel die 50 Euro für ein Paar Turnschuhe mithilfe eines →Computers direkt vom Konto des Käufers auf das Konto des Schuhladenbesitzers umgebucht. Das ist praktisch, aber manchmal auch tückisch, weil man leicht mehr Geld ausgibt, als man auf dem Konto hat.

Germanen

die Germanen

Im 1. Jahrhundert n. Chr. siedelten die Germanen in Nord- und Mitteldeutschland, außerdem in Dänemark und in einem großen Teil der heutigen Tschechischen Republik, der Slowakei und Polens. Sie hatten ursprünglich eine gemeinsame Sprache, waren aber in viele verschiedene, rivalisierende Völker aufgespalten. Solche Stämme hießen zum Beispiel Sweben, Friesen, Cherusker, Langobarden und Vandalen. Die Römer fürchteten die Germanen, weil sie als wilde Kämpfer galten. Im 3. Jahrhundert überschritten die Germanen den Grenzwall, fielen ins →Römische Reich ein und gründeten dort neue Reiche. Die Germanen kannten viele →Götter und Helden. Sie glaubten, das gesamte Weltall werde von einem Baum beherrscht, der Riesenesche Yggdrasil.

germanische Pfeil- und Speerspitzen

Als im Jahr 1989 die DDR die Grenze zum Westen öffnete, endete ein langer Abschnitt deutsch-deutscher **Geschichte**.

die Geschichte

Die Geschichte beschäftigt sich damit, wie die Welt früher gewesen ist, wie die →Menschen gelebt, was sie getan und gedacht haben. Wir teilen die Geschichte der Menschheit in vier Zeitalter ein. Die Vorgeschichte umfasst die Zeit von den ersten Menschen während der →Steinzeit bis zu den ersten schriftlichen Aufzeichnungen. Je nachdem, wann ein Volk eine →Schrift entwickelte, ging auch seine Vorgeschichte zu Ende; bei den alten →Ägyptern geschah dies etwa 3000 v. Chr., bei uns in Mitteleuropa erst über 2000 Jahre später.

Dann folgt das Altertum oder die →Antike, die bis zum Untergang des →Römischen Reichs um 476 n. Chr. andauerte. In dieser Zeit herrschten in Europa die →Griechen und die Römer. Das →Mittelalter schließt sich an die Antike an und reicht bis zur Entdeckung →Amerikas vor über 500 Jahren. Um 1500 begann die Neuzeit, in der auch wir leben. Sie ist vor allem von der immer rascheren Entwicklung der →Wissenschaften und der →Technik geprägt.

Geschichte: Rekonstruiertes römisches Tor in Bayern – vor etwa 2000 Jahren besiedelten die Römer heute deutsches Gebiet.

das Geschlechtsorgan

Mädchen werden ungefähr zwischen zehn und 13 Jahren, Jungen zwischen dem elften und dem 14. Lebensjahr geschlechtsreif. In dieser Zeit, der sogenannten →Pubertät, entwickeln sich die Geschlechtsorgane und beginnen zu funktionieren. Alle vier Wochen reift von nun an bei der →Frau in den Eierstöcken ein winziges →Ei heran. Es wandert nach dem Eisprung im Eileiter zur Gebärmutter. Dieses Ei kann nach dem Geschlechtsverkehr mit einem →Mann durch eine männliche Samenzelle befruchtet werden. Wenn sich dieses Ei in der Gebärmutter einnistet, wächst es während der →Schwangerschaft zu einem Kind heran. Wird die Eizelle nicht befruchtet, setzt nach etwa 14 Tagen die →Menstruation ein. Die männlichen Geschlechtsorgane bestehen vor allem aus dem Penis (Glied) und den beiden Hoden. In den Hoden wachsen die Samenzellen heran.

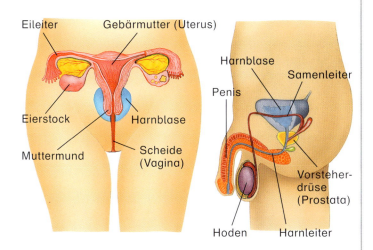

Die **Geschlechtsorgane** der Frau (links) und des Mannes (rechts). Alle vier Wochen reift im Eierstock der Frau eine Eizelle heran. Sie kann vom Samen, der im Hoden des Mannes gebildet wird, befruchtet werden.

die Geschwindigkeit

Als Geschwindigkeit bezeichnen wir den Weg, der in einer bestimmten Zeit zurückgelegt wird. Als Maßeinheit für die Geschwindigkeit verwenden wir meistens Kilometer pro Stunde (km/h) oder Meter pro Sekunde (m/s). Ein Auto, das 72 km/h fährt, legt in der Sekunde 20 Meter zurück. Wenn die Geschwindigkeit erhöht wird, spricht man von Beschleunigung, im gegenteiligen Fall, beim →Bremsen, von Verzögerung. Der Mensch erträgt nicht beliebig große Beschleunigungen. Ein nicht trainierter Mensch würde zum Beispiel bei einem →Raketenstart das Bewusstsein verlieren.

das Gesetz

Jeder muss sich an die Gesetze halten. Sie regeln das Leben der →Menschen untereinander und helfen, dass wir in →Frieden miteinander auskommen. Fast alle Völker sind sich darüber einig, dass es verboten ist, einen Mitmenschen zu töten. Über andere Dinge gibt es jedoch deutlich verschiedene Auffassungen. Im Iran schreibt zum Beispiel das Gesetz vor, dass alle Frauen außer Haus einen Schleier tragen müssen. Die →Polizei wacht darüber, dass die Menschen die Gesetze einhalten. Wer ein Gesetz bricht, muss sich vor einem →Gericht dafür verantworten. Über die Gesetze wird bei uns im →Bundestag und →Bundesrat bestimmt. Seitdem es Menschen gibt, haben sie sich selbst Gesetze gegeben. Vor allem im →Römischen Reich gab es viele Gesetze. Die Vorstellungen der alten Römer von →Recht und Gesetz sind teilweise auch heute noch gültig.

WISSEN KOMPAKT

Grundgesetz
Das Grundgesetz ist die Verfassung der Bundesrepublik Deutschland, in der die rechtliche und politische Grundordnung steht. Sie legt zum Beispiel fest, dass alle Menschen die gleichen Rechte haben und dass der Staat eine Demokratie ist. Das Grundgesetz trat 1949 in Kraft.

das Gestein

Gesteine sind feste Gemenge von →Mineralien. Manche Gesteine bestehen nur aus einem Mineral, Kalk etwa aus Kalzit, Sandstein aus Quarz. Auch →Sand ist ein Gestein, nur eben sehr feinkörnig. Oft sagt man statt Gestein auch einfach nur Stein.

Man unterscheidet drei Gruppen von Gesteinen: Die Erstarrungs- oder Eruptivgesteine entstehen durch Abkühlen flüssiger Gesteine nach einem →Vulkanausbruch, zum Beispiel Basalt und Granit. Die Schicht- oder Sedimentgesteine bestehen aus Bruchstücken fester Gesteine, die vor allem vom Wasser abgelagert wurden. Dort bilden sie Schichten und verfestigen sich. Zu ihnen zählen Kalk, Sandstein, Ton und →Lehm, auch Gips und Steinsalz. Andere Gesteinsarten entstehen dadurch, dass Sediment- oder Erstarrungsgestein ins Erdinnere gelangt und dort durch Hitze und Druck umgewandelt wird. Typische Beispiele solcher Umwandlungsgesteine sind Schiefer und Marmor.

Durch Wind, Wasser und Frost können **Gesteine** zu bizarren Formen verwittern.

Gesundheit

die Gesundheit

Ein gesunder →Körper hat ein funktionierendes Immunsystem und kann eindringende →Bakterien abwehren. Die weißen →Blutkörperchen sind Teil des Immunsystems. Gesundheit ist nicht nur das Gegenteil von →Krankheit, sondern äußert sich durch das Wohlbefinden des Körpers und der Seele, also unser Gemüt, unsere Stimmungen und Gefühle. Auch die →Hygiene gehört zur Gesundheit.

Jeder sollte etwas für seine Gesundheit tun und auf abwechslungsreiche →Ernährung, ausreichend Bewegung sowie genügend →Schlaf achten. Um gesund zu bleiben, müssen wir viel Obst und Gemüse und regelmäßig Fleisch, Fisch oder Vollkornprodukte essen. Zu viel Fett und Zucker sowie zu wenig →Sport können zu Übergewicht führen, wodurch Krankheiten wie →Diabetes begünstigt werden.

das Getreide

Die verschiedenen Getreidesorten stellen von jeher die wichtigsten Nahrungsmittel des Menschen dar. Es handelt sich um die →Samen verschiedener Gräser. Zu Beginn sammelten die Menschen die Samen der →Wildpflanzen. Dann kamen sie auf den Gedanken, die Gräser anzubauen. Sie suchten die Sorten mit den größten und den zahlreichsten Samen aus. So entwickelte sich das Getreide zu einer der wichtigsten Nutzpflanzen.

Reis und Mais werden gekocht gegessen. →Weizen und Roggen vermahlen wir zu Mehl und backen daraus Brot oder andere Teigwaren. Die Körner der Gerste werden vor allem in der Bierbrauerei zu Malz weiterverarbeitet oder es werden Graupen, Grieß und Malzkaffee daraus hergestellt. Der Hafer liefert Haferflocken und Hafermehl und man verwendet ihn meistens als Viehfutter. Weitere Getreide sind Hirse, Dinkel und Emmer.

Gerste

Mais

Hafer

Roggen

Neben Weizen sind dies die häufigsten einheimischen **Getreidearten**.

Forscher haben herausgefunden, dass **Gewalt** süchtig machen kann.

die Gewalt

Gewalt begegnet uns in vielen Situationen und in unterschiedlichen Formen. In den →Zeitungen, im →Radio und im →Fernsehen wird viel über Gewalt bei Verbrechen, in →Kriegen und durch →Terror berichtet. Manche Menschen wenden Gewalt gegen ihre Mitmenschen oder gegen Tiere an, wenn sie etwas mit Zwang durchsetzen wollen. Dies kann bis zu Verletzungen und Mord reichen.

Neben körperlicher Gewalt gibt es auch seelische Gewalt, zum Beispiel wenn man jemanden beleidigt oder aus der Gruppe ausgrenzt. Dabei werden die Gefühle eines Menschen verletzt. Es ist wichtig, dass jeder Mensch lernt, wie man mit Konflikten umgeht und wie sich Gewalt vermeiden lässt. Streit löst man viel besser, wenn man miteinander redet.

das Gewissen

Das Gewissen ist eine Art innere Stimme. Sie sagt uns, ob wir uns richtig oder falsch verhalten. Wenn wir uns richtig verhalten, haben wir ein reines Gewissen. Sagt uns die innere Stimme, dass unser Verhalten schlecht war, spüren wir ein schlechtes Gewissen. Es drängt uns dazu, einen Fehler wiedergutzumachen. Jeder kann sein Gewissen bilden. Das →Recht jedes Menschen, bei dem, was er tut und sagt, nur seinem eigenen Gewissen zu folgen, heißt

Geysir

Gewissensfreiheit. Niemand darf zum Beispiel gegen sein Gewissen zum Kriegsdienst mit der Waffe gezwungen werden. So steht es im deutschen Grundgesetz.

das Gewitter

Ein Gewitter entsteht durch →Elektrizität in der →Luft. Im Inneren einer dunklen Regenwolke bauen sich Bereiche mit entgegengesetzter elektrischer Ladung auf. Wenn die Spannung anwächst, kann ein Funke zwischen den Teilen der →Wolke oder zwischen der Wolke und dem Erdboden überspringen und die Spannung entladen. Dies bezeichnen wir als Blitz. Das Geräusch dieser Entladung hören wir als Donner. Bei einem Gewitter regnen die Gewitterwolken ab. Frontgewitter entstehen, wenn sich Kaltluft und Warmluft auf breiten, oft mehrere Hundert Kilometer langen Fronten vermischen.

Bei einem **Gewitter** entlädt sich der Blitz zwischen Wolke und Erdboden.

verschiedene Gewürze

das Gewürz

Gewürze enthalten chemische Stoffe, die angenehm riechen oder schmecken. Wir verwenden Gewürze, um Speisen oder Getränken einen besseren Geschmack zu verleihen. In Mitteleuropa wachsen ein paar Dutzend Gewürze wie Bohnenkraut, Dill, Estragon und Kümmel. Die warmen Länder beliefern uns zusätzlich mit Hunderten von Gewürzen, zum Beispiel mit Pfeffer, Chili, Gewürznelken, Zimt, Vanille, Muskatnuss und Safran. Gewürze werden aus den unterschiedlichsten →Pflanzenteilen gewonnen: aus der Rinde (Zimt), aus →Blüten (Safran), aus →Früchten (Kümmel, schwarzer Pfeffer, Paprika), aus Blättern (Thymian, Lorbeer), aus →Wurzeln (Meerrettich, Ingwer) und aus →Samen (Senf).

der Geysir

Geysire sind heiße →Quellen, die meist in regelmäßigen Abständen heißes →Wasser oder Wasserdampf hoch in die Luft schleudern. Sie kommen meist in →vulkanisch aktiven Gebieten vor, wie etwa auf Neuseeland, in Nordamerika oder auf Island. Das Wasser ist Grundwasser, das tief im Inneren der →Erde erhitzt wird.

Im Yellowstone Nationalpark in Nordamerika gibt es viele **Geysire**.

Gift

Gefahrensymbol für giftig

das Gift

Gifte können dem Menschen und anderen Lebewesen schwere Schäden zufügen oder sogar tödlich wirken. Dazu muss das Gift über das →Blut, den Mund und →Magen oder mit der →Atmung durch die →Lungen in den Körper eindringen. Es gibt Tausende giftiger Stoffe und jeder wirkt anders. Deshalb ist es bei Vergiftungen wichtig zu wissen, um welches Gift es sich handelt. Bereits im Haushalt finden wir viele Stoffe, die bei unsachgemäßer Anwendung giftig wirken. Dazu gehören WC-Reiniger, Spülmittel und Farben, auch viele Heilmittel.

Baumsteigerfrösche scheiden aus Hautdrüsen ein starkes **Nervengift** ab. Die Indianer verwenden es als Pfeilgift.

Viele heimische →Pilze sind giftig, wie etwa der →Fliegenpilz und der Knollenblätterpilz. Besonders tückisch ist, dass Giftpilze oft so ähnlich wie essbare Pilze aussehen. Unter fast allen Tiergruppen gibt es giftige Tiere. Berüchtigt sind die Giftschlangen. Doch am giftigsten ist der südamerikanische Pfeilgiftfrosch. Das Gift eines einzigen Frosches würde ausreichen, um 1000 Menschen zu töten!

> ### WISSEN KOMPAKT
>
>
> **Giftig nur zum Schein**
> Unsere heimischen Schwebfliegen ahmen die Farben, Muster und Körperformen der giftigen Wespen nach. Die Vögel verwechseln die harmlose Schwebfliege mit der giftigen Wespe und erbeuten sie nicht. Man nennt diese Anpassung zum Schutz vor Feinden Mimikry.

Netzgiraffen haben sehr muskulöse Hälse, die sie bei Kämpfen einsetzen.

die Giraffe

Giraffen gehören zu den Huftieren. Vom Boden bis zum Scheitel gemessen können sie bis zu sechs Meter hoch werden. Mit ihrem langen Hals gelangt die Giraffe an Baumblätter, die für die anderen Tiere viel zu hoch liegen. Deshalb kann ihr kein anderes Tier die Nahrung streitig machen. Der lange Hals macht aber auch Probleme: Das →Herz muss das →Blut bis zu vier Meter hochpumpen. Die Giraffe verfügt deshalb über einen doppelt so hohen Blutdruck wie der Mensch. Zu den Kurzhalsgiraffen gehört das in Afrika lebende Okapi.

das Glas

Wir verwenden Glas für Fenster, Flaschen, Brillen, Spiegel und vieles mehr. Aus Glas bestehen etwa die →Linsen in Fotoapparaten, →Mikroskopen und anderen optischen Instrumenten. Es wird auch in der Glasfasertechnik bei Telefon und Fernsehen eingesetzt. Glas ist ein nützlicher und vielseitiger Werkstoff. Man kann es billig herstellen und leicht verarbeiten,

Gletscher

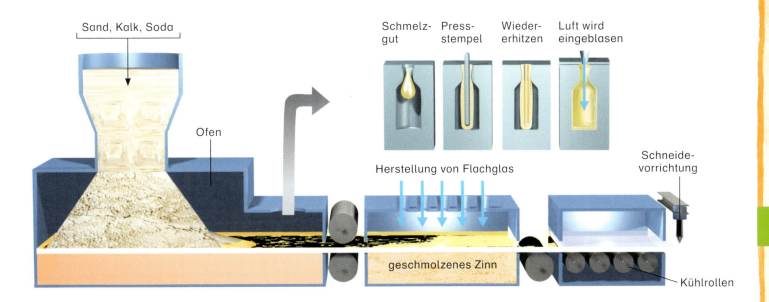

Zur Herstellung von **Glas** werden Kalk, Sand und Soda aufgeschmolzen. Ob die Schmelze schließlich in Form geblasen oder von Maschinen gepresst wird, hängt vom Zweck des Endproduktes ab.

zu flachen Scheiben, dicken Gussstücken oder dünnen Gläsern. In Glasbläsereien werden Röhren, Stäbe oder biegsame Fasern hergestellt.

Glas entsteht, wenn →Sand, Kalk und Soda zusammengeschmolzen und danach abgekühlt werden. Mit weiteren Zutaten erhält man hitzefestes, extra zähes oder farbiges Glas.

die Gleichberechtigung

Von Gleichberechtigung spricht man, wenn jemand gleiche →Rechte hat oder bekommt wie die anderen Menschen. Gemeint ist damit bei uns vor allem die Gleichstellung von →Mann und →Frau. Sie ist ein Grundrecht und im Grundgesetz garantiert. Doch im täglichen Leben ist die Gleichberechtigung von Mann und Frau längst noch nicht überall verwirklicht. In →Politik, →Wirtschaft und vielen anderen Bereichen der Gesellschaft besetzen Männer fast alle leitenden Machtpositionen. Frauen hingegen werden häufig für dieselbe →Arbeit schlechter bezahlt als Männer. Die Bemühungen um die Gleichberechtigung der Frauen nennen wir auch Emanzipation. Das Grundgesetz garantiert ebenso die Gleichberechtigung für Menschen mit unterschiedlichen Hautfarben, →Sprachen, →Religionen, Heimatländern, sexuellen Vorlieben (→Homosexualität) und Behinderungen. Kein Mensch darf benachteiligt oder diskriminiert werden. Alle Menschen sind gleichberechtigt und müssen in allen Lebensbereichen die gleichen Möglichkeiten haben.

der Gletscher

Gletscher entstehen dort, wo im Winter mehr Schnee fällt, als im Sommer abschmelzen kann. Neue Schneemassen drücken die darunterliegenden Schichten so sehr zusammen, dass sie zu →Eis werden. Diese Eismassen bewegen sich ganz langsam ins Tal hinunter. So entsteht ein Gletscher. Während des Fließens bilden sich große Risse, die Gletscherspalten. Gletscher führen auch gewaltige Mengen Schutt mit sich. An der Zunge lagern sie ihn als Moräne ab. Durch den →Klimawandel gehen jedoch die Gletscher immer stärker zurück.

Oft brechen große Eisblöcke am Ende eines **Gletschers** ab. Man sagt, der Gletscher kalbt.

Globalisierung

die Globalisierung

Wer die USA besucht, wird dort vielleicht einen Hamburger essen. Genau dieselben Hamburger serviert man auch in Deutschland, Thailand, Australien, Bolivien und China. Die Firma, die diese Hamburger anbietet, ist weltweit oder global tätig. In unserer Zeit entstehen immer mehr Märkte und Firmen, die auf der ganzen Welt vertreten sind. Man spricht dabei von Globalisierung. Diese Entwicklung stößt teilweise auf erbitterten Widerstand. Viele Menschen sagen, die Globalisierung würde gerade die →Wirtschaft kleinerer Länder zerstören und die Menschen dort in die →Arbeitslosigkeit treiben. Und so werden die reichen Staaten immer reicher und die armen noch ärmer.

Eine Ursache der **Globalisierung** ist der technische Fortschritt, zum Beispiel in der Kommunikationstechnik. So kann man über das Internet auch dann zusammen arbeiten, wenn man in weit voneinander entfernten Ländern lebt.

der Globus

Der Globus ist ein kleines, kugelförmiges Modell unserer →Erde. Er zeigt alle →Kontinente sowie die Länder und →Meere in der richtigen Lage und im richtigen Größenverhältnis. Zur Verdeutlichung der Erddrehung ist ein Globus meistens drehbar und etwas schräg in einem Gestell befestigt. Der Plural von Globus heißt Globen.

Nur der **Globus** liefert eine korrekte Darstellung der Karte der Erde, weil sich die Fläche einer Kugel nicht auf einer ebenen Fläche abrollen lässt.

die Glühbirne

Die Glühbirne spendet uns →Licht. Physikalisch gesehen steckt in dieser Aussage nur die halbe Wahrheit. Denn fünf Prozent der eingesetzten elektrischen →Energie werden in Licht umgewandelt, und 95 Prozent gehen in Form von Wärmeenergie verloren. Glühlampen sind so gesehen kleine Öfen, die etwas Licht erzeugen. Der →Strom bringt dabei einen feinen Draht zum Glühen. Im Inneren des Glaskolbens herrscht ein Vakuum, also ein luftleerer Raum. Je mehr Watt eine Glühbirne hat, desto heller leuchtet sie. Leuchtstoffröhren oder Energiesparlampen verwandeln fast die Hälfte der Energie in Licht und sparen damit viel Strom. Außerdem haben sie eine wesentlich längere Lebensdauer als normale Glühbirnen.

Aufbau einer Glühbirne

das Glühwürmchen

An warmen Juniabenden fliegen die Männchen der Glühwürmchen umher und suchen im Gebüsch sitzende Weibchen, die mit Lichtsignalen auf sich aufmerksam machen. Die Glühwürmchen sind →Käfer, die etwas können, wovon Ingenieure nur träumen: Sie erzeugen ein helles grünliches Licht ohne jede Wärme. Es entsteht in Leuchtorganen durch chemische Reaktionen.

Die weiblichen **Glühwürmchen** (rechts) senden Leuchtsignale aus, um Partner zur Paarung zu finden.

Grammatik

Gott

Früher glaubten fast alle →Menschen an einen Gott oder mehrere Götter. Dieser Glaube ist das wesentliche Kennzeichen jeder →Religion. Da wir Gott nicht kennen und nicht erfassen können, fällt es schwer, etwas über ihn zu sagen. Er wird als heilig und allmächtig beschrieben, er soll das Schicksal der Menschen lenken und ihnen Gebote für ein richtiges Leben geben. Das →Judentum, der →Islam und das →Christentum glauben an einen einzigen Gott. Man spricht von Monotheismus. Der →Hinduismus kennt sehr viele Götter. Auch in der →griechischen Kultur und im →Römischen Reich wurden viele Götter verehrt (Polytheismus). Wenn jemand glaubt, dass es keinen Gott gibt, so bezeichnet man ihn auch als Atheisten.

die Grafik

Wenn wir von „Grafik" sprechen, meinen wir alles, was mit →Zeichnungen, Schaubildern, Schnitten und ihrer künstlerischen Gestaltung zu tun hat. Auch an einem Buch arbeiten viele Grafiker mit: Am →Computer zeichnen sie Abbildungen und Karten. Und sie kümmern sich um die Anordnung von Text und Bild. Man sagt: Sie machen das Layout.

Im täglichen Leben sind wir überall von Grafiken umgeben. Jedes Etikett, jede Anzeige in der Zeitung, jedes Werbeplakat stammt von Grafikern. Verwandt mit der Grafik ist das Design. Es sorgt dafür, dass zum Beispiel Industrieprodukte wie Autos, Möbel, Fernseher oder Computer eine schöne Form bekommen und gut zu gebrauchen sind.

Höchstalter verschiedener Tiere	
Karpfen	100 Jahre
Elefant	70 Jahre
Gorilla	60 Jahre
Pferd	50 Jahre
Esel	45 Jahre
Erdkröte	40 Jahre
Katze	35 Jahre
Löwe	30 Jahre
Haussperling	23 Jahre
Hund	20 Jahre
Meerschweinchen	15 Jahre
Fuchs	14 Jahre
Eichhörnchen	12 Jahre
Regenwurm	10 Jahre
Eidechse	8 Jahre
Bienenkönigin	5 Jahre
Maulwurf	4 Jahre
Stubenfliege	76 Tage

Grafiken werden meistens am Computer erstellt. Linien, Flächen, Farben und Schriften lassen sich frei gestalten.

die Grammatik

Die Wörter in den Sätzen unserer →Sprache müssen nach ganz bestimmten Regeln zusammengefügt werden. „Ich sehe eine Katze" ist ein ganz normaler, richtiger Satz. Wenn jemand sagt: „Eine ich Katze sehe", so können wir ihn vielleicht mit Mühe verstehen, doch ein korrekter deutscher Satz ist das nicht. Die Grammatik oder Sprachlehre sagt, wie die Sprachen aufgebaut sind. Sie lehrt uns zum Beispiel, wie man die Personalformen bildet („ich sehe", „du siehst" …), welche Wortarten (Namenwörter/Nomen, Tunwörter/Verben oder Wiewörter/Adjektive) und welche Satzglieder (Subjekt, Prädikat, Objekt) es gibt. Außerdem regelt sie die Reihenfolge der einzelnen Satzglieder. Jede Sprache hat eine eigene Grammatik und manche Sprachen bauen ihre Sätze ganz anders auf als wir im Deutschen.

WISSEN KOMPAKT

Grammatik: Vokale
Die Selbstlaute oder Vokale sind a, e, i, o und u. Das Wort M**a**g**e**rm**i**lchj**o**gh**u**rt enthält sie alle in der richtigen Reihenfolge.

Greifvogel

der Greifvogel

Greifvögel fangen Beutetiere und verzehren sie. Man nannte sie früher auch Raubvögel. Greifvögel sind am Tag aktiv, nachts ruhen sie. Damit sie im Flug ihre Beute gut aufspüren können, besitzen sie sehr gute →Augen und ein scharfes Gehör. Mit ihren kräftigen Krallen töten sie die Beute und zerteilen sie dann mit dem spitzen Hakenschnabel. Der häufigste Greifvogel bei uns ist der Mäusebussard, der sich hauptsächlich von Mäusen ernährt. Habicht und Sperber greifen andere →Vögel an. Falken können rüttelnd in der Luft stehen bleiben, um nach Mäusen Ausschau zu halten. Der Steinadler ist einer der größten heimischen Greifvögel. Er lebt in den Alpen und ernährt sich von Murmeltieren, Hasen oder Rehen.

Steinadler

Mäusebussarde sind neben Turmfalken die häufigsten **Greifvögel** in Deutschland.

die Grenze

Natürliche Grenzen wie →Flüsse, →Gebirge oder →Meere trennen Landschaften voneinander. Die Grenzen zwischen Ländern, Städten und →Gemeinden sind meist künstlich festgelegt. Deutschland grenzt zum Beispiel an die Niederlande, Belgien, Luxemburg, Frankreich, die Schweiz, Österreich, die Tschechische Republik, Polen und Dänemark. Staatsgrenzen verlaufen über Berge, oft mitten durch Ebenen, Flüsse und Seen. An den Grenzübergängen wechselt man von einem Land ins andere. Meist muss man dort seinen →Pass vorzeigen. Möchte man Waren über die Grenze bringen, muss man sie beim Zoll anmelden.

die griechische Kultur

In der →Antike war Griechenland ein mächtiger Staat. Es gab mehrere große Städte, wie Athen oder Sparta, die oftmals Kriege gegeneinander führten. Jede Stadt hatte eine →Regierung mit eigenen →Gesetzen. In Athen, der heutigen Hauptstadt von Griechenland, entstand im 5. Jahrhundert v. Chr. die erste →Demokratie.

Ein Hauptwerk der **griechischen Kultur** ist der Parthenontempel auf der Akropolis in Athen.

Die Dichtung, das →Theater und die →Kunst spielten damals eine große Rolle. Viele bedeutende Denker lebten im alten Griechenland, zum Beispiel Aristoteles, Plato und Sokrates. Alle vier Jahre führten die Griechen →Olympische Spiele durch. Während dieser Zeit mussten alle Waffen ruhen. Die alten Griechen verehrten viele →Götter, denen sie große →Tempel bauten. Der Vater aller Götter hieß Zeus. Seine Tochter Athena war die Göttin der Weisheit; nach ihr ist die Stadt Athen benannt.

Die Vasenmalerei war ein bedeutender Bestandteil der **griechischen Kultur**. Hier eine Wettlaufszene der Olympischen Spiele

H

das Haar

Nur die →Säugetiere und die →Menschen haben echte Haare an ihrem Körper. Diese bestehen wie die →Federn der Vögel oder die Schuppen der →Kriechtiere aus Horn. Jedes Haar steckt in einem Haarbalg in der Unterhaut. Wenn Haare weiß werden, verlieren sie ihren Farbstoff und lagern stattdessen Luftbläschen ein, die das Licht zurückwerfen. Glattes Haar ist im Querschnitt rund. Stark krauses Haar hat einen bandartigen, flachen Querschnitt.

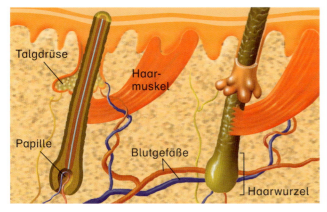

Jedes **Haar** entspringt aus einer Haarpapille, die mit Blut versorgt ist. Kleine Muskeln können das Haar aufrichten.

der Hafen

Ein Hafen bietet →Schiffen einen Anlege- oder Ankerplatz. Häfen liegen oftmals geschützt in einer Meeresbucht oder in einer Flussmündung. Ein Hafen hat ähnliche Aufgaben wie ein →Flughafen. Schiffe werden von großen Kränen beladen und entladen. Praktisch und platzsparend sind einheitlich große Behälter, die man Container nennt. Die Fracht wird im Hafen in großen Lagerhallen, Kühlräumen und Silos gelagert. In einem Passagierhafen legen Fähren und Kreuzfahrtschiffe an. Über Landungsbrücken steigen Personen in die Passagierschiffe ein oder aus. Zudem werden die Schiffe mit Wasser, Lebensmitteln und Treibstoff versorgt. Große Häfen haben Docks, um Schiffe zu reparieren. Ein Schiff, das unten neu gestrichen werden muss, fährt in ein riesiges Becken, das Trockendock. Dann verschließt man das Tor und pumpt das Wasser ab.

der Hai

Die Haie gehören zu den Salzwasserfischen, haben aber ein →Skelett aus Knorpel und nicht aus Knochen. Ihre Haut ist nicht von flachen Schuppen bedeckt, sondern von spitzen Zähnchen. Die meisten Haie leben in warmen →Meeren. Der Walhai wird über 15 Meter lang und ist der größte →Fisch. Das harmlose Tier ernährt sich ausschließlich von →Plankton. Nur wenige Haie können dem Menschen gefährlich werden, darunter der Tigerhai und der Weiße Hai. Sie verfügen über einen sehr empfindlichen Geruchssinn. Ihre Beute zerschneiden diese Haie mit messerscharfen →Zähnen, die sich ständig erneuern. Einem großen Hai wachsen im Laufe seines Lebens über 20 000 Zähne.

Haie haben meist einen spitz zulaufenden Kopf. Warum der des Hammerhais so stark verbreitert ist, weiß man nicht genau.

Handel

der **Handel**

Wer etwas kauft oder verkauft, treibt Handel. Ursprünglich tauschten die Menschen Ware gegen Ware, etwa ein Schwein gegen ein Fell. Das nennt man Tauschhandel. Heute wird das gehandelte Produkt gegen einen Geldbetrag getauscht. Wir kaufen unsere Lebensmittel in einem kleinen Geschäft. Dessen Inhaber ist ein Einzelhändler, der die Lebensmittel bei einem Großhändler eingekauft hat. Der Großhändler wiederum kauft die Waren in großen Mengen auf dem →Bauernhof oder in einer Lebensmittelfabrik. Weil jeder an dem Handel verdienen will, wird die Ware immer teurer. Waren, die aus dem Ausland eingeführt werden, bezeichnet man als Import. Die ausgeführten Waren sind Exporte. Jedes Land möchte möglichst viel exportieren, weil so →Geld ins eigene Land fließt.

Eine einfache Form von **Handel** ist es, wenn Bauern ihre Produkte auf dem Markt anbieten.

das **Handwerk**

Handwerk bedeutet immer noch Handarbeit, auch wenn ein Handwerker heute →Werkzeuge und →Maschinen zu Hilfe nimmt. Er stellt seine Waren meistens einzeln und auf Bestellung eines Kunden her. In der →Industrie dagegen ist die Massenfertigung typisch. Manche Handwerker leisten auch Dienste, wie ein Maler, der ein Haus streicht. Es gibt heute über 150 Ausbildungsberufe im Handwerk, etwa Schreiner, Automechaniker, Bäcker und Friseur. Bei uns ist das Handwerk nach der Industrie der bedeutendste Zweig der →Wirtschaft.

Handwerker müssen eine →Ausbildung machen. Die Lehrlinge oder Auszubildenden (Azubis) lernen im Betrieb und besuchen nebenbei die Berufsschule. Wenn sie nach zwei oder auch drei Jahren ausgelernt haben, erhalten sie den Gesellenbrief. Nach einigen Jahren praktischer Arbeit und weiterer Ausbildung dürfen sie die Meisterprüfung ablegen. Nur wer Meister ist, darf einen Handwerksbetrieb eröffnen.

Ein Schweißer ist ein **Handwerker**, der unterschiedliche Werkstoffe – zumeist Metalle – verbinden kann. Dabei muss er das Material bis zum Schmelzen erhitzen.

das **Handy**

Der Begriff „Handy" hört sich englisch an. Er ist jedoch eine typisch deutsche Neubildung. Die Engländer nennen das kleine handliche →Telefon nämlich „mobile phone". Wir sprechen auch von Mobiltelefon.

Das Handy ist ein Funkgerät. Beim Wählen gelangen die Nummern zur nächsten Empfangsantenne. Von dort aus wird der Empfänger in allen Zellen des Netzes gesucht. Das Gespräch läuft dann von der Empfangs- zur Sendeantenne in →Glasfaserkabeln. Die weitere Übertragung zum Empfänger erfolgt wieder über Funk. Die meisten Handys sind heute Vielzweckgeräte geworden. Man kann mit ihnen Geld überweisen, fotografieren, Daten aus dem →Internet abrufen („wappen") oder kurze schriftliche Botschaften austauschen, die sogenannten SMS („Short Message Service").

Das Smartphone ist ein **Handy** mit vielen Zusatzfunktionen und einem berührungsempfindlichen Bildschirm (Touchscreen).

WISSEN KOMPAKT

Hase oder Kaninchen
Bei uns sind Feldhasen und Wildkaninchen heimisch. Feldhasen haben sehr lange Ohren, während die der kleineren Wildkaninchen kurz sind. Hasen leben einzeln, Kaninchen hingegen in großen Familiengruppen in einem unterirdischen Bau. Hasen haben keinen Bau. Sie ruhen in einer Vertiefung am Wiesenboden, die Sasse heißt.

der Hase

Hasen sind →Säugetiere. Obwohl sie lange Schneidezähne haben, die ständig nachwachsen, gehören sie nicht wie die Mäuse zu den →Nagetieren. Mit den Kaninchen bilden Hasen eine eigene Familie der Hasentiere.

Der Feldhase lebt bei uns auf →Wiesen und auf Feldern. Er frisst nur Gräser, Kräuter, Rinden und →Knospen. Bei Gefahr drückt er sich fest an den Boden und flüchtet erst im letzten Augenblick. Dabei kann er Geschwindigkeiten bis zu 80 Kilometer pro Stunde erreichen. Im Frühjahr versammeln sich zahlreiche männliche und weibliche Tiere an einem Ort. Sie verfolgen sich gegenseitig in wildem Lauf, bevor sie sich paaren. 40 Tage später kommen die jungen Hasen mit geöffneten Augen und mit Fell auf die Welt. Schon nach vier Wochen verlassen sie ihre Mutter. Feldhasen können bis zu zwölf Jahre alt werden. Im hohen Norden von Europa leben Schneehasen. Ihr Fell ist im Sommer graubraun und im Winter weiß. Das Winterfell ist im Schnee eine gute →Tarnung.

Hase: Wildkaninchen haben im Vergleich zum Feldhasen kürzere Ohren, sie sind deutlich kleiner und haben kürzere Hinterbeine.

Feldhase

das Haus

Schon immer suchten Menschen nach einem Unterschlupf, um sich vor Kälte, →Niederschlag oder auch vor wilden Tieren zu schützen. In der →Steinzeit lebten die ersten Menschen wohl in →Höhlen. Heutzutage sind moderne Häuser so gebaut, dass sie Kälte und Nässe abweisen, Wärme jedoch speichern. Dafür sorgen doppelt verglaste Fenster und Isolierstoffe im Dach und an den Wänden.

Wenn zwei oder mehr Häuser nebeneinander gebaut werden, so spricht man von einem Doppel- oder Reihenhaus. Liegen die Wohnungen übereinander, so bilden sie einen Wohnblock. Häuser mit sehr vielen Stockwerken heißen Hochhaus oder Wolkenkratzer. In vielen großen →Städten gibt es nicht genügend Häuser und Wohnungen für alle, besonders in Ländern der Dritten Welt. Arme Menschen leben dann in Hütten aus Wellblech oder Abfallholz. Solche Siedlungen nennt man Slums.

Mehr zum Thema Haus auf den Seiten 100 und 101!

Haus

Wir wohnen heute in robusten Häusern, geschützt vor Wind und Wetter. Das Wasser kommt aus dem Hahn, der Strom aus der Steckdose, und wenn wir die Heizung aufdrehen, wird es im Handumdrehen kuschelig warm. Die ersten Menschen schliefen dagegen in Höhlen.

vor 500 000 Jahren

2400 v. Chr.

STEINZEIT

ANTIKE

vor 10 000 Jahren

Höhlenmenschen

Als unsere Urahnen noch als Jäger und Sammler umherzogen, suchten sie vor allem im Winter Schutz in →Höhlen oder unter Felsüberhängen. Hier waren sie vor Kälte, Wind, Regen und Schnee geschützt. Raubtiere wie Hyänen und Löwen versuchten sie durch ein →Feuer am Höhleneingang fernzuhalten.

In vielen Höhlen wurden Felsmalereien gefunden, die Tiere und Jagdtechniken zeigen.

In Unteruhldingen am Bodensee wurde ein Pfahlbaudorf aus der Steinzeit nachgebaut.

Fester Wohnsitz

Später wohnten unsere Vorfahren in Zelten aus Tierhäuten und einfachen Hütten. Wenn sie weiterzogen und ihr Lager anderswo aufschlugen, waren diese Behausungen schnell neu gebaut. Als die Menschen vor etwa 10 000 Jahren allmählich sesshaft wurden und begannen, Ackerbau und Viehzucht zu betreiben, bauten sie zum ersten Mal in der Geschichte feste Hütten aus Holz und Lehm, die sie mit Stroh deckten.

Dachterrassen und Kanalisation

Zu den ersten Städten der Welt gehörte Mohenjo-Daro im Indus-Tal in Südasien. Hier standen dicht an dicht zweistöckige Ziegelhäuser, die mit Lehm verputzt waren. Jedes hatte einen Innenhof und ein Flachdach, auf das eine Treppe führte. Dort oben schliefen die Leute häufig unter freiem Himmel. Wer glaubt, die 40 000 Einwohner hätten ihre Ausscheidungen und Küchenabfälle einfach in den Straßen liegen lassen, irrt, denn die Stadt besaß bereits eine →Kanalisation. Viele Häuser hatten ein Badezimmer, eine Toilette aus Ziegelsteinen und einen eigenen →Brunnen.

Ruinen der einstigen Stadt Mohenjo-Daro

Haus

FRÜHER UND HEUTE

Luxus im alten Rom

Die reichsten Menschen im →Römischen Reich hatten in ihren Villen alles, was man sich damals an Komfort vorstellen konnte: eine Art Fußbodenheizung, fließendes Wasser und – das war der größte Luxus – eine eigene Badewanne und ein WC. Im Sommer sorgte ein Regenwasserbecken in der Mitte des Innenhofs (Atrium) für angenehme Kühle. Um das Atrium herum gruppierten sich die Wohnräume, deren Böden mit glänzenden Mosaiken und deren Wände mit bunten Malereien verziert waren.

Reiche römische Hausherren ließen sich oft in prächtigen Wandmalereien porträtieren.

Eine Stadt auf dem Wasser

Die italienische Stadt Venedig wurde im Wasser erbaut. Alle Gebäude stehen auf Holzpfählen, die in den schlammigen Untergrund gerammt wurden. Je größer und schwerer das Haus, desto mehr Pfähle waren nötig. Die Adligen und reichen Kaufleute von Venedig ließen sich herrschaftliche Stadtpaläste bauen. Sie waren meist dreistöckig mit einer Reihe von Arkaden im Erdgeschoss. Manche dieser Paläste stehen auf über 100 000 Holzpfählen.

Campanile (links) und Dogenpalast (rechts) in Venedig

 100 n. Chr.

 MITTELALTER   NEUZEIT

 1700

900 n. Chr.

 2004

Rekonstruktion eines Gebäudes einer Wikingerburg

Heldengeschichten am Feuer

Wikingerhäuser waren aus Holzstämmen gezimmert, mit Gras oder Stroh gedeckt und außen zum Teil mit Lehm verputzt. Den Boden aus gestampfter Erde legten die →Wikinger mit Schilf aus. In der großen Haupthalle wurde geschlafen, gekocht und gegessen. Abends setzten sich alle um eine große, offene Feuerstelle im Raum und erzählten sich Heldentaten ihres Volkes. Immer hing Rauch im Haus, denn über dem Herd war nur ein kleines Loch in der Decke und Fenster gab es keine.

Immer höher hinaus

Es gab mittlerweile schon einige Bauwerke, die sich mit dem Titel „das höchste Gebäude der Welt" schmückten. Meistens behielten sie diese Auszeichnung nur für eine bestimmte Zeit – bis ein neues, noch höheres Gebäude fertiggestellt wurde. Von 2004 bis 2009 galt etwa der 508 Meter hohe „Taipeh 101" in Taipeh, der Hauptstadt Taiwans, als höchster Wolkenkratzer. Heute liegt er bereits auf Platz 5 der Weltrangliste, auf Platz 1 thront der Burj Khalifa: ein Wolkenkratzer in Dubai (Vereinte Arabische Emirate) mit der unglaublichen Höhe von 828 Metern. Doch sicherlich wird auch er irgendwann von einem noch höheren Rekordhalter abgelöst werden. Der in Dschidda (Saudi-Arabien) geplante Kingdom Tower soll über 1000 Meter in den Himmel ragen!

Der Burj Khalifa ist seit Januar 2010 das höchste Gebäude der Welt.

Haustier

das Haustier

Vor ungefähr 10 000 Jahren begannen die →Menschen, Wildtiere aus ihrer Umgebung zu halten. Sie lieferten dem Menschen Nahrungsmittel wie Fleisch, →Milch und →Eier und auch Rohstoffe wie Felle und Leder. Im Lauf der Zeit veränderten sich die Tiere und verloren teilweise ihre Merkmale. So haben Haustiere zum Beispiel anders geformte Schädel oder andere Fellfarben. Sie sind größer oder kleiner als ihre wilden Vorfahren. Die ältesten Haustiere des Menschen sind →Schaf, Ziege, Rind (→Kuh) und →Hund. Der Mensch erkannte bald, dass ihm das Rind nicht nur als Fleisch- und Milchlieferant, sondern auch als Arbeits- und Lasttier dienen konnte. Haustiere, die dem Menschen nützen, heißen auch Nutztiere. Weitere Nutztiere sind Büffel, Yak, Kamel und Lama, zudem →Schwein, →Pferd, Esel, Rentier und Kaninchen. Bei den Vögeln zählen →Huhn, Perlhuhn, Truthahn, Gans und →Ente, bei den Insekten die Honigbiene zu den Nutztieren.

Manche Tiere leben mit dem Menschen unter einem Dach. Man nennt sie Heimtiere. Oft halten sich Menschen Hunde und →Katzen, ebenso Meerschweinchen, Hamster, Wellensittiche oder →Aquarienfische.

Haustiere, die wir zu unserer Freude anschaffen, nennt man Heimtiere.

Zu den **Haustieren** zählen auch Nutztiere wie Schweine oder Rinder.

Goldhamster

Dalmatiner

Wellensittiche

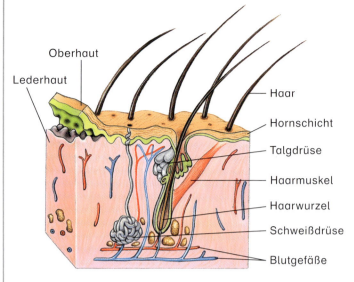

Die **Haut** schützt uns vor Eindringlingen wie Bakterien und Schmutz. Zudem reguliert sie durch Schweißabsonderung unsere Temperatur.

die Haut

Die Haut bedeckt die Außenseite des →Körpers. Sie schützt uns vor Verletzungen und vor dem Eindringen schädlicher →Bakterien. Sie enthält auch →Sinnesorgane für den Tastsinn, den Temperatursinn und den Schmerzsinn.

Unsere Haut setzt sich aus zwei Schichten zusammen, der Oberhaut und der Lederhaut. Die äußere Schicht der Oberhaut heißt auch Hornschicht. Sie besteht aus abgestorbenen, verhornten →Zellen. Wo die Haut sehr stark beansprucht wird, bildet sich eine dicke Hornschicht, die Schwielen. Der Farbstoff Melanin in der Oberhaut verleiht der Haut die braune Farbe. Die Lederhaut enthält →Nerven, Sinnesorgane, →Blutgefäße, Schweißdrüsen und die →Haarwurzeln.

Die Haut eines Erwachsenen hat insgesamt eine Oberfläche von ungefähr 1,7 Quadratmetern. Übrigens erfolgt ein kleiner Teil der →Atmung über die Haut.

der Hebel

Der Hebel ist eine der einfachsten →Maschinen. Mit ihm übertragen wir Kräfte von einem Ort zu einem anderen. Gleichzeitig kann man mit dem Hebel die eingesetzte Muskelkraft vergrößern. Einen großen Felsblock können wir mit bloßer

Hand nicht bewegen. Mit einem Hebel hingegen gelingt es. Wir legen den Hebel unter den Block und über einen kleineren Stein in der Nähe des Blocks. Bewegen wir das andere Ende des Hebels nach unten, wird der Felsblock trotz seines Gewichts angehoben. Der kleinere Stein dient als Drehpunkt. Einen solchen Hebel nennen wir zweiarmig, weil die beiden Kräfte an verschiedenen Seiten des Drehpunktes ansetzen. Hebel spielen überall eine große Rolle. Jede Zange und jede Schere sind zweiarmige Hebel. Beim einarmigen Hebel liegen die Angriffspunkte der beiden Kräfte auf derselben Seite des Drehpunkts. Einarmige Hebel sind etwa Schubkarre und Nussknacker.

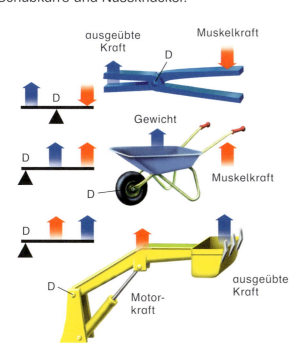

Die Zange ist ein zweiarmiger **Hebel**. Die Kräfte setzen an verschiedenen Seiten des Drehpunktes D an. Schubkarre und Baggerarm sind einarmige Hebel.

der Hecht

Der Hecht ist ein Süßwasserfisch, der bei uns in →Seen und →Flüssen lebt. Er besitzt einen schmalen, bis zu einem Meter langen Körper und einen großen Kopf mit breiter Schnauze. In seinem Maul trägt er bis zu 700 spitze Zähne. Hechte sind Raubfische, die →Fische, Frösche und auch junge Enten erbeuten. Bewegungslos verstecken sie sich zwischen Wasserpflanzen, sodass kein Tier sie sehen kann. Nähert sich ein Fisch, schießt der Hecht aus seinem Versteck hervor und schnappt die Beute. Er kann Fische verschlingen, die fast so groß sind wie er. Im Frühjahr schwimmt das Weibchen in das flache Wasser am Ufer und legt viele →Eier zwischen die Wasserpflanzen. Aus den Eiern schlüpfen die Jungen. Hechte werden gerne von Anglern gefangen. Sie sind gute Speisefische.

Hecht

der Heißluftballon

Der Heißluftballon enthält in seinem Inneren heiße →Luft. Sie ist viel leichter als die umgebende kühle Luft. Deswegen steigt der Heißluftballon auf. Die Heißluft im Inneren kühlt aber mit der Zeit ab und der Ballon sinkt. Deswegen muss der Ballonführer die Luft immer wieder erhitzen. Heißluftballons können nur mit dem →Wind treiben. Man kann sie nicht lenken. Im Jahr 1783 stieg der erste Heißluftballon mit den Brüdern Montgolfier in die Luft. Auch heute noch haben Ballons eine große Bedeutung. Sie transportieren Messgeräte der →Wetterforscher viele Kilometer weit in die Höhe.

Zeppeline oder Luftschiffe hingegen lassen sich lenken und können überallhin fliegen. Ab 1900 wurden von Ferdinand Graf von Zeppelin viele Luftschiffe gebaut, die um die ganze Welt flogen. Nach der Explosion des Zeppelins „Hindenburg" 1937 wurde der Bau von Luftschiffen vorerst eingestellt.

Heißluftballons waren die ersten Luftfahrzeuge überhaupt. Heute dienen sie als Freizeitvergnügen.

Heizung

die **Heizung**

Mit einer Heizung werden Räume erwärmt. In einem Kachelofen oder Kamin verbrennt →Holz oder →Kohle und gibt dabei Wärme ab. Bei der Zentralheizung befindet sich im Keller ein Kessel, der mit →Wasser gefüllt ist. Ein Brenner wird mit →Erdöl, →Erdgas, Holz oder Holzpellets beheizt und erwärmt das Wasser. Das warme Wasser steigt durch die Rohre in die Heizkörper in den Zimmern. Es gibt auch Heizungen, bei denen die Wärme mit →Strom oder heißem Wasser aus einem großen Heizkraftwerk erzeugt wird. Eine Heizung kann auch Gegenstände erwärmen, wie die Sitzpolster in Autos.

das **Herz**

Unser Herz ist ein großer, hohler →Muskel. Es pumpt →Blut durch die Blutgefäße, die Arterien und Venen. Bei einem erwachsenen Menschen schlägt das Herz 70- bis 80-mal pro Minute. Dabei befördert es 5,5 bis sechs Liter Blut. Das Herz saugt sauerstoffarmes Blut aus den Venen in die rechte Vorkammer an. Von dort gelangt es

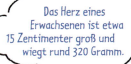

Das Herz eines Erwachsenen ist etwa 15 Zentimeter groß und wiegt rund 320 Gramm.

in die rechte Herzkammer. Zieht sich das Herz zusammen, wird dieses Blut zu den →Lungen gepumpt. Es reichert sich dort mit →Sauerstoff an und kehrt zur linken Vorkammer zurück. Die linke Herzkammer pumpt das nun sauerstoffreiche Blut in den →Körper. Das Blut fließt also im kleinen Lungenkreislauf und im großen Körperkreislauf.

Wenn das Herz zu schlagen aufhört, kommt es zuerst im →Gehirn zu einem schweren Sauerstoffmangel. Dies führt einen schnellen →Tod herbei. Durch Herzmassage kann ein Arzt das Herz manchmal wieder zum Schlagen bringen. Wenn bei einer →Operation ein neues Herz eingesetzt wird, spricht man von Transplantation.

die **Himmelsrichtung**

Mithilfe der Himmelsrichtungen können wir uns zurechtfinden. Die Himmelsrichtung Süden liegt dort, wo die →Sonne genau am Mittag steht. Im Sommer ist das wegen der Sommerzeit erst um 13 Uhr. Norden liegt in entgegengesetzter Richtung. Blicken wir nach Norden, ist Osten rechts, Westen links. Die Sonne geht im Osten auf und im Westen unter. Die Himmelsrichtungen können wir mit einem →Kompass bestimmen. Die Nadel reagiert auf das →Magnetfeld der →Erde und zeigt uns Norden an.

> **WISSEN KOMPAKT**
>
> **Himmelsrichtungen**
> Ein einfacher Merksatz für die Himmelsrichtungen in ihrer Reihenfolge im Uhrzeigersinn lautet:
>
> **N**iemals **N**orden
> **o**hne **O**sten
> **S**eife **S**üden
> **w**aschen **W**esten

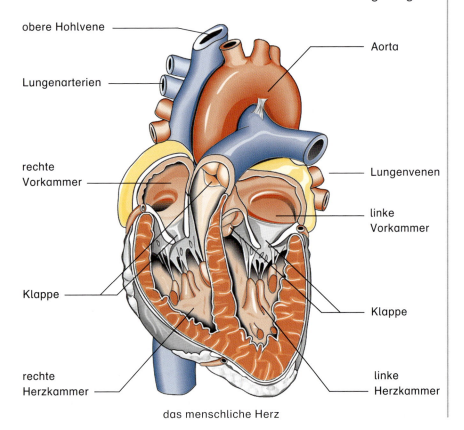

das menschliche Herz

Hochwasser

Im **Hinduismus** gilt der Fluss Ganges als heilig. Ein Bad im Ganges verspricht Gesundheit und die Reinigung von Sünden.

der Hinduismus

Der Hinduismus ist eine der großen Weltreligionen. Er ist über 4000 Jahre alt. Die Anhänger dieser →Religion heißen Hindus. Die meisten Hindus leben in →Asien, vor allem in Indien. Sie glauben daran, dass der Mensch endlos wiedergeboren wird. Die guten und schlechten Taten der vorangegangenen Leben entscheiden dabei über die Art der Wiedergeburt. Wer als Heiliger wiedergeboren wird, hat früher ein gutes Leben geführt. Andererseits ist derjenige, der als armer Mensch wiedergeboren wird, selbst schuld daran. Typisch für den Hinduismus ist das Kastensystem. Jeder Mensch ist in eine bestimmte Kaste und gesellschaftliche Schicht hineingeboren und bleibt dort sein Leben lang. In Indien gibt es einige Tausend Kasten. Die höchste Kaste ist die der Priester.

Der Hinduismus hat viele →Götter. An der Spitze der hinduistischen Götterwelt stehen Brahma, Wischnu und Schiwa. Viele Hindus sind Vegetarier und →Kühe sind für sie heilig. Deswegen essen sie kein Rindfleisch.

das Hochgebirge

Hochgebirge sind sehr hohe →Gebirge, die über 1500 Meter Höhe erreichen. Die Sommer sind kurz und die schneereichen Winter lang. In den höchsten Lagen breiten sich →Gletscher aus. Oft wehen heftige →Winde. Tagsüber ist die Sonneneinstrahlung sehr stark, nachts ist es bitterkalt. Vom Tal bis zu den Gipfeln der Hochgebirge ändert sich die Pflanzenwelt. Bis zur Baumgrenze wachsen →Nadelbäume, oberhalb davon nur noch Zwergsträucher und Alpenrosen. Weiter oben blühen kleine →Blumen zwischen niedrigen Gräsern. In den Gipfelregionen kommen ausschließlich →Flechten, →Moose und einige wenige Blütenpflanzen wie Enzian und Edelweiß vor. Im Hochgebirge leben der Steinbock, die Gämse, die Alpendohle und das Schneehuhn. Allerdings ist ihr Lebensraum durch den →Klimawandel sehr bedroht.

Gämsen steigen im Sommer in die baumlosen Zonen der europäischen **Hochgebirge**.

das Hochwasser

Bei Hochwasser steigt der Wasserstand von →Flüssen, →Seen und →Meeren an. Hochwasser ist im Meer durch →Ebbe und Flut eine regelmäßige Erscheinung. Wenn Flüsse anschwellen, kann das verschiedene Gründe haben, zum Beispiel sehr starke Regenfälle oder die Schneeschmelze. Der Mensch ist an den katastrophalen Überschwemmungen der letzten Zeit mitschuldig. Früher ließ man die Flüsse natürlich fließen. Es gab große Auen, die bei Hochwasser überflutet wurden. Die Flüsse bildeten viele Flussschlingen (Mäander). Bereits vor 200 Jahren begann man jedoch, die Flüsse in ein enges Bett zu zwingen und zu begradigen.

Hochwasser gehören neben starken Erdbeben zu den für Mensch und Tier folgenreichsten Naturkatastrophen.

Höhle

die Höhle

Höhlen entstehen meist, wenn leicht säurehaltiges →Wasser durch →Gestein aus Kalk fließt. Säure löst den Kalk auf. Manche Kalkgebiete sind durchlöchert wie ein Schweizer Käse. Nach der Bildung der Höhle tropft weiterhin Wasser von den Decken und Wänden. Dieses Wasser enthält gelösten Kalk. So entstehen die Tropfsteine mit ihren außergewöhnlichen Formen. Wenn sie von der Decke hängen, nennen wir sie Stalaktiten, wenn sie vom Boden nach oben wachsen, heißen sie Stalagmiten.

Kalkstein wird durch säurehaltiges Wasser immer weiter aufgelöst, bis **Höhlen** entstehen.

Viele Tiere haben sich an das Leben in den lichtlosen Höhlen angepasst. Im Laufe der →Evolution verloren sie oft ihre Farbe und sogar ihr Sehvermögen. Dafür verlängerten sich ihre Fühler und Beine, damit sie sich in der Dunkelheit tastend fortbewegen konnten.

In der →Steinzeit suchten die Menschen in Höhlen Schutz vor Kälte, Niederschlag und vor wilden Tieren. Aus dieser Zeit stammen auch viele Höhlenmalereien.

das Holz

Bäume und →Sträucher bringen Holz hervor. Der hölzerne Stamm trägt die schwere Krone des →Baumes und muss gleichzeitig Wasser und die darin gelösten Nährstoffe zu den →Blättern transportieren. Jedes Frühjahr bildet sich unter der Rinde eine neue Schicht von →Zellen. Wir bezeichnen sie als Jahresring. Darin laufen die Gefäße, die das Wasser transportieren. Im Herbst verholzen die Zellen des Jahresrings und im Frühjahr bildet sich der nächste Jahresring. So vergrößert der Holzkörper des Baumes seinen Durchmesser.

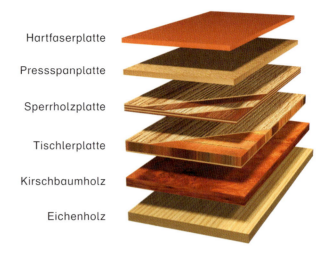

Hartfaserplatte
Pressspanplatte
Sperrholzplatte
Tischlerplatte
Kirschbaumholz
Eichenholz

Holz wird auf verschiedenste Weise zu Brettern verarbeitet.

Frisch gefälltes Holz besteht nahezu zur Hälfte seines Gewichts aus Wasser. Vor der Verarbeitung wird es daher getrocknet. Harthölzer verwendet man vor allem in der Bau- und Möbelindustrie. Aus weichem Holz, etwa dem Holz der →Fichte, gewinnt man Brennholz oder den sogenannten Holzschliff: ein musartig zerfasertes Holz, aus dem man →Papier herstellt. Gute Holzbretter aus einem Stück (Massivholz) sind heute sehr teuer. Viel billiger sind Pressspanplatten aus verleimten Holzspänen.

die Homosexualität

Als Homosexualität bezeichnen wir das →sexuelle Verlangen eines Menschen nach einem gleichgeschlechtlichen Partner. Ein →Mann ist homosexuell, wenn er einen Mann liebt. Eine →Frau ist homosexuell, wenn sie eine Frau liebt. Homosexuelle Männer bezeichnen sich selbst oft als Schwule, homosexuelle Frauen als Lesben. Man schätzt, dass von 100 Männern ungefähr fünf Männer und von 100 Frauen zwei Frauen homosexuell sind.

Obwohl Homosexualität schon längst gesetzlich anerkannt ist, leiden homosexuelle Menschen auch heute noch häufig darunter, dass sie oftmals schlechter behandelt werden. Seit 2001 können gleichgeschlechtliche Paare in Deutschland eine Lebenspartnerschaft begründen, die sogenannte Homoehe. Die Partner verpflichten sich dabei wie in einer Ehe zu gegenseitiger Fürsorge, Unterstützung und Unterhalt.

Das sexuelle Verlangen zwischen einem Mann und einer Frau heißt Heterosexualität. Menschen mit beiderlei Orientierung nennen wir auch bisexuell. Es gibt Untersuchungen, die annehmen, dass Bisexualität eine Veranlagung jedes Menschen ist.

Die Erdkrümmung lässt entfernte Objekte hinter dem **Horizont** verschwinden.

der Horizont

Wenn wir in die Ferne schauen, reicht unser Blick immer nur maximal bis zum Horizont. Der Horizont ist die Trennlinie zwischen Himmel und →Erde. In einer großen Ebene liegt der Horizont weiter entfernt als in einem engen Tal.

Von einem geistig beweglichen Menschen sagen wir, er habe einen weiten Horizont. Vom Begriff Horizont kommt das Wort horizontal; es bedeutet so viel wie waagerecht.

das Horoskop

Die Astrologen glauben, dass die Stellung der →Sterne in der Stunde der Geburt den Charakter und das Schicksal eines Menschen beeinflusst. Sie deuten diese Stellung in einem Horoskop. Wichtig hierbei sind die Tierkreiszeichen, wie Zwilling, Widder und Skorpion. So nennt man die zwölf →Sternbilder, die die →Sonne im Lauf des Jahres scheinbar durchwandert. Viele halten Horoskope für einen Aberglauben.

Hubschrauber

der Hubschrauber

Der Hubschrauber oder Helikopter wurde in den 1930er-Jahren in Deutschland entwickelt. Er ist das →Flugzeug, das man am vielseitigsten verwenden kann: Der Hubschrauber kann senkrecht starten und landen und braucht keine große Landepiste. Hubschrauber können in alle Richtungen fliegen und haben statt zwei Tragflächen einen Rotor, der gleichzeitig die Rolle der Tragfläche und des Propellers übernimmt. Der Pilot steuert den Hubschrauber, indem er den Anstellwinkel der Rotorblätter verändert. Wenn ein Hubschrauber nur einen großen Rotor besitzt, braucht er am hinteren Ende noch eine zusätzliche Heckschraube, sonst würde er sich dauernd um die eigene Achse drehen. Wenn sich zwei Hauptrotoren jedoch in entgegengesetzter Richtung drehen, ist eine Heckschraube überflüssig.

Der Hauptrotor hat zwei oder mehrere Rotorblätter.

Hubschrauber können in der Luft stehen bleiben und auch senkrecht nach oben oder unten fliegen.

Huhn

das Huhn

Heute ist das Haushuhn eines der wichtigsten →Haustiere. Hühner liefern auf sehr viel billigere Weise Fleisch als etwa →Schafe oder Rinder. Außerdem legt ein Legehuhn bis über 300 →Eier pro Jahr, also fast jeden Tag eines. Das ist eine enorme Leistung, wenn man bedenkt, dass das wilde Bankivahuhn in Indien und Indonesien, von dem unser Haushuhn abstammt, im Jahr nur etwa 20 Eier legt. Hühner in artgerechter Haltung können sich frei auf einem Hof bewegen. Meistens werden jedoch auf den heutigen →Bauernhöfen sehr viele Hühner sehr beengt in Legebatterien gehalten.

Haushuhn

der Hund

Der Hund ist eines der ältesten →Haustiere des Menschen. Vor rund 10 000 Jahren wurden →Wölfe von Menschen gehalten. Wie sie zu den Menschen kamen, weiß man nicht genau. Die Wölfe wurden bei den Menschen zahm. Aus ihrem Nachwuchs entwickelten sich im Lauf der Zeit die Hunde. Die Menschen setzten sie bei verschiedenen Aufgaben ein, etwa um →Füchse zu jagen, →Schafe zu hüten oder als Wachhund. So entstanden über 300 Hunderassen. Die größte Art ist die Deutsche Dogge. Zu den kleinsten zählen der Yorkshireterrier und der Chihuahua. Eine besondere Ausbildung brauchen Hunde, die als Blindenhunde oder Polizeihunde eingesetzt werden. Geeignet hierfür sind zum Beispiel Schäferhunde.

Hunde werden bis zu 15 Jahre alt. Sie haben einen hervorragenden Geruchssinn. Junge Hunde nennt man Welpen, sie kommen blind auf die Welt und saugen zunächst nur Milch von der Mutter. Erst nach drei bis vier Wochen fressen sie Fleisch.

Huskys werden oft als **Schlittenhunde** eingesetzt.

WISSEN KOMPAKT

Hunderassen und ihre Aufgabe
- Hüte- und Hirtenhunde: Schäferhund, Collie
- Haus- und Hofhunde: Pinscher, Schnauzer
- Jagdhunde: Bracke, Dackel, Terrier
- Vorstehhunde (Jagdhunde, die Wild aufspüren): Retriever
- Windhunde: Afghane, Greyhound

der Hunger

Wir Europäer wissen kaum, was Hunger bedeutet. Der Hunger, den wir vor dem Mittagessen verspüren, ist nicht zu vergleichen mit dem Hunger, den viele Millionen Menschen vor allem in den →Entwicklungsländern jeden Tag ertragen müssen. Diese Menschen können sich fast nie satt essen. Und selbst wenn ihnen dies gelingt, so sind doch viele fehlernährt. Das heißt, ihre Nahrung enthält hauptsächlich nicht genügend →Vitamine und Eiweiße. Das hat zur Folge, dass die →Kinder nicht richtig heranwachsen. Schwere Unterernährung von der Mitte der →Schwangerschaft bis zum zweiten Lebensjahr kann die geistigen Fähigkeiten des Menschen für das ganze Leben schädigen. Eine richtige →Ernährung ist also lebenswichtig.

Von den rund sieben Milliarden Menschen, die heute auf der Erde leben, sind rund 850 Millionen unterernährt. Täglich sterben mehrere Tausend Menschen an den Folgen des Hungers.

die Hygiene

Die griechische Göttin der →Gesundheit hieß Hygieia. Auf sie ist das Wort Hygiene zurückzuführen, das so viel bedeutet wie Gesundheitspflege. An erster Stelle steht die persönliche Hygiene, die Körperpflege. Gemeint sind damit regelmäßiges Waschen und Baden, Zähneputzen und Kämmen, aber ebenso →Sport und gesunde →Ernährung. Auch der →Staat muss sich um Hygiene kümmern, etwa um sauberes Trinkwasser, die Verhütung von Seuchen und die Lebensmittelkontrolle.

der Igel

In unseren →Gärten lebt der Igel. Tagsüber ruht er in einem Versteck. Erst am Abend wird der Igel munter. Er ist ein sehr nützliches Tier, weil er →Insekten, →Schnecken und andere →Schädlinge frisst. Wie die Spitzmaus gehört er zu den Insektenfressern. Bei Gefahr rollt sich der Igel zu einer Kugel zusammen. Dabei spreizen sich die Stacheln ab und schützen ihn. Sein größter Feind ist der Mensch: Denn oft werden Igel auf unseren Straßen überfahren. Igel kommen bereits mit Stacheln auf die Welt, die anfangs noch ganz weich sind. Im Herbst baut sich der Igel ein →Nest aus Blättern und →Moos. Dort schläft er den ganzen Winter und ernährt sich von dem Fett, das er sich angefressen hat. Wenn man im Herbst einen kleinen Igel findet, der weniger als 500 Gramm wiegt, so bringt man ihn zum Tierarzt, damit er den Winter überleben kann.

Westeuropäischer Igel

die Impfung

Fast jedes Kind bei uns ist gegen Kinderlähmung geimpft. Bei der Schluckimpfung nimmt der Körper →Viren auf. Diese Viren sind jedoch so weit abgeschwächt, dass sie nur eine abgemilderte Form der Kinderlähmung hervorrufen. Unser →Körper allerdings weiß nicht, dass er es nur mit abgeschwächten Viren zu tun hat. Er bekämpft die Eindringlinge und produziert Abwehrstoffe gegen sie. Die Abwehrstoffe heißen Antikörper, die Fremdkörper nennt man Antigene. Wenn Antikörper mit Antigenen wie zum Beispiel Viren zusammentreffen, so werden die Viren unschädlich gemacht. Die Antikörper verschwinden nach der Impfung nicht aus dem Körper, sondern bleiben zeitlebens erhalten. Jedes Mal, wenn wir an Kinderlähmung zu erkranken drohen, werden die Krankheitskeime sofort bekämpft. Man sagt: Wir sind immun geworden gegen Kinderlähmung.

der Indianer

Als Christoph Kolumbus →Amerika entdeckte, glaubte er Indien gefunden zu haben und nannte die Menschen, denen er begegnete, irrtümlich Indianer. Auch heute noch nennen wir die Ureinwohner Amerikas Indianer. Sie selbst nennen sich Sioux, Apachen, Dakota, Comanchen oder Mohikaner, je nachdem, zu welchem Stamm sie gehören.

Die Indianer sind vor rund 20 000 Jahren von →Asien nach Amerika ausgewandert und bevölkerten ganz Nord- und Südamerika. Die Indianer Mittel- und Südamerikas heißen Indios. Zu ihnen zählten die Hochkulturen der →Maya, der →Inka und der →Azteken.

Als die Europäer mit der Besiedlung Amerikas begannen, kam es zu zahlreichen blutigen Kämpfen. Die Indianer verteidigten ihr Land und ihre →Freiheit. Dennoch brachten die Weißen ganze Stämme um. Heute leben viele Indianer in Schutzgebieten, die ihnen die Weißen zugeteilt haben. Zu Recht fordern die Indianer von den Weißen die Rückgabe ihrer Ländereien.

Bis vor rund 150 Jahren lebten viele nordamerikanische **Indianer** in Tipis.

Industrie

In vielen Fabriken sind am Montageband keine Menschen mehr zu sehen. **Industrieroboter** übernehmen ihre Arbeit.

die Industrie

Die Industrie stellt Waren in großen Mengen her. Die Arbeiter produzieren die Produkte meist nach dem Prinzip der Arbeitsteilung: Eine Fabrik fertigt beispielsweise am Tag Hunderte von Jacken. Eine Gruppe von Arbeitern schneidet mehrere Lagen Stoff auf einmal aus. Eine weitere Gruppe fügt die Teile mit Nähmaschinen zusammen. Andere bügeln und bringen die Kleidungsstücke in die nötige Passform. Schließlich werden die Knöpfe angenäht und die Knopflöcher eingefügt. Jeder Mitarbeiter führt nur ganz bestimmte Arbeiten durch. So spart man Kosten, doch die →Arbeit selbst wird eintöniger. Meistens werden in der Industrie jedoch →Maschinen und sogar →Roboter eingesetzt. Die menschliche Arbeitskraft spielt dann eine eher geringe Rolle – im Gegensatz zum →Handwerk.

die Information

Dieses Buch gibt Auskunft über viele Fragen, es enthält Informationen. Informationen sind Erklärungen, Mitteilungen oder Nachrichten. Die meisten Menschen haben bei ihrer →Arbeit mit Informationen zu tun, zum Beispiel der Bankangestellte, der ein Sparbuch verwaltet. Deswegen sagt man auch, wir leben in einer Informationsgesellschaft.

Der Umgang mit Informationen ist durch den →Computer viel leichter geworden. Alles, was der Computer speichern und bearbeiten kann, nennt man Daten. Sie sind die Träger von Informationen. In einer Datei sind zusammenhängende Daten gespeichert. Die elektronische Datenverarbeitung heißt abgekürzt EDV.

die Inka

Die Inka waren ein südamerikanisches Volk, das vom 13. bis zum 16. Jahrhundert ein riesiges Reich beherrschte. Seinen Mittelpunkt hatte es in Peru, die Hauptstadt war Cuzco. Zeitweise erstreckte es sich vom heutigen Chile bis nach Kolumbien. Die Inka bauten viele Straßen, die die entlegenen Teile ihres Reiches miteinander verbanden. Dennoch kannten oder nutzten sie das →Rad nicht, weil es in dem gebirgigen Land wohl kaum Vorteile gebracht hätte.

Im Jahr 1538 eroberte der spanische Abenteurer Francisco Pizarro mit 180 Männern die Hauptstadt Cuzco. Er nahm König Atahualpa gefangen und versprach, ihn gegen Gold wieder freizulassen. Die Inka brachten ihre Schätze,

In feierlichen Riten verehrten die **Inka** mit Musik und Tanz die Sonne und andere Naturgötter.

doch die Spanier hielten nicht Wort und erdrosselten den König. 1569 hatten die Spanier das ganze Reich der Inka erobert und zerstört.

das Insekt

Die Insekten bilden die artenreichste Tiergruppe. Dazu gehören →Ameisen, →Bienen, →Fliegen, →Käfer, →Läuse und →Schmetterlinge. Insekten kommen überall vor, außer im Meer.

Zitronenfalter

Grille

Der Körper der Insekten besteht aus drei Teilen: dem Kopf, der Brust und dem Hinterleib. An der Brust hat jedes Insekt sechs Beine. Hier sitzen auch die Flügel. →Schmetterlinge haben vier Flügel, Fliegen nur zwei, während →Flöhe keine Flügel besitzen. Am Kopf befinden sich die oft sehr großen Augen, die Mundwerkzeuge und die Fühler. Alle Insekten machen eine ähnliche Entwicklung durch. Aus dem →Ei schlüpft eine →Larve, die sich in das erwachsene Tier verwandelt. So entwickelt sich zum Beispiel die →Libelle. Schmetterlinge und →Käfer durchlaufen vier Stufen. Bei ihnen verwandelt sich die Larve zuerst in eine Puppe, bevor das erwachsene Insekt schlüpft.

Insekt: Bei den Ameisen werden die Puppenkokons von den Brutpflegerinnen betreut. Diese füttern und reinigen die jungen Ameisen auch nach dem Schlüpfen.

die Insel

Inseln sind Erhebungen des Meeres-, des Fluss- oder Seebodens, die über die Wasseroberfläche hinausreichen. Schwimmende Inseln gibt es nicht. Inseln können auf ganz verschiedene Weise entstehen. Wenn sich Festland im Lauf von Jahrmillionen senkt, überflutet das Meer immer mehr →Täler und isoliert einzelne Berge. Daraus werden Inseln. →Vulkanische Inseln können neu durch ausfließendes →Gestein entstehen, das sich auf dem Meeresboden auftürmt. In tropischen Meeren entstehen Inseln aus →Korallen, sogenannte Atolle. Die größte Insel der Erde ist Grönland.

Bei dieser Luftaufnahme eines Atolls im Indischen Ozean kann man gut die Korallenriffe erkennen, die die **Insel** umgeben.

der Instinkt

Wir Menschen müssen viele Dinge →lernen, etwa Lesen und Schreiben. →Bienen hingegen müssen es nicht lernen, sich mit ihrem Stachel zu verteidigen. Wenn sie schlüpfen, „wissen" sie bereits, wie man bei Gefahr zusticht. Dieses Verhalten ist ihnen angeboren; es heißt Instinkt. Instinkte werden von den Eltern auf ihre Jungen vererbt. Das Verhalten der meisten →Tiere ist weitgehend angeboren. Wenn ganz bestimmte Schlüsselreize gegeben sind, antworten sie darauf mit einem Instinktverhalten. Es läuft automatisch ab, bleibt immer gleich und lässt sich nicht ändern. Je mehr ein Tier fähig ist zu lernen, umso weniger wird es von seinen Instinkten gelenkt. Auch wir →Menschen haben Instinkte, so trinkt ein Baby instinktiv Milch an der Brust der Mutter. Manche Instinkte können wir aber auch durch unseren Willen beeinflussen.

Intelligenz

die Intelligenz

Die →Wissenschaft streitet oftmals darüber, was Intelligenz wirklich ist. Zunächst ist ein intelligentes Lebewesen fähig, etwas zu →lernen. Besonders lernfähige →Tiere sind etwa →Tintenfische, Honigbienen, →Vögel und →Säugetiere. Beim →Menschen kommt zur Lernfähigkeit noch dazu, dass er Dinge im Zusammenhang verstehen und sich neuen Situationen anpassen kann. Doch weiß man nicht genau, wie viel von unserer Intelligenz angeboren und damit →vererbt und wie viel erlernt ist. Begabung spielt eine große Rolle. Dies wird bei Künstlern und Wissenschaftlern besonders deutlich. Aber auch die Eltern, die Lehrer und die Umwelt sind wichtig. Sie können die geistigen Fähigkeiten der →Kinder fördern. Wer nicht zum Lesen und Diskutieren und zum Lösen von Problemen angeregt wird, kann selbst angeborene Fähigkeiten nicht richtig entwickeln.

Intelligenz hängt von angeborenen Eigenschaften ab, die im Laufe des Lebens weiterentwickelt werden.

das Internet

Das Internet ist ein elektronisches Computernetz, mit dem man auf der ganzen Welt Daten versenden und empfangen kann. Das Internet hat keine Zentrale und verwendet verschiedene Verbindungen, auf denen alle →Computer miteinander verbunden werden können.

Es gibt zwei wichtige Nutzungsarten des Internets. Man kann zunächst elektronische Briefe versenden, die →E-Mails. Zudem gibt es das World Wide Web (www), das weltweite Netz. Firmen, Organisationen oder einzelne Personen können sich hier auf einer Internetseite (Homepage) vorstellen. Beim Surfen im Internet kann man von Homepage zu Homepage umherstreifen. Dabei helfen einem Suchmaschinen, die richtigen Adressen zu finden, etwa eine Homepage mit Informationen über →Dinosaurier. In den Chatrooms kann man direkt (online) miteinander diskutieren, Informationen austauschen oder auch einfach nur „plaudern".

der Islam

Der Islam ist eine der großen Weltreligionen. Die Anhänger des Islam heißen Muslime. Sie glauben an den einen →Gott Allah und verehren den Propheten Mohammed. Dieser begann vor über 1400 Jahren, in seiner Heimatstadt Mekka in Saudi-Arabien eine neue →Religion zu lehren, die sowohl von →jüdischen wie von →christlichen Gedanken beeinflusst war.

Die Gotteshäuser der Muslime nennt man →Moscheen. Hier versammeln sich die Gläubigen fünfmal täglich zum Gebet. Während des Fastenmonats Ramadan nehmen die Muslime tagsüber keine Nahrung und auch kein Wasser zu sich. Ausgenommen von dieser Regel sind Kinder, Kranke, Schwangere und Reisende. Jeder Muslim sollte einmal in seinem Leben nach Mekka gepilgert sein.

Strenggläubige Muslime halten sich genau an die Vorschriften ihres heiligen Buches, des Korans. Der Koran gibt ihnen Antworten auf tägliche Probleme und Regeln zum Verhalten. Muslime dürfen zum Beispiel kein Schweinefleisch essen und keinen Alkohol trinken.

Islam: Muslime beim Gebet vor einer Moschee

Judentum

das Jahr

Ein Jahr entspricht der Zeit, welche die →Erde braucht, um sich einmal um die →Sonne zu drehen. Es umfasst genau 365 Tage und sechs Stunden. Unser normales Jahr ist aber nur 365 Tage lang. Alle vier Jahre fassen wir die Vierteltage zu einem Schalttag zusammen. Ein solches Schaltjahr hat dann 366 Tage. Darum gibt es nur alle vier Jahre einen 29. Februar. Als Erste bestimmten die alten →Ägypter die Länge eines Jahres. Sie bemerkten, dass der Nil stets die Ufer überflutete, wenn der hellste Stern des Himmels, der Sirius, kurz vor Sonnenaufgang sichtbar wurde. Sie zählten die Tage zwischen den beiden Ereignissen und kamen auf 365.

die Jahreszeiten

Die vier Jahreszeiten Frühling, Sommer, Herbst und Winter entstehen, weil die →Erde um die →Sonne kreist. Dabei ist immer eine Seite der Erde stärker der Sonne zugeneigt. Zeigt die Nordhalbkugel zur Sonne, ist dort Sommer. Sechs Monate später scheint die Sonne auf die Südhalbkugel und auf der Nordhalbkugel ist Winter. Frühling und Herbst stellen den Übergang dar. Am →Nord- und →Südpol gibt es nur Sommer und Winter. Am →Äquator ist es das ganze Jahr über warm.

das Judentum

Das Judentum ist eine der fünf großen Weltreligionen. Die Juden stammen vom Volk Israel ab. Es verließ unter Moses das Land Ägypten, wo es gefangen gehalten wurde, und zog ins Gelobte Land. Laut einem Bericht in der Thora (einem Teil der hebräischen Bibel) erhielt Moses von →Gott auf dem Berg Sinai das Gesetz und begründete die →Religion, die wir Judentum nennen. Im Alten Testament in der →Bibel der →Christen sind dieselben Texte enthalten. Juden und Christen haben also eine gemeinsame Geschichte.

Judentum: Die 13-jährigen Jungen werden bei der Bar Mizwa in die Gemeinde aufgenommen – hier zum Beispiel bei einem Familienfest an der Klagemauer in Jerusalem.

Strenggläubige Juden befolgen viele Gesetze, die im Talmud niedergeschrieben sind. Wichtige Feste des Judentums sind das Pessach- oder Passahfest, das Laubhüttenfest und der Versöhnungstag Jom Kippur.

Im Holocaust wurden Millionen Juden wegen ihres Glaubens zwischen 1933 und 1945 von den deutschen →Nationalsozialisten umgebracht. Seit damals zogen viele Juden in ihre Urheimat Palästina zurück. 1948 gründeten sie dort den Staat Israel.

Die **Jahreszeiten** entstehen durch die Neigung der Erdachse und die Wanderung der Erde um die Sonne.

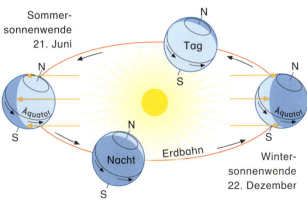

Käfer

der Käfer

Die Käfer bilden die größte Gruppe der →Insckten. Sie umfassen über 350 000 Arten. Käfer gibt es in allen Lebensräumen außer im →Meer. Bei uns leben ungefähr 8000 Arten. Der seltene Hirschkäfer ist der größte heimische Käfer. In sauberen Gewässern jagt der Gelbrandkäfer Kaulquappen. Auch das →Glühwürmchen ist ein Käfer.
Bei den Käfern ist das vorderste Flügelpaar zu harten Flügeldecken umgewandelt. Diese schützen die zarten Hinterflügel. Viele Käfer sind Pflanzenfresser wie der Kartoffelkäfer, der als →Schädling gilt. Manche erbeuten Kleintiere und sind nützlich, wie der →Marienkäfer, der Blattläuse frisst.
Die Käfer machen eine Entwicklung in vier Stufen durch: Aus den →Eiern schlüpfen die →Larven, die wir bei den Maikäfern Engerlinge nennen. Nachdem sie herangewachsen sind, verwandeln sie sich in Puppen. Aus den Puppen schlüpfen die ausgewachsenen Käfer.

Hirschkäfer

Gelbrandkäfer

Kartoffelkäfer

Erwachsene **Maikäfer** ernähren sich vom Laub verschiedener Baumarten und können bei übermäßiger Vermehrung zu Kahlfraß führen.

der Kaffee

Kaffee wird aus Kaffeebohnen hergestellt. Diese wachsen als →Samen des Kaffeestrauchs in den →tropischen Ländern. Nach der Blüte der Kaffeepflanze entwickeln sich rote →Beeren. Sie enthalten immer zwei Kaffeebohnen. Man entfernt das Beerenfleisch, trocknet die Bohnen und röstet sie, bis sie braun werden. Dann werden sie gemahlen. Mit heißem Wasser wird der Kaffee aufgegossen. Er enthält den chemischen Stoff Koffein, der das →Herz und die →Nerven anregt. Kaffee wurde als Genussmittel im 17. Jahrhundert in Europa bekannt.

Landarbeiterin bei der **Kakaoernte** in Malaysia

der Kakao

Der Kakaobaum bringt 15 bis 20 Zentimeter lange, gelbe, gurkenähnliche →Früchte hervor, die direkt am Stamm wachsen. Sie enthalten ungefähr 50 bittere Kakaobohnen. Erst durch Gärung sowie durch Trocknen und Rösten gewinnen sie ihren Geschmack. Danach wird ihnen das Fett, die sogenannte Kakaobutter, entzogen, aus der man zum Beispiel Lippenstift herstellt. Werden die →Samen gemahlen, erhält man das Kakaopulver, das zur Zubereitung von flüssigem Milchkakao und zur Herstellung von Schokolade verwendet wird. Je dunkler die Schokolade, desto höher der Kakaoanteil. Die Verbindung von Kakao und Zucker zu Schokolade ist eine Erfindung der Europäer. Die →Maya pflanzten um 600 n. Chr. als Erste Kakao an. Die →Azteken verwendeten Kakaobohnen als Zahlungsmittel und bereiteten daraus ein Getränk, das sie Chocoatl nannten, was so viel heißt wie „würziges Getränk".

der Kaktus

Kakteen sind Pflanzen, die in heißen, trockenen →Wüsten, Grasgebieten und in →Gebirgen wachsen. Ursprünglich kommen alle Kakteen aus Amerika. Die verdickten Stämme der Kakteen können →Wasser speichern. So überstehen sie längere Zeiten ohne Regen. Die →Blätter sind zu Dornen oder Haaren umgewandelt. Sie schützen den Kaktus vor Tieren, die die Pflanze fressen wollen. Manche Kakteenarten sind lang und flach, andere kugelrund. Viele Arten bilden große →Blüten. Der bis zu 16 Meter hohe Kandelaberkaktus ist der größte Kaktus. Die →Früchte des Feigenkaktus kann man essen. Er wächst heute verwildert auch im Mittelmeergebiet.

Feigenkaktus mit reifen Früchten

der Kalender

Mithilfe des Kalenders teilen wir ein →Jahr in zwölf Monate, 52 Wochen und 365 →Tage ein. Alle vier Jahre gibt es ein Schaltjahr, das ist ein Jahr mit 366 Tagen. Über 1500 Jahre lang galt in Europa der julianische Kalender, den Julius Cäsar eingeführt hatte. Er hinkte im Jahr 1582 um zehn Tage gegenüber dem Lauf der →Erde um die →Sonne nach. Deshalb ordnete Papst Gregor XIII. eine Kalenderreform an. Auf den 4. Oktober 1582 folgte nach dem gregorianischen Kalender gleich der 15. Oktober 1582.

Kamel

WISSEN KOMPAKT

Kalender
Es gibt viele Kalendersysteme. Der gregorianische Kalender ist weltweit am meisten verbreitet. Er orientiert sich am Lauf der Sonne und beginnt mit der Geburt von Jesus Christus. Der jüdische Kalender richtet sich hauptsächlich nach den Mondphasen. Er beginnt 3761 v. Chr. Der chinesische Kalender bezieht sich auf Sonnen- und Mondphasen und wird heute noch in China zur Festlegung der Feiertage benutzt.

das Kamel

Ohne Kamele wäre es den Menschen nie möglich gewesen, →Wüstengebiete zu besiedeln. Das Kamel ist selbst bei extremer Hitze und Trockenheit leistungsfähig. Wenn es wenig Nahrung bekommt, kann es von den Fettreserven in den Höckern zehren. Die breiten Füße sinken im Wüstensand nicht ein und die Nasenlöcher sind zum Schutz vor Sandstürmen verschließbar. Etwa 14 Tage lang kann ein Kamel ohne Trinken auskommen. Es ist nämlich imstande, seinen Wasserverlust zu begrenzen. Kamele „schwitzen" erst, wenn die Körpertemperatur über 40 Grad Celsius liegt. Zu den Kamelen gehören die einhöckrigen Dromedare, die zweihöckrigen Trampeltiere und die höckerlosen Lamas.

Das Trampeltier ist ein zweihöckriges **Kamel** mit einer Körperlänge von bis zu 3 m.

Kanal

Kanal: Der Panamakanal ist mehr als 80 km lang und hat auf dieser Strecke zwölf Schleusen.

der Kanal

Kanäle sind künstliche Wasserwege. Sie dienen unterschiedlichen Zwecken, etwa der Bewässerung trockener Gebiete, der Entwässerung von Sümpfen und als Wasserstraßen für den Schiffsverkehr. Bis ins 16. Jahrhundert hinein konnte man Kanäle nur in flachem Gelände bauen. Durch die Erfindung der →Schleusen konnten jedoch auch Höhenunterschiede überwunden werden. Viele Kanalschiffe hatten früher keinen eigenen Antrieb, sondern wurden von am Ufer laufenden Pferden gezogen.

Der Panamakanal durchsticht die schmalste Landbrücke Mittelamerikas und erspart damit den Schiffen einen langen Weg um die Südspitze Amerikas herum. Der Suezkanal führt vom Roten Meer ins Mittelmeer. Wichtige Kanäle in →Deutschland sind zum Beispiel der Nord-Ostsee-Kanal, der die Nordsee und die Ostsee miteinander verbindet, oder der Mittellandkanal, der eine Verbindung zwischen den beiden →Flüssen Elbe und Rhein herstellt.

die Kanalisation

Wohin fließt eigentlich das ganze verschmutzte Abwasser aus den Haushalten, den Handwerks- und Industriebetrieben? Es wird zusammen mit dem Regenwasser durch Rohre und Kanäle, die sich unter der Erde befinden, abgeleitet. Das unterirdische Kanalnetz einer Stadt heißt Kanalisation. Das Abwasser aus Küche oder Toilette gelangt über ein senkrechtes Fallrohr in den Boden. Dort strömt es in ein Hauptabflussrohr. Dieses zieht mit einem leichten Gefälle zu einem Hauptkanal, der ein paar Meter unter der Erdoberfläche liegt. Dorthin leiten auch die Gullys der Straße ihr Schmutzwasser. Vom Hauptkanal gelangt das Abwasser dann in die →Kläranlage, wo es gereinigt wird.

Die Kanalisation kann man durch Einstiegsschächte von oben erreichen. Die unterirdischen Kanäle müssen dauernd überwacht werden, damit sie nicht verstopfen. Dazu verwendet man zum Beispiel Fernsehkameras in sogenannten Rohrmolchen, die mit Kabeln durch die Kanalrohre gezogen werden.

das Känguru

Kängurus leben in Neuguinea und →Australien und gehören zu den Beuteltieren. Es gibt rund 50 Arten. Sie haben kurze Vorderbeine und kräftige Hinterbeine sowie einen langen muskulösen Schwanz, der bis zu einem Meter lang werden kann und den Tieren oft als Stütze dient. Kängurus nehmen meist eine aufrechte Körperhaltung

Rote **Riesenkängurus** sind die größten Beutelsäuger. Sie können über 13 m weit springen.

ein. Sie bewegen sich hüpfend fort. Das Riesenkänguru ist so groß wie ein Mensch. Es macht bis zu zehn Meter weite und drei Meter hohe Sprünge und erreicht Geschwindigkeiten von 40 Kilometern pro Stunde. Einige Känguruarten leben auch auf Bäumen. Die Australier nennen die kleineren Arten Wallabys. Das allerkleinste Känguru erreicht gerade einmal die Größe eines Kaninchens.

Kängurus tragen ihre Jungen 30 bis 40 Tage lang aus. Das neugeborene Känguru ist bei der Geburt nur daumengroß. Sofort kriecht es in den Beutel der Mutter und saugt sich an einer Zitze fest. Erst nach mehreren Monaten verlässt es den Beutel.

die Kartoffel

Die Kartoffel gehört bei uns zu den wichtigsten Grundnahrungsmitteln. Sie enthält viel Stärke, auch Eiweiß und →Vitamine. Kartoffeln sollten jedoch nicht roh gegessen werden. Alle oberirdischen Teile sowie grün gewordene Kartoffeln enthalten einen giftigen Stoff.

Die Kartoffelpflanze ist mit der →Tomate verwandt, doch isst man nicht die →Früchte, sondern die Sprossknollen. Deswegen nennt man die Kartoffel auch Knollengemüse. Wenn die Kartoffeln reif sind, stirbt die Pflanze ab und treibt im nächsten Frühjahr wieder aus den Knollen aus. Die Kartoffel stammt aus Südamerika und war das Hauptnahrungsmittel der →Indianer. Spanische Eroberer brachten sie im 16. Jahrhundert zusammen mit der Tomate nach Europa. Anfangs hielt man sie hier jedoch für giftig und zog sie nur als Zierpflanze in botanischen Gärten. Zu Beginn des 17. Jahrhunderts wurde die Kartoffel dann auch als Nahrungspflanze angebaut.

Kartoffelpflanze

die Kastanie

Kastanienbäume wie die Edelkastanie und die Rosskastanie zählen zu den →Laubbäumen. Die Edelkastanie stammt aus dem südlichen Europa. Sie kann bei uns nur in warmen Gebieten wachsen. Ihre langen →Blätter haben kleine Zähne am Rand. Im Juni und Juli trägt der →Baum die grünen Blütenkätzchen, die unangenehm riechen. Als Kastanien bezeichnen wir auch die braunen →Früchte der Kastanienbäume. Sie werden im Herbst reif und fallen mitsamt ihrer stacheligen grünen Hülle zu Boden. Die Früchte der Edelkastanie sind essbar und werden im Winter oft als heiße Maronen oder Esskastanien angeboten.

Rosskastanien werden bei uns gerne in Parkanlagen und an Straßen gepflanzt. Ihre Blätter sehen ähnlich wie Hände aus. Schon ab April zeigen sich die großen weißen oder rosafarbenen Blütenkerzen, die aufrecht stehen. Die Früchte der Rosskastanie kann man nicht essen.

Blüte und Frucht der Edelkastanie

Blüte der Rosskastanie

der Katalysator

Der Chemiker bezeichnet als Katalysator alle Stoffe, die eine →chemische Reaktion beschleunigen, ohne dabei selbst verbraucht zu werden. Dieses Prinzip liegt auch dem Abgaskatalysator des →Autos, kurz Kat genannt, zugrunde. Die Abgase ziehen durch die Waben des Katalysators. Diese sind mit Edelmetallen beschichtet, die die schädlichen Abgase in unschädliche umwandeln. Dabei werden vor allem die Stickoxide in Stickstoff verwandelt und das →Benzin wird vollständig verbrannt. Der Katalysator verarbeitet nur bleifreies Benzin.

Katze

die Katze

Die Katzen oder Raubkatzen umfassen etwa 40 Arten aus der Gruppe der →Raubtiere. Sie alle haben einen kurzen, runden Kopf mit langen Schnurrhaaren und scharfen Eckzähnen. Ihre Krallen können sie im Gegensatz zu den →Hunden einziehen, sodass man ihren Gang fast nicht hört und sie sich lautlos an ihre Beute heranschleichen können. Zu den Katzen zählen Wildkatze und Luchs sowie Leopard, Jaguar, →Tiger, →Löwe, Puma und auch die Hauskatze, die oft als →Haustier gehalten wird.

In Deutschland gibt es nur noch sehr wenige **Wildkatzen**. Unsere Hauskatzen stammen von der Wildkatze ab.

die Kelten

Vor über 2000 Jahren lebte der Volksstamm der Kelten in Großbritannien und Frankreich, in Teilen Spaniens und Deutschlands. Die alten →Römer nannten sie Gallier, das bedeutet Kämpfer. Die Kelten lebten in Stämmen, an deren Spitze ein Häuptling stand. Das Volk war in Adlige, Freie und →Sklaven gegliedert. Die Stämme führten untereinander häufig →Krieg. Die Kelten waren gute Schmiede und schmückten ihre Waffen und Rüstungen mit Mustern. Ihre Priester hießen Druiden.

Als die Römer vorrückten, zogen sich viele Kelten in weit entfernte Winkel zurück. Nur dort konnten sich ihre Lebensweise und Sprache behaupten, während sie in anderen Gebieten völlig untergingen. Noch heute wird in →Europa etwas Keltisch gesprochen: das Gälische in Irland und Schottland, das Walisische in England und das Bretonische in Nordfrankreich. Viele Geschichten über die Gallier erzählt der →Comic Asterix.

Kelten: Diese Sandsteinfigur eines Keltenfürsten wurde vor wenigen Jahren am Glauberg in Hessen gefunden.

das Kind

Ein Drittel der Weltbevölkerung sind Kinder. Das sind rund zwei Milliarden. Sie leben unter verschiedensten Bedingungen. Jedes Kind hat ein Recht auf →Bildung und →Ausbildung. Für viele Kinder ist es jedoch nicht selbstverständlich, eine Schule zu besuchen. Rund 200 Millionen Kinder müssen arbeiten, um ihre Familie mitzuernähren. Für die →Schule haben sie weder Zeit noch Geld. In vielen Großstädten leben Kinder sogar auf der Straße. Weltweit gibt es 100 Millionen Straßenkinder. Sie haben ihre Eltern und ihr Zuhause verloren und versuchen zu überleben, indem sie zum Beispiel Autoscheiben waschen, betteln oder stehlen.

WISSEN KOMPAKT

Kinderrechte

Auch Kinder haben Rechte. Sie sind in der UN-Kinderrechtskonvention festgeschrieben. Neben den Menschenrechten haben Kinder ein
- Recht auf eine gewaltfreie Erziehung
- Recht auf Bildung und Schulbildung
- Recht auf Entfaltung der Persönlichkeit
- Recht auf Fürsorge, Ernährung und gesundheitliche Versorgung
- Recht auf Beteiligung bei Entscheidungen, die sie betreffen
- Recht auf Schutz vor körperlicher, seelischer und sexueller Gewalt
- Recht auf Schutz vor Ausbeutung

Obwohl 1989 fast alle Staaten der Erde die Kinderrechte anerkannt haben, werden die Rechte der Kinder immer noch überall verletzt.

Kinderhilfswerke wollen die Lebensbedingungen der Kinder verbessern und setzen sich für die →Rechte der Kinder ein. Sie schaffen ein Zuhause für Straßenkinder und →Waisen und verbessern die Versorgung mit Trinkwasser, Nahrung, Kleidung sowie mit Medikamenten.

die Kinderkrankheit

Solange Säuglinge Muttermilch trinken, sind sie vor →Krankheiten ziemlich gut geschützt. Später kommen sie mit den ersten Kinderkrankheiten in Kontakt. Das sind zum Beispiel Keuchhusten, Masern, Mumps, Röteln und Windpocken. Jede dieser Krankheiten ist ansteckend und beruht somit auf einer Infektion. Wenn man die Krankheit durchgemacht hat, ist der →Körper gegen sie geschützt oder immun. Man braucht aber nicht alle Krankheiten selbst zu bekommen, sondern man kann sich durch eine →Impfung vor ihnen schützen. Wer nicht geimpft ist oder eine Kinderkrankheit als Kind nicht hatte, kann auch noch als Erwachsener Kinderkrankheiten bekommen. Das gilt ebenso für die Kinderlähmung, gegen die man sich durch die Schluckimpfung schützt.

Kirche: Im Glockenturm des Aachener Doms befinden sich 8 Glocken. Die Marienglocke wiegt über 6 Tonnen.

die Kirche

Kirchen sind die Gotteshäuser der →Christen. Oft haben sie einen hohen Glockenturm. Eine Kapelle ist eine kleine Kirche, eine große Kirche kann ein Dom, Münster oder eine Kathedrale sein. Das Gebäude erinnert oft an die Form eines Kreuzes. Der Altar steht meist am östlichen Ende, während sich der Haupteingang am entgegengesetzten Ende befindet. Kirchen sind Stätten des Gebets. Hier finden Gottesdienste statt, manchmal auch eine Taufe, Hochzeit, Kommunion oder Konfirmation. Kirche ist zudem die Bezeichnung für die Mitglieder einer →Religionsgemeinschaft, wie die evangelische und die katholische Kirche.

die Kirsche

Die Kirsche ist die →Frucht des Kirschbaumes. Kirschbäume werden bei uns schon seit der →Römerzeit angebaut. Ihre weißen →Blüten erscheinen im Frühjahr. Sie werden von →Bienen und anderen →Insekten bestäubt. Im Sommer können die reifen Früchte gepflückt werden. Kirschen gehören wie Zwetschge, Pflaume, Pfirsich und Aprikose zum Steinobst. Bei ihnen ist der harte Kern von weichem Fruchtfleisch umgeben. Süßkirschen sind dunkelrot und schmecken sehr süß. Die säuerlichen Sauerkirschen hingegen werden nicht so dunkel. Sie eignen sich gut zum Marmeladekochen. Die schwarzen Tollkirschen sind giftig. Sie wachsen an →Sträuchern in unseren Wäldern.

Blüten und Früchte des Kirschbaums

Die Kirsche gehört zum Steinobst.

Die **Tollkirsche** ist giftig!

Kläranlage

die Kläranlage

Durch die →Kanalisation fließt unser Abwasser bis in die Kläranlage, wo es gereinigt wird. Die meisten Kläranlagen haben zwei, manche sogar drei Reinigungsstufen. Zunächst wird das →Wasser von grobem Schmutz befreit. In der zweiten Reinigungsstufe zersetzen →Bakterien und Kleintiere die fein verteilten Schmutzstoffe. Am Ende entsteht der sogenannte Belebtschlamm. In Faultürmen wird er weiterbehandelt, wobei Biogas entsteht, das zur →Energiegewinnung verwendet werden kann. Die biologisch nicht abbaubaren Schmutzstoffe, die nach der zweiten Reinigungsstufe noch vorhanden sind, können in einer dritten Stufe →chemisch entfernt werden. Der zurückbleibende Klärschlamm wurde früher als →Dünger eingesetzt. Heute ist er meist mit zu vielen →Giften belastet und landet auf Sondermülldeponien.

das Klima

Das →Wetter kann sich von Tag zu Tag ändern, während das Klima eines Landes oder einer bestimmten Region dasselbe bleibt. Die →Sonne hat den größten Einfluss auf das Klima. Sie erwärmt das Festland, das →Meer und die →Luft. Länder am →Äquator bekommen mehr Sonne und haben ein heißeres Klima als Länder weiter im Norden oder im Süden. Um an den →Nord- und →Südpol zu gelangen, müssen die Sonnenstrahlen einen längeren Weg durch die →Atmosphäre zurücklegen. Deshalb herrscht an den Polen ein sehr kaltes Klima vor. Wenn die Sonne die Luft erwärmt, entstehen →Winde. Schaffen die Winde →Wolken heran, so wird das Klima feuchter. Warme Winde hingegen bewirken ein trockenes Klima.

Klima: Die Gebiete am Nordpol und Südpol sind weniger warm als die Gegend am Äquator, weil an den Polen die Sonnenstrahlen immer flach auftreffen und deshalb schwächer sind.

Zusammen mit den Winden ist die Sonne auch der Motor für Meeresströmungen wie etwa den Golfstrom. Auch er bestimmt das Klima. Ebenso wird das Klima von Bergen beeinflusst. Im →Gebirge ist die Luft dünner und wird nicht so leicht aufgeheizt wie die Luft in den Tälern.

Mehr zum Thema Klima auf den Seiten 122 und 123!

der Klimawandel

Unter Klimawandel verstehen wir die raschen Veränderungen des →Klimas auf der Erde, die seit einigen Jahrzehnten beobachtet werden. Die →Temperaturen in der →Atmosphäre und in den →Meeren steigen. Dadurch schmelzen die →Gletscher in den →Hochgebirgen und die Eiskappen an →Nord- und →Südpol. Auch das →Wetter verändert sich weltweit. Bei uns wird es trockener, dafür nehmen Unwetter mit heftigen →Stürmen zu.

Durch den **Klimawandel** werden in Zukunft Überschwemmungen sowie extreme Trockenheit zunehmen.

Grund für den Klimawandel sind →Gase wie Kohlendioxid, die von →Autos, →Flugzeugen und →Industrieanlagen freigesetzt werden. Sie reichern sich in der Atmosphäre an und bewirken, dass sich die Erde wie in einem Treibhaus erwärmt. Wir sprechen auch vom Treibhauseffekt. Ein weiteres Treibhausgas ist Methan, das durch Rinderhaltung und Nassreisanbau entsteht.

Knochen

Der **Klimawandel** führt zu einem Abschmelzen des Eises an den Polen, wodurch der Lebensraum der Eisbären bedroht ist.

das Kloster

In Klöstern leben Mönche und Nonnen meist abgeschlossen von der Außenwelt. Die Leitung hat ein Abt oder eine Äbtissin inne. Statt Kloster kann man auch Abtei sagen. Im →Mittelalter wurden in Europa viele Klöster gebaut. Einige besaßen große →Kirchen, etwa die Abtei Maria Laach in der Eifel. Klöster haben oft einen allseitig umschlossenen Hof, den Kreuzgang. Dort verweilten, spazierten oder studierten die Mönche und Nonnen. Viele Klöster waren wie kleine unabhängige Städte. Sie hatten Schlafsäle, Küchen, Stallungen, Handwerksbetriebe, Gästehäuser und einen Garten. Die Mönche nahmen ihre Mahlzeiten in einem Speisesaal, dem Refektorium, ein. Im Mittelalter galten die Mönche als besonders gebildet. Sie zählten zu den wenigen Menschen, die lesen und schreiben konnten, und fertigten handgeschriebene und bemalte Bücher an.

Lange vor Sonnenaufgang kamen die Mönche zum Morgengebet in die **Klosterkirche**. Auch während des Essens im Refektorium las ein Mönch aus der Bibel vor.

der Knochen

Das →Skelett der Wirbeltiere und des →Menschen besteht aus Knochen und Knorpel, die durch Sehnen und Bänder zusammengehalten werden. Knochen besteht aus lebendigem Gewebe. Wenn ein Knochen bricht, wächst er wieder zusammen. Manche Knochen sind durch ein Gelenk verbunden, so lassen sich Knie und Ellenbogen beugen. Das Skelett eines erwachsenen Menschen besteht aus rund 235 Knochen einschließlich der →Zähne. Es gibt Plattenknochen wie das Becken und Röhrenknochen wie die Arm- und Beinknochen. In den Röhrenknochen befindet sich das Knochenmark, das rote →Blutkörperchen herstellt. Knorpel ist ein elastisches, doch stabiles Gewebe. Unsere →Nase und die →Ohrmuscheln bestehen aus Knorpel.

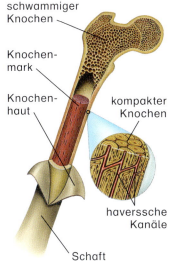

Aufbau eines Knochens

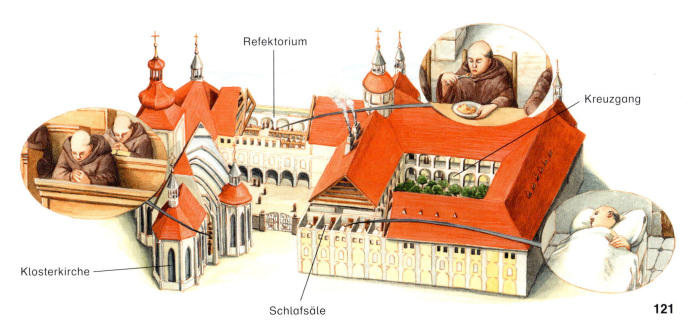

Klima

Auf der Erde gibt es ganz unterschiedliche Klimazonen. Manche scheinen wie für die Menschen geschaffen, andere machen ihnen das Leben schwer. Ein Kind, das zum Beispiel im tropischen Regenwald zur Welt kam, führt ein ganz anderes Leben als eines, das etwa im Hochgebirge zu Hause ist.

Kinder des Dschungels

Im Amazonastiefland, dem größten →tropischen Regenwald der Erde, ist es schwülwarm und es regnet viel. Früher lebten hier Millionen von →Indianern im Einklang mit der Natur. Heute leben in abgelegenen Gebieten nur noch ein paar wenige Stämme so wie ihre Vorfahren. Der Wald sorgt für ihren Lebensunterhalt, er liefert Nahrung und das Material, aus dem sie Hütten bauen. Die Menschen jagen mit Pfeil und Bogen, fischen und bauen Pflanzen wie Maniok an. Die Kinder helfen im Haushalt und auf dem Feld mit. Zeit zum Spielen im Urwald bleibt aber auch. Doch weil immer mehr Bäume abgeholzt und riesige Flächen der Regenwälder gerodet werden, wird ihr Lebensraum zunehmend zerstört.

Der Amazonas ist der längste Fluss in Südamerika und hat mit seinen Nebenflüssen das größte Wassereinzugsgebiet der Erde. Noch bietet der tropische Regenwald mehr Arten von Pflanzen und Tieren Lebensraum als jedes andere Gebiet der Erde.

Kampf gegen die Wüste

In der Sahelzone am Südrand der →Wüste Sahara leben über 40 Millionen Menschen. Doch in diesem halbwüstenähnlichen Gebiet breitet sich die Wüste Jahr um Jahr immer weiter aus. In länger andauernden Dürrezeiten sind viele Kinder vom Hungertod bedroht. Deshalb ist →Wasser, die Grundlage allen Lebens, das kostbarste Gut. Oft müssen die Menschen in Nordafrika stundenlang zu einer Wasserstelle laufen. Es ist eine große Hilfe, wenn in den Dörfern →Brunnen und Vorratsspeicher gebaut werden. Dann haben die Bewohner sauberes Trinkwasser und können Gemüse anbauen und ihre Haustiere tränken.

Ausgetrockneter Flusslauf: Die Sahelzone wird immer trockener.

Klima

HIER UND ANDERSWO

Bis vor etwa 50 Jahren lebten viele Inuit in Iglus, heute wohnen sie in Häusern.

Land aus Eis und Schnee

In der →Arktis, im äußersten Norden der Erde, leben die →Inuit. Ihr Lebensraum – ewiges Eis und Schnee – ist extrem hart, doch sie haben sich an die Widrigkeiten der Natur angepasst. Weil auf dem vereisten Boden kein Gemüseanbau möglich ist, lebten sie vom Fischfang und der Robbenjagd. Obwohl es heutzutage auch nördlich des Polarkreises Supermärkte gibt, pflegen viele Inuit die →Tradition und bringen ihren Kindern das Fischen und Jagen bei. Im Winter fällt das Thermometer auf unter minus 20 Grad Celsius und es ist fast den ganzen Tag über dunkel. Dafür geht die Sonne im Polarsommer gar nicht unter.

Sonne im Überfluss

Ein warmgemäßigtes Klima herrscht in Sydney in Australien. Im Winter wird es nicht kälter als acht Grad Celsius und im Sommer kann es bis zu 35 Grad Celsius warm werden. Wegen des →Ozonlochs über der →Antarktis ist die UV-Strahlung der →Sonne in Australien sehr gefährlich und kann Hautkrebs verursachen. Deshalb cremen sich Kinder, bevor sie ins Freie gehen, immer mit einem hohen Sonnenschutz ein. Wenn es im Sommer längere Zeit nicht regnet, kommt es häufig zu Buschbränden, die bis in die Vororte Sydneys vordringen können.

Wenn es im Sommer zu trocken wird, kann es zu Buschfeuern kommen.

Gute Fluten, schlechte Fluten

Bangladesch liegt am Unterlauf großer Flüsse wie Ganges und Brahmaputra. Im Frühjahr, wenn das Schmelzwasser aus den Bergen kommt, wird das flache Land regelmäßig überflutet. Der mitgeführte Schlamm macht den Boden fruchtbar und ideal für den Ackerbau. Doch während der Regenzeit im Sommer kann es auch zu katastrophalen Überschwemmungen kommen. Das →Hochwasser setzt Hütten unter Wasser, gefährdet das Vieh und verbreitet Krankheiten wie Typhus oder Cholera.

Die Monsunregen im Sommer sind oft so stark, dass es zu Überschwemmungen kommt.

Knospe

die Knospe

In den Knospen von Blütenpflanzen befinden sich eng aufgefaltete →Blüten- oder Laubblätter. Sie sind zum Schutz vor Frost und Kälte von Knospenschuppen umgeben. Wenn im Herbst die Laubblätter abfallen, sind die Anlagen der neuen →Blätter des folgenden Jahres bereits als Knospen vorhanden. Manche Knospen können als „schlafende Augen" bis zu ein Jahrhundert überdauern und sich erst dann entfalten.

Blattknospe der Rosskastanie

der Koala

Obwohl die Koalas wie kleine Bären aussehen, gehören sie zu den Beuteltieren. Sie stammen aus →Australien. Ihre Lebensweise ist der der →Faultiere ähnlich. Koalas klettern langsam im Geäst der Eukalyptusbäume, von deren Blättern sie sich ausschließlich ernähren. Sie kommen fast nie auf den Boden. Die Jagd und Waldbrände haben die Koalabestände stark verkleinert. In Naturschutzgebieten können die Tiere jedoch ungestört leben.

Spielzeugherstellern diente der **Koala** als Vorbild für den Teddybären.

die Kohle

Die Kohle gilt als fossiler Brennstoff, weil sie im Lauf von Jahrmillionen aus →Pflanzen, besonders aus Bäumen →tropischer Urwälder, entstanden ist. Die Schicht der abgestorbenen Pflanzen wurde erst von Schlamm und dann von →Gesteinsmassen überdeckt. Unter Druck und Luftabschluss verwandelte sie sich tief in der Erde langsam in Steinkohle. Diese besteht fast ausschließlich aus reinem Kohlenstoff. Braunkohle ist viel jünger. Sie enthält noch viele andere Stoffe, die bei der Verbrennung zu starker →Luftverschmutzung führen. Kohle wird im Bergwerk abgebaut.

der Kolibri

Zur Gruppe der Kolibris gehören die kleinsten →Vögel. Sie leben nur in Amerika, von Kanada bis zur Südspitze Südamerikas. Die kleinste der über 300 Kolibriarten ist die Bienenelfe aus Kuba. Sie ist kaum größer als eine Hummel und wiegt nur zwei Gramm. Die →Federn der Kolibris haben oft prächtig schillernde Farben. Kolibris können wie ein →Hubschrauber auf- und abwärts und sogar rückwärts fliegen oder in der Luft stehen bleiben. Sie fliegen von Blüte zu Blüte und saugen ständig Nektar.

Kolibri

der Komet

Kometen sind kleine Himmelskörper, die ihre Bahnen im →Sonnensystem ziehen. Sie bestehen aus gefrorenen →Gasen, →Eis, Staub und →Gesteinsteilchen. Man hat sie zutreffend mit schmutzigen Schneebällen verglichen. Die größten Kometen haben nur einige Kilometer Durchmesser, doch ihr heller Schweif kann Millionen von Kilometern lang werden. Sie sind nur in Sonnennähe zu sehen, wobei die Sonnenstrahlen verdampfende Gasteilchen aus dem Kometen schlagen. Diese sind als langer Schweif erkennbar. Er ist immer von der Sonne abgewandt. Bisher kennen wir rund 1900 Kometen. Jedes Jahr werden drei bis vier neue entdeckt. Sie tragen den oder die Namen der Entdecker.

Der Halleysche **Komet** wird seit mehr als 2000 Jahren beobachtet.

König

der Kompass

Mit einem Kompass kann man die →Himmelsrichtungen feststellen. Seit Jahrhunderten benutzen Seefahrer und Entdeckungsreisende den Kompass zur Orientierung.

Die Nadel des Magnetkompasses ist magnetisch. Weil die →Erde selbst ein riesiger →Magnet ist, richtet sich die Nadel immer nach den Magnetpolen aus. Die Spitze zeigt nach Norden, das andere Ende nach Süden. Die magnetischen Pole stimmen allerdings örtlich nicht mit dem →Nord- und dem →Südpol überein. Besonders in der Nähe der Pole kann es also zu Missweisungen kommen. Mithilfe von Karten des Erdmagnetfeldes kann man sich aber dennoch gut zurechtfinden. Auch große Vorkommen an eisenhaltigen →Gesteinen, die es an vielen Orten der Erde gibt, können die Kompassnadel ablenken.

Mit solch einem **Kompass** in durchsichtigem Gehäuse kann man die Nord-Süd-Linien des Kompasses mit dem Gitternetz einer Landkarte in Übereinstimmung bringen.

der Kompost

Wenn sich pflanzliche Abfälle aus Küche und →Garten zersetzen, wird daraus Kompost. Wir arbeiten diesen Kompost in den Boden ein und erhalten dadurch wertvollen humusreichen Boden. Der Boden gewinnt an Fruchtbarkeit, wird locker und wir können auf →Dünger ganz verzichten. Heute sammeln viele →Gemeinden den Biomüll getrennt ein und stellen daraus in großen Anlagen Kompost her. Der Hausmüll verringert sich dadurch um fast die Hälfte.

Kondome sind in verschiedenen Größen, Formen und Farben erhältlich. Es gibt sogar Modelle, die im Dunkeln leuchten.

das Kondom

Ein Kondom ist eine dünne Hülle aus Gummi, die der →Mann vor dem →Geschlechtsverkehr über seinen Penis streifen kann. Bei richtiger Anwendung verhindert es, dass die männlichen Spermien in den weiblichen Körper eintreten und eine Eizelle befruchten. So kann die Frau nicht →schwanger werden. Zudem schützt das Kondom vor Krankheiten wie zum Beispiel →Aids.

der König

Könige sind oberste Herrscher. Königreiche bezeichnet man auch als Monarchien. Es gab Könige, die ganze Völker oder aber nur einzelne Stämme regierten. Über dem König stand nur der Kaiser. In →Europa gibt es heute noch Königreiche: Belgien, Dänemark, Großbritannien, die Niederlande, Norwegen, Schweden und Spanien. Trotzdem ist jedes dieser Länder eine →Demokratie, der König oder die Königin haben keine →Regierungsgewalt mehr.

> **WISSEN KOMPAKT**
>
> **König, Kaiser, Edelmann**
> Unter dem Kaiser und dem König standen die Herzoge, darunter die Fürsten und Grafen. Die Kinder eines Kaisers oder Königs heißen Prinz und Prinzessin. Der Kronprinz ist der älteste Sohn. Er wird nach dem Tod seines Vaters neuer Herrscher. Das Wort Kaiser geht auf den römischen Herrscher Julius Cäsar zurück.

Kontinent

Ende des Paläozoikums
(vor 250 Millionen Jahren)

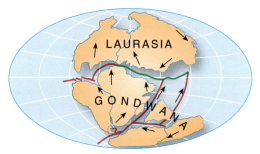
Ende der Trias
(vor 220 Millionen Jahren)

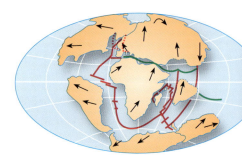
Ende der Kreide
(vor 65 Millionen Jahren)

Im Laufe von Jahrmillionen entstanden die **Kontinente**, wie wir sie heute kennen.

Eine Weltkarte mit allen Kontinenten findest du im Anhang!

der **Kontinent**

Vor 250 Millionen Jahren gab es auf der ganzen →Erde nur einen Kontinent, den Urkontinent Pangäa. Einige Dutzend Millionen Jahre später spaltete er sich in den Nordkontinent Laurasia und den Südkontinent Gondwana auf. Über Jahrmillionen entfernten sich auch diese Teile voneinander, zerbrachen und bewegten sich wieder aufeinander zu – bis schließlich die heutigen Erdteile entstanden. Die Erdkruste besteht aus riesigen Platten, die sich sehr langsam gegeneinander verschieben. Wir nennen diese Verschiebungen Kontinentaldrift.

Herkömmlicherweise spricht man von sechs Kontinenten: →Afrika, →Amerika, →Antarktis, →Asien, →Australien und →Europa. Amerika besteht aber eigentlich aus zwei Erdteilen, Nord- und Südamerika. Beide haben eine ganz unterschiedliche geologische Geschichte und haben sich erst nachträglich verbunden. Asien ist der größte Kontinent, dort leben auch die meisten Menschen, ungefähr vier Milliarden.

die **Koralle**

Die Korallen gehören zu den →Tieren. Viele einzelne Korallentiere, die Polypen, leben in Stöcken zusammen. Diese bauen um sich herum ein →Skelett aus Kalk. Solche Korallenstöcke können die unterschiedlichsten Formen annehmen: Es gibt kugelige, flache, geweihartig verzweigte oder fächerähnliche. Korallen leben nur in →tropischen Meeren. Dort bilden sie oft große Korallenriffe, auch Atolle genannt. Eines der größten ist das Große Barriereriff vor der Küste →Australiens. Es ist etwa 2300 Kilometer lang und besteht aus 2900 einzelnen Riffen und fast 1000 →Inseln. Es bietet Nahrung und Unterschlupf für Hunderte von Tierarten.

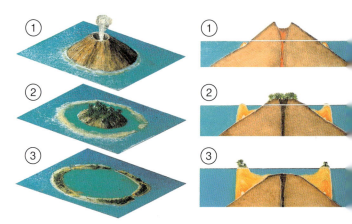

Korallen bilden sich in warmen Gewässern um eine vulkanische Insel (1). Die Korallen wachsen (2), bis nach dem Absinken der Insel nur noch das Korallenriff, das Atoll, übrig bleibt (3).

Korallenriffe gehören zu den buntesten Lebensräumen. Zurzeit sind allerdings viele Korallenriffe von großen, stacheligen →Seesternen, den Dornenkronen, bedroht. Sie fressen die Korallen und breiten sich unaufhaltsam aus. Die Gründe dafür liegen wahrscheinlich in der Verschmutzung der Meere und der dadurch bedingten Ausbreitung von →Plankton und →Algen. Ebenso wurden natürliche Fressfeinde der Seesterne ausgerottet, etwa die Tritonschnecke.

Kraftwerk

der Körper

Der →Mensch sowie die →Tiere und →Pflanzen haben einen Körper. Der menschliche Körper besteht aus Kopf, Hals, Rumpf, den Armen und Beinen. Dennoch sehen die Körper der Menschen ganz verschieden aus: Sie sind groß oder klein, dick oder dünn, hell- oder dunkelhäutig.

Das →Skelett aus →Knochen stützt den Körper, →Muskeln machen ihn beweglich. Zu den →Sinnesorganen gehören →Augen, →Ohren, →Nase, →Zunge und →Haut. Mit ihnen nehmen wir die Umwelt wahr. Unsere →Nerven leiten Informationen zum →Gehirn, das wie ein großer Computer den Körper steuert. Unsere →Lungen entnehmen der Atemluft lebensnotwendigen →Sauerstoff. Die Nahrung gelangt über die Speiseröhre in die →Verdauungsorgane. Das →Herz pumpt das →Blut in einem Kreislauf durch den ganzen Körper. Damit der Körper gesund bleibt, braucht er abwechslungsreiche Nahrung und viel Bewegung. Der Körper mancher Menschen ist von →Geburt an oder durch einen Unfall behindert. Er funktioniert dann nicht so reibungslos wie der Körper eines gesunden Menschen.

das Kraftwerk

Ein Kraftwerk ist eine →Industrieanlage, die elektrischen →Strom bereitstellt und in das Stromnetz einfließen lässt. Die Stromerzeuger in jedem Kraftwerk sind die →Generatoren. Das sind Maschinen, die umgekehrt wie ein →Motor funktionieren. Das Kraftwerk dient der →Energiegewinnung, indem es →Energie umwandelt. So wandelt das Wasserkraftwerk die Energie des fließenden Wassers in elektrische Energie um. Laufwasserkraftwerke stehen mitten in einem Fluss, während Speicherkraftwerke ihr Wasser von hoch gelegenen Speicherseen beziehen. In beiden Fällen treibt das Wasser →Turbinen und diese treiben Generatoren an. Es gibt auch Kraftwerke, die Wind- und Sonnenenergie nutzbar machen.

Wasserkraftwerk

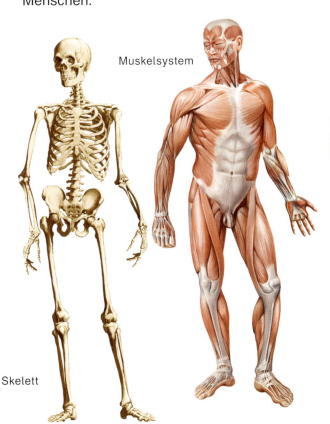
Skelett
Muskelsystem

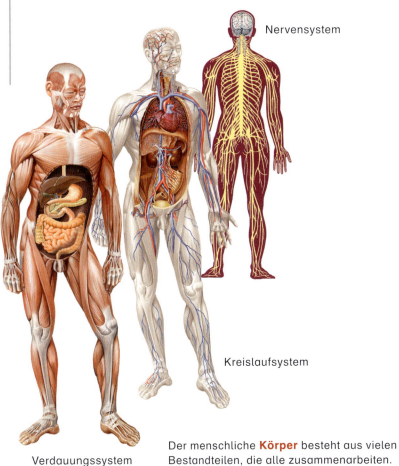
Verdauungssystem
Kreislaufsystem
Nervensystem

Der menschliche **Körper** besteht aus vielen Bestandteilen, die alle zusammenarbeiten.

Krähe

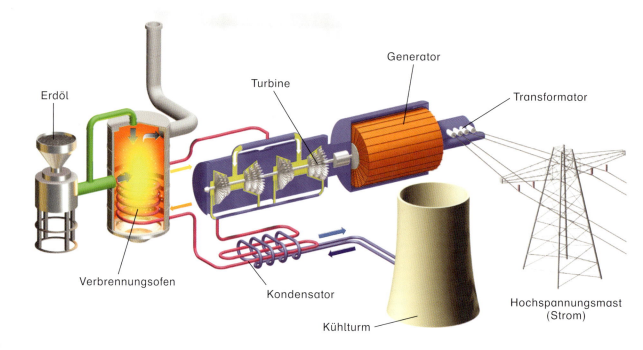

In einem **Heizkraftwerk** wird die chemische Energie des Erdöls durch Verbrennung in Wärme verwandelt. Frei werdende Dämpfe setzen die Turbine in Gang, die den Generator antreibt: Strom entsteht. Überschüssiger Dampf wird in einem Kühlturm zu Wasser kondensiert und in den Verbrennungsofen zurückgeleitet.

Wärmekraftwerke verbrennen →Kohle und →Erdöl. Die entstehende Wärme bringt Wasser zum Sieden. Der Dampf treibt dann wiederum Turbinen an. Auch Kernkraftwerke sind Wärmekraftwerke. Sie beziehen ihre Energie aus dem Zerfall von Atomkernen, der →Atomenergie.

WISSEN KOMPAKT

Kraftwerke im Betrieb
Im Jahr 2013 waren in Deutschland diese Kraftwerke in Betrieb:
326 Kohle-, Erdgas- und Erdölkraftwerke, 180 Wasserkraftwerke, 71 Biomassekraftwerke (dort werden zum Beispiel Pflanzenabfälle verbrannt), 9 Atomkraftwerke, 142 Sonnenkraftwerke, 559 Windkraftwerke und 4 Erdwärmekraftwerke.

die Krähe

Krähen sind Rabenvögel. Bei uns kommen die schwarzen Rabenkrähen und die grauen Nebelkrähen vor. Manchmal bilden die beiden Krähenarten auch Paare, die gemeinsam Junge großziehen. Krähen sind Allesfresser. Sie suchen ihre Nahrung nicht nur auf →Wiesen und Feldern, sondern auch im →Müll der Städte. Krähen bauen ihre großen →Nester in den Kronen hoher Bäume oder auf Strommasten. Im Frühjahr brütet das Paar abwechselnd bis zu sechs dunkel gefleckte →Eier aus. Sobald die Jungen die Eltern verlassen haben, schließen sich Krähen zu großen Scharen zusammen. Jeden Abend versammeln sie sich auf ganz bestimmten Bäumen zum Schlafen. Auch die Elster sowie der Eichelhäher und die Saatkrähe sind Rabenvögel, die bei uns leben.

Rabenkrähe

Der Kolkrabe ist der größte heimische Rabenvogel.

der Kran

Kräne heben schwere Lasten. Auf Baustellen sieht man oft Turmkräne. Sie haben lange Ausleger und befördern Betonplatten oder Stahlträger. Es gibt viele unterschiedliche Krantypen. Der Laufkran hat Laufschienen. Auf ihnen rollt eine Laufkatze, welche die schweren Lasten hebt. Solche Kräne werden meist in der Schwerindustrie und an →Häfen eingesetzt. Dort löschen und beladen sie →Schiffe. Die allerschwersten Lasten heben Schwimmkräne.

Krebs

Der lange Ausleger eines **Krans** hebt schwere Baustoffe.

das Krankenhaus

In Krankenhäusern werden kranke Menschen behandelt, gepflegt und geheilt. Statt Krankenhaus kann man auch Klinik, Spital oder Hospital sagen. Es gibt verschiedene Arten von Krankenhäusern. In einem allgemeinen Krankenhaus werden Verletzungen und →Krankheiten behandelt, auch ansteckende Infektionskrankheiten. Häufiger sind spezialisierte Kliniken. Die psychiatrische Klinik beschäftigt sich zum Beispiel mit Erkrankungen der Seele. In Geburtskliniken kommen vor allem Kinder auf die Welt. Andere Kliniken haben sich auf die Behandlung alter Menschen spezialisiert.

die Krankheit

Wenn ein Teil des →Körpers nicht richtig funktioniert, so hat man eine Krankheit. Auch die Seele kann krank sein. Oft wird man krank, wenn man zu wenig schläft, zu viel arbeitet oder sich zu wenig bewegt. Dann haben es die Krankheitserreger einfach, in den Körper einzudringen und ihn anzustecken. Der Körper kann die meisten Krankheiten selbst heilen. Bei schweren Krankheiten sollte man den Arzt aufsuchen. Er kann herausfinden, an welcher Krankheit man leidet, und eine passende Therapie aufzeigen.

In der →Medizin sind viele Tausend Krankheiten bekannt, von denen allerdings nur ein paar Hundert häufig auftreten. Dazu gehören Erkältungen, Neurodermitis, →Herzkrankheiten, Asthma und typische →Kinderkrankheiten wie Masern oder Windpocken. Manche Krankheiten werden →vererbt. Besonders schlimme Krankheiten können auch zum →Tod führen.

die Kräuter

Kräuter sind Blütenpflanzen mit einem weichen, unverholzten Stängel. Viele sterben im Herbst ab. Deshalb nennen wir sie einjährige →Pflanzen. Mehrjährige Kräuter schlagen im Frühjahr aus unterirdischen →Wurzelstöcken wieder aus. Sie heißen auch Stauden. Beim Würzen von Speisen spielen die →Gewürzkräuter eine große Rolle, zum Beispiel Schnittlauch, Petersilie, Basilikum, Dill, Bohnenkraut und Majoran. Die meisten Arten stammen ursprünglich aus dem Mittelmeergebiet. Es gibt auch Heilkräuter, wie Salbei, Thymian, Pfefferminze und Kamille. Sie enthalten Wirkstoffe, die unsere →Gesundheit fördern und →Krankheiten heilen helfen.

Dill

Salbei

der Krebs (Krankheit)

Als Krebs bezeichnen die Mediziner eine bösartige Geschwulst, auch Tumor genannt. „Bösartig" bedeutet, dass die →Zellen des Tumors sich immer weiter teilen und vermehren. Sie können sich auch ablösen und an ganz anderen Stellen des Körpers neue Geschwülste bilden. Diese heißen Metastasen oder Tochtergeschwülste. Krebs ist keine ansteckende →Krankheit. Bei Kindern und Jugendlichen tritt er selten auf. Nicht jede Geschwulst ist bösartig und damit ein Krebs.

Krebs kann alle →Organe des Menschen befallen. Besonders betroffen sind die →Haut und die Eingeweide wie →Magen, →Darm, →Leber oder →Lunge. Krebserkrankungen haben ganz verschiedene Gründe. Häufig sind chemische Stoffe die Auslöser. Berüchtigt ist der Lungenkrebs, den sich Raucher durch die Teerstoffe im Rauch der Zigarette zuziehen. Krebs entsteht auch durch →Radioaktivität.

Krebs

der Krebs (Tier)

Zur großen Tiergruppe der Krebse gehören die Wasserflöhe, Garnelen, Krabben und die Hummer. Die meisten Krebsarten leben im →Meer. Krebse kommen aber auch im Süßwasser und sogar auf dem Festland vor, wie zum Beispiel die Kellerassel. Alle Krebse haben einen gepanzerten, harten Körper, der aus Kopf, Brust und Hinterleib sowie vielen Beinen besteht. Am Kopf befinden sich mehrere Fühler. Viele Krebse besitzen große Scheren, mit denen sie ihre Nahrung ergreifen können.

Aus Krebseiern schlüpfen kleine →Larven, die zunächst frei im Wasser treiben und zum →Plankton gehören. Aus den Larven entwickeln sich langsam die Krebse. Wie die →Insekten müssen Krebse bei der Häutung ihren Körperpanzer abstreifen, wenn sie wachsen.

Krabben erkennt man daran, dass sie den Hinterleib unter dem Bauch nach vorne geschlagen haben. Sie können schnell seitwärts und rückwärts laufen.

Auch die Kellerassel gehört zu den **Krebsen.**

der Kreuzzug

Während der Kreuzzüge kämpften die →Christen gegen die Muslime um das Heilige Land Palästina. Im Jahr 1071 hatten muslimische Türken Jerusalem erobert und den Christen den Besuch der heiligen Stätten, wo Jesus gelebt hatte, verboten. Dies wollten die christlichen Herrscher in Europa nicht dulden. Einige Jahre später organisierten sie den ersten Kreuzzug zur Rückeroberung Jerusalems. Das Unternehmen gelang, 1099 war Jerusalem frei. Es folgten sechs weitere solcher Eroberungskriege und bald wurde aus dem Kampf für die →Religion ein gnadenloser Kampf um Landbesitz und Reichtum. Der letzte Kreuzzug fand Ende des 13. Jahrhunderts statt. Die Kreuzzüge kosteten viele Tausend Menschen das Leben. Durch die Kreuzzüge lernten die Europäer den Orient kennen. Sie erfuhren, dass die Araber viel mehr über Medizin, Mathematik und Astronomie wussten als sie selbst. Die →Ritter brachten viele fremde Güter mit, zum Beispiel →Seide und →Gewürze. So begann ein intensiver →Handel mit dem Orient.

Kreuzzug: Die Burg Krak des Chevaliers in Syrien diente als Stützpunkt der Kreuzritter.

das Kriechtier

Die Kriechtiere oder Reptilien bilden eine große Gruppe der Wirbeltiere. Sie legen →Eier und atmen durch Lungen. Ihre Haut fühlt sich trocken an und ist von Hornschilden bedeckt. Da sie Kaltblüter oder wechselwarm sind, können sie ihre Körpertemperatur nicht selbst regeln. Ist es draußen kalt, sinkt die Körpertemperatur und die Tiere sind träge. Gerne lassen sie sich von der Sonne erwärmen. Viele Kriechtiere leben deshalb in →tropischen Ländern und in heißen →Wüsten.

Blindschleiche

Die Kriechtiere spielten bei der →Evolution eine große Rolle. Vor 360 Millionen Jahren gab es die ersten Reptilien. Sie breiteten sich über die ganze Erde aus und entwickelten viele Arten. Vor 100 Millionen Jahren beherrschten sie unseren Planeten. Besonders auffällig waren die →Dinosaurier, die bis zu 80 Tonnen wogen. Aus den Kriechtieren entwickelten sich die →Vögel und →Säugetiere. Heute leben noch vier Gruppen von Kriechtieren: →Krokodile, Brückenechsen, →Schildkröten sowie die Gruppe der →Echsen und →Schlangen.

Kragenechse

Kröte

Kriechtiere: Der Komodowaran ist die größte lebende Echse, er wird bis zu 3 m lang und gilt als sehr intelligent.

Krokodile haben einen regelmäßigen Zahnwechsel: Jeder Zahn wird etwa alle zwei Jahre ersetzt.

der Krieg

Krieg ist das Gegenteil von →Frieden. Wenn →Staaten oder auch die Anhänger unterschiedlicher →Religionen es nicht schaffen, einen Konflikt friedlich zu lösen, greifen sie oft zu →Gewalt und führen einen bewaffneten Kampf.

Völligen Frieden gab es auf der Erde nie. Im letzten Jahrhundert tobten die beiden →Weltkriege und Dutzende kleinerer Kriege. Auch heute noch gibt es in vielen Teilen unserer Erde Kriege. Jeder Krieg bringt unendliches Leid. Oft ist die Bevölkerung am schlimmsten betroffen. Unschuldige Menschen sterben oder müssen als →Flüchtlinge ihre Heimat verlassen.

das Krokodil

Krokodile gehören zu den →Kriechtieren. Am größten sind das Nilkrokodil, das eine Länge von fünf Metern erreicht, sowie das bis zu zehn Meter lange Leistenkrokodil. In Nordamerika heißen die Krokodile Alligatoren, in Südamerika Kaimane.

Krokodile jagen im Wasser Fische, Schildkröten und Säugetiere. Dabei treiben sie regungslos im Wasser, sodass außer den Augen und den Nasenlöchern nichts von ihnen zu sehen ist. Sobald ein Beutetier nahe genug herankommt, beißt das Krokodil blitzschnell zu. Es zieht sein Opfer unter Wasser und zerreißt es, indem es sich ruckartig dreht. Bei der →Fortpflanzung sind Krokodile sehr fürsorglich. Das Nilkrokodil vergräbt seine →Eier im Sand der Flussufer. Danach hält das Weibchen Wache. Wenn es nach etwa drei Wochen hört, dass die Jungen schlüpfen, gräbt es das Nest aus und trägt die kleinen Krokodile in seinem Maul ins Wasser.

die Kröte

Kröten und →Frösche gehören zu den →Lurchen. Die Kröten kommen mit Ausnahme sehr kalter Gebiete auf der ganzen Welt vor. Sie unterscheiden sich von den Fröschen vor allem durch ihre Haut. Die Haut einer Kröte ist warzig, bei den Fröschen jedoch glatt, schleimig und feucht. Kröten können deswegen in trockeneren Gebieten leben als Frösche.

Wie die Frösche legen sie ihre →Eier als Laich in ein Gewässer. Dort entwickeln sich aus den Kaulquappen erwachsene Kröten. Typisch für die meisten Kröten ist die Giftdrüse hinter den Augen. Im Winter verstecken sich die Kröten in Erdlöchern oder unter Wurzeln. In Deutschland leben die Erdkröte, die Knoblauchkröte, die Wechselkröte, die Kreuzkröte und die Geburtshelferkröte.

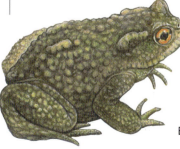

Erdkröte

Kuckuck

der Kuckuck

Der Kuckuck ist ein graubrauner →Zugvogel mit schmalem Schnabel und langem Schwanz. Er baut sich kein eigenes →Nest, sondern das Weibchen legt seine Eier immer in die Nester anderer →Vögel. Wenn die künftigen Stiefeltern das Nest einmal verlassen, wirft das Kuckucksweibchen ein →Ei heraus und legt sein eigenes Ei an dessen Stelle. Die Wirtseltern merken nichts und brüten alle Eier aus. Nach etwa zwei Wochen schlüpft der junge Kuckuck. Er wirft alle anderen Jungen und Eier aus dem Nest und bleibt als einziges Junges übrig. Die Stiefeltern ziehen den Jungvogel groß. Der Kuckuck nutzt die Brutpflege anderer Vögel aus. Wir nennen ihn deshalb einen Brutschmarotzer.

Der frisch geschlüpfte **Kuckuck** kriecht unter die Eier seiner Wirtseltern und stemmt sie unter großer Anstrengung aus dem Nest.

die Kuh

Eine Kuh ist ein weibliches Rind, das schon ein Kalb bekommen hat. Erst nach der Geburt beginnt die Milchproduktion, die dann ein Leben lang anhält, solange die Kuh Kälber hat. Die junge Kuh, die noch nicht gekalbt hat, heißt Färse. Das männliche Tier bezeichnen wir als Stier oder Bullen. Das Rind ist das wichtigste →Haustier des Menschen. Es liefert ihm →Milch, Fleisch und Häute; früher diente es auch als Zug- und Lasttier. Eine Kuh liefert täglich 40 bis 50 Liter Milch. Kühe sind wie →Schafe und Ziegen sogenannte Wiederkäuer. Sie würgen ihr Futter hoch und kauen es ein zweites Mal.

heimische gefleckte **Kuh** mit Zwillingskälbchen (links) im Vergleich zu einer Kuh in Indien (rechts), die dort heilig ist

die Kultur

Zur Kultur zählen wir alles, was der →Mensch geschaffen hat. Der Gegensatz dazu ist →Natur, also die Umwelt, in die der Mensch nicht eingegriffen hat. Jede Zeit und jedes Volk hat seine besondere Kultur. Wir sprechen etwa von der →griechischen Kultur oder der Kultur des →Ägyptischen Reichs. Gemeint ist damit die Art und Weise, wie die Menschen im Alltag gelebt haben und was sie zum Beispiel in den Bereichen →Technik, →Wissenschaft, →Kunst, →Religion und →Recht entwickelt haben. Es gibt keinen Menschen ohne Kultur. Wenn wir jemanden jedoch als kulturlosen Menschen beschimpfen, so meinen wir etwas anderes, nämlich sein fehlendes Interesse an Kunst, Wissenschaften oder Religion oder auch seine schlechten Umgangsformen.

charakteristischer Mauerbau aus der **Kultur** der Inka

Das Wort „Kultur" hat noch eine andere Bedeutung. Es bezeichnet zudem den Anbau von →Pflanzen wie →Getreide oder →Obstbäumen und sogar die Zucht von →Bakterien.

die Kunst

Als Kunst wird ein Werk der →Bildhauerei, →Fotografie oder →Malerei bezeichnet. Oft wird Kunst in →Museen, Galerien oder auf öffentlichen Plätzen ausgestellt. Kunst ist immer ein →Kulturprodukt, das der →Mensch erschaffen hat. Die ersten Künstler lebten in der →Steinzeit. Sie fertigten kleine Tier- und Menschenfiguren an und Höhlenmalereien. Bis heute

Kunst: Vor etwa 400 Jahren kam es in Mode, Stillleben zu malen, die möglichst perfekte Nachahmungen der Natur sein sollten. Oft enthielten die gemalten Gegenstände eine verschlüsselte Botschaft, zum Beispiel den Hinweis darauf, dass alles Schöne auch sterben wird.

wurden Millionen von Kunstwerken geschaffen. Dabei hat jede Zeit ihre eigene Kunst entwickelt. So entwarfen Künstler wie Leonardo da Vinci und Michelangelo vor 500 Jahren naturgetreue Bilder. Später stellten Künstler wie Vincent van Gogh und Claude Monet Stimmungen, Licht oder Gefühle in ihren Werken dar. Heutige Maler und Bildhauer schaffen oftmals Werke, die kaum mehr eine Ähnlichkeit mit der →Natur haben. Wir nennen diese Kunst abstrakt.

der Kunststoff

Wie der Name vermuten lässt, sind die Kunststoffe eine Erfindung des →Menschen. In der Umgangssprache nennen wir sie auch einfach Plastik. Es gibt Tausende verschiedener Kunststoffe. Viele werden aus →Erdöl hergestellt. Tragetüten, Plastikflaschen und Eimer bestehen aus Polyethylen. Der Schaumstoff Polystyrol dient hauptsächlich als Verpackung. Das PVC (Polyvinylchlorid) wird zu Spielsachen, Tischtüchern, Vorhängen und vielem anderen mehr verarbeitet. Auch fast alle unsere Kleidungsstücke enthalten Kunststofffasern wie Nylon oder Perlon. Kunststoffe bestehen aus langen kettenartigen Molekülen, die mehrfach vernetzt sind. Kunststoffe verrotten nur sehr langsam. Um riesige →Müllberge zu verhindern, werden viele Kunststoffe wiederverwertet.

die Küste

Ein Blick auf eine geografische →Landkarte zeigt uns, dass Küsten in den seltensten Fällen gerade verlaufen. Durch →Ebbe und Flut, die Brandung, Meeresströmungen und Ablagerungen von →Flüssen verändert sich die Küste ständig. Die Schärenküste entstand zum Beispiel, als das Meer ein stark hügeliges, von →Gletschern geformtes Gebiet überflutete. Übrig blieben die Hügelkuppen, die Schären. Auf ähnliche Weise entstanden die Fjorde. Ein Haff oder Liman entsteht, wenn die Meereswellen schräg zum Strand auftreffen und dauernd →Sand versetzen. Die vorgelagerte Landzunge nennen wir Nehrung. Wenn Flüsse an der Mündung viel Material ablagern, entsteht ein Delta mit einer Form, die an einen Vogelfuß erinnert. Ein besonders schönes Delta hat der Fluss Po im Norden Italiens. Bei widerstandsfähigen →Gesteinen bilden sich Steilküsten, bei weichen Gesteinen entstehen Flachküsten.

Küstenformen: Schärenküste mit vorgelagerten Hügeln (1), Limanküste mit „ertrunkenen" Flusstälern (2), Lagunenküste mit Landstreifen (Nehrung) (3), fächerförmige Deltaküste (4)

Lachs

der Lachs
Der Lachs ist ein bis zu 1,5 Meter langer Wanderfisch, der mit der →Forelle verwandt ist. Eigentlich leben alle Lachse im →Meer. Wenn sie geschlechtsreif sind, schwimmen sie jedoch die →Flüsse und →Bäche hinauf. Dabei können sie sogar Wasserfälle überwinden. Ihre →Eier legen sie genau an der Stelle ab, an der sie einst selbst aus dem Ei schlüpften. Die jungen Lachse bleiben noch ein paar Jahre im Süßwasser. Dann ziehen sie ins Meer.

Europäischer Lachs

die Landkarte
Landkarten sind verkleinerte Darstellungen der Erdoberfläche. Mit einem Stadtplan finden wir uns in einer →Stadt zurecht. Wir benutzen den Plan zur Orientierung. Wenn wir mit dem →Auto unterwegs sind, kann uns ein Straßenatlas oder ein →Navigationsgerät helfen.

Bevor eine Landkarte angefertigt wird, muss die genaue Lage von Städten, Straßen, Flüssen, Seen und Bergen herausgefunden werden. Das unternimmt der Landvermesser. Zusätzlich werden vom →Flugzeug aus oder mithilfe eines →Satelliten Aufnahmen von oben gemacht. Aus diesen Daten kann ein Kartenzeichner oder ein Computerprogramm eine Landkarte erstellen.

Es gibt ganz unterschiedliche Karten. Physische Karten zeigen vor allem Berge, Täler und Flüsse. In anderen Karten ist zum Beispiel dargestellt, wie die Ländergrenzen früher verliefen oder mit welchen Gütern ein Land →Handel betreibt.

> **WISSEN KOMPAKT**
>
> **Landkarten lesen –
> Legende und Maßstab**
> Der Maßstab sagt aus, um wie viel die Landkarte gegenüber der Landschaft verkleinert ist. 1:50 000 bedeutet, dass ein Zentimeter auf der Karte 50 000 Zentimetern in der Natur entspricht. In der Legende sind die Symbole erläutert, die auf der Karte eingezeichnet sind, wie eine Kirche, eine Autobahn oder ein Freibad.

die Landwirtschaft
In der Landwirtschaft werden →Pflanzen angebaut oder wird Vieh gehalten, um Nahrungsmittel zu erzeugen. Die Landwirte bauen →Getreide, →Gemüse und →Obst an. Ebenso werden Raps und bestimmte Baumarten gepflanzt, weil sie der →Energiegewinnung dienen. Rinder, →Schweine, →Schafe und das Geflügel liefern Fleisch, →Milch, →Eier, →Leder und →Wolle.

Meistens werden in der Landwirtschaft →Dünger und Mittel zur →Schädlingsbekämpfung eingesetzt. Sie erhöhen die Erträge, führen aber oft dazu, dass sich im Boden und im Grundwasser →Gifte ablagern. Viele →Tiere bekommen Hormone, damit sie schneller wachsen. Durch die

Mehr zum Thema Landwirtschaft auf den Seiten 136 und 137!

Massentierhaltung auf modernen →Bauernhöfen werden sie in viel zu engen Ställen gehalten. Die ökologische Landwirtschaft achtet dagegen auf eine artgerechte Haltung der Tiere. Sie erzeugt möglichst schadstoffarme Lebensmittel.

Vor ungefähr 11 000 Jahren betrieben die Menschen im Vorderen Orient zum ersten Mal Landwirtschaft. Sie gaben ihr Leben als Jäger und Sammler auf, wurden sesshaft, bauten Pflanzen an und züchteten Tiere.

Landwirtschaft: Heute werden die Felder meistens mit Maschinen bearbeitet (oben). Die Massentierhaltung (unten) wird heute oft kritisiert.

der Lärm

Wann ein Geräusch oder eine Musik als Lärm empfunden wird, hängt von der Empfindlichkeit des Einzelnen ab. Die Geräusche einer belebten Straße empfinden auf Dauer allerdings die meisten Menschen als unangenehmen Lärm. Lang anhaltender Lärm beeinträchtigt die →Gesundheit und führt zu →Stress, zu Nervosität, Schlafstörungen und Magenkrankheiten. Bei einer Lautstärke ab 90 Dezibel können Hörschäden auftreten. Messungen in Diskotheken ergaben Lautstärken bis zu 120 Dezibel.

Sich vor Lärm zu schützen, ist schwierig. Man kann sich in der Wohnung beispielsweise schallisolierte Fenster und Türen einbauen lassen. Sehr viel besser ist es, wenn Lärm von Anfang an vermieden wird.

die Larve

Nur wenige →Tiere sehen nach dem Schlüpfen aus dem →Ei schon ähnlich wie ihre Eltern aus. Die meisten zeigen hingegen Jugendformen, die ganz anders sind als die erwachsenen Tiere. →Schmetterlinge entwickeln sich zum Beispiel aus →Raupen, →Fliegen aus Maden und Maikäfer aus Engerlingen. Diese Larven verwandeln sich in erwachsene Tiere über eine weitere, allerdings unbewegliche Larvenform, die sogenannte Puppe. Auch bei den →Fröschen kommen Larven vor. Wir nennen sie Kaulquappen. Sie verwandeln sich nach und nach in erwachsene Tiere. Dabei wachsen ihnen Beine und →Lungen, während der Schwanz zurückgebildet wird.

Larve des Kartoffelkäfers

der Laser

Mit dem Laser erzeugt man besonders scharf gebündeltes, energiereiches →Licht. Es kann so viel →Energie enthalten, dass man damit Wände durchschneiden oder →Zähne bohren kann. Laser finden heute in fast allen Bereichen der Naturwissenschaft und →Technik Anwendung. Durch Laserlicht ist es möglich, viele Tausend →Telefongespräche gleichzeitig auf einer Leitung zu übertragen. Mit Lasern kann man zahlreiche Materialien bearbeiten, zum Beispiel →Metalle schweißen, schneiden oder bohren.

Auch →CDs oder DVDs werden mit einem Laser abgetastet. In der →Medizin wiederum werden Laser bei →Operationen eingesetzt. So kann Gewebe sehr genau geschnitten werden, ohne dass Blutungen auftreten.

In der Medizin wird der **Laser** zur Zertrümmerung von Gallensteinen verwendet.

Landwirtschaft

Die Hälfte aller Menschen auf der Welt arbeitet in der Landwirtschaft – manche noch nach jahrhundertealten, traditionellen Methoden, andere mithilfe der modernsten Technik. Manchmal ist das sehr harte Arbeit. Was Landwirte erzeugen, soll andere Menschen satt machen.

Ernte mit Hightech

Die weiten Ebenen im Norden der USA und in Kanada sind mit ihren fruchtbaren Böden und dem kontinentalen Klima wie geschaffen für den →Getreideanbau. Weit mehr als die Hälfte der kanadischen Weizenernte kommt aus der Provinz Saskatchewan. Ohne die Hilfe von starken Erntemaschinen wäre die Ernte auf den ausgedehnten Feldern aber nicht zu machen. Riesige Mähdrescher schneiden die Ähren und trennen noch während der Fahrt die Körner von Spreu und Halmen, welche die Maschine gleich wieder aufs Feld wirft. Die Körner werden in einem Korntank aufgefangen. Oft fahren mehrere Fahrzeuge in Reihen nebeneinander über die Felder – ein beeindruckendes Schauspiel.

Wenn das Klima mild und die Böden sehr fruchtbar sind, können riesige Getreidefelder bewirtschaftet werden.

Rinder weit und breit

Einer der größten Fleischproduzenten ist Argentinien. Dort gibt es fast 50 Millionen Rinder – das sind 10 Millionen mehr, als das Land Einwohner hat. Die halbe Landesfläche Argentiniens besteht aus Weiden für die Viehherden. Früher sorgten viele berittene Rinderhirten (Gauchos) dafür, dass die Herden zusammenblieben. Heute gibt es nur noch wenige Gauchos. Die Rinder fressen sich am saftigen Gras satt und werden dann geschlachtet. Ihr Fleisch hat eine sehr gute Qualität und ist auch in anderen Ländern sehr beliebt.

Gauchos wie dieser werden in Argentinien nur noch selten zur Beaufsichtigung der Rinderherden eingesetzt.

Landwirtschaft

HIER UND ANDERSWO

Alm in der Schweiz

Käse aus den Bergen

In der Schweiz und anderen Alpenländern wird Bergkäse aus der →Milch von →Kühen gemacht, die den Sommer über auf saftigen Almen in den Bergen grasen. Ein Senn hütet die Kühe, melkt sie und macht in der Sennhütte aus ihrer Milch Butter und Käse. In der Alpsennerei wird der Käse noch mit viel Handarbeit hergestellt. Je nachdem, welches Gras und welche Kräuter das Vieh frisst, ändert sich der Geschmack der Milch und des Käses. Im Herbst, wenn es für die Tiere in den Bergen zu kalt wird, werden sie zurück ins Tal getrieben. Für diesen Almabtrieb werden die Kühe prächtig mit Blumen geschmückt, und unten im Tal wird ihre Ankunft mit Musik und Tanz gefeiert.

Das Brot Asiens

Der größte Reisproduzent der Welt ist China, wo das →Getreide im Gebiet des mittleren und unteren Jangtsekiang angebaut wird. Das ist mühsame Arbeit, die meist noch von Hand ausgeführt wird. Zuerst flutet der Bauer das Feld und pflügt den Boden. Dabei helfen ihm Wasserbüffel. Dann werden die vorgezogenen jungen Reispflanzen einzeln ins Reisfeld gesetzt – eine schwere Arbeit, bei der die Arbeiter den ganzen Tag mit gebeugtem Rücken im Wasser stehen. Jetzt muss man nur noch die Felder regelmäßig überschwemmen. Nach ein paar Monaten wird das Feld trockengelegt und der Reis mit Sicheln geerntet. Zwei bis drei Ernten sind in einem Jahr möglich.

Reis ist in Asien das wichtigste Getreide.

Schokolade auf Bäumen

Schokolade wird aus den Bohnen von →Kakaofrüchten gemacht. Diese wachsen auf Bäumen in den Tropen in Südamerika, Afrika und Asien. Arbeiter schlagen die Kakaofrüchte mit großen Messern ab. Die getrockneten Bohnen werden in Säcke verpackt und in andere Länder verschickt, wo man Schokolade daraus macht. Viele Kakaobauern erhalten sehr wenig Lohn, von dem sie kaum ihre Familie ernähren können. Um das zu verhindern, gibt es Schokolade aus „fairem Handel". Bei fair gehandelten Produkten wird garantiert, dass die Arbeiter einen gerechten Lohn bekommen.

Kakaobaum mit Früchten

137

Laubbaum

der **Laubbaum**

Laubbäume haben flache, oft breite →Blätter. Sie lassen sich gut an der Form ihrer Blätter unterscheiden. Die Blätter enthalten den Farbstoff Blattgrün, mit dessen Hilfe sie aus dem →Sonnenlicht und Wasser Zuckerverbindungen aufbauen. Über die Blätter verdunstet viel Wasser, das von den →Wurzeln durch den Stamm und die Äste nach oben transportiert wird. Im Winter können die Wurzeln kein Wasser mehr aufnehmen. Damit der →Baum nicht verdurstet, werfen bei uns die meisten Laubbäume im Herbst ihre Blätter ab. Zuvor wird das Blattgrün abgebaut und die Blätter verfärben sich gelb, rot und braun. Die meisten →Nadelbäume dagegen sind das ganze Jahr über grün.

Manche Laubbäume haben auffallende →Blüten, wie die →Kastanie oder die Linde. Laubbäume lassen sich meist vom →Wind bestäuben. Aus den Blüten entwickeln sich →Früchte, mit denen sich die Bäume vermehren. Walnüsse sind die Früchte des Walnussbaums, Bucheckern die der Buche. In unseren Wäldern wachsen →Eichen und Buchen. Weiden und Pappeln stehen gerne am Wasser. Kastanien und Platanen werden oft am Straßenrand gepflanzt.

Eiche

Birke

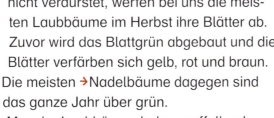
Buche

Ahorn

Blüten, Früchte und Blätter verschiedener **Laubbäume**

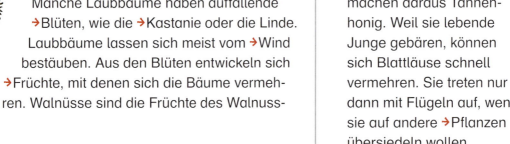

Nicht alle **Laubbäume** haben im Sommer grünes Laub. Die Blutbuche zum Beispiel hat rot gefärbte Blätter.

die **Laus**

Läuse sind →Insekten. Es gibt Tier- und Pflanzenläuse. Tierläuse saugen →Blut. Zu ihnen gehören zum Beispiel die Kopfläuse. Mit ihren Krallen halten sie sich an den →Haaren fest. Ihr Stich führt zu einem Juckreiz. Läuse können leicht übertragen werden, besonders in Schulen, denn sie wandern rasch von Kopf zu Kopf. Blattläuse sind Pflanzenläuse, die an Stängeln, auf →Blättern und →Knospen sitzen. Sie saugen Pflanzensäfte. Dabei scheiden sie süßen Kot aus, von dem sich →Ameisen ernähren. →Bienen machen daraus Tannenhonig. Weil sie lebende Junge gebären, können sich Blattläuse schnell vermehren. Sie treten nur dann mit Flügeln auf, wenn sie auf andere →Pflanzen übersiedeln wollen.

Blattläuse mit ihrem natürlichen Feind, dem Marienkäfer

der **Lautsprecher**

Der Lautsprecher verwandelt elektrische Signale in →Schallwellen. Die Musik und die Sprache, die wir zum Beispiel im →Radio oder →Fernseher hören, kommen aus Lautsprechern. Beim Lautsprecher ist eine kegelförmige Membran mit einer Spule verbunden. Im Inneren der Spule liegt ein →Magnet. Durch den aufgewickelten Draht der Spule fließen elektrische Signale. Dabei lädt sich die Spule magnetisch auf. Die Membran beginnt dadurch zu vibrieren und versetzt die →Luft in Schwingungen. Wir hören diese als Schallwellen. Der Lautsprecher verrichtet genau die umgekehrte Arbeit wie das Mikrofon.

Leber

die Lawine

Große Schnee- und Eismassen rutschen als Lawine ins →Tal. Dabei können sie Steine, Erde und sogar Bäume mit sich reißen und Häuser zerstören. Es gibt im Wesentlichen drei Lawinenarten: Staublawinen bestehen aus lockerem Pulverschnee. Beim Abgang entstehen heftige →Winde und Luftwirbel, die alles zerstören. Durch Druckschwankungen können sogar Gebäude explodieren. Grundlawinen setzen sich aus feuchtem Schnee zusammen, der oft mit Erde und Geröll vermischt ist. Sie gehen vor allem im Frühjahr ab und reißen den Untergrund mit. Skifahrer, die sich außerhalb der gesicherten Pisten aufhalten, lösen überwiegend Schneebretter aus. Dies sind jüngere Schneeschichten, die über älteren, verfestigten Schichten liegen. Schneebretter lösen sich mit lautem Knall ab. Man erkennt sie an der scharfen Abrisskante.

Ortschaften in den Alpen werden durch Bannwälder vor Lawinen geschützt. Wenn diese Wälder zugrunde gehen, sind die Ortschaften sehr gefährdet, und es müssen künstliche Lawinenverbauungen errichtet werden. Gelegentlich löst man drohende Lawinen durch eine Sprengung absichtlich aus, um einen plötzlichen Abrutsch zu vermeiden.

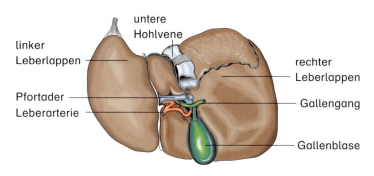

die beiden **Leberlappen** mit Gallenblase und Gefäßen

die Leber

Die Leber ist ein wichtiges →Organ in unserem →Körper und unsere größte Drüse. Sie liegt in der rechten Körperhälfte unter den Rippen und ist durch eine Furche in einen rechten und einen kleineren linken Leberlappen gegliedert. Man kann die Leber als die chemische Fabrik des Körpers bezeichnen. Sie produziert zum Beispiel die Galle, die uns bei der →Verdauung von Fetten hilft. Die Leber stellt aber auch Eiweiße her, die wir im →Blut brauchen. Gleichzeitig baut sie die →Giftstoffe im Blutkreislauf ab, zum Beispiel →Alkohol. Wenn die Leber nicht richtig funktioniert, so können bestimmte Abfallstoffe im Blut nicht ausgeschieden werden, und man erkrankt an Gelbsucht. Eine andere schwere Erkrankung der Leber ist die Leberentzündung oder Hepatitis. Sie wird durch →Viren ausgelöst.

verschiedene **Lawinenarten:** Schneebrett (links), Grundlawine (Mitte) und Staublawine (rechts)

Leder

Lederherstellung früher

das Leder

Leder wird aus der →Haut von →Tieren hergestellt. Damit die Haut zu Leder wird, muss sie gegerbt werden. Man salzt die Haut zuerst ein. Dann entfernt man alles Fleisch und die →Haare. Danach findet die eigentliche Gerbung statt. Dabei wird die Haut mit chemischen Stoffen behandelt. Das Gerben bewirkt, dass sich die Eiweiße in der Haut dauerhaft verändern. Dadurch kann die Haut nicht mehr verwesen. Das so entstehende Leder wird haltbar und geschmeidig gemacht. Schließlich kann man das Leder noch einölen und färben, bevor daraus zum Beispiel Schuhe, Gürtel oder Taschen hergestellt werden.

Schon die Menschen in der →Steinzeit nutzten Tierfelle als Kleidung. Die ältesten Funde von Gegenständen aus Leder, das durch Gerbung der Tierhaut gewonnen wurde, stammen aus dem →Ägyptischen Reich.

die Legasthenie

Eine Legasthenie wirkt sich ähnlich aus wie eine Lese-Rechtschreib-Schwäche. Manche ganz normal begabten Schüler haben Probleme beim Schreiben und Lesen. Sie erfassen die richtige Abfolge der Buchstaben nicht und können Laute nicht so gut in Buchstaben umwandeln und umgekehrt. Mit gezielten Übungen kann man diese Schwierigkeiten aber nach und nach abbauen. Legasthenie hat nichts mit →Intelligenz zu tun. Es gibt sehr viele kluge und erfolgreiche Menschen, die als Kind unter Legasthenie gelitten haben.

der Lehm

Lehm besteht aus Ton und →Sand. Ein lehmiger Boden ist sehr schwer und hat eine hellgelbe bis dunkelbraune Farbe. Lehm gehört zu den ältesten Baustoffen. Aus ihm kann man leicht Ziegel formen, die man an der Sonne trocknet. Früher wurde auch bei uns viel mit Lehm gebaut. Die meisten Menschen der Erde leben noch heute in →Häusern aus Lehm, etwa in Afrika und Asien.

Leichtathletik: Beim Weitsprung bringen Spitzensportler während des Flugs beide Beine in waagerechte Position.

die Leichtathletik

Zur Leichtathletik gehören alle →Sportarten, die mit Laufen und Gehen, Springen, Werfen und Stoßen zu tun haben. Dagegen zählen zur Schwerathletik zum Beispiel das Gewichtheben und das Ringen. Manche leichtathletischen Disziplinen gibt es schon seit 3000 Jahren, etwa das Diskuswerfen.

Laufwettbewerbe werden über verschieden lange Strecken durchgeführt. So gibt es den Kurzstreckenlauf oder Sprint, den Mittelstreckenlauf sowie den Langstreckenlauf, zu dem auch der →Marathon gehört. Beim Hürdenlauf werden Hürden als Hindernisse überquert.

> **WISSEN KOMPAKT**
>
> **Leichtathletik: die Königsdisziplinen**
>
> Zum Zehnkampf der Männer gehören: 100-Meter-, 400-Meter-, 1500-Meter-Lauf, Weitsprung, Hochsprung, Stabhochsprung, 110-Meter-Hürdenlauf, Kugelstoßen, Diskuswerfen, Speerwerfen. Zum Siebenkampf der Frauen gehören: 200-Meter-, 800-Meter-Lauf, Weitsprung, Hochsprung, 100-Meter-Hürdenlauf, Kugelstoßen, Speerwerfen.

Lexikon

Alle Hochspringer verwenden heute die Floptechnik. Sie drehen sich dabei während des Fluges, sodass sie die Latte mit dem Rücken überqueren. Eine der technisch anspruchsvollsten Disziplinen ist der Stabhochsprung, bei dem sich der Sportler mit einem Glasfiberstab in die Höhe stemmt.

Diskus, Kugel und Hammer werden von einem Kreis aus geworfen oder gestoßen, den der Sportler beim Wurf nicht übertreten darf. Der Speerwerfer darf hingegen einen weiten Anlauf nehmen.

Die schnellsten Leichtathletinnen schaffen 100 Meter in nur 11 Sekunden.

der Leopard

Die Leoparden gehören zu den →Katzen und sind in Afrika und Südasien verbreitet. Sie leben in den →Steppen, →Savannen und →tropischen Regenwäldern. Die meisten Leoparden haben ein gelbes Fell mit schwarzen Flecken. Es gibt aber auch vollkommen schwarze Tiere. Wir nennen sie Panther.

Da Leoparden nicht so schnell sprinten können, schleichen sie sich vorsichtig an ihre Beute an. Oft beobachten sie das Beutetier minutenlang, springen dann mit einem mächtigen Satz hervor und töten es mit einem Biss in die Kehle. Sie erlegen vor allem Antilopen und Gazellen. Um ihre Beute vor →Löwen und Hyänen zu schützen, zerren sie das erlegte Tier manchmal in eine Astgabel hoch. Mit ihrer ungeheuren Kraft schaffen Leoparden das sogar bei Beutetieren, die viel schwerer sind als sie selbst.

lernen

Wahrscheinlich lernen wir in der →Schule viel weniger, als wir denken. Die Forscher behaupten, am meisten würden →Kinder im ersten Lebensjahr lernen. Sie lernen ihre Umgebung, die Eltern und Geschwister kennen. Laufen, essen, sehen, die verschiedenen Dinge unterscheiden – alles muss erlernt werden.

Um lernen zu können, benötigt man ein →Gedächtnis. Wer etwas gelernt hat, besitzt Erfahrung und kann dadurch sein Verhalten ändern. Ein Beispiel: Wer gelernt hat, dass aus dem Wasserhahn oft kochend heißes Wasser kommt, wird die Temperatur des Wassers das nächste Mal zuerst vorsichtig prüfen.

Auch →Tiere können lernen, angefangen vom Regenwurm bis zum Menschenaffen. Die →Affen sind zusammen mit den →Delfinen und Robben die gelehrigsten Tiere.

das Lexikon

Dieses →Buch ist ein Lexikon. Es enthält viele Artikel, die nach dem →Alphabet geordnet sind. Statt Lexikon könnte man auch Enzyklopädie sagen; damit meint man ein möglichst vollständiges Lexikon. Es gibt auch Speziallexika, zum Beispiel über Tiere oder Technik oder über die berühmten Menschen einer Zeit.

Ein Lexikon versucht, möglichst umfassend zu sein. Aber in keinem Lexikon kann alles Wissenswerte stehen. Auch wenn ein Lexikon viele Bände umfasst, muss es doch eine Auswahl treffen aus all den →Informationen, die es heute auf der Welt gibt.

Mit ausgefahrenen Krallen kann der **Leopard** gut auf Bäume klettern.

Libelle

Gebänderte Prachtlibelle

die Libelle

Libellen stechen nicht, obwohl sie auch Teufelsnadeln genannt werden. Sie gehören zu den →Insekten, denn sie haben sechs Beine. Alle Libellen leben räuberisch, meist in der Nähe von Gewässern. Während des Fluges machen sie Jagd auf andere Insekten. Sie nehmen sie mit ihren großen, kugelrunden →Augen sehr gut wahr. Wenn zwei Libellen ein Rad bilden, paaren sie sich. Kurz danach erfolgt die Eiablage. Dabei sticht das Weibchen die →Eier in Wasserpflanzen oder lässt sie einfach ins Wasser fallen. Aus den Eiern schlüpfen →Larven, die im Wasser leben. Dort machen sie Jagd auf Würmer, Kaulquappen oder kleine Fische. Libellenlarven brauchen mindestens ein Jahr und rund zehn Häutungen, bis sie zur Libelle werden. Im letzten Larvenstadium klettert die Larve an Land, häutet sich und fliegt als fertige Libelle davon.

Paarungsrad

Vor der letzten Häutung verlässt die Larve das schützende Wasser. Die **Libelle** kann losfliegen.

das Licht

Licht ist eine Form von →Energie, die wir sehen können. Einige Dinge strahlen selbst Licht ab, etwa die →Sonne, die →Sterne oder die →Glühbirne. Die meisten Gegenstände jedoch können wir nur sehen, weil sie Licht zurückwerfen oder reflektieren. Das Licht der Sonne sieht weiß aus, setzt sich aber aus allen Farben des →Regenbogens zusammen. Lässt man Licht durch ein Glasprisma fallen, spaltet es sich in die →Farben Rot, Gelb, Grün, Blau und Violett auf.

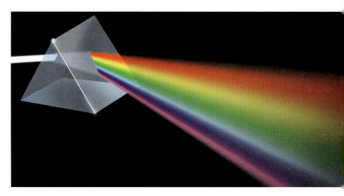

Weißes **Licht** wird durch ein Prisma in die Farben des Regenbogens gespalten.

Licht breitet sich unvorstellbar schnell aus. Jede Sekunde legt es über 300 000 Kilometer zurück. Das Licht der Sonne braucht acht Minuten, um auf die Erde zu gelangen. Das entspricht rund 150 Millionen Kilometer. In einem Jahr legt Licht die Strecke von 9 470 000 000 000 (rund 9,5 Billionen) Kilometern zurück. Diese Entfernung bezeichnet man als Lichtjahr.

die Liebe

Man kann →Menschen aus ganz verschiedenen Gründen lieben. Wir finden jemanden sympathisch und wollen viel Zeit mit ihm verbringen. Auch das Mitleid mit einem Menschen ist eine Form der Liebe, die Nächstenliebe. Wenn sich zwei Menschen ineinander verlieben, kann aus ihrer Verliebtheit eine tiefe Liebe entstehen. Sie stehen sich sehr nahe und vertrauen sich gegenseitig. Dabei wollen sich die Partner auch meist körperlich nahe sein, sie schlafen miteinander. Wenn man →Geschlechtsverkehr hat, ohne sich zu lieben, spricht man auch von rein körperlicher Liebe.

In vielen →Religionen ist die höchste Form der Liebe die Liebe zu →Gott. Das erste Gebot in der →Bibel lautet: „Du sollst den Herrn, deinen Gott, lieben." Eine weitere Art der Liebe ist die Liebe zu sich selbst, das Selbstvertrauen und die Zufriedenheit mit den eigenen Fähigkeiten, der eigenen Persönlichkeit. Manche sagen: Nur wer sich selbst liebt, kann auch andere Menschen richtig lieben.

die Linse

Mit einer Linse kann man vergrößerte oder verkleinerte Bilder von Gegenständen erzeugen. Linsen haben eine oder zwei gewölbte Seiten und sind meist aus →Glas oder →Kunststoff. In unserem →Auge gibt es auch eine Linse. Deswegen können wir scharf sehen. Bei manchen Menschen funktionieren die Augen nicht gut. Sie tragen eine →Brille oder Kontaktlinsen. Der Sehfehler wird mit künstlichen Linsen ausgeglichen.

Linse: Sammellinsen erzeugen ein vergrößertes Bild, Zerstreuungslinsen eine verkleinertes.

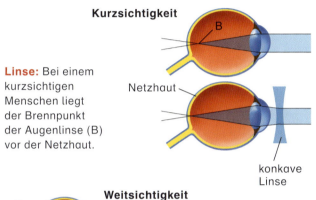

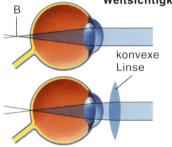

Linse: Bei einem kurzsichtigen Menschen liegt der Brennpunkt der Augenlinse (B) vor der Netzhaut.

Bei weitsichtigen Menschen liegt der Brennpunkt der Augenlinse hinter der Netzhaut. Brillengläser können den Sehfehler korrigieren.

Kurzsichtige Menschen können weit entfernte Gegenstände nicht scharf sehen. Ihre Brillengläser sind an den Rändern dicker als in der Mitte. Solche konkaven Linsen zerstreuen das →Licht und lassen einen Gegenstand kleiner erscheinen, als er in Wirklichkeit ist. Weitsichtige Menschen können in der Nähe nicht scharf sehen. Sie brauchen eine konvexe Linse oder Sammellinse. Sie ist in der Mitte dicker als an den Rändern. Auch eine Lupe enthält eine Sammellinse und konzentriert Lichtstrahlen auf einen Punkt. Linsen gibt es ebenfalls in →Teleskopen, →Mikroskopen und in →Fotoapparaten. Bei den →Pflanzen ist die Linse eine essbare Hülsenfrucht.

die Literatur

Zur Literatur gehört alles, was in Texten und in →Büchern niedergeschrieben ist. Dazu zählen →Romane und Erzählungen, Kinderbücher und wissenschaftliche Fachbücher. Ein berühmter Roman aus dem 18. Jahrhundert ist „Die Leiden des jungen Werthers" von Johann Wolfgang von Goethe. Moderne Romane für Kinder haben zum Beispiel Michael Ende und Cornelia Funke geschrieben.

Die ältesten Formen der Literatur sind Heldensagen, →Märchen oder auch Kinderlieder. Sie enthalten oft →Gedichte, die früher gesungen und mündlich weitergegeben wurden. Manche Werke der Literatur werden im →Theater aufgeführt. Man nennt sie Dramen. Sind sie eher tragisch und düster, so sprechen wir von Tragödien oder Trauerspielen. Bei Komödien oder Lustspielen gibt es meistens etwas zu lachen.

Jedes Volk hat seine eigene Literatur. So gibt es eine deutsche, eine französische, eine koreanische oder altägyptische Literatur. Einige Werke wurden so berühmt, dass man sie in viele →Sprachen übersetzte. Sie gehören dann zur Weltliteratur.

Lies doch auch mal bei den Stichwörtern Sage und Fabel nach.

Löwe

ein Löwenmännchen

der Löwe

Weil die Männchen mit ihrer Mähne so mächtig aussehen, gilt der Löwe als König der Tiere. Löwen sind die einzigen →Katzen, die in einem Rudel leben. Während die Weibchen die Beute erjagen, beschützen die Männchen das Rudel vor feindlichen Artgenossen. Die meisten Löwen scheuen sich nicht, anderen →Raubtieren wie den →Leoparden die Beute abzujagen.

In der →Antike gab es in Griechenland noch Löwen. Doch dann wurden sie in Europa ausgerottet. Heute gibt es Löwen nur noch in →Afrika und in einem winzigen Teil Indiens.

der Löwenzahn

Der Löwenzahn ist eine →Wildpflanze, die auf unseren →Wiesen und Weiden weit verbreitet ist. Ihr gelber Blütenkopf besteht aus vielen kleinen Einzelblüten, die wie eine einzige →Blüte aussehen. Aus ihr entwickelt sich in kurzer Zeit die Pusteblume. Bei Berührung fliegen die kleinen →Früchte an einem Schirmchen aus Haaren davon. So vermehrt sich die Pflanze.

Der Stängel des Löwenzahns enthält einen weißen Milchsaft, der giftig ist. Die gezähnten →Blätter sind essbar. Sie werden oft von Kaninchen, Meerschweinchen, Schafen und anderen Tieren verspeist. Der Löwenzahn gilt auch als Heilpflanze.

Löwenzahn

die Luft

Luft ist ein farb- und geruchloses Gemisch aus verschiedenen →Gasen. Etwa vier Fünftel der Luft bestehen aus Stickstoff, ein Fünftel aus →Sauerstoff. Luft enthält auch stets etwas Wasserdampf. Er ist für die Luftfeuchtigkeit verantwortlich. Unsere →Erde ist von einer Lufthülle umgeben, die wir →Atmosphäre nennen.

Mit Ausnahme von einigen →Bakterien brauchen alle Lebewesen Luft zum Leben. Wir können die Luft spüren, wenn der →Wind bläst. Luft hat auch ein Gewicht. Man nennt das Gewicht der Luftsäule, die über uns steht, Luftdruck. Wenn wir im →Gebirge einen Berg besteigen, nimmt der Luftdruck ab, da die Luftsäule über uns immer kürzer wird.

Warme Luft ist leichter als kalte. Sie steigt auf und kühlere Luft fließt nach. Dies kann man über jedem →Heizkörper beobachten. In der Erdatmosphäre geschieht genau dasselbe: Das →Wetter entsteht durch solche Bewegungen von warmen und kalten Luftmassen.

die Luftverschmutzung

Es gibt viele Ursachen für die Luftverschmutzung. Als großer Verschmutzer gilt das Auto: Die Abgase enthalten das →Gas Kohlendioxid, das den Treibhauseffekt verstärkt und damit zum →Klimawandel beiträgt. In den Abgasen befindet sich auch Kohlenmonoxid, das in größeren Mengen auf den Menschen tödlich wirkt. Die Stickoxide der Autoabgase begünstigen Smog und die Bildung von schädlichem →Ozon am Boden. Verbrennungsmotoren geben an die →Luft auch Kohlenwasserstoffe ab, die direkt unsere Gesundheit gefährden, wie zum Beispiel das Benzol.

Heizkraftwerke und →Heizungen in Häusern stoßen zudem auch Schwefeldioxid aus, das den sauren Regen bewirkt. →Industrie und Müllverbrennungsanlagen produzieren viel Staub. Dieser enthält gesundheitsschädliche Stoffe wie Asbest, Dioxin und Schwermetalle. Auch die Luft in den privaten Haushalten ist oft ziemlich belastet, etwa durch Lösungsmittel aus Lacken und →Tabakrauch.

die Lunge

Viele →Tiere und wir Menschen →atmen mit den Lungen. Die eingeatmete →Luft enthält →Sauerstoff. In den Lungen nimmt das →Blut den Sauerstoff auf und transportiert ihn zu allen Organen des →Körpers. Gleichzeitig wird in den Lungen das Gas Kohlendioxid aus dem Blut an die Luft abgegeben, die wir ausatmen. Die Lungen sind zwei schwammartige →Organe im Brustkasten. Die eingeatmete Luft zieht durch die Luftröhre zu den beiden Bronchien. Diese

Lurch

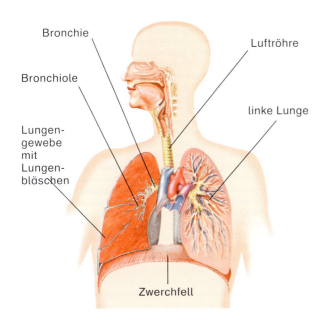

Die weichen, schwammartigen **Lungen** werden von den Rippen des Brustkorbs umschlossen. Beim Ein- und Ausatmen bewegen wir das Zwerchfell und die Rippenmuskeln.

verzweigen sich weiter zu Bronchiolen. Am Ende der Verzweigungen sind winzige Lungenbläschen, die wiederum von feinsten →Adern durchzogen sind. Hier findet der Gasaustausch mit dem Blut statt.

Beide Lungen zusammengenommen enthalten rund 500 Millionen Lungenbläschen. Sie haben insgesamt eine Oberfläche von etwa 200 Quadratmetern.

Die Lungen brauchen saubere Luft ohne Schadstoffe. Menschen, die →Tabak rauchen und in verschmutzter Luft leben, bekommen leichter eine Lungenkrankheit.

der Lurch

Zu den Lurchen oder Amphibien zählt man die Froschlurche wie →Frosch und →Kröte sowie die Schwanzlurche wie →Molch und →Salamander. Lurche haben eine feuchte →Haut, bei vielen Arten ist sie giftig. Weil alle Lurche ihre →Eier (Laich) in Gewässer ablegen, findet man sie stets am Wasser. Aus dem Laich schlüpfen →Larven, die man auch Kaulquappen nennt. Sie atmen durch Kiemen. Nach zwei oder drei Monaten verwandelt sich die Kaulquappe in den ausgewachsenen Lurch: Ihr Schwanz verschwindet, die Beine wachsen, die Kiemen entwickeln sich vollständig zurück. Schließlich atmet der Lurch Luft durch die →Lunge. Diese Verwandlung heißt Metamorphose.

Brillensalamander

Lurche sind wechselwarme Tiere. Sie können ihre Körpertemperatur nicht selbst regeln, sondern nehmen die →Temperatur der Umgebung an. Weltweit gibt es über 6000 verschiedene Lurcharten. In unseren Gewässern leben Teich- und Wasserfrösche sowie verschiedene Molche wie der Bergmolch und der Kammmolch. Grasfrösche und Erdkröten kommen nur zur Eiablage an ein Gewässer. Der Feuersalamander legt seine Eier in klare Bäche.

Typische Entwicklung der **Lurche** am Beispiel der Kreuzkröte: Von links oben nach rechts unten sieht man den Laich und die verschiedenen Stadien der Kaulquappe bis zur fertigen Kröte.

Magen

der Magen
Wenn wir Speisen nach dem Kauen hinunterschlucken, gelangen sie über die Speiseröhre in den Magen. Dieses →Organ liegt im Oberbauch. Es hat einen Inhalt von ungefähr zwei Litern. Der Magensaft enthält Salzsäure und ist sehr sauer. Hier beginnt bereits die →Verdauung der Nahrung, indem die Magensäure die enthaltenen Eiweiße zersetzt. Leichte Nahrung wie →Kartoffeln verbleibt ungefähr eine Stunde im Magen, schwere Kost wie Ölsardinen bis zu sechs Stunden. Danach wandert der Nahrungsbrei über den Pförtner, einen Schließmuskel, in den →Darm zur weiteren Verdauung.

Wenn uns eine Speise nicht bekommt, rebelliert der Magen, indem sich seine Wände heftig zusammenziehen. Dabei wird der Mageninhalt über den Mund wieder ausgestoßen. Wir nennen das Erbrechen.

der Magnet
Bestimmte →Metalle werden von Magneten angezogen, zum Beispiel Eisen. Es gibt Stab- und Hufeisenmagnete. Eine unsichtbare Kraft verbindet die beiden Enden des Magneten, den Nordpol und den Südpol. Wir nennen diese Erscheinung Magnetfeld und stellen sie durch Feldlinien dar. Auch die →Erde ist ein riesiger Magnet. Die Nadel im →Kompass richtet sich nach den magnetischen Polen der Erde aus und zeigt somit immer nach Norden.

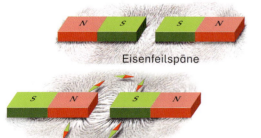

An den Feldlinien zweier **Stabmagneten** sieht man, dass ungleichnamige Pole sich anziehen und gleichnamige sich abstoßen.

die Malerei
Die Malerei ist eine Form der bildenden →Kunst. Die Künstler tragen dabei →Farben auf eine Unterlage auf, etwa auf Leinwand, →Papier oder →Holz. Die ersten Künstler lebten in der →Steinzeit. Sie malten Tiere an die Wände ihrer →Höhlen. Im →Mittelalter arbeiteten viele Künstler im Auftrag der Kirche und malten Szenen aus der →Bibel. In den letzten 200 Jahren entwickelten Künstler immer neue Ideen. Einige wollten Stimmungen von Landschaften einfangen, andere benutzten besonders kräftige Farben oder malten abstrakte Bilder, auf denen Gegenstände oder auch Menschen kaum noch zu erkennen sind. Berühmte Künstler sind zum Beispiel Leonardo da Vinci, Vincent van Gogh, Pablo Picasso und Jörg Immendorff.

In Europa beschäftigte sich die **Malerei** über viele Jahrhunderte mit der Darstellung von religiösen Geschichten. Hier die „Heimkehr Mariens aus dem Tempel", die vor mehr als 450 Jahren in Italien gemalt wurde.

das Mammut
Während der →Eiszeit zogen Mammute über die Ebenen Europas und Nordamerikas. Sie sahen aus wie große, behaarte →Elefanten und hat-

Märchen

ten stark gekrümmte Stoßzähne aus Elfenbein. Die Mammute lebten zusammen in Herden und ernährten sich hauptsächlich von Gräsern. Zu ihren Feinden zählten der heute ausgestorbene Säbelzahntiger, →Wölfe und vor allem die Menschen. Sie erlegten die riesigen Tiere, indem sie sie mit brennenden Ästen in selbst gebaute Fallgruben trieben.

Die Stoßzähne eines erwachsenen **Mammuts** konnten bis zu 5 m lang werden.

Heute sind die Mammute ausgestorben. In den durcheisten Böden Sibiriens hat man tiefgefrorene Mammutkörper ausgegraben. Auch Stoßzähne werden dort immer wieder gefunden.

der Mann

Ein Mann ist ein männlicher, erwachsener →Mensch. Bevor er erwachsen ist, ist er ein Junge. Nach der →Pubertät entwickelt sich ein Junge zum Mann. Männer besaßen viele Jahrhunderte lang mehr →Rechte als Frauen. Die Gesellschaft wurde überwiegend von den Männern bestimmt. Wir sagen: Es herrschte eine patriarchalische Gesellschaft. Die Männer galten als das Oberhaupt der →Familie und gingen einem →Beruf nach, die Frauen kümmerten sich um die →Kinder und den Haushalt. Heute ist das in vielen Ländern der Erde anders. Im Grundgesetz steht, dass Männer und Frauen →gleichberechtigt sind. Das heißt, dass heute auch →Frauen berufstätig sind und Karriere machen und Männer sich um den Haushalt und die Kinder kümmern.

der Marathon

Bei der sagenumwobenen Schlacht von Marathon im Jahr 490 v. Chr. schlug das Heer der Athener die Perser, die Griechenland erobern wollten. Der Überlieferung nach soll ein Läufer bis nach Athen gerannt sein, um die Botschaft vom Sieg zu übermitteln. Danach sei er vor Erschöpfung tot zusammengebrochen. Als Erinnerung an dieses Ereignis wird heute noch der Marathonlauf durchgeführt. Er erstreckt sich über 42,195 Kilometer. Das ist die längste Laufstrecke der →Leichtathletik, die auch bei den →Olympischen Spielen zurückgelegt wird.

das Märchen

„Erzähl mir keine Märchen", sagen wir und meinen damit Unwahrheiten. Ein Märchen ist tatsächlich eine Geschichte, in der alles möglich ist. Es gibt Hexen, Feen, Zwerge und Riesen, Menschen verwandeln sich in Tiere, können zaubern und fliegen. Trotzdem enthalten Märchen oft einen tiefen Sinn oder eine Moral wie die →Fabeln. Jedes Volk hat Märchen und oft ähneln sich die Märchen der verschiedenen Länder. Ursprünglich gab man die Volksmärchen mündlich weiter. Später wurden sie gesammelt und aufgeschrieben, im deutschsprachigen Raum etwa von den Brüdern Grimm. Berühmt sind auch die arabischen Märchen aus Tausendundeiner Nacht, zum Beispiel Aladin und die Wunderlampe.

WISSEN KOMPAKT

Märchen
Die Brüder Grimm haben zu Beginn des 19. Jahrhunderts viele Märchen gesammelt und aufgeschrieben, zum Beispiel Aschenputtel, Das tapfere Schneiderlein, Der Froschkönig, Der Wolf und die sieben Geißlein, Die Bremer Stadtmusikanten, Dornröschen, Frau Holle, Hänsel und Gretel, Hans im Glück, Rapunzel, Rotkäppchen, Rumpelstilzchen, Schneewittchen und Tischlein deck dich.

Marienkäfer

der Marienkäfer

Der Marienkäfer zählt zu den bekanntesten →Käfern. Am häufigsten ist bei uns der Siebenpunkt, der auch als Glückssymbol gilt. Er trägt auf seinen roten Flügeldecken sieben schwarze Punkte. Zudem leben bei uns noch rund 80 andere Marienkäferarten. Sie haben zwei Punkte wie der Zweipunkt oder sind gelb mit 22 schwarzen Punkten wie der 22-Punkt. Die Anzahl der Punkte gibt den verschiedenen Marienkäfern ihren Namen.

Marienkäfer ernähren sich von Blattläusen. Die blaue →Larve des Käfers hat gelbe Punkte und sieht wie eine kleine →Raupe aus. Bis sie groß genug ist, um sich zu verpuppen, frisst sie ungefähr 600 Blattläuse. Aus der Puppe schlüpft schließlich der Marienkäfer. Im Winter ruht er in einem Versteck.

Larve des **Marienkäfers**

die Maschine

Mit Maschinen können viele Arbeiten leichter und schneller verrichtet werden. Zu den Maschinen im Haushalt gehören die Bohrmaschine, die Waschmaschine und das Rührgerät. In Fabriken, der →Landwirtschaft und im →Handwerk werden größere Maschinen eingesetzt, wie →Motoren, →Kräne, →Pumpen, →Turbinen oder Baumaschinen. Viele Maschinen werden von →elektronischen Bauteilen gesteuert.

Früher wurden die Maschinen mit der Kraft von Menschen und Tieren angetrieben, etwa wenn Ochsen in einer Mühle ein großes Mühlrad bewegten, um →Getreidekörner zu Mehl zu mahlen. Eine der ersten und einfachsten Maschinen ist der →Hebel. Mit ihm kann man schwere Lasten heben. Auch die Rolle wird zum Bewegen schwerer Lasten eingesetzt. Sie wird beim →Flaschenzug verwendet.

Das eigentliche Maschinenzeitalter und das Aufkommen der →Industrie begannen vor über 300 Jahren. Damals wurden die ersten maschinellen Webstühle gebaut. Mit der Erfindung der →Dampfmaschine konnten erstmals →Schiffe und Lokomotiven angetrieben werden.

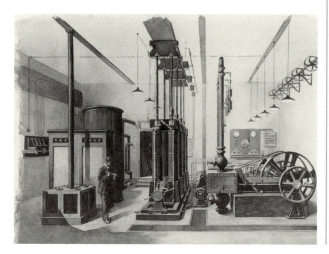
Maschine: Mit der Erfindung der Dampfmaschine begann das Zeitalter der Industrie.

Mathematik spielt auch bei solchen schönen Mustern eine Rolle – sie folgen mathematischen Regeln.

die Mathematik

Wir verwenden jeden Tag Mathematik. Wir zählen Geldmünzen oder rechnen aus, wie lange wir auf den Bus warten müssen. Die moderne Welt würde ohne die Mathematik nicht funktionieren. Es gäbe keine Autos. Bevor man eine →Brücke baut, muss man berechnen, wie sie am stabilsten ist. →Computer funktionieren nicht ohne Programme, die mithilfe mathematischer Grundsätze erstellt wurden.

Die Mathematik hat verschiedene Zweige. Die Arithmetik ist das Rechnen mit →Zahlen. Die Algebra beschäftigt sich mit Gleichungen und die Geometrie befasst sich mit Punkten, Linien, Geraden, Ebenen, Körpern und Winkeln. Die Wahrscheinlichkeitsrechnung untersucht, wie oft bestimmte Ereignisse eintreten.

Die Vorderpfoten des **Maulwurfs** sind wie große Grabschaufeln, mit denen das Tier seine unterirdischen Gänge gräbt.

der Maulwurf

Mit seinen stark verbreiterten Händen gräbt der Maulwurf unterirdische Gänge wie mit Grabschaufeln. Er hat kleine →Augen, mit denen er nur schlecht sehen kann. Dafür hört der Maulwurf sehr gut und hat einen feinen Geruchssinn. In den dunklen Gängen dienen ihm zudem die langen Tasthaare an seiner Schnauze zum Ertasten der Umgebung. Hin und wieder drückt der Maulwurf beim Graben die Erde nach oben. So entstehen die Maulwurfshügel.

Maulwürfe werden Gärtnern zwar durch ihre aufgeworfenen Erdhaufen gelegentlich lästig, doch fressen sie niemals Pflanzen. Sie ernähren sich ausschließlich von Würmern und von schädlichen Insektenlarven. Deshalb sind sie im →Garten eigentlich sehr nützlich. Durch ihre Wühltätigkeit verbessern sie die Fruchtbarkeit des Bodens. Umso alarmierender ist die Erkenntnis der Tierforscher, dass der Maulwurf immer seltener wird.

die Maus

Die Mäuse gehören wie die →Ratten zu den →Nagetieren. Die Feldmaus lebt auf →Wiesen, vor allem in unterirdischen Bauen. Die Eingänge zu den Bauen sind mit langen oberirdischen Laufgängen verbunden.

Hausmaus

Die Hausmaus kann große Schäden an bereits geerntetem →Getreide anrichten. Daneben gibt es in Mitteleuropa noch viele weitere Mausarten, zum Beispiel die Zwergmaus, die Waldmaus, die Felsenmaus, die Brandmaus und die Gelbhalsmaus. Die Spitzmaus ist mit diesen Mäusen nicht verwandt. Sie sieht nur mausartig aus, gehört aber wie der →Maulwurf und der →Igel zu den Insektenfressern. Man erkennt die Spitzmaus an ihren nadelspitzen Zähnchen.

die Maya

Die Maya-Indianer lebten ab etwa 2000 v. Chr. in Mittelamerika. Dort entwickelten sie eine Hochkultur, die zwischen 300 und 900 n. Chr. ihre Blüte erreichte. Sie pflanzten Mais und →Kartoffeln an. Später bauten sie Städte mit Palästen, →Tempeln, →Pyramiden und Stätten zur Himmelsbeobachtung aus Stein. Manche dieser prächtigen Gebäude stehen heute noch verborgen im →tropischen Regenwald. Die Maya waren vorzügliche Astronomen und Mathematiker und hatten eine komplizierte →Schrift, die bis heute nur zum Teil entziffert ist. Von 1524 an eroberten die Spanier die Gebiete der Maya und zerstörten deren →Kultur. Heute leben in Mittelamerika noch rund sechs Millionen Nachfahren der Maya, die Indigenas.

Die Ruinen des Tempels der Sonne in der zerstörten Stadt Palenque zeugen noch heute von der Kultur der **Maya**.

Medien

die Medien

Die Medien sorgen dafür, dass →Informationen gespeichert und verbreitet werden. Ohne die Medien müsste jede Generation von Neuem das →Rad erfinden. Informationen würden nur von Mund zu Mund weitergegeben und könnten leicht verloren gehen.

Zu den Medien zählen heute →Buch, →Zeitung, →Telefon und Fax, →Fotografie, →Film und →Video, Rundfunk und →Fernsehen sowie →Computer und →Internet. Werden mehrere Medien miteinander verbunden, spricht man von Multimedia. Ein multimediales →Lexikon auf →CD-ROM enthält Texte, Bilder, Musik und Videosequenzen. Die Medien haben allerdings auch große Macht. Sie sollen zwar sachlich und unparteiisch berichten, doch bestimmen sie, was und in welcher Form etwas berichtet wird. So können die Medien unsere Meinung beeinflussen.

Mehr zum Thema Medien auf den Seiten 152 und 153!

das Medikament

Medikamente sind Arzneimittel, die helfen, →Krankheiten zu heilen oder zu lindern. Es gibt sehr viele verschiedene Medikamente. Dazu gehören etwa Halstabletten, die gegen Halsschmerzen wirken. Salben helfen bei der Heilung von verletzten →Muskeln.

Medikamente bestehen aus Heilpflanzen oder aus chemischen Substanzen. So sind Ringelblumen und Arnika in vielen Hautsalben enthalten, Efeu in manchen Hustensäften. Kopfschmerztabletten und viele andere Medikamente werden in großen Fabriken chemisch hergestellt. Homöopathische Arzneimittel enthalten das Heilmittel in einer niedrigen Menge und wirken sanft gegen vielerlei Krankheiten. In der Apotheke kann man Medikamente kaufen, viele bekommt man nur mit einem Rezept vom Arzt.

Schon in der →Steinzeit gab es erste Medikamente. Im →Mittelalter wurden bereits viele Hundert Heilmittel verwendet, pflanzliche, tierische und mineralische.

die Medizin

Die Medizin oder Heilkunde ist eine →Wissenschaft, die sich mit der →Gesundheit befasst und damit, wie man →Krankheiten und Verletzungen vorbeugen, erkennen und behandeln kann. Die Mediziner oder Ärzte betreuen →Menschen von der →Geburt bis zum →Tod.

Medizin: Dieser Heiler der Colorado-Indianer nimmt Kontakt mit überirdischen Kräften auf, wenn er Kranken helfen möchte.

Man unterscheidet Humanmediziner, die sich um Menschen kümmern, und Tierärzte. Weil es so viele verschiedene menschliche Krankheiten gibt, ist ein Humanmediziner besonders in einem bestimmten Bereich ausgebildet. Deswegen gibt es Hautärzte, Augenärzte und Zahn-

> **WISSEN KOMPAKT**
>
> **Medikament: Antibiotika**
> Antibiotika sind Medikamente, mit denen ansteckende Krankheiten wie Lungenentzündung oder Darmerkrankungen bekämpft werden. Bevor es Antibiotika gab, starben viele Menschen an diesen Krankheiten. Weil Antibiotika nicht nur die krankmachenden Bakterien, sondern auch wichtige Darmbakterien abtöten, sollten diese Mittel nur gezielt eingesetzt werden.

Meerschweinchen

ärzte. Der Kinderarzt kennt sich besonders gut mit →Kinderkrankheiten aus, der Chirurg führt →Operationen durch.

In allen →Kulturen und zu jeder Zeit gab es Mediziner, man nannte sie Schamanen, Medizinmänner oder Doktoren. Sie hatten viel Erfahrung und kannten die Heilkraft der →Pflanzen. Bei uns muss man heute an einer →Universität Medizin studieren, um Arzt zu werden.

das Meer

Es gibt drei große Meere oder Ozeane, den Pazifik, den Atlantik und den Indischen Ozean. Sie bedecken fast drei Viertel der →Erdoberfläche. Deutschland grenzt im Norden an die beiden Nebenmeere des Atlantiks, die Nordsee und die Ostsee. Auch das Mittelmeer ist mit dem Atlantik verbunden. Im Gegensatz zum Wasser der →Seen und →Flüsse ist Meerwasser salzig. Durch →Ebbe und Flut hebt und senkt sich der Meeresspiegel regelmäßig. An der riesigen Meeresoberfläche verdunstet viel →Wasser. Der Wasserdampf steigt hoch und bildet →Wolken in der →Atmosphäre.

Für Forschungsarbeiten am **Meeresboden** werden Tiefsee-U-Boote eingesetzt. Sie halten auch noch den Wasserdruck in 10000 m Tiefe aus.

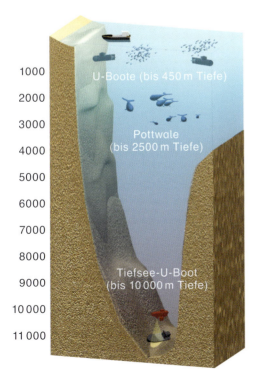

Der Kleingefleckte Katzenhai kommt in mehreren **Meeren** vor, unter anderem in der Nordsee.

Das Meer bildet den Lebensraum für zahllose Pflanzen und Tiere. Sie leben im →Watt, in den flachen →Küstengewässern, auf hoher See und in der →Tiefsee. Viele Tiere kommen nur im Meer vor, etwa der →Seeigel, die →Qualle und der →Tintenfisch. Kleine Tiere und →Algen bilden zusammen das →Plankton, von dem sich viele Tiere ernähren, sogar manche →Wale.

Die Menschen verschmutzen heutzutage die Meere, indem sie giftige Abfälle und Abwässer in das Meerwasser leiten. Bei Unfällen mit Öltankern kann es zu einer →Ölpest kommen.

das Meerschweinchen

Meerschweinchen sind keine Schweine, sondern →Nagetiere. Ihr Fell kann braun, weiß, schwarzgrau oder bunt gefleckt sein. Sie stammen aus Südamerika. Da sie über das Meer nach Europa gebracht wurden und ähnliche Geräusche wie Schweine machen, nennt man sie Meerschweinchen. Bei uns werden sie oft als →Haustier gehalten. Für die Haltung genügt ein offener geräumiger Käfig mit einem kleinen Schlafhaus und einer Futterschüssel. Am einfachsten kauft man Meerschweinchenfutter und legt Karotten, Kartoffeln und Salat hinzu. Die Meerschweinchen brauchen nur wenig Wasser. Als Einstreu verwendet man Sägemehl. Damit sie sich wohlfühlen, sollte man mindestens zwei Meerschweinchen halten.

Hausmeerschweinchen

Medien

Um Informationen und Nachrichten an Leute zu übermitteln, die nicht unmittelbar in der Nähe sind, brauchen wir Hilfsmittel, die sogenannten Medien. Heutzutage benutzen wir oft die „neuen Medien", wie Internet oder E-Mail. Früher verständigte man sich mit Rauchzeichen oder Buschtrommel.

490 v. Chr.

ANTIKE — MITTELALTER — NEUZEIT

1488

um 1000 n. Chr.

Laufende Nachrichten

Die alten Ägypter und Griechen setzten schnelle Läufer ein, wenn sie eine Botschaft zu überbringen hatten. Der Überlieferung nach rannte im Jahr 490 v. Chr. ein Bote namens Pheidippides 40 Kilometer von der Stadt Marathon nach Athen, um den Athenern mitzuteilen, dass sie bei Marathon die Schlacht gegen die Perser gewonnen hatten. Leider hatte er sich etwas übernommen, denn bei seiner Ankunft konnte er nur noch „Wir haben gesiegt!" hervorbringen, dann brach er tot zusammen.

Auch im Mittelalter wurden Botschaften noch von Läufern überbracht.

Rauchzeichen sind über weite Entfernungen zu sehen – solange keine Hindernisse die Sicht einschränken.

Zeichen aus Rauch

Wenn sich →Indianer etwas mitteilen wollten, entfachten sie ein Feuer und legten feuchtes Gras darauf. Sofort entwickelte sich dichter Qualm, der aufstieg und kilometerweit zu sehen war. Dann hielten sie eine Decke über das Feuer und unterbrachen so die Rauchsäule. Wurde das Feuer kurz abgedeckt, entstand eine kleine Wolke, wurde es länger abgedeckt, eine größere. Die Abfolge der Rauchzeichen hatte eine bestimmte Bedeutung.

Die ersten Massenmedien

Die Vorläufer unserer →Zeitung waren Flugblatt und Flugschrift, die nach der Erfindung des →Buchdrucks aufkamen. Ab 1488 konnten erstmals Neuigkeiten, Sensationen, fromme Ermahnungen oder auch politische Meinungen massenhaft und vergleichsweise günstig gedruckt und unter die Menschen gebracht werden. Viele Schriften waren zusätzlich mit Abbildungen versehen – schließlich konnte damals nur ein Bruchteil der Menschen lesen.

Augsburger Flugschrift aus dem 17. Jahrhundert

Medien

FRÜHER UND HEUTE

einige Codes aus dem Morsealphabet

Morsealphabet

Samuel Morse erfand einen Apparat, der kurze und lange Stromstöße übertragen konnte. Wurden zwei Apparate durch Telegrafendrähte miteinander verbunden, konnte man Informationen über große Entfernungen übermitteln. Der findige Amerikaner dachte sich einen Code aus, der aus langen und kurzen Signalen bestand. Jedem Buchstaben des Alphabets gab er einen ganz bestimmten Code aus Punkten und Strichen. Beim Versenden einer Mitteilung gab man diesen Code mithilfe eines Schalters in den Apparat ein. Beim Empfänger wurde der Code auf ein Papierband aufgezeichnet.

1844

„Ton ab!"

Die erste →Radiosendung der Welt konnten nur die Matrosen auf See oder Funker in den Küstenstationen von Massachusetts hören: An Weihnachten 1906 sendete der Kanadier Reginald Fessenden erstmals auf drahtlosem Weg ein Programm mit Sprache und Musik. Am 29. Oktober 1923 schlug dann in Deutschland die Geburtsstunde des öffentlichen Rundfunks. Punkt 20 Uhr hieß es „Ton ab!", und ein Ansager kündigte das erste Musikstück an, das live im Studio gespielt wurde.

So sah eine Radioübertragung im Jahr 1928 aus: Ein Reporter berichtet von einem Eishockeyspiel in Wien.

1923

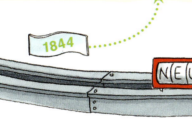

NEUZEIT

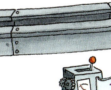

1989

Auf der Datenautobahn

1989 begann das Zeitalter des →Internets. In dem weltweiten Netz sind Millionen →Computer miteinander verbunden, und jeder Benutzer hat Zugriff auf eine riesige und ständig wachsende Datenmenge. Hier findet man alle denkbaren →Informationen. Doch Vorsicht: Nicht alle Informationen stimmen auch. Übers Internet kann man auch →E-Mails in Sekundenschnelle um den Globus schicken, in Echtzeit mit Freunden aus aller Welt plaudern (chatten), Programme herunterladen, Radio hören und vieles mehr. Leider kann man sich auch Computerviren einfangen, die auf dem Rechner große Schäden anrichten können, indem sie zum Beispiel Dateien löschen.

Auch speziell für Kinder gestaltete Angebote im Internet sollten mit Vorsicht genutzt werden.

Mensch

der Mensch

Weltweit gibt es rund sieben Milliarden Menschen. Nur Menschen haben eine →Religion, eine →Kultur und eine →Sprache. Sie sind die einzigen Lebewesen, die mit ihrem Geist Dinge erfinden und über ihr Tun nachdenken und frei entscheiden können. Deshalb sind die Menschen verantwortlich für den →Umweltschutz und den →Frieden auf der Erde.

Noch heute gibt es in manchen Gegenden der Erde steinzeitlich lebende **Menschen**, wie diese Buschleute im südlichen Afrika.

Menschen haben einen ähnlichen →Körperbau wie Menschenaffen. Die →Evolutionstheorie geht davon aus, dass wir gemeinsame Vorfahren haben. Die ersten Menschen, Vertreter der Hominini, haben vor über vier Millionen Jahren gelebt. Anders als die →Affen gingen sie auf zwei Beinen. Dadurch hatten sie ihre Hände frei und konnten →Werkzeuge aus Steinen herstellen. Im Lauf der Zeit wurde ihr →Gehirn größer. Sie begannen, über die Vergangenheit nachzudenken und Zukünftiges zu planen, entwickelten eine Sprache und gaben ihre Erfahrungen an andere Menschen weiter.

Beobachtungen an Menschenaffen wie diesem Orang-Utan können auch etwas über die Entstehung des **Menschen** erzählen.

die Menschenrechte

„Alle Menschen sind frei und gleich an Würde und Rechten geboren." So steht es im ersten Artikel der Menschenrechte. Kein →Mensch darf benachteiligt oder diskriminiert werden, weil er anders aussieht, eine andere →Sprache spricht, etwas anderes glaubt, politisch anders denkt, anders lebt oder krank ist.

Leider halten sich heute noch viele →Regierungen nicht an die Menschenrechte. Solche Verstöße versucht die Menschenrechtsorganisation Amnesty International aufzudecken.

Menschenrechte: »Bin ich nicht ein Mensch und ein Bruder«, heißt es in diesem Abzeichen einer 1787 in Großbritannien gegründeten Vereinigung zur Abschaffung des Sklavenhandels.

die Menstruation

Statt Menstruation sagt man auch Regel, Tage, Regelblutung oder Periode. Im Alter von elf oder zwölf Jahren bekommt ein Mädchen meist die erste Menstruation. Damit wird eine junge →Frau geschlechtsreif und kann sich →fortpflanzen. Etwa alle vier Wochen wird von nun an die Schleimhaut der Gebärmutter abgebaut und als bräunlich rote Flüssigkeit durch die Scheide ausgestoßen. Die Menstruation dauert drei bis fünf Tage. Danach baut die Gebärmutter wieder eine neue Schleimhaut auf. Gleichzeitig wird ein →Ei in den Eierstöcken reif. Wird dieses nach dem →Geschlechtsverkehr von einer männlichen Samenzelle befruchtet, kann es sich in der Gebärmutterwand einnisten. Dann beginnt die →Schwangerschaft. Wird das Ei jedoch nicht

Mikroskop

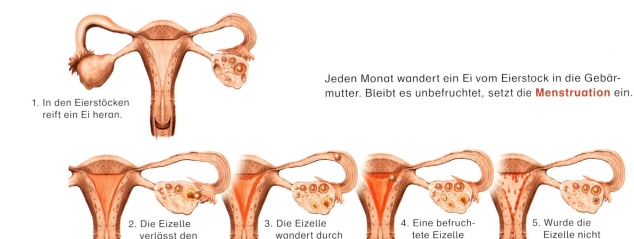

1. In den Eierstöcken reift ein Ei heran.

Jeden Monat wandert ein Ei vom Eierstock in die Gebärmutter. Bleibt es unbefruchtet, setzt die **Menstruation** ein.

2. Die Eizelle verlässt den Eierstock (Eisprung).
3. Die Eizelle wandert durch den Eileiter und kann von einer Samenzelle befruchtet werden.
4. Eine befruchtete Eizelle kann sich in der Gebärmutterwand einnisten.
5. Wurde die Eizelle nicht befruchtet, setzt die Menstruation ein.

befruchtet, so folgt die nächste Menstruation. Die Regelblutung ist ein Zeichen dafür, dass keine Schwangerschaft vorliegt.

das Metall

Metalle sind →chemische Elemente. Ein wichtiges Metall ist das Eisen, aus dem man Stahl gewinnen kann, außerdem Kupfer und Aluminium. Gold, Silber und Platin sind kostbare Edelmetalle. Aus ihnen werden unter anderem Schmuckstücke hergestellt. Nur wenige Metalle wie Gold, Silber oder Kupfer kommen in der Natur in reiner Form vor. Die meisten Metalle werden in Form von →Mineralien in Bergwerken gewonnen. Um Metalle zu verarbeiten, müssen sie erhitzt werden. Bei einer Legierung werden verschiedene Metalle zusammen erhitzt. Dabei wird zum Beispiel aus weichem Kupfer und Zinn die harte Bronze.

Bis auf das Quecksilber sind bei Raumtemperatur alle Metalle fest. Die meisten Metalle leiten Wärme und elektrischen →Strom sehr gut. Deshalb wird ein Metalltopf heiß, wenn er auf der Herdplatte steht.

Kupfererz wie dieses besteht nur etwa zu einem Drittel aus Kupfer. Zur Gewinnung muss das **Metall** vom Gestein getrennt werden.

das Mikroskop

Das Mikroskop erzeugt vergrößerte Bilder kleiner Gegenstände. Es enthält verschiedene →Linsen. Die Linse, durch die man oben hineinschaut, nennt man Okular. Das Okular ist durch eine Röhre, den Tubus, mit dem Objektiv verbunden. Das Objektiv besteht meist aus mehreren Linsen, die den Gegenstand unterschiedlich stark vergrößern.

Als einfachstes Mikroskop kann man die Lupe oder das Vergrößerungsglas mit nur einer oder wenigen Linsen bezeichnen. Kleine Lichtmikroskope vergrößern hundertfach. Gute Forschungsinstrumente kommen auf eine 1500-fache Vergrößerung. Noch viel stärker ist das Elektronenmikroskop, mit dem man um das Millionenfache vergrößern kann. Es arbeitet nicht mit →Lichtstrahlen, sondern mit Elektronen. Mit modernen Tunnelmikroskopen, die einhundertmillionenfach vergrößern, kann man einzelne →Atome abbilden.

Die Zeichnung zeigt den Weg, den gebündeltes Licht in einem **Mikroskop** nimmt.

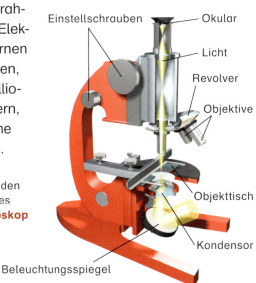

Einstellschrauben — Okular — Licht — Revolver — Objektive — Objekttisch — Kondensor — Beleuchtungsspiegel

Milch

Eine Kuh kann bis zu 60 Liter Milch pro Tag geben.

die Milch

Milch ist die erste Nahrung aller neugeborenen →Säugetiere und des →Menschen. Sie bekommen sie aus den Milchdrüsen ihrer Mutter. Bei der →Kuh sowie bei anderen Milch liefernden Tieren heißen die Milchdrüsen Euter. Die Milch enthält alles, was ein Baby zum Leben braucht, zum Beispiel Zucker, Fette, Eiweiße, →Vitamine und Mineralstoffe. Durch die Muttermilch ist das Baby vor →Krankheiten geschützt, gegen die es noch nicht immun ist.

Der Mensch verwendet die Milch von Kühen, →Schafen, →Ziegen, →Kamelen, →Pferden und sogar vom Rentier als Nahrung. Unbehandelte Milch heißt Vollmilch. Wenn man ihr das Milchfett, den Rahm, entzieht, wird daraus Magermilch. Aus Milch stellt man zahlreiche Milchprodukte her, wie Butter, Joghurt, Käse und Quark.

Um die Milch haltbar zu machen, wird sie erhitzt. Man nennt das Pasteurisieren.

die Milchstraße

Wenn wir in einer klaren, mondlosen Nacht den Himmel betrachten, fällt uns ein milchig weißes Band auf, das sich quer über den Himmel zieht. Untersuchen wir es mit einem →Teleskop, erkennen wir, dass es aus Millionen von →Sternen besteht. Dieses Band nennen wir die Milchstraße. Auch unser →Sonnensystem gehört dazu, obwohl es uns so vorkommt, als seien wir unendlich weit von der Milchstraße entfernt.

Die Milchstraße enthält ungefähr 100 000 Millionen sonnenähnliche Sterne. Sie hat ein Zentrum, von dem mehrere Arme spiralförmig ausgehen. Unser Sonnensystem befindet sich auf dem Orion-Arm und bewegt sich mit einer Geschwindigkeit von rund 800 000 Kilometern pro Stunde um das Milchstraßenzentrum. Die Milchstraße hat einen Durchmesser von etwa 100 000 Lichtjahren.

Wir bezeichnen die Milchstraße auch als Sternsystem oder als Galaxie. Im ganzen Weltall gibt es noch viele Millionen weitere Galaxien.

Unser Sonnensystem liegt am Rand eines Spiralarms der **Milchstraße**.

das Militär

Zum Militär gehören alle Soldaten eines Landes. Sie sind beim Heer (Landstreitkräfte), bei der Marine (Seestreitkräfte) oder bei der Luftwaffe. Das Militär verteidigt den →Staat im Fall eines →Krieges. Es kann aber auch Hilfe leisten bei Naturkatastrophen.

Das Militär ist streng geordnet: Generäle und Offiziere geben Kommandos, die die Soldaten ausführen müssen. In Deutschland heißt das Militär Bundeswehr, in Österreich Bundesheer und in der Schweiz Armee. Bei uns können junge Männer den Wehrdienst verweigern und stattdessen Zivildienst machen.

das Mineral

Alle →Gesteine der →Erde setzen sich aus Mineralien zusammen. Es gibt ungefähr 2000 unterschiedliche Arten von Mineralien. Davon kommen 300 häufiger vor und nur zehn bilden einen wesentlichen Bestandteil der Erdkruste. Einige Mineralien bestehen aus einem einzigen →chemischen Element, zum Beispiel Gold und Silber. Die meisten setzen sich jedoch

typische Kristallform des **Minerals** Amethyst

156

Mode

aus verschiedenen Elementen zusammen. Viele Mineralien sind Salze wie Steinsalz, Gips und Kalkspat. Eine weitere wichtige Gruppe stellen die Erze dar, das sind Verbindungen von →Metallen mit Schwefel oder mit →Sauerstoff. Sehr seltene Mineralien sind die →Edelsteine.

Mineralien treten oft in Form von Kristallen auf. Diese haben meist gleichmäßige Kanten und ebene Flächen. An der Kristallform kann man den regelmäßigen Aufbau des Minerals aus den →Atomen erkennen. Manche Kristalle bilden sechseckige Flächen, andere haben ein würfelförmiges Grundgerüst.

das Mittelalter

Das Mittelalter war eine →geschichtliche Epoche in Europa. Es begann mit dem Zerfall des →Römischen Reichs (476 n. Chr.) und dauerte etwa 1000 Jahre.

Im Mittelalter kämpften →Könige, Adlige, →Ritter und Päpste um die Macht. Die meisten Menschen waren allerdings arme Bauern. Sie bestellten das Land und wohnten oft mit ihren →Tieren zusammen in einfachen Hütten. Etwas vermögender und angesehener in der mittelalterlichen Gesellschaft waren die Gelehrten, die Kaufleute und die →Handwerker. Sie lebten in →Städten und wurden auch Bürger genannt. Typische Handwerksberufe des Mittelalters waren Schmied, Wagner, Weber, Maurer und Steinmetz, Töpfer und Färber. Die Handwerker gaben ihre besonderen Kenntnisse nur innerhalb der →Familie weiter. Deswegen tragen auch heute noch viele Familien die Namen Schmidt, Weber oder Wagner.

die Mode

Mit Mode meinen wir den neuesten Geschmack einer Zeit, die Stilrichtung, die gerade besonders beliebt ist. Das betrifft in erster Linie die Kleidung, aber auch Frisuren, Möbel, →Filme oder →Musik. Die Mode nahm ihren Anfang, als der →Mensch vor ungefähr 600 000 Jahren sich zu kleiden begann. Die ersten Kleidungsstücke aus Fell sollten den Körper nicht nur warm halten, sondern dienten auch bereits als Schmuck. Heute wird die Mode von den Modeschöpfern bestimmt. Sie suchen Stoffe aus und überlegen sich neue Schnitte. Im Frühjahr und im Herbst werden dann die neuesten Modelle auf Modeschauen vorgeführt.

Mehr zum Thema Mode auf den Seiten 158 und 159!

Im **Mittelalter** trugen nur Adlige (links) edle Kleidung. Bauern (rechts) waren einfach gekleidet, Mönche (Mitte) besaßen trotz schlichter Kutte großen Einfluss.

Mode und Kleidung

Mode und Kleidungsstile sind so vielfältig wie die Erde selbst. So kleiden sich Menschen am Äquator schon wegen des heißen Klimas vollkommen anders als in der kalten Arktis. Ein Kleidungsstück aber hat es geschafft, die ganze Welt zu erobern: die Jeans.

Jeder trägt heute Jeans.

In jedem Kleiderschrank

Eigentlich hat der deutsche Einwanderer Levi Strauss im 19. Jahrhundert die Bluejeans erfunden, weil die amerikanischen Goldgräber robuste Arbeitshosen brauchten. Im Zweiten →Weltkrieg trugen US-Soldaten die Jeans als Uniformhose. So gelangte die Hose nach Europa. Anfangs wurde die Jeans nur von Hippies und Jugendlichen getragen, die auffallen wollten. Heute ist die Nietenhose überall akzeptiert, selbst in der Oper. Von Alaska bis nach Australien, vom Baby bis zum Opa – jeder trägt Jeans. Die Modemacher denken sich immer neue Modelle aus. Doch egal ob teure Designerjeans oder Billigmarke, immer ist die Jeans auf der Höhe der Zeit. Heute sind Hüftjeans modern – und morgen? In jedem Fall Jeans!

Uniform in der Schule

Englische Schüler müssen sich morgens nie die Frage stellen: „Was ziehe ich heute bloß an?" Denn in Großbritannien gibt es die Schuluniform. Jede Schule hat eine eigene Uniform in den typischen Farben der Schule. Die Jungen tragen meistens eine schwarze Hose, Jackett, Hemd und Krawatte, die Mädchen eine Bluse, Rock und Kniestrümpfe. Auch in Südafrika, in vielen asiatischen Ländern wie Japan und in ehemaligen britischen Kolonien wie Australien und Indien gehört die Uniform zum Schulalltag.

Schüler in Japan

Mode und Kleidung

Der Polarforscher Roald Amundsen ließ vor etwa hundert Jahren seine Kleidung nach Vorbildern der Inuit aus Tierfellen anfertigen.

Bunte Perlen zum ersten Schultag

Wer in der Arktis der extremen Kälte trotzen will, muss sich dick anziehen. Früher trugen die →Inuit Eisbären-, Robben- oder Rentierfelle. Heute sind die Kleidungsstücke und Stiefel aus modernen Textilien. Hauptsache, die Kleidung speichert die Wärme und ist wasserdicht. Die Inuit in Grönland holen ihre traditionelle Tracht zu bestimmten Anlässen aus dem Schrank, etwa am Nationalfeiertag oder am ersten Schultag. Bei der Einschulung tragen die Mädchen farbenprächtige Umhänge, die über und über mit bunten Perlen bestickt sind. Die Tracht der Jungen ist schwarz-weiß.

HIER UND ANDERSWO

Auf einem Tiermarkt in Oman treffen sich viele Beduinen zum Handeln.

Beduinentracht

Im Sultanat Oman auf der Arabischen Halbinsel in Asien trifft man manchmal Beduinen. Das sind Nomaden, die mit ihren Herden durch die →Wüste ziehen. Ihre Bekleidung muss vor der glühenden Hitze und dem feinen Sand schützen. Dafür sind am besten bodenlange Kleider geeignet, die den ganzen Körper bedecken. Die Frauen haben bunte Kleider an, verbergen sie aber unter einem schwarzen Umhang. Zudem tragen sie einen schwarzen Schleier. Mädchen ziehen oft farbige Kleider an. Männer und Jungen haben ein weißes Baumwollgewand an, die Dishdasha, und wickeln sich helle Tücher um den Kopf.

Schön eingewickelt

Indische Frauen tragen oft einen Sari – ein Tuch, das sechs bis neun Meter lang und etwa 120 Zentimeter breit ist. Es wird so um den Körper gewickelt, dass sich ein doppelter Rock und ein Überwurf über der Schulter ergibt. Schon früh lernen die Mädchen den richtigen Wickelstil, der aber von Region zu Region anders ist. Saris gibt es in den unterschiedlichsten Farben und Stoffen, von schlichter Baumwolle bis hin zu kostbarster →Seide. In der Regel haben sie eine Schmuckborte am Saum. Darunter tragen die Frauen meistens eine Bluse und einen langen Unterrock.

indische Frau mit einem kunstvoll bestickten Festsari

Molch

der Molch

Die Molche bilden zusammen mit den →Salamandern die Gruppe der Schwanzlurche und gehören somit zu den →Lurchen. Sie haben einen lang gestreckten Körper und einen ausgeprägten, seitlich abgeflachten Schwanz. Im Gegensatz zu den an Land lebenden Salamandern halten sich Molche im Sommer im Wasser und im Winter in feuchten Schlupfwinkeln in Gewässernähe auf. Die bei uns häufigste Art ist der etwa zwölf Zentimeter lange Teichmolch. Zur →Fortpflanzungszeit im Frühjahr verfärbt sich das Männchen bunt und auf dem Rücken wächst ihm ein wellig eingekerbter Kamm. Die Paarung findet im Wasser statt. Das Männchen legt im Wasser ein Samenpaket ab und das Weibchen nimmt es mit seiner hinteren Körperöffnung auf. Aus den →Eiern schlüpfen →Larven mit Kiemen. Wenn sie sich in Jungmolche verwandeln, entwickeln sie →Lungen. Neben dem Teichmolch sind bei uns der Bergmolch, der Fadenmolch und der Kammmolch heimisch. Sie stehen alle unter →Naturschutz.

Teichmolch

der Mond

Der Mond ist im →Weltall unser nächster Nachbar. Er dreht sich um die →Erde und zeigt ihr dabei immer dieselbe Seite. Der Mond leuchtet nicht selbst wie die →Sonne. Seine Oberfläche ist hell, weil sie von der Sonne angestrahlt

Bei einer **Mondfinsternis** liegt der Mond im Schatten der Erde und wird deshalb nicht mehr von der Sonne beleuchtet.

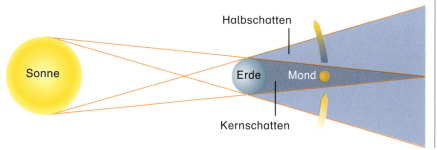

Mit einem Fernrohr kann man auf der Oberfläche des **Mondes** Gebirge und Krater erkennen.

wird. Befindet sich der Mond zwischen der Erde und der Sonne, so ist er für uns nicht sichtbar, weil er uns seine dunkle Seite zuwendet. Dieses Stadium nennt man Neumond. Danach erscheint eine dünne Mondsichel. Sie wächst an bis zum ersten Viertel und schließlich weiter bis zum Vollmond. Dann ist der ganze runde Mond beleuchtet. Danach herrscht abnehmender Mond. Zwischen Neumond und Vollmond vergehen ungefähr 14 Tage. Weitere zwei Wochen später ist wieder Neumond.

Der Mond hat keine →Atmosphäre so wie die Erde. Er besteht aus trockenem →Gestein. Seine Oberfläche ist von Kratern übersät. Sie stammen von Gesteinsbrocken, die vor langer Zeit auf dem Mond aufschlugen. Daneben erkennt man mit bloßem Auge dunkle Gebiete,

WISSEN KOMPAKT

Mondfinsternis
Bei Vollmond kann eine Mondfinsternis vorkommen. Dann steht die Erde exakt zwischen dem Mond und der Sonne. Da der Mond viel kleiner als die Erde ist, verschwindet er ganz im Schatten der Erde. Das Sonnenlicht kann ihn nicht mehr erreichen und der Mond ist für ein paar Minuten vollkommen dunkel.

Moos

die wir Meere oder Mare nennen. Die Bezeichnung stammt aus früher Zeit, als die Astronomen noch glaubten, es gebe auf dem Mond große Wasserflächen. Auf dem Mond ist alles viel leichter als auf der Erde, weil der Mond eine geringere →Schwerkraft hat. Amerikanische Astronauten landeten 1969 zum ersten Mal mit einem Raumschiff auf dem Mond.

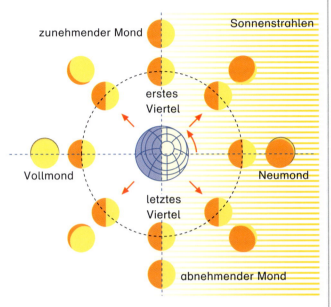

Auf der gestrichelten Kreislinie ist dargestellt, welche Teile des **Mondes** jeweils von der Sonne beschienen werden. Außerhalb des Kreises ist der Mond so gezeichnet, wie er dann von der Erde aus aussieht.

das Moor
Moore sind feuchte Lebensräume. Das Regenwasser versickert hier nicht. Der Boden besteht aus einer Schicht von →Moosen, die bei den Hochmooren bis zu 15 Meter dick werden kann. Am Grund sterben die Moose ab. Sie verrotten aber nicht, sondern werden im Lauf der Zeit zu Torf, aus dem wiederum →Kohle entstehen kann. Zwischen den Moosen wachsen Gräser und Heidelbeeren. Besonders karg sind die Hochmoore. Zu den wenigen →Pflanzen, die dort wachsen, gehören die fleischfressenden Pflanzen wie der Sonnentau. Auch die Tierwelt der Moore ist artenarm. Im sauren Wasser können kaum Fische überleben. Nur →Insekten sind häufig, wie der Moorgelbling und einige →Libellenarten. Daneben kommen der bräunliche Moorfrosch und gelegentlich die Kreuzotter vor.

das Moos
Es gibt weltweit über 26 000 Moosarten. Sie kommen fast überall vor, auch in der kalten →Arktis, aber nicht in Wüsten. Die meisten Moose gedeihen nur in feuchten Lebensräumen, etwa in →Mooren. Sie werden nicht besonders hoch. Oft bilden sie am Boden schattiger Wälder oder auf feuchten Felsen feste Polster. Sieht man genau hin, sieht man, dass die Polster aus vielen kleinen →Pflanzen bestehen.

Brunnenlebermoos

Die Moose gehörten zu den ersten Pflanzen, die das Festland besiedelten. Ihr Aufbau ist sehr einfach: Sie haben kurze Stängel mit kleinen Blättchen und entwickeln keine →Blüten. Moose besitzen auch keine echten →Wurzeln, sondern halten sich mit wurzelähnlichen Fäden am Boden fest. Wie die →Farne pflanzen sich die Moose durch Sporen fort.

Viele **Moore** sind heute Naturschutzgebiete.

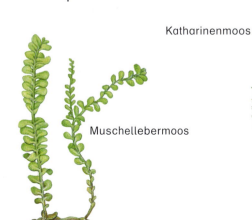

Muschellebermoos

Katharinenmoos

Moschee

die **Blaue Moschee** in Istanbul

die Moschee

Die Moschee ist das Gotteshaus des →Islam. In ihr versammeln sich die Muslime fünfmal täglich zum Gebet. Jeden Freitag findet ein Gottesdienst mit Predigt statt. Bei den Gebeten stehen oder knien die Gläubigen auf Teppichen und richten sich nach Mekka aus, dem Geburtsort Mohammeds und der heiligsten Stadt des Islam. Zu jeder Moschee gehört ein schmaler Turm, das Minarett. Von ihm ruft der Muezzin die Gläubigen zum Gebet. Vor dem Gebet müssen sich die Gläubigen waschen und vor dem Betreten der Moschee die Schuhe ausziehen. Männer und Frauen halten sich in der Moschee immer in getrennten Räumen auf.

der Motor

Viele →Maschinen sowie →Autos, →Motorräder, →Flugzeuge und →Schiffe besitzen einen Motor. Ein Motor setzt etwas in Bewegung und treibt es an. Er verwandelt dabei eine Energieform in eine andere. Die →Dampfmaschine alter Lokomotiven gewinnt aus der →Energie des heißen Dampfes Bewegungsenergie. Der Elektromotor kommt am häufigsten vor. Er wandelt elektrischen →Strom in Bewegungsenergie um. Das geschieht mithilfe von →magnetischen Feldern. Fast alle Haushaltsgeräte funktionieren auf diese Weise, zum Beispiel die Waschmaschine und das Rührgerät.

Straßenbahnen und Züge wie der ICE fahren mit Elektromotoren.

Viele Fahrzeuge besitzen einen Verbrennungsmotor, der als Treibstoff →Benzin oder Diesel verbraucht. Im Motor verbrennt der Treibstoff explosionsartig. Dabei entsteht Druck, der die Kolben im Zylinder auf und ab bewegt. Über Pleuelstange und Kurbelwelle wird eine Drehbewegung erzeugt. Diese Bewegung wird über das Getriebe auf die →Räder übertragen und das Fahrzeug setzt sich in Bewegung.

Im **Ottomotor** wird der Treibstoff in den Zylinder gesaugt (1) und verdichtet (2). Beim Zünden (3) verbrennt er explosionsartig. Danach wird er ausgestoßen (4).

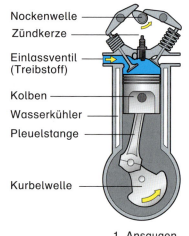
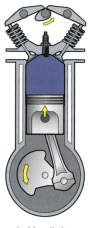
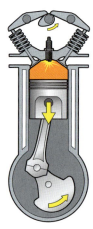
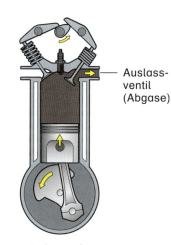

1. Ansaugen   2. Verdichten   3. Zünden   4. Ausstoßen

Müll

das Motorrad

Das erste Motorrad baute Gottlieb Daimler im Jahr 1885. Er montierte dabei einen seiner Verbrennungsmotoren auf ein hölzernes →Fahrradgestell mit zwei →Rädern. Heute sind Motorräder viel komplizierter gebaut. Die Teile des Motorrads ähneln denen des →Autos, nur sind sie kleiner. In Deutschland ist die →Motorleistung für Motorräder auf 73 Kilowatt (100 PS) beschränkt. Beliebt sind heute geländegängige Motorräder mit starker Federung, wie die Enduros.

die Möwe

Möwen sind Watvögel. Sie leben an →Küsten und Binnengewässern. Mit den Schwimmhäuten zwischen ihren Zehen können sie gut schwimmen. Meistens halten sie sich aber in Ufernähe auf. Ihre Schnabelspitze ist hakenförmig. Möwen fangen →Fische als Nahrung, oft ernähren sie sich auch von Abfällen. Die meisten Arten brüten in großen Kolonien auf Klippen oder Dünen. Junge Möwen sind braun gefärbt, ausgewachsene Möwen hingegen weiß. Im europäischen Binnenland ist die etwa taubengroße Lachmöwe verbreitet. An Küsten und Binnengewässern leben zum Beispiel die bussardgroße Silbermöwe, die Sturmmöwe und die Heringsmöwe.

Silbermöwe

die Mücke

Mücken sind →Insekten. Sie haben zwei Flügel, sechs lange dünne Beine und vielgliedrige Fühler. Unter den vielen Tausend Mückenarten dieser Welt saugen nur wenige →Blut, nämlich die winzigen Kriebelmücken und die Stechmücken oder Moskitos. Nur die Weibchen stechen, die Männchen saugen ausschließlich Blütensäfte. Einige Mücken übertragen mit ihrem Stich gefährliche →Krankheiten, zum Beispiel Malaria oder Gelbfieber. Die langbeinigen Schnaken sind völlig harmlos und stechen nicht.

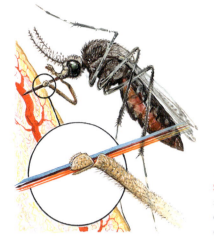
Die weibliche **Stechmücke** saugt sich mit Blut voll, damit sich ihre Eier entwickeln können.

der Müll

Der Müll ist eines der drängendsten Umweltprobleme unserer Zeit. Am besten ist es, unnötigen Abfall zu vermeiden, um das ständige Anwachsen der Müllberge so gering wie möglich zu halten. Zum Beispiel lassen sich Verpackungen einsparen, indem man Obst und Gemüse offen statt eingeschweißt kauft und eine Einkaufstasche mitbringt.

Müll ist zwar Abfall, enthält aber doch wertvolle Stoffe, die man wiederverwenden sollte. Wir nennen diese Wiederverwertung auch Recycling. Das ist nur möglich, wenn der Müll nach Stoffgruppen getrennt wird. So werden →Glas, →Papier und Kartonagen schon lange dem Recycling zugeführt. Aber auch der restliche Müll lässt sich wiederverwerten, wie zum Beispiel die →Kunststoffe und die →Metalle. Aus den organischen Abfällen, die den größten Teil des Hausmülls ausmachen, gewinnt man fruchtbaren →Kompost.

Altpapier macht 20% unseres **Hausmülls** aus. Durch Recycling werden neue Papierprodukte gewonnen.

Mumie

die Mumie

Verschiedene alte →Kulturen in Asien, Amerika, Ozeanien und in Europa haben versucht, die →Körper von Verstorbenen als Mumien für die Ewigkeit zu erhalten.

Die alten →Ägypter zum Beispiel glaubten an ein Weiterleben nach dem →Tod. Um dem Verwesungsprozess entgegenzuwirken, wurde die Leiche einbalsamiert: Man entfernte die Eingeweide und das Gehirn und behandelte den restlichen Körper mit Natron und verschiedenen Harzen. Eingewickelt in lange Tücher wurde die Leiche in einem Sarkophag bestattet. Im trockenen →Wüstenklima Ägyptens blieben die Mumien praktisch unversehrt erhalten. Sie geben uns heute noch Aufschluss darüber, wie die Ägypter früher aussahen und lebten.

In →Mooren und im →Gletschereis können Leichen auch ohne Einbalsamierung auf natürliche Weise mumifizieren.

die Muschel

Miesmuschel

Herzmuschel

Alle Muscheln haben zwei Klappen. Im Inneren befindet sich ihr weicher Körper. Die meisten Muscheln leben auf dem Meeresboden, wo sie sich festheften. Ihre Nahrung besteht aus den winzigen Lebewesen des →Planktons, das sie mit ihren Kiemen aus dem Wasser herausfiltern. Die Muscheln gehören zu den →Weichtieren und sind mit den →Schnecken und →Tintenfischen verwandt.

Muscheln waren lange Zeit eine wichtige Nahrungsquelle für Küstenbewohner. Archäologen fanden meterhohe Abfallhaufen, die nur aus Muschelschalen bestanden. Heute gelten Muscheln als Delikatesse, vor allem die Auster, die Jakobsmuschel und die Miesmuschel.

das Museum

Museen zeigen heute längst nicht mehr nur Ausstellungen von →Kunstwerken der →Malerei, der →Fotografie oder der →Bildhauerei. Ganz im Gegenteil: In manchen Technikmuseen kann

Im **Freilichtmuseum** kann man die nachgebauten Häuser und Siedlungen meistens betreten und verschiedene Alltagsgegenstände selbst ausprobieren.

man →Experimente durchführen und erfährt dabei, wie Dinge funktionieren. Im Naturkundemuseum werden →Fossilien und →Skelette von →Dinosauriern ausgestellt. Freilichtmuseen befinden sich unter freiem Himmel. Dort werden zum Beispiel Dörfer aus vergangenen →Kulturen nachgebaut. In Museen wird auch geforscht. Ohne die zoologischen und botanischen Sammlungen könnten die Wissenschaftler keine Tier- oder Pflanzenarten bestimmen.

die Musik

Musik ist ein Kunstwerk aus Tönen. Töne sind Luftschwingungen, die von →Musikinstrumenten, der menschlichen →Stimme und zunehmend auch von Synthesizern oder am →Computer erzeugt werden. Meistens besteht Musik aus einer Melodie, einem →Rhythmus und einer Harmonie. Eine Melodie ist die Abfolge von Tönen. Den Rhythmus kann man klatschen. Erklingen zwei oder mehrere Töne gleichzeitig, ergibt sich die Harmonie. Komponisten erfinden Musikstücke und schreiben die Töne in der Notenschrift auf. Zur klassischen Musik gehören die

Mehr zum Thema Musik auf den Seiten 166 und 167!

Und auch im Anhang!

Muskel

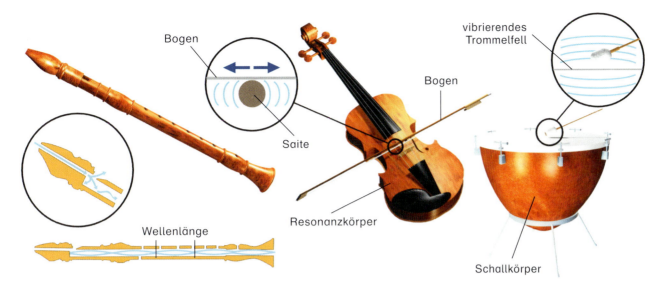

Musikinstrumente: Mit Blasinstrumenten (links), Streichinstrumenten (Mitte) und Schlaginstrumenten (rechts) werden Schwingungen erzeugt.

→Opern, Operetten und Sinfonien, die oft von einem großen →Orchester gespielt werden. Zur modernen Musik zählen zum Beispiel Pop- und Rockmusik, Hip-Hop, Techno, Soul, Funk und Jazz.

das Musikinstrument

Musikinstrumente versetzen →Luft in Schwingungen. Diese pflanzen sich als →Schallwellen fort und wir können sie als Töne hören.

Holzblasinstrumente (Klarinette, Flöte) haben Löcher, die von den Fingern oder von Klappen verschlossen werden. Damit verändert man die Länge der schwingenden Luftsäule im Instrument. Je kleiner die Luftsäule, umso höher der Ton. Bei den Blechblasinstrumenten (Trompete, Horn) bringt der Musiker mit seinen Lippen die Luft im Instrument zum Schwingen. Saiteninstrumente haben Saiten, die man mit einem Bogen in Schwingung versetzt (Geige, Cello) oder nur anzupft (Gitarre, Harfe). Bei den Tasteninstrumenten schlägt man Saiten an (Klavier) oder steuert mit den Tasten die Luft, die durch Pfeifen strömt (Orgel). Viele Schlaginstrumente (Trommel, Pauke) bestehen aus einem Schallkörper, der von einer Membran überzogen ist. Töne erzeugt man mit einem Schlägel.

der Muskel

Muskeln brauchen wir, um uns zu bewegen. Der →Mensch hat über 500 Muskeln. Es gibt zwei verschiedene Arten von Muskeln. Die einen werden vom Willen gesteuert. Wenn wir einen Stuhl verschieben wollen, sendet das →Gehirn Befehle an alle beteiligten Muskeln des →Körpers aus. Wir nennen diese Muskeln willkürlich. Unter dem →Mikroskop erkennt man ihre gestreifte Struktur.

Die unwillkürlichen Muskeln hingegen sehen glatt aus. Sie sind unabhängig von unserem Willen. Sie arbeiten auch, wenn wir schlafen, etwa die Muskeln des →Darms, die die Nahrung weiterbefördern. Auch der →Herzmuskel ist ein unwillkürlicher Muskel: Niemand vermag seinen Herzschlag mit dem eigenen Willen zu beschleunigen oder auch zu verlangsamen.

Die **Muskeln** im Gesicht des Menschen. Beim Lächeln werden 43 Muskeln angespannt.

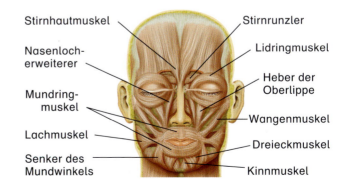

Musik

Musik verbindet Menschen über alle Grenzen und Unterschiede hinweg. Denn Musik ist eine Sprache, die jeder versteht. Viele Länder haben eine ganz eigene Volksmusik und besondere Instrumente.

Mit viel Puste und Kraft

Früher machten die Schotten ihre Kriegsgegner mit den schrillen Tönen ihres Dudelsacks mürbe. Das schottische Nationalinstrument heißt auf Englisch Bagpipe (Sackpfeife), weil es aus einem Windsack und mehreren Pfeifen besteht. Die Melodiepfeife hat verschiedene Fingerlöcher und mit den Begleitpfeifen spielt man immer den gleichen Ton. Leicht ist es nicht, dem Dudelsack Töne zu entlocken. Der Spieler braucht viel Puste und kräftige Oberarme, denn er muss abwechselnd blasen und drücken.

zwei Schotten in Nationaltracht mit Dudelsäcken

Samba, Samba

Samba ist ein Tanz, aber ebenso die Musik, zu der getanzt wird. Ursprünglich kommt der Samba aus Afrika. Beim Karneval in Rio de Janeiro dreht sich alles um den Samba. Wenn die Sambagruppen durch die Straßen tanzen, werden sie vom schnellen Rhythmus der Samba-Trommelgruppe (Bateria) angetrieben. Diese spielt auf verschiedenen Instrumenten, wie Zylindertrommeln (Surdo und Repenique), Schellen, Glocken (Agogo) und kleinen Rahmentrommeln (Tamborims). Nicht zu vergessen die Trillerpfeife – sie ist das einzige erlaubte Blasinstrument in der Bateria und wird vom Anführer der Truppe gepfiffen.

Sambagruppe im Karneval

Musik

indonesisches Gamelan-Orchester auf Bali

Hämmern und schlagen

Auf der indonesischen Insel Java werden Zeremonien und Schattenspiele von einem Gamelan-Orchester begleitet. Es besteht aus bis zu 40 Instrumenten, wovon die meisten Schlaginstrumente sind: Riesengongs, kleine Buckelgongs, Trommeln, Xylophone und Metallophone. Ein Metallophon sieht aus wie ein Xylophon, hat aber Klangstäbe aus Bronze, nicht aus Holz. Es gibt zudem eine Flöte, Zither und zweisaitige Laute (Rebab) sowie Sänger. Die Spieler sitzen im Schneidersitz auf dem Boden oder auf Hockern hinter ihren Spieltischchen. Noten brauchen sie nicht – sie sind Meister der Improvisation. Die meisten Ortschaften haben ein Gamelan. Die Instrumente werden vor Ort gefertigt und gestimmt.

Tiefe Wummertöne

Was dachten wohl die ersten Holländer, als sie nach Australien kamen und aus dem Regenwald ein seltsames tiefes Brummen ertönte? Heute weiß jeder, dass diese Klänge einem Didgeridoo entlockt werden, das die Aborigines seit vielen Tausend Jahren bei Stammesfeiern und Zeremonien spielen. Das Instrument besteht aus einem von Termiten ausgehöhlten Eukalyptusast. Ein besonderes Mundstück hat es nicht. Die Spieltechnik erfordert viel Übung, denn der Spieler muss Luft aus seinen Wangen herausdrücken, dabei seine Lippen ganz entspannt lassen und gleichzeitig durch die Nase einatmen.

Didgeridoo

Musik aus der Tonne

Auch mit Schrott kann man musizieren. Das dachten sich die Nachfahren der afrikanischen Sklaven auf der Insel Trinidad, als sie im 20. Jahrhundert die Steelpan oder Steeldrum (Stahltrommel) erfanden: Sie fertigten Schlaginstrumente aus alten Ölfässern. Heute nimmt man dafür Stahlblech oder neue Fässer. Der Fassboden wird nach innen gewölbt und Schlagflächen für die einzelnen Töne werden eingehämmert.

eine karibische Steelband mit Steeldrums

Nadelbaum

der Nadelbaum

Alle →Bäume mit meist harten nadelförmigen →Blättern heißen Nadelbäume. Diese Blätter werden im Herbst nicht abgeworfen. Sie sind so widerstandsfähig, dass sie den Winter überstehen. Deswegen nennt man die Nadelhölzer auch immergrün – im Gegensatz zu den →Laubbäumen, die meistens nur im Sommer grün sind.

Die Nadelbäume zählt man zu den Blütenpflanzen. Während die männlichen →Blüten eher unscheinbar sind, entwickeln sich die weiblichen Blüten der Nadelbäume zu Zapfen. Unter den harten Schuppen der Zapfen liegen geschützt die dünnen →Samen.

Viele Nadelbäume wachsen in den kalten Gebieten unserer Erde, einige sogar in der Arktis. Zu den heimischen Nadelbäumen gehören zum Beispiel →Fichte, Kiefer, Tanne, Lärche und Eibe. Tannen sind in →Deutschland selten geworden, da sie besonders unter der →Luftverschmutzung leiden. Kiefern kommen noch im →Hochgebirge vor. Die Lärche ist bei uns der einzige Nadelbaum, der im Herbst seine goldgelb verfärbten Nadeln abwirft. Die giftige Eibe fällt durch ihre rot umhüllten Samen auf.

Nadelbaum: Die Schwarzkiefer wird wegen ihrer Unempfindlichkeit gegen Luftverschmutzung oft als Parkbaum angepflanzt.

das Nagetier

Zu den Nagetieren zählen zum Beispiel die →Mäuse und →Ratten. Spitzmäuse hingegen gehören wie der →Igel zu den Insektenfressern. Alle Nagetiere besitzen im Ober- und im Unterkiefer je zwei große Nagezähne, die stets weiterwachsen. Sie werden ständig abgenutzt, da sich die meisten Nagetiere von harten →Samen, →Nüssen und Rinden ernähren. Viele Nagetiere sind klein wie Mäuse, die größten heimischen Nagetiere sind der →Biber und das Murmeltier.

Nagetier: Murmeltiere können kaum klettern. Sie wohnen in unterirdischen Bauen, die sie am Tag verlassen.

Unter den →Säugetieren bilden die Nagetiere die größte Gruppe mit den meisten Arten. Sie haben fast alle Lebensräume erobert: Die Mäuse und Hamster bauen sich unter der Erde weitläufige Baue. →Eichhörnchen bewohnen die Bäume, Biber hingegen eine Burg aus Ästen und Baumstämmen auf einem Gewässer, die sie nur tauchend erreichen können. Die Hausmaus und die Wanderratte leben auf der ganzen Erde überall dort, wo Menschen wohnen.

Nase

Fleischfresser

grüne Pflanzen

Pflanzenfresser   Fliegenlarven   Pilze und Bakterien im Boden

Nahrungsketten sind meist weit verzweigt. Sie beginnen immer mit Pflanzen und enden mit Fleischfressern.

die Nahrungskette

Wenn wir einen →Fisch essen, sind wir ein Glied in einer Nahrungskette, die irgendwo im Meer oder Süßwasser ihren Anfang genommen hat. Dort leben winzige →Algen und Tiere im Wasser. Sie bilden zusammen das →Plankton, von dem sich kleine Fische ernähren. Diese werden von größeren Fischen erbeutet, welche ihrerseits von noch größeren gefressen werden, etwa vom →Hecht oder Kabeljau.

Jedes Lebewesen nimmt an einer oder mehreren Nahrungsketten teil. Am Anfang stehen immer grüne →Pflanzen. Sie können ihre Nahrung aus Wasser, Kohlendioxid und →Sonnenlicht selbst herstellen. →Tiere können das nicht, sondern sind auf die Pflanzen angewiesen. In der Nahrungskette werden die Pflanzen von den Pflanzenfressern gefressen, die wiederum die Nahrung der Fleischfresser sind. Wenn die Pflanzen und Tiere sterben, bauen →Bakterien im Boden die toten Teile ab. Es entstehen Kohlendioxid und Wasser, das andere Pflanzen zum Wachsen benötigen. Auf diese Weise schließt sich der Stoffkreislauf.

die Nase

Die Nase ist ein →Organ zum →Atmen. Die eingeatmete →Luft wird in der Nase befeuchtet, angewärmt und gefiltert. Dabei halten feine Härchen den gröbsten Schmutz zurück. Die Nasenhöhle ist mit einer Haut überzogen, die Schleim absondert. Hier befindet sich auch das Riechfeld, in dem unser Geruchssinn sitzt. Wenn wir etwas essen, steigen Duftteilchen in die Nase und werden auf den Geruch überprüft. Bei Schnupfen wird das Riechfeld von Schleim überdeckt, sodass wir meistens nichts mehr riechen.

WISSEN KOMPAKT

Nahrungskette
Eine einfache Nahrungskette in der afrikanischen Savanne sieht so aus: Pflanze (Gras) – Pflanzenfresser (Zebra) – Fleischfresser (Löwe). Eine Nahrungskette bei uns wäre: Pflanze (Gras) – Pflanzenfresser (Feldmaus) – Fleischfresser (Mäusebussard) – Aasfresser (Mistkäfer).

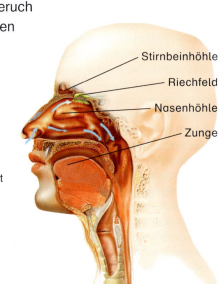

Stirnbeinhöhle
Riechfeld
Nasenhöhle
Zunge

Nase: Die eingeatmete Luft strömt am Riechfeld vorbei und weiter in die Luftröhre.

Nashorn

das Nashorn

Breitmaulnashorn

Nashornbullen können bis zu 2,5 Tonnen wiegen, vier Meter lang und 1,9 Meter hoch werden. Trotz ihrer Masse sind die Nashörner sehr schnelle Tiere. Sie ernähren sich von Pflanzen. Ihre Hörner können über einen Meter lang werden. In Afrika leben das Breitmaul- und das Spitzmaulnashorn, in Asien das Panzer-, das Java- und das Sumatranashorn. Nashörner werden manchmal auch Rhinozeros genannt. Sie gehören zu den bedrohten Tierarten.

der Nationalsozialismus

Der Nationalsozialismus ist eine politische Bewegung, mit der besonders →Deutschland verbunden wird. Dort kam 1933 die Nationalsozialistische Deutsche Arbeiterpartei (NSDAP) unter der Führung von Adolf Hitler an die Macht. Die Nationalsozialisten unterwarfen das Volk einer strengen Diktatur. Die Bürger hatten keine →Freiheiten mehr, durften ihre Meinung nicht äußern und die Grundrechte waren aufgehoben. Diese Diktatur hieß NS-Staat oder Drittes Reich. Die Nationalsozialisten führten Deutschland in den Zweiten →Weltkrieg. Mit einer unvorstellbaren Grausamkeit wurden im Namen des NS-Staates Menschen, die anders dachten, behinderte Menschen sowie sechs Millionen Juden im sogenannten Holocaust ermordet. Mit dem Ende des Zweiten Weltkriegs 1945 ist das Dritte Reich zusammengebrochen. Viele Neonazis verharmlosen oder leugnen den Völkermord an den Juden. Das ist strafbar.

Das jüdische Mädchen Anne Frank musste aus Deutschland fliehen und hielt sich in einem Hinterhaus in Amsterdam versteckt, bis sie und ihre Familie von den **Nationalsozialisten** gefunden und ermordet wurden. Ihre Erlebnisse und Gedanken beschrieb Anne Frank in einem Tagebuch.

die Natur

Unter Natur versteht man zunächst das gesamte →Weltall mit all den Kräften, die darin wirken. Mit dieser Natur beschäftigen sich die Naturwissenschaften. Man unterscheidet zwischen der belebten Natur mit den verschiedenen Lebewesen und der unbelebten Natur wie dem →Wetter, den →Gesteinen oder den →Sternen. Wenn jemand sagt, er liebe die Natur, meint er Landschaften, die vom Menschen nicht verändert wurden. Dort können →Pflanzen und →Tiere noch ungestört leben.

Natur ist also das, was nicht von →Kultur und →Technik beeinflusst ist. Die Grenze ist jedoch nicht scharf. Die Kulturlandschaft, die aus Feldern, Äckern, →Wiesen und →Wäldern besteht, ist zwar stark vom Menschen beeinflusst, kann aber noch viel Natur enthalten. Eine solche Landschaft nennen wir dann naturnah.

der Naturschutz

Der Naturschutz gehört zum →Umweltschutz. Er schützt Landschaften, Lebensräume, Tier- und Pflanzenarten, damit sie uns und unseren Nachkommen erhalten bleiben. Der Naturschutz ist zwar Aufgabe des →Staates, doch auch viele private Organisationen setzen sich für ihn ein. Dazu gehören Greenpeace oder der WWF.

Das →Gesetz schreibt in Europa den Schutz vieler Tier- und Pflanzenarten vor. Doch nützt dieser Artenschutz nur wenig, wenn nicht auch die Lebensräume denselben Schutz erfahren.

Als sogenanntes Naturdenkmal können kleinere Naturgebiete oder auch ein einzelner →Baum geschützt werden. In →Deutschland gibt es zudem über 2000 Naturschutzgebiete. Das können →Moorlandschaften oder →Waldgebiete sein. In diesen Landschaften herrschen strenge Vorschriften und oft darf man sie nicht einmal betreten. →Pflanzen und →Tiere sollen sich dort vollkommen ungestört entwickeln können. Größere geschützte Gebiete heißen bei uns Naturparks. In den Nationalparks gelten besonders strenge Bestimmungen zum Schutz der →Natur.

Naturschutz: künstliche Nisthilfen für Wildbienen

das Navigationsgerät

In vielen →Autos, Lastkraftwagen und anderen Fahrzeugen ist ein Navigationssystem eingebaut. Es ist ein →elektronisches Gerät, das erkennt, wo sich ein Fahrzeug befindet. Es hilft dem Fahrer, sein Ziel zu erreichen. Dazu gibt der Fahrer über ein Tastenfeld seine Zieladresse ein. Das Navigationssystem GPS sendet dann Signale an einen →Satelliten, der die →Erde umkreist. Aus den zurückgesendeten Signalen errechnet das Gerät den kürzesten Weg zum Ziel. Es teilt dem Fahrer mit, wann er abbiegen oder wie lange er noch geradeaus fahren muss. Das ist besonders praktisch, wenn man in einer unbekannten Stadt unterwegs ist. Moderne

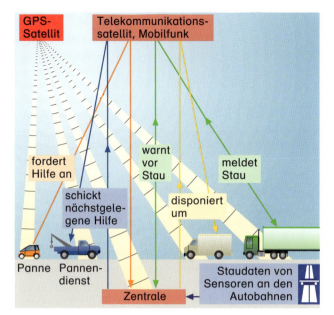

Das **Satellitennavigationssystem** GPS wird hauptsächlich im Straßenverkehr eingesetzt.

Navigationssysteme informieren auch über Staus und leiten den Fahrer um diese herum. Die ersten Navigationssysteme gab es auf →Schiffen. Der Kapitän orientierte sich mithilfe eines Sextanten an den →Sternen.

der Nebel

Feuchte →Luft enthält viele winzige →Wasserteilchen. Wenn sie sich abkühlt, sammeln sich die Wasserteilchen zu kleinen Wassertröpfchen. Es entsteht Nebel. Er ist wie eine →Wolke, nur am Boden. Am häufigsten kommt Nebel im Herbst in der Nähe von →Seen oder in →Tälern vor.

Bei Nebel müssen Autofahrer langsam fahren und die Nebelscheinwerfer anschalten. Damit die →Schiffe bei Nebel nicht zusammenstoßen, geben sie laute Signale mit Nebelhörnern.

Bei **Nebel** ist die Sicht stark eingeschränkt.

Nerv

der Nerv

Man kann das Nervensystem unseres →Körpers mit der Computersteuerung einer Maschine vergleichen. Das Zentrum bilden das →Gehirn sowie das Rückenmark. Von beiden zweigen zahlreiche Nerven ab. Sie sind sozusagen die Telefonleitungen, auf denen Informationen hin- und herlaufen.

Nervenfasern sind zu Bündeln zusammengefasst, mehrere Bündel bilden einen **Nerv**.

Nerven bestehen aus →Zellen und sind überall im Körper anzutreffen. Wenn wir zum Beispiel mit unserer Hand etwas Heißes berühren, nimmt die →Haut diesen Reiz wahr und sendet entsprechende Nachrichten über die Nerven an das Rückenmark und das Gehirn. Dieses erteilt uns sofort den Befehl, die Hand zurückzuziehen. Die Befehle gelangen über andere Nerven zu den entsprechenden →Muskeln und werden ausgeführt. Mit den Nerven steuern wir alle Bewegungen unseres Körpers.

das Nest

Vögel bauen Nester in Sträucher, Bäume und am Erdboden, um darin ihre Eier auszubrüten. Ihre Nester können ganz unterschiedliche Formen annehmen. Viele Vogelarten legen schüsselförmige Nester aus Zweigen und Blättern

Nest: Die Männchen der Maskenweber in Afrika bauen für ihre Brut stabile Hängenester aus langen Pflanzenfasern.

Die **Nester** der Termiten können bis zu 7 m hoch werden. Sie bestehen aus Erde, Holz und zerkautem Pflanzenmaterial und werden mit Speichel und Kot zusammengehalten.

an, die sie mit →Moos oder Federn auspolstern. →Greifvögel und →Störche bauen riesige Horste, die sehr hoch werden können. →Spechte meißeln sich eine Höhle in den Baumstamm. Die kompliziertesten Nester bauen →Wespen, →Bienen, Hummeln und →Ameisen. In ihnen leben oft ganze Kolonien. Die Termiten sind für ihre hohen, steinharten Nester aus Erde, Holz und zerkautem Pflanzenmaterial bekannt.

Auch viele →Säugetiere bauen ein Nest. Das →Eichhörnchen bewohnt mehrere Nester aus Laub und Ästen in den Baumkronen, die Kobel heißen. Viele Menschenaffen ruhen in einem Schlafnest. →Igel bauen sich im Herbst ein Nest, um dort ihren Winterschlaf abzuhalten.

der Niederschlag

Bei Niederschlag fällt flüssiges oder gefrorenes →Wasser aus den →Wolken auf die Erde. Die Niederschläge sind wichtig für den →Wasserkreislauf auf unserem Planeten.

Regen, Schnee, Hagel und Graupel sind verschiedene Formen von Niederschlag. Regen besteht aus Wassertropfen. Im Winter, wenn es kalt ist, kann es schneien. Dann bilden sich in den Wolken aus den Wassertröpfchen kleine Eiskristalle. Sie lagern sich zu Flocken zusammen und fallen als Schnee herab. Dabei sieht jeder Eiskristall anders aus.

Bei Graupel entstehen große Flocken aus Schnee und →Eis. In einer →Gewitterwolke gefrieren die Wassertröpfchen manchmal auch zu Eisbrocken und fallen als Hagel auf die Erde. Hagelkörner können große Schäden an Pflanzen, Autos und Häusern anrichten.

die Niere

Alle Wirbeltiere und der →Mensch haben zwei Nieren. Bei uns sind sie dunkelrot, faustgroß und erinnern in ihrer Form an Bohnen. Sie liegen in der Leistengegend zu beiden Seiten der Wirbelsäule. Die Nieren reinigen unser →Blut. Sie filtern Abfallstoffe heraus und entziehen dem Blut überschüssiges Wasser. Das Blut wird durch eine →Ader (Arterie) herantransportiert. In einer Niere sind viele Millionen winziger Kanälchen und Röhrchen, die das Blut filtern. Danach fließt es über eine Ader (Vene) wieder ab. Die Abfallstoffe gelangen mit dem überschüssigen Wasser über den Harnleiter in die Blase und bilden den Urin oder Harn.

Schnitt durch eine **Niere**

der Nordpol

Der Nordpol ist der nördlichste Punkt der →Erde. Hier gibt es nur eine →Himmelsrichtung, nämlich die nach Süden. Die gerade Linie, die den Nordpol mit dem →Südpol verbindet, heißt Erdachse. Um diese Achse dreht sich unsere Erde einmal in 24 Stunden. Dadurch entstehen →Tag und Nacht. Die Erdachse steht nicht senkrecht zur Umlaufbahn der Erde um die →Sonne. Sie ist etwas geneigt. Dadurch bekommen die einzelnen Gebiete der Erde unterschiedlich viel Sonnenlicht ab. Auf diese Weise entstehen die →Jahreszeiten. Am Nordpol gibt es nur zwei Jahreszeiten: Winter und Sommer. Sie dauern jeweils etwa ein halbes Jahr. Im Winter, vom 23. September bis 21. März, steigt die Sonne nicht über den Horizont und es ist immer dunkel. Im Sommer, vom 21. März bis 23. September, geht die Sonne nicht unter und es ist immer Tag.

Der Nordpol befindet sich auf einer meterdicken Eisschicht mitten im Nordpolarmeer. Das Gebiet um den Nordpol ist die →Arktis. Im Jahre 1909 erreichte der Amerikaner Robert Peary als Erster den Nordpol.

der Notruf

In einem Notfall verständigt man mit dem Notruf →Polizei, →Feuerwehr oder den Krankenwagen. Notrufnummern sind für ganz Deutschland einheitlich: Man erreicht die Notrufzentralen unter den Nummern 110 für die Polizei und 112 für die Feuerwehr. Die Zentralen leiten den Hilferuf an die richtige Stelle weiter, etwa den Notarzt.

die Nuss

Nüsse sind meist rundliche trockene →Früchte. Wenn man die harte holzige Schale der Nuss knackt, erhält man einen ölhaltigen Kern, der oft gut schmeckt. Nüsse sind wegen ihres Öl- und Proteinreichtums sehr nahrhaft. Die wichtigsten Nüsse sind Walnuss und Haselnuss. Mandeln sowie die exotischen Para-, Pekan- und Cashewnüsse sind keine Nüsse, sondern Steinfrüchte wie die →Kirsche. Auch die Erdnuss ist rein botanisch gesehen gar keine Nuss. Ihre Kerne sind nämlich die →Samen einer Hülsenfrucht, die allerdings sehr viel Öl enthalten und wie eine Nuss schmecken.

Haselnusszweig

Haselnuss

Walnuss

Oase

die Oase
Selbst in →Wüsten gibt es Stellen, wo Wasser aus →Quellen oder aus unterirdischen Flüssen austritt. Diese Orte sind fruchtbar und bieten Lebensräume für verschiedene Pflanzen, zum Beispiel für Dattelpalmen. Der Mensch kann von dem Wasser leben und es zur Bewässerung seiner Felder verwenden. Man bezeichnet diese Stellen in einer Wüste als Oasen.

Palmen in einer **Oase** in der Sahara

obdachlos
Wer keine Wohnung hat, ist obdachlos. Bei Überschwemmungen oder anderen Naturkatastrophen können Tausende von Menschen obdachlos werden, weil sie ihre Häuser verlassen müssen oder weil ihre Häuser zerstört wurden. Für sie richtet man dann zum Beispiel in Turnhallen Schlafplätze ein. Andere Menschen haben keine Wohnung, weil sie sich das nicht mehr leisten können.

das Obst
Alle essbaren →Früchte bezeichnen wir als Obst. Dazu gehört das →Beerenobst wie zum Beispiel Brombeeren, Himbeeren, Heidelbeeren, Stachelbeeren oder Erdbeeren. Aprikosen, Pflaumen, →Kirschen, Pfirsiche und Zwetschgen bilden das Steinobst. →Äpfel, Birnen und Quitten fassen wir unter der Bezeichnung Kernobst zusammen. Ebenso zählen →Nüsse und die essbaren →Kastanien zum Obst. Aus warmen und tropischen Ländern kommen Südfrüchte zu uns, die auch exotische Früchte heißen. Dazu gehören Ananas, Bananen, Feigen, Mangos, Kiwis, Papayas und Zitrusfrüchte wie Mandarinen, Orangen und Zitronen. Obst enthält viele →Vitamine und Mineralstoffe und ist deshalb sehr gesund.

Erdbeere

Pflaumen

Quitten

der Obstbaum
Obstbäume sind →Bäume, an denen →Obst, also essbare →Früchte wachsen. Sie blühen bei uns im Frühjahr. Die →Blüten werden von →Bienen und anderen Insekten bestäubt. Erst dann können sie Früchte bilden, die im Sommer und im Herbst geerntet werden.

Zu den Obstbäumen gehören der →Apfel- und der Birnbaum, der →Kirsch- und der Pflaumenbaum sowie der Walnuss- und der Mandelbaum. Obstbäume werden in Obstgärten, auf Streuobstwiesen und in Obstplantagen angebaut. Auf Streuobstwiesen wachsen sie auf natürliche Weise meist ohne →Düngemittel. Die Früchte bleiben eher klein und werden oft für Obstsäfte genutzt. In Obstplantagen züchtet man viele Obstbäume in langen Reihen. Dort werden die Äste jedes Jahr zurückgeschnitten. So erreicht man, dass die Bäume viele Früchte tragen.

Ökosystem

Im Gegensatz zur Streuobstwiese (oben) werden **Obstbäume** in Obstplantagen in langen Reihen gepflanzt.

das Ohr

Unser Ohr besteht aus drei Abschnitten. Zum Außenohr gehören die trichterförmige Ohrmuschel, die die →Schallwellen auffängt, und der äußere Gehörgang, der feine Härchen und Drüsen enthält, die das Ohrenschmalz herstellen. Das Ohrenschmalz befördert kleine Fremdkörper nach außen und kann Krankheitserreger unschädlich machen. Am Ende des Außenohrs befindet sich das Trommelfell. Eindringende Schallwellen versetzen es in Schwingungen. Diese gibt das Trommelfell an die drei Gehörknöchelchen im Mittelohr weiter. Sie heißen Hammer, Amboss und Steigbügel. Die Schwingungen werden von ihnen in die Schnecke des Innenohrs übertragen, die mit einer Flüssigkeit gefüllt ist. Dort nehmen →Sinneszellen die Schwingungen der Schallwellen wahr und leiten Informationen darüber weiter ans →Gehirn. Im Innenohr hat auch der Gleichgewichtssinn seinen Sitz. Er liegt in den drei Bogengängen.

das Ökosystem

Ein Ökosystem umfasst einen oder mehrere Lebensräume sowie alle Lebewesen, die darin wohnen. Dabei stehen die Lebewesen und die unbelebte Umwelt des Ökosystems in einer wechselseitigen Beziehung, sie beeinflussen sich gegenseitig. Ein Lebensraum kann ein →See, eine →Wüste oder ein Wattenmeer sein. Die Lebewesen müssen sich den Bedingungen ihres Lebensraums anpassen: Dort kann es warm oder kalt sein, feucht oder trocken. Es kann viel Licht geben wie im →Hochgebirge oder dunkel sein wie in einer →Höhle.

Wenn sich die Lebensbedingungen in einem Ökosystem ändern, hat das Auswirkungen auf die darin lebenden Tiere und Pflanzen. So wird es durch den →Klimawandel immer weniger →Nadelbäume bei uns geben, dafür werden immer mehr →Zugvögel den Winter hier verbringen, anstatt in den Süden zu ziehen. Der →Naturschutz versucht, Ökosysteme vor dem Eingriff des Menschen zu schützen.

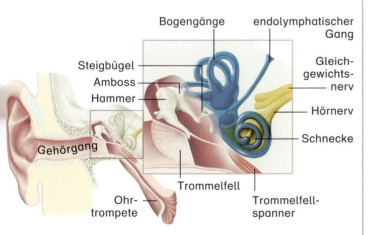

Das menschliche **Ohr**: Mittelohr und inneres Ohr sind rechts vergrößert dargestellt.

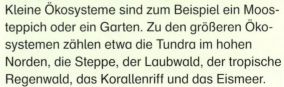

WISSEN KOMPAKT

Ökosysteme – kleine und große
Kleine Ökosysteme sind zum Beispiel ein Moosteppich oder ein Garten. Zu den größeren Ökosystemen zählen etwa die Tundra im hohen Norden, die Steppe, der Laubwald, der tropische Regenwald, das Korallenriff und das Eismeer.

Ölpest

die Ölpest

Immer wieder werden große Meeresgebiete durch →Erdöl verschmutzt. Ölquellen laufen aus, Tanker brechen bei einem Unglück auseinander oder lassen Altöl fahrlässig ab. Eine solche Ölpest hat katastrophale Folgen für die Tierwelt, besonders für die Meeresvögel. Öl verschmutzt ihr Gefieder und klebt die →Federn zusammen. Dadurch kühlt der Vogel aus. Er wird instinktiv versuchen, sein Gefieder mit dem Schnabel zu reinigen. So nimmt er das Erdöl direkt auf, was meist tödliche Folgen hat.

die Olympischen Spiele

Die ersten Olympischen Spiele fanden im griechischen Ort Olympia im Jahr 776 v. Chr. statt. Alle vier Jahre wurden sie wiederholt. Zu den Olympischen Spielen trafen sich Menschen aus allen Teilen Griechenlands. Die Kriege, die sie gegeneinander führten, mussten dann ruhen.

Im Jahr 2012 fanden die **Olympischen Spiele** in London (Großbritannien) statt.

Die Griechen trugen damals folgende Wettkämpfe aus: Laufen über 384 Meter und über fünf Kilometer, Ringkampf, Faustkampf, Wagen- und Pferderennen sowie Fünfkampf (Laufen, Ringen, Springen, Diskus- und Speerwurf). Die griechischen Olympischen Spiele gab es bis zum Jahr 394 n. Chr. Dann wurden sie verboten. Erst viel später griff der Franzose Pierre de Coubertin die Idee wieder auf und 1896 fanden die ersten Olympischen Spiele der Neuzeit in Athen statt. Heute werden sie alle vier Jahre veranstaltet.

Symbol der Olympischen Spiele

Sportler mit körperlicher Behinderung nehmen an den **Paralympischen Spielen** teil.

die Oper

In einer Oper wird musiziert, gesungen und gespielt. Die „Schauspieler" sind Sänger, die den Text nicht sprechen, sondern singen. Ein →Orchester begleitet sie. Die erste Oper wurde vor ungefähr 400 Jahren in Italien aufgeführt. Berühmte Opernkomponisten waren Wolfgang Amadeus Mozart, Giuseppe Verdi, Giacomo Puccini und Richard Wagner. Bei den Opern geht es in erster Linie um die Musik. Die Handlung und der Text treten in den Hintergrund. Operette heißt so viel wie „kleine Oper". Sie ist meist heiter und fröhlich und oft wird dabei getanzt. Eine der berühmtesten Operetten ist die „Lustige Witwe" von Franz Lehár.

die Operation

Normalerweise verstehen wir unter Operation den Eingriff eines Arztes, genauer gesagt eines Chirurgen, in den menschlichen →Körper. Der Chirurg macht dabei einen Einschnitt, entfernt Fremdkörper oder kranke Stellen oder näht

ein Chirurg mit seinem Team bei einer **Operation**

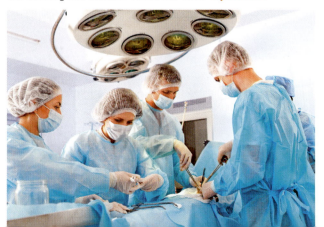

Orchester

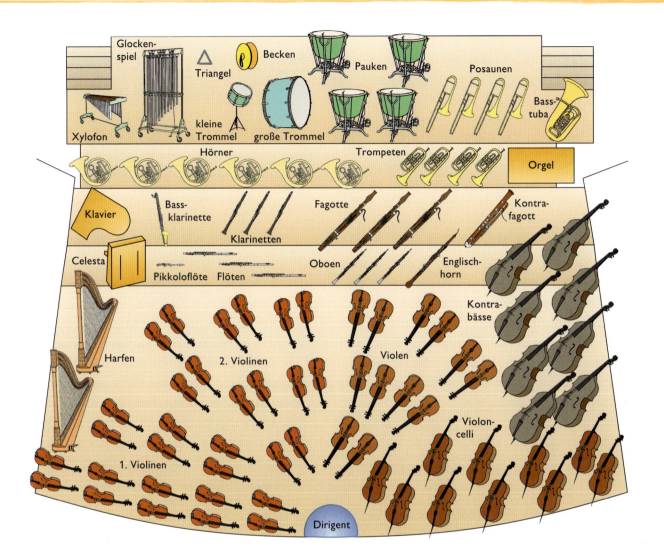

beschädigte Gewebe zusammen. Bei einer Operation sollte garantiert werden, dass der Patient keine Schmerzen spürt. Dafür sorgt die Betäubung oder Narkose. Sie wird vom Anästhesisten eingeleitet. Er überwacht auch die Funktion des →Herzens während der Operation. Unter einer militärischen Operation versteht man eine Kampfhandlung.

Eine Operation wird oft auch abgekürzt OP genannt.

Ein **Orchester** umfasst meist 40 bis 70 Musiker. Große Sinfonieorchester haben über 100 Mitglieder.

das Orchester

Als „Orchester" bezeichneten die alten Griechen den Tanzplatz im →Theater. Dort standen die Mitglieder des Chores. Als in Italien die →Oper entwickelt wurde, sah man diesen Platz für die Musiker vor. Der Begriff „Orchester" wurde einfach beibehalten. Die Organisation des modernen Orchesters geht hauptsächlich auf den Komponisten Joseph Haydn zurück. Dieser ordnete die →Musikinstrumente in vier Hauptgruppen: die Saiteninstrumente, die Holzblasinstrumente, die Blechblasinstrumente und die Schlaginstrumente. Die meisten Orchester haben einen Dirigenten als Leiter.

Organ

das Organ

Das Wort „Organ" hat viele verschiedene Bedeutungen. Zum einen meint man damit einen Teil des →Körpers, der eine bestimmte Aufgabe zu erfüllen hat. Wir kennen zum Beispiel die →Geschlechtsorgane, die →Sinnesorgane oder die Organe der →Verdauung. Ein Zusammenarbeiten verschiedener Organe nennt man auch Organismus. Zum anderen sind alle Stoffe organisch, die der belebten Natur angehören, also von →Menschen, →Tieren oder →Pflanzen stammen. Das Gegenteil heißt anorganisch. Im übertragenen Sinn ist ein Organ auch eine Einrichtung. Das →Parlament ist zum Beispiel das Organ der Gesetzgebung.

WISSEN KOMPAKT

Organe des Menschen
Viele Organe des Menschen kann man bestimmten Gruppen zuordnen, zum Beispiel:

- Organe des Bewegungs- und Stützapparates: Muskeln, Knochen, Sehnen, Bänder
- Organe des Nervensystems: Gehirn, Rückenmark, Nerven
- Sinnesorgane: Augen, Nase, Ohren, Zunge, Haut
- Kreislauforgane: Herz, Blutgefäße, Lymphgefäße
- Atmungsorgane: Nase, Bronchien, Lunge
- Verdauungsorgane: Mundhöhle, Magen, Dünndarm, Dickdarm, Leber, Bauchspeicheldrüse
- Harnorgane: Nieren, Blase
- Geschlechtsorgane: Brust, Gebärmutter, Eierstöcke, Penis, Hoden

Österreich

Österreich ist ein Land, das in →Europa liegt. Es ist sehr gebirgig, weil die Alpen das Land durchziehen. Der höchste Berg Österreichs ist der Großglockner mit 3797 Metern. Im Osten wird das Land deutlich flacher und auch wärmer. Dort liegt Wien, die Hauptstadt Österreichs. Nach Wien sind Graz, Linz, Innsbruck und Salzburg die größten österreichischen

Österreich: Der mächtige Stephansdom gilt als Wahrzeichen von Wien.

Städte. Die Menschen in Österreich sprechen Deutsch. Österreich ist eine →Demokratie. Das →Parlament setzt sich aus dem Bundesrat und dem Nationalrat zusammen. Der Chef der →Regierung heißt wie in Deutschland →Bundeskanzler. Es gibt viel →Industrie in Österreich, ebenso sind die →Land- und die Waldwirtschaft bedeutende Wirtschaftszweige. Eine wichtige Einkommensquelle ist zudem der →Tourismus. Viele Menschen verbringen im Sommer einen Wanderurlaub in den österreichischen Bergen, im Winter kommen sie zum Skilaufen.

Die →Geschichte Österreichs reicht über 1000 Jahre zurück. Vom 13. Jahrhundert an herrschten die Habsburger, ein europäisches Adelsgeschlecht. Sie schufen ein großes Reich, zu dem auch Ungarn, Rumänien, die heutige

Bundesländer Österreichs

Ozon

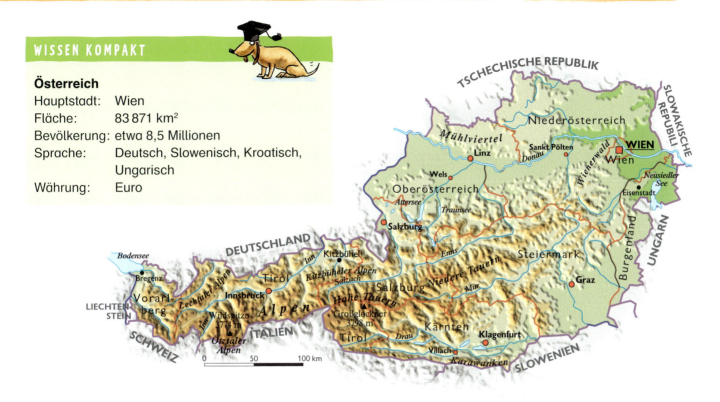

WISSEN KOMPAKT

Österreich
Hauptstadt: Wien
Fläche: 83 871 km²
Bevölkerung: etwa 8,5 Millionen
Sprache: Deutsch, Slowenisch, Kroatisch, Ungarisch
Währung: Euro

Tschechische Republik, Kroatien sowie Bosnien und Herzegowina gehörten. Ab 1867 hieß dieses Reich Österreich-Ungarn, oft spricht man auch von der Donaumonarchie. Nach dem Ersten →Weltkrieg zerfiel diese Monarchie und das heutige Österreich entstand. Die anderen Gebiete wurden unabhängig.

der Ozean

Statt Ozean kann man auch Weltmeer sagen. Über drei Viertel der Erdoberfläche sind von →Meeren bedeckt. Die großen Weltmeere befinden sich zwischen den →Kontinenten. Dazu gehören der Atlantische Ozean oder Atlantik zwischen →Europa und →Afrika einerseits und →Amerika andererseits, der Indische Ozean zwischen Afrika und →Australien und der Pazifische Ozean oder Pazifik zwischen →Asien und Amerika. In den Polargebieten sind die großen Weltmeere miteinander verbunden und bilden dort das Nord- beziehungsweise Südpolarmeer. Die drei Ozeane haben mehrere Nebenmeere, der Atlantik zum Beispiel die Nordsee und das Mittelmeer, der Indische Ozean das Arabische Meer und der Pazifik das Südchinesische Meer.

das Ozon

Das Ozon ist eine spezielle Form des →Sauerstoffs, den wir mit der →Luft einatmen. Dennoch wirkt Ozon auf uns schon in geringen Mengen giftig und verursacht Atembeschwerden und Augenreizungen. Ozon entsteht vor allem im Sommer bei dichtem Autoverkehr. Wir sprechen dann auch von Smog.

Während ein hoher Ozongehalt in der Atemluft gesundheitsschädlich wirkt, schützt uns das Ozon in den hohen Schichten der →Atmosphäre vor den gefährlichen ultravioletten Strahlen der →Sonne. Über den Polen gibt es bereits ein „Ozonloch". Schuld daran ist hauptsächlich der Mensch: Die Treibgase aus Spraydosen und andere chemische Stoffe zerstören das Ozon in der Atmosphäre.

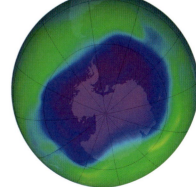

Die Satellitenaufnahme von 2006 zeigt das **Ozonloch** über der Antarktis.

Papagei

der Papagei

Papageien leben nur in warmen, →tropischen Gebieten. Die meisten der über 300 Arten haben ein auffällig buntes Gefieder. Einige Arten können bis zu einem Meter lang werden. Mit ihrem stark gekrümmten Schnabel können Papageien Nüsse knacken und Fruchtstücke abbeißen und sie verwenden ihn beim Klettern wie eine Hand. Zu den Papageien zählt man die Loris, die Aras, die Kakadus und die Sittiche. Sie gehören zu den am höchsten entwickelten →Vögeln. „Sprechen" können aber nur ganz wenige Arten, zum Beispiel die Graupapageien. Manche sind in der Lage, ganze Sätze nachzusprechen. Die Bedeutung der Begriffe kennen sie allerdings nicht. Auch bei uns leben mittlerweile ein paar wilde Papageienarten wie die Halsbandsittiche oder die Gelbkopfamazonen.

Papagei: Ara

das Papier

Das Papier erhielt seinen Namen von der Papyruspflanze, einer mehrere Meter hohen Staude aus den Sumpfgebieten Ägyptens. Im →Ägyptischen Reich stellte man aus dem Mark des Papyrus eine Art Papier her, indem es in Scheiben geschnitten und verklopft wurde.

Das Papier, das wir kennen, erfanden erstmals die Chinesen um 100 n. Chr. Im 14. Jahrhundert stellte man in Europa Papier aus Lumpen her. Heute verwendet man vor allem →Holz als Rohstoff. Die Stämme werden entrindet und zerkleinert. Unter ständigem Rühren entsteht ein Brei. Man gibt Leim und Füllstoffe hinzu und verdünnt stark mit Wasser. Dann folgt die eigentliche Papierherstellung auf einer bis zu 100 Meter langen Maschine. Der dünnflüssige Brei läuft auf ein Sieb. Das Wasser tropft ab, und die Fasern verfilzen sich. Die Papierbahn muss nun noch getrocknet, gewalzt und geglättet und schließlich aufgerollt werden.

das Parlament

In den meisten →Demokratien wählt das Volk seine Abgeordneten. Diese vertreten ihre Wähler in der Versammlung der Abgeordneten, dem Parlament. Das Parlament hat zwei Aufgaben: Es überwacht die Arbeit der →Regierung und stimmt über neue →Gesetze ab. Mit den Gesetzen setzen die Abgeordneten im Namen des Volkes Regierungsbeschlüsse durch.

In Deutschland heißt das Parlament →Bundestag, in Österreich und der Schweiz Nationalrat. Die Volksvertreter gehören meistens einer →Partei an. Im Parlament wird viel diskutiert. Oftmals kommt es zu heftigen Debatten. Aber alle Abgeordneten dürfen frei ihre Meinung äußern. Neben dem Bundestag beziehungsweise dem Nationalrat gibt es noch eine zweite Kammer des Parlaments, in der die Vertreter der Länder oder der Schweizer Kantonsregierungen sitzen. Auch sie müssen über Gesetze mit abstimmen. In Deutschland und Österreich heißt diese zweite Kammer →Bundesrat, in der Schweiz wird sie als Ständerat bezeichnet.

Parlament: Der Sitzungssaal des Deutschen Bundestages befindet sich im Reichstagsgebäude in Berlin.

die Partei

Menschen mit ähnlichen politischen Ansichten können sich zu einer Partei zusammenschließen. In der →Politik diskutieren Parteien darüber, wie der →Staat regiert werden soll. Dabei versuchen die verschiedenen Parteien, die Menschen von ihren jeweiligen Ansichten zu überzeugen. Bei den →Wahlen kämpfen sie um die Stimmen der Bürger und können entsprechend viele Abgeordnete ins →Parlament entsenden. So wächst ihr Einfluss innerhalb der →Regierung.

Wenn sich in einer →Demokratie Parteien zu einem Bündnis zusammentun, um gemeinsam regieren zu können, so spricht man von einer Koalition. Die anderen Parteien haben dann weniger Abgeordnete im Parlament und bilden die sogenannte Opposition.

WISSEN KOMPAKT

Parteien in Deutschland
Die großen Parteien in Deutschland heißen:

CDU – Christlich-Demokratische Union
CSU – Christlich-Soziale Union
SPD – Sozialdemokratische Partei Deutschland
Grüne – Bündnis 90/Die Grünen
Die Linke

der Pass

Der Pass oder Reisepass ist ein amtlicher Ausweis. Im Pass sind der Name des Inhabers, sein Geburtsdatum, sein Wohnort, eine Beschreibung seines Aussehens, ein Foto und seine Unterschrift enthalten. Im elektronischen Reisepass sind auch noch zwei Fingerabdrücke gespeichert. Ohne Pass kann man nicht ins Ausland reisen, jedenfalls nicht außerhalb der →Europäischen Union. Innerhalb der Europäischen Union genügt es, den Personalausweis vorzulegen. Die Pässe sind heute weitgehend fälschungssicher. Manche Länder verlangen bei der Einreise zudem noch eine Besuchserlaubnis, das Visum. Für Kinder unter 12 Jahren kann ein Kinderreisepass ausgestellt werden.

Przewalski-Pferde sind die letzten frei lebenden **Wildpferde**. Sie haben eine Schulterhöhe von etwa 1,4 m.

das Pferd

Pferde sind Huftiere. Zu ihren Verwandten gehören der Esel und das →Zebra. Das Pferd stammt von Urpferden ab, die vor fast 50 Millionen Jahren auch bei uns lebten und kaum größer als Hasen wurden. Heute ist das Przewalski-Pferd das letzte Wildpferd, das noch in der freien Natur lebt. Alle anderen Pferde sind Hauspferde, die von den Menschen aus Wildpferden gezüchtet wurden.

Bereits vor 5000 Jahren benutzten die →Ägypter das Pferd als Zugtier. Bevor die →Eisenbahn und das →Auto erfunden wurden, war das Pferd das schnellste Transportmittel. Heute wird das Pferd hauptsächlich als Reit- und Rennpferd gehalten. Ponys sind kleine Pferde. Das männliche Pferd heißt Hengst, wenn es kastriert ist, Wallach. Das weibliche Pferd nennt man Stute, ein Fohlen ist ein junges Pferd.

Entwicklung des **Pferdes:** Der Mesohippus hatte noch drei Zehen. Bei Merychippus war der mittlere Zeh schon stark vergrößert. Der direkte Vorfahre des heutigen Pferdes (Pliohippus) hatte nur noch eine Zehe, den Huf.

Pliohippus, vor ca. 5 Mio. Jahren

Merychippus, vor ca. 15 Mio. Jahren

Mesohippus, vor ca. 30 Mio. Jahren

Pflanze

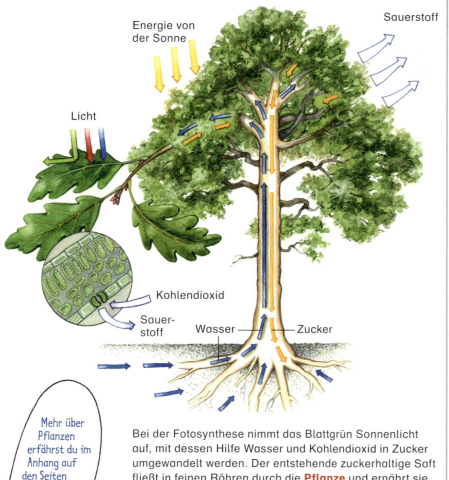

Bei der Fotosynthese nimmt das Blattgrün Sonnenlicht auf, mit dessen Hilfe Wasser und Kohlendioxid in Zucker umgewandelt werden. Der entstehende zuckerhaltige Saft fließt in feinen Röhren durch die **Pflanze** und ernährt sie.

Mehr über Pflanzen erfährst du im Anhang auf den Seiten 284 und 285!

die Pflanze

Zu den Pflanzen gehören →Algen, →Moose, →Farne, →Blumen, Gräser und →Bäume. Alle Pflanzen sind grün, weil sie den Farbstoff Blattgrün (Chlorophyll) enthalten. Mit seiner Hilfe stellen sie aus Wasser, dem Kohlendioxid der →Luft und Sonnenstrahlen Zuckerverbindungen her. Zudem entsteht →Sauerstoff, den Menschen und Tiere zum Atmen brauchen. Von den Zuckerverbindungen ernährt sich die Pflanze. Mit ihren →Wurzeln zieht sie zusätzliche Nährstoffe und Wasser aus dem Boden. Pflanzen vermehren sich mit Sporen oder →Samen, die sie selbst bilden. Oder sie vermehren sich aus Pflanzenteilen. So bilden Erdbeeren Ausläufer. Man kann auch einen kleinen Trieb als Steckling abschneiden und ihn in die Erde stecken, damit er Wurzeln entwickelt. Dann bekommt man einen Ableger. →Wildpflanzen wachsen wild in der Natur. Nutzpflanzen werden angebaut und als →Obst und →Gemüse gegessen oder als Bau- und Brennmaterial genutzt.

Fleischfressende **Pflanzen** wie die Venusfliegenfalle fangen Insekten, um an Nährstoffe zu gelangen, die im Boden fehlen.

die Physik

Die Physik gehört wie die →Chemie zu den Naturwissenschaften. Physiker untersuchen zum Beispiel das Verhalten von Festkörpern, →Flüssigkeiten und →Gasen. Sie wollen wissen, wie die Materie im Kleinen mit all den →Atomen und Molekülen aufgebaut ist. Physiker beschäftigen sich auch mit den verschiedenen Formen der →Energie. Einige der wichtigsten Zweige der Physik heißen Mechanik (Bewegungen und Kräfte), Optik (→Licht), Akustik (→Schall), →Elektrizität und →Magnetismus, ferner Atom- und Kernphysik.

Die Physiker führen wie alle Naturwissenschaftler →Experimente durch. Sie halten die Ergebnisse schriftlich fest, damit andere Physiker ihre Versuche nachvollziehen können.

der Pilz

Pilze enthalten im Gegensatz zu den →Pflanzen keinen grünen Blattfarbstoff und können somit keine Zuckerverbindungen herstellen. Sie leben von verrottenden →Blättern und →Wurzeln, die sie abbauen. Wir sehen von den Pilzen nur die Fruchtkörper. In ihnen werden die Sporen gebildet, mit denen sich Pilze vermehren. Die Unterseite der Pilzhüte sieht unterschiedlich aus: Bei den Lamellenpilzen befinden sich dort feine

Pfifferling (links) und Butterpilz (rechts) sind beliebte **Speisepilze**.

Lamellen, während Röhrenpilze ein schwammiges Röhrengewebe aufweisen. Der größte Teil eines Pilzes ist das Pilzgeflecht, das unter der Erde liegt und den Boden durchzieht.

Manche Pilze sind essbar, zum Beispiel Pfifferlinge, →Steinpilze, Champignons und Austernseitlinge. Es gibt jedoch auch viele giftige Pilze, darunter der →Fliegenpilz oder der tödliche Knollenblätterpilz. Zu den Pilzen gehören weiterhin die Hefepilze, →Schimmelpilze oder auch der Fußpilz.

der Pinguin

Pinguine sind →Vögel. Jedoch können sie nicht fliegen, sondern sie verwenden ihre Flügel als Antrieb beim Schwimmen im Wasser. Dabei bewegen sie sich so schnell wie Fische, manche Arten erreichen Geschwindigkeiten von bis zu 50 Kilometern pro Stunde. Alle Pinguine leben auf der Südhalbkugel. Die Kaiserpinguine haben sich an die harten Bedingungen in der →Antarktis angepasst. Mitten im dunklen Winter legt das Weibchen weitab von der Küste ein →Ei. Das Männchen übernimmt das Ei und brütet es auf seinen Füßen aus, während das Weibchen im Meer Fische jagt.

Königspinguine

der Pirat

Piraten sind Seeräuber. Früher lauerten sie Schiffen auf, überfielen sie mit Messern und Pistolen und nahmen die Waren auf dem Schiff an sich. Die Überfallenen wurden entweder getötet oder als Sklaven verkauft. Manchmal fuhren die Piraten auch im Auftrag ihrer Königin oder ihres Königs: Dann hießen sie Freibeuter und teilten ihre Beute mit der Regierung. Dafür wurden sie nicht bestraft. Berühmte Freibeuter waren zum Beispiel Francis Drake und Klaus Störtebeker. Zu den bekannten weiblichen Piraten zählen Anne Bonny und Mary Read. Piraten gibt es auch heute noch. So werden Jachten, Frachtschiffe und Riesentanker von Banden mit Maschinenpistolen und modernsten Kanonen entführt und geplündert.

der Planet

Planeten heißen die Himmelskörper, die einen Stern begleiten, selbst aber kein Stern sind. Unsere →Erde etwa ist ein Planet, weil sie im Sonnensystem die Sonne umkreist. Jeder Planet hat seine eigene Umlaufbahn, auch Orbit genannt. Da die Planeten nicht selbst leuchten, sieht man sie nur, wenn sie von einem Stern angestrahlt werden.

die **Planeten** Venus (links), Jupiter (Mitte) und Saturn mit Ringsystem und vier seiner Monde (rechts)

In unserem Sonnensystem kennen wir insgesamt acht Planeten. Die vier, die der Sonne am nächsten sind, nennen wir terrestrisch, also erdähnlich. Merkur, Mars und Venus bestehen wie die Erde aus →Gesteinen und →Metallen und haben eine feste Oberfläche. Dennoch konnte nur auf der Erde aufgrund der schützenden →Atmosphäre Leben entstehen. Merkur ist der Sonne so nahe, dass dort Temperaturen bis zu 350 Grad Celsius herrschen. Die Planeten Jupiter, Saturn, Uranus und Neptun bestehen aus →Gas und Eis. Sie sind sehr kalt. Heute weiß man, dass es auch außerhalb unseres →Sonnensystems Planeten gibt, die sogenannten Exoplaneten.

Der **Planet** Mars ist der Erde sehr ähnlich. Immer wieder wird er auf Lebensformen untersucht.

Plankton

das Plankton

Plankton besteht aus winzigen Pflanzen und Tieren. Sie sind so klein, dass man sie meist nur unter dem →Mikroskop erkennen kann. Sie leben im →Meer oder in Seen und bilden dort das Anfangsglied in den →Nahrungsketten. Das größte Tier, der Blauwal, ernährt sich direkt vom Plankton. Das pflanzliche Plankton gehört zu den →Algen. Es produziert mehr lebensnotwendigen →Sauerstoff als alle Wälder der Erde zusammengenommen. Das tierische Plankton setzt sich vor allem aus →Einzellern, aus →Larven von Krebsen und Fischen sowie aus →Quallen zusammen. Sie ernähren sich wiederum von den pflanzlichen Teilen des Planktons.

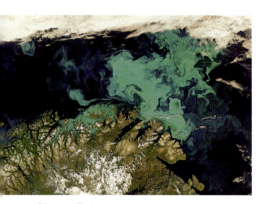

Dieses Satellitenbild zeigt: **Planktonarmes** Wasser sieht blau aus, planktonreiches Wasser erscheint grünlich.

die Politik

Politik ist die Kunst, verschiedene Interessen zu vereinen und auszugleichen. Politik kommt bereits in der Familie vor. Wenn jedes von vier Kindern etwas anderes unternehmen will, ist eine geschickte Politik nötig, um eine Lösung zu finden, mit der alle zufrieden sind. Einen solchen Ausgleich muss man auch in der →Schule, in der Firma, in der →Gemeinde und im →Staat finden.

Eine große Rolle in der Politik des Landes spielen die →Parteien. Sie stellen die Politiker und die →Regierung. Auch Kinder können Politik machen. Jede Schule hat eine Schülervertretung, die die Interessen aller Schüler bei der Schulleitung vertritt.

die Polizei

Die Polizei kümmert sich um die Sicherheit und Ordnung im →Staat. Die Verkehrspolizei regelt den Verkehr und muss die Urheber von Unfällen herausfinden. Die Kriminalpolizei oder Kripo versucht, Verbrechen zu verhindern oder aufzuklären. Kriminalpolizisten tragen keine Uniformen. Verkehrspolizisten, Schutz-, Bahn- und Wasserschutzpolizisten sind uniformiert. Die zentrale Kriminalpolizei in Deutschland ist das Bundeskriminalamt oder BKA. Wird ein Täter nicht nur innerhalb eines Landes, sondern europaweit oder weltweit verfolgt, wird Europol oder Interpol eingeschaltet. Hier werden Daten über Straftäter in einer zentralen Datei gesammelt.

das Porzellan

Teller, Tassen und anderes Essgeschirr bestehen oft aus Porzellan. Auch in vielen elektrischen Geräten sind einzelne Teile aus Porzellan. Um Porzellan herzustellen, mischt man Ton, Feldspat und Quarz zu einem feuchten Brei, der sich gut formen lässt. Die geformten Gegenstände werden hart, nachdem sie zweimal bei hohen Temperaturen in einem Brennofen gebrannt wurden. Die Chinesen haben vor über 1400 Jahren das Porzellan erfunden. Erst im →Mittelalter kam es zu uns. Bis dahin wurde das Geschirr aus einfachem Ton gebrannt.

Figur aus **Porzellan**

die Pubertät

Die Pubertät ist die Zeit der Geschlechtsreife. Sie beginnt bei Mädchen zwischen dem 11. und 14., bei Jungen zwischen dem 12. und 15. Lebensjahr und dauert einige Jahre. In dieser Zeit entwickeln sich Mädchen langsam zu einer →Frau und Jungen zu einem →Mann. Die →Geschlechtsorgane werden ausgebildet und die Körperbehaarung setzt ein. Die Mädchen bekommen Brüste, eine breitere Hüfte und die erste →Menstruation. Die Jungen bekommen breitere Schultern, einen Bart und die ersten Samenergüsse. Beim Stimmbruch bildet sich die tiefe Stimme des Mannes heraus.

Die Pubertät ist meist eine schwierige Zeit. Der Jugendliche weiß oft nicht, ob er noch ein Kind oder schon ein Erwachsener ist. Häufig gibt es Spannungen mit Eltern und Lehrern.

der Puls

An manchen Stellen des →Körpers kann man den Puls spüren. Er fühlt sich wie ein regelmäßiges und zartes Klopfen an. Der Pulsschlag hängt mit dem →Herzschlag und dem Blutkreislauf zusammen. Bei jedem Herzschlag dehnen sich die →Adern etwas aus, weil das →Blut durch den Körper gepumpt wird. Am deutlichsten ist diese Ausdehnung bei den großen Arterien. Deswegen lässt sich der Puls gut mit den Fingern am Handgelenk und am Hals fühlen. Bei einem →Kind sind es rund 100 Pulsschläge pro Minute, bei einem erwachsenen Menschen etwa 70.

die Pumpe

Die meisten Pumpen befördern →Flüssigkeiten, doch gibt es auch Pumpen für →Gase oder für Pulver, zum Beispiel für Mehl. Die →Technik unterscheidet verschiedene Pumpenarten. Die Fahrradpumpe ist eine einfache Kolbenpumpe. Ein Kolben wird im Inneren eines Zylinders hin- und herbewegt. Dabei müssen sich →Ventile richtig schließen und öffnen, sodass erst Luft angesaugt und dann ausgestoßen wird. Die meisten Pumpen enthalten heute im Inneren ein Laufrad, das eine Flüssigkeit befördert. Wir bezeichnen sie als Kreiselradpumpen.

Wasserpumpe auf einem Bauernhof

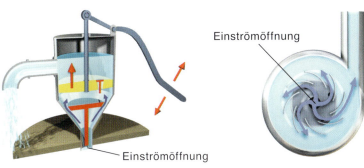

Kolbenpumpe · Kreiselradpumpe

die Pyramide

Pyramiden sind große Gebäude mit vier dreieckigen Seiten. Diese treffen sich oben in einem Punkt; der Grundriss ist viereckig.

Im →Ägyptischen Reich wurden Pyramiden als Gräber für die Pharaonen gebaut. Die drei berühmtesten Pyramiden liegen bei Giseh und gehören zu den →sieben Weltwundern. Die Cheopspyramide erreicht eine Höhe von 137 Metern. Sie wurde aus ungefähr zwei Millionen tonnenschweren Steinblöcken erbaut. Um die Gräber vor Grabräubern zu schützen, wurden komplizierte Systeme von Gängen mit Blindwegen, Fallgruben und Geheimtüren angelegt. Auch die mittel- und südamerikanischen Indios bauten ihre prächtigen →Tempel in Form von Pyramiden. Die Pyramide von Cholula ist mit einer Höhe von 55 Metern die größte Pyramide in Mittelamerika.

die Sphinx vor den **Pyramiden** in Giseh

Qualle

die Qualle

Quallen gehören zu den Hohltieren und sind mit den →Korallen verwandt. Die meisten Quallen leben im →Meer und lassen sich oft in riesigen Schwärmen von der Meeresströmung treiben. Sie bestehen zu 98 Prozent aus Wasser. Quallen haben keine Augen und keine Ohren, nur einen Mund und Fangarme, sogenannte Tentakel. Diese sind bei vielen Quallenarten mit zahlreichen Nesselkapseln besetzt. Bei Berührung platzen sie und bewirken einen brennenden Schmerz. Auf diese Weise fangen Quallen zum Beispiel Fische. Das →Gift mancher Quallen kann für den Menschen sogar tödlich sein.

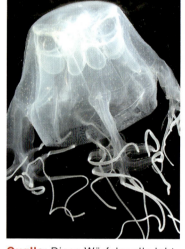

Qualle: Diese Würfelqualle lebt im Atlantischen Ozean.

die Quelle

Wenn es regnet, so versickert das →Wasser meist sofort im Boden. Es sinkt so weit ab, bis es an eine wasserundurchlässige Schicht gelangt. Dort sammelt es sich und bildet das Grundwasser. Entlang der Schicht fließt das Wasser langsam weiter und tritt meist an Hängen wieder an die Erdoberfläche: So entsteht eine Quelle. Das Wasser aus einer Quelle bildet einen →Bach, der sich bald zu einem →Fluss oder zu einem →See verbreitert.

Die meisten Quellen haben sehr sauberes Wasser, das fast das ganze Jahr über gleich kalt ist. Es gibt aber auch heiße Quellen, zum Beispiel →Geysire. Ihr Wasser stammt aus größeren Tiefen der Erde und wurde dort von heißen Gesteinsschichten aufgewärmt. Es enthält oft viele gelöste →Salze. Heiße Quellen kann man zu Heilzwecken oder in Thermalbädern verwenden. Das Wasser vieler Quellen dient uns als Trinkwasser und wird häufig als Mineralwasser in Flaschen abgefüllt.

Regenwasser versickert im Boden und sinkt bis zu einer wasserundurchlässigen Schicht ab. Dort fließt es langsam weiter, bis es wieder als **Quelle** an die Erdoberfläche tritt.

Radio

das Rad

Das Rad ist eine der nützlichsten Erfindungen der Menschheit. Mit Rädern, die an einer Achse befestigt sind, kann man schwere Lasten leicht transportieren. Die Rollreibung am Boden ist sehr viel geringer als die Gleitreibung, wie sie etwa ein Schlitten verursacht.

Die Menschen der →Steinzeit legten wahrscheinlich schon Baumstämme unter Lasten, die sie vorwärtsziehen wollten. Die ältesten bekannten Räder sehen aus wie Scheiben von Baumstämmen. Zunächst verband man die Räder fest mit der Achse, sodass sich diese im Fahrzeugrahmen drehte. Später ging man zu einer festen Achse über und die Räder drehten sich an deren Enden. Schließlich entwickelte man Speichenräder, die genauso widerstandsfähig, aber viel leichter als Scheibenräder sind. Dann wurden Räder mit Vollgummireifen erfunden. Heute sind Gummireifen mit Luft gefüllt.

Entwicklung des **Rads** vom Scheibenrad über das Speichenrad bis zum Autoreifen

der Radar

Mit Radar kann man Fahrzeuge und Hindernisse auf große Entfernung orten. Man bedient sich dabei der →Radiowellen. Deswegen funktionieren Radargeräte auch nachts, bei Nebel und über Tausende von Kilometern hinweg.

Die drehbare, schüsselförmige Radarantenne sendet ungefähr 500-mal in der Sekunde scharf gebündelte Radiowellen aus. Sie legen in einer millionstel Sekunde 300 Meter zurück. Treffen sie auf ein Fahrzeug oder ein Hindernis, so werden sie zurückgeworfen. Die Antenne fängt das Echo auf und zeigt es auf einem Bildschirm als Lichtpunkt an. Ein Fluglotse kann daran etwa erkennen, wie weit ein →Flugzeug entfernt ist.

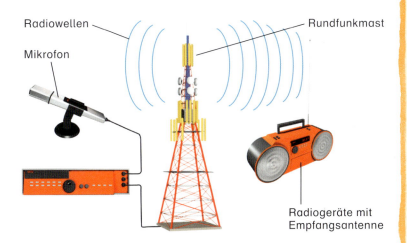

Elektromagnetische Wellen aus dem Rundfunkstudio gelangen über Masten zum **Radio**. Dort werden die Signale in Schallsignale zurückverwandelt.

das Radio

Radio- oder Rundfunksendungen werden drahtlos mit Radiowellen übertragen. Sie werden in einem Studio produziert. Mikrofone verwandeln dort Sprache und Musik in elektrische Signale. Diese werden verstärkt, auf eine Trägerwelle „gepackt" und von den großen Radiomasten ausgesendet. Der Radioempfänger zu Hause nimmt mit seiner Antenne die Radiosignale auf und verwandelt sie im Lautsprecher zurück in →Schallsignale. Radiowellen pflanzen sich so schnell wie das →Licht fort. Die ersten Radiowellen erzeugte Heinrich Hertz 1887.

Radioaktivität

die Radioaktivität

Die →Atomkerne gewisser chemischer Substanzen, wie zum Beispiel Uran, zerfallen ohne äußere Einwirkung und wandeln sich im Laufe der Zeit in andere Atomkerne um. Dabei werden radioaktive Strahlen frei, die sehr viel →Energie enthalten.

In einem Atomkraftwerk, auch AKW oder Kernkraftwerk genannt, wird viel Radioaktivität freigesetzt, um aus →Atomenergie →Strom zu gewinnen. Das Gebäude muss besonders sicher sein, da radioaktive Strahlen sehr gefährlich sind. Sie zerstören →Zellen und können →Krebs verursachen. Deswegen sind Atomkraftwerke sehr umstritten.

Gefahrgutbehälter für radioaktive Abfälle

die Rakete

Die Feuerwerksrakete und die Rakete, mit der Astronauten ins →Weltall befördert werden, arbeiten nach demselben Prinzip. Beide verbrennen Treibstoffe und erzeugen dabei heiße →Gase. Die Gase treten mit großer Geschwindigkeit nach hinten aus und treiben damit die Rakete nach vorne an. Man nennt dieses Prinzip der Fortbewegung Rückstoßprinzip.

Raketen brauchen im Gegensatz zu den →Triebwerken der →Flugzeuge keine Luft und können deswegen auch im luftleeren Raum fliegen. Raketen erreichen Geschwindigkeiten von bis zu 40 000 Stundenkilometern.

Die heutigen Weltraumraketen bestehen aus mehreren Antriebseinheiten, den sogenannten Stufen. Wenn die erste Stufe ausgebrannt ist, wird sie abgesprengt und die zweite Stufe zündet. Die Stufen enthalten meistens flüssigen Treibstoff. Raketen wie die europäische Großrakete Ariane 5 haben die Aufgabe, →Satelliten auf eine Erdumlaufbahn in den Weltraum zu transportieren.

Start einer **Rakete** vom Typ Ariane

Der **Rassismus** führt zu unmenschlicher Behandlung und Ausbeutung. Afrika zum Beispiel plünderten die Europäer wegen seiner Rohstoffe aus. Sie quälten die einheimische Bevölkerung mit der Begründung, dass die Afrikaner eigentlich halbe Tiere seien. Das Foto wurde vor etwa 100 Jahren im Kongo gemacht.

der Rassismus

Der Rassismus meint, wenn ein Mensch einem bestimmten Volk angehöre, müsse er auch bestimmte Eigenschaften haben. Besonders schlimme Auswüchse erlebte der Rassismus zur Zeit des deutschen →Nationalsozialismus. Damals wurde die Reinheit einer „arischen" Rasse gepriesen, die es gar nicht gibt.

Der Rassismus betrachtet alle anderen „Rassen" außer der eigenen als minderwertig, wodurch anders denkende oder auch anders aussehende Menschen diskriminiert und herabgewürdigt werden. Der Rassismus hat keine wissenschaftliche Grundlage und ist nichts anderes als ein Vorurteil. Ähnlich ist der Nationalismus. Wer so denkt, hält das eigene Volk für das beste und alle anderen für minderwertig.

das Rathaus

Im Rathaus arbeitet der →Bürgermeister. Dort befindet sich auch die →Gemeinde- oder Stadtverwaltung mit den verschiedenen Ämtern. Die Ämter nennen wir auch Behörden. In den Ämtern erledigen Beamte und Angestellte ganz bestimmte Aufgaben: Sie stellen zum Beispiel →Pässe für die Bürger aus, kümmern sich um die →Müllabfuhr, den Bau neuer Gebäude und die →Wirtschaft einer →Stadt. Wer heiraten will oder in eine neue Wohnung umzieht, muss ins Rathaus gehen. Im Rathaus hält auch der Stadt- oder Gemeinderat seine Sitzungen ab.

WISSEN KOMPAKT

**Rathaus:
Welches Amt macht was?**
Ein paar Beispiele:

- Standesamt: Hochzeiten, Geburten registrieren
- Stadtwerke: Frei- und Hallenbäder verwalten
- Bürger- und Ordnungsamt: Pässe ausstellen, Veranstaltungen genehmigen
- Jugendreferat: Jugendarbeit, Jugendhäuser verwalten
- Bauamt: Radwege planen
- Amt für Kultur: Museen verwalten

die Ratte

Die Ratten gehören zu den →Nagetieren. Die meisten Rattenarten stammen aus den tropischen Wäldern Südostasiens. Wanderratten kommen heute jedoch weltweit vor. Sie leben bevorzugt in nächster Nähe des Menschen. Sie sind äußerst anpassungsfähig, fressen fast alles und richten immer wieder große Schäden an. Der Rattenfloh übertrug früher den Erreger der Pest, einer Krankheit, an der im →Mittelalter in Europa etwa ein Viertel der Bevölkerung starb.

Der Geruchssinn der **Ratten** ist sehr gut entwickelt.

das Raubtier

Raubtiere sind eine Gruppe von →Säugetieren, die sehr gut an die Jagd angepasst sind. Mit den großen Eckzähnen halten Raubtiere ihre Beute fest, mit den starken Reißzähnen reißen sie einzelne Fleischbrocken heraus. Die meisten ernähren sich von frisch erlegtem Fleisch oder Fisch. Das gilt zum Beispiel für →Hunde und für →Katzenarten wie den →Tiger. Die Dachse fressen zusätzlich auch pflanzliche Nahrung, während sich viele →Bären sogar hauptsächlich von Pflanzenkost ernähren.

Raubtiere haben sich auf der ganzen Erde ausgebreitet. Bei uns sind →Füchse, Marder und vereinzelt auch die Wildkatze heimisch, andere Raubtiere wie Bären, →Wölfe und Luchse wurden vom Menschen ausgerottet. In Afrika sind die →Löwen, →Leoparden und Hyänen häufige Raubtiere. Die →Robben und Walrosse haben als Wasserraubtiere die Meere erobert.

Der Eurasische Luchs ist nach Bär und Wolf das größte **Raubtier**, das in Europa heimisch ist.

Raubtier: Der Dachs kann 20 kg schwer werden (oben). Die großen Stoßzähne des Walrosses (unten) kommen bei der Nahrungssuche nicht zum Einsatz.

Raumfahrt

die Raumfahrt

Seit jeher möchten die Menschen wissen, wie es im →Weltall aussieht. Doch erst im Jahr 1957 wurde der erste →Satellit, Sputnik 1, gestartet. Vier Jahre danach flog der erste Mensch, Juri Gagarin, ins Weltall. 1969 landeten Neil Armstrong und Edwin Aldrin auf dem Mond.

Im Gegensatz zu den Satelliten können unbemannte Raumsonden das Schwerefeld der Erde verlassen und zu anderen →Planeten oder Monden fliegen. Im Jahr 1959 landete die sowjetische Raumsonde Luna 2 auf dem Mond. Inzwischen besuchen Sonden alle Planeten unseres →Sonnensystems. Die Raumsonde Pioneer 10 war die erste, die das Sonnensystem verlassen hat.

Erst die Entwicklung der →Rakete mit mehreren Stufen machte es möglich, in den Weltraum zu fliegen. 1981 startete erstmals der wiederverwendbare Spaceshuttle. Er wurde gebaut, um Satelliten und Astronauten so kostengünstig wie möglich in die Erdumlaufbahn zu befördern. 2001 wurde die Internationale Raumstation ISS, die als Forschungsstation dient, in Betrieb genommen.

Raumfahrt: Der Außentank ist mit einer Länge von 45 m das größte Element des Spaceshuttles. Das Mitteldeck dient als Schlaf- und Essraum für die Mannschaft.

Raumfahrt: Edwin Aldrin und Neil Armstrong betraten am 20. Juli 1969 als erste Menschen den Mond.

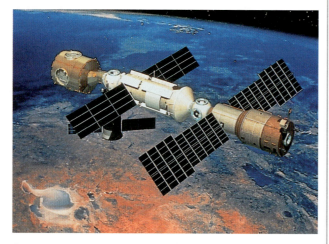

Raumfahrt: Die ISS umkreist die Erde in nur 90 Minuten.

die Raupe

Die Raupen sind die →Larven der →Schmetterlinge. Die geflügelten Schmetterlinge legen ihre Eier normalerweise auf Pflanzen ab. Daraus schlüpfen kleine wurmähnliche Raupen. Sie fressen unaufhörlich, damit sie schnell wachsen. Raupen ernähren sich nur von Pflanzen, dabei können einige Arten große Schäden anrichten. Wenn die Raupen wachsen, wird ihnen ihre Haut zu klein, denn sie wächst nicht mit. So

die **Raupe** des Braunen Bären mit ihrer starken Behaarung

müssen sie sich von Zeit zu Zeit häuten. Sie streifen die alte, zu eng gewordene Haut ab und schlüpfen mit einer neuen, größeren. Bei der letzten Häutung verwandelt sich die Raupe in eine unbewegliche Puppe. In ihrem Inneren finden große Veränderungen statt: die Entwicklung zum geflügelten Schmetterling. Nach einiger Zeit schlüpft er und fliegt davon. Die Entwicklung vom →Ei bis zum Schmetterling dauert in der Regel ein Jahr.

das **Recht**

Jedes Land hat seine →Gesetze. Sie regeln das Zusammenleben der →Menschen. Es gibt Gesetze über die unterschiedlichsten Lebensbereiche, angefangen vom Schutz des Lebens bis zu Vorschriften über den Bau von Häusern oder zum Verhalten im Straßenverkehr. Diese Gesetze bilden unser Recht. Wer gegen sie verstößt, muss sich vor →Gericht dafür verantworten und auch die Folgen tragen.

An das Recht müssen sich alle halten, auch →Kinder. Strafbar können sie sich allerdings erst ab dem 14. Lebensjahr machen. Ab dem siebten Jahr dürfen sie etwas kaufen, wenn die Eltern dies gestatten. Wenn sie von ihrem Taschengeld allerdings etwas erwerben wollen, brauchen sie keine Genehmigung. Mit 18 Jahren wird der Mensch voll geschäftsfähig.

der **Regenbogen**

Wenn es regnet, fällt →Wasser aus den →Wolken. Wenn die →Sonne niedrig steht und in den Regen hineinscheint, kann man einen Regenbogen beobachten. Die einzelnen Regentröpfchen wirken dann wie Glasprismen. Sie spalten das →Licht in verschiedene →Farben auf. Der Regenbogen ist von außen nach innen rot, orange, gelb, grün, blau, indigo und violett.

Regenwurm

Unter günstigen Bedingungen sieht man noch einen Nebenregenbogen mit umgekehrter Farbreihenfolge. Kleine Regenbogen gibt es auch an Wasserfällen und Springbrunnen, man kann sie mit einem Rasensprenger sogar selbst erzeugen.

Gibt es neben dem **Regenbogen** noch einen zweiten, zeigt dieser die umgekehrte Farbreihenfolge.

der **Regenwurm**

Die Regenwürmer sorgen für die Fruchtbarkeit des Bodens. Sie legen im Boden Gänge an, fressen die Erde und verdauen die darin enthaltenen Pflanzenteile. Nachts kommen sie auch an die Bodenoberfläche und ziehen abgestorbene Blätter in ihre Gänge. Mit ihrer Tätigkeit durchmischen sie den Boden. Ihr Kot enthält viel Humus, also dunkle, fruchtbare Erde.

Fruchtbare Böden enthalten immer viele Regenwürmer. Eine gute Weide beherbergt vom Gewicht her gesehen mehr Regenwürmer, als Kühe darauf weiden können! Wenn es sehr stark regnet, füllen sich die Gänge der Regenwürmer mit Wasser. Die Tiere bekommen dann nicht mehr genügend →Sauerstoff und kriechen nach oben. Deswegen heißen sie Regenwürmer. Sonnenlicht ist für ihre empfindliche Haut schädlich.

Der Körper des **Regenwurms** besteht aus zahlreichen Gliedern (Segmenten), die mit dem Alter des Wurms zunehmen: Ausgewachsene Exemplare haben etwa 160 Segmente.

Regierung

die Regierung

Eine Regierung regelt das Zusammenleben von Menschen. Sie leitet und bestimmt die →Politik eines Landes für die Bürger, die darin leben. Wir haben eine →Demokratie als Regierungsform, bei der die Bürger ihre Regierung wählen. Der Chef der deutschen Regierung ist der →Bundeskanzler. Zur Regierung gehören auch die Minister. Sie bilden zusammen mit dem Bundeskanzler das Kabinett und helfen ihm beim Regieren.

Regierung: Im Innenministerium in Berlin werden zum Beispiel Entscheidungen über die Bekämpfung der Kriminalität getroffen.

Die Minister sind für einzelne Bereiche zuständig, etwa für die Familien-, die Gesundheits- oder die Finanzpolitik. Der →Bundestag oder das →Parlament kontrolliert die Regierung. Früher hatten Häuptlinge, Fürsten oder →Könige alle Regierungsgewalt. Sie schalteten und walteten nach Belieben, sprachen →Recht und legten ihren Untertanen →Gesetze auf. Diese Art der Regierung nennen wir heute Diktatur. Wenn ein einziger Mensch auf diese Weise über ein Land herrscht, ist er ein Diktator.

Regierung: Ein Zulu-Dorfhäuptling hatte früher eine wichtige Rolle als Würdenträger und Berater.

Rehböcke tragen ein Geweih, das jedes Jahr im Herbst abfällt. Beim einjährigen Bock sind das einfache, unverzweigte Spieße. Das Geweih mehrjähriger Böcke hat bis zu drei Sprossen.

das Reh

Das Reh ist unsere häufigste Hirschart. Das Männchen heißt Bock. Es trägt ein Geweih mit höchstens sechs Enden auf dem Kopf. Das Weibchen ist die Ricke. Sie hat kein Geweih und wirft im Frühsommer ein oder zwei Jungtiere. Die Rehkitze sind hell gefleckt.

Das Reh war früher ein seltenes Tier, doch inzwischen haben die Rehbestände zugenommen. Leider fressen Rehe viele Knospen und Baumschösslinge und schädigen damit unsere →Wälder. Im Sommer leben Rehe als Einzelgänger. Im Herbst schließen sie sich zu Gruppen zusammen. Dann kann man sie auch tagsüber auf den Feldern sehen.

die Religion

Wenn der Mensch an übernatürliche göttliche Kräfte glaubt, hat er eine Religion. Schon die Menschen der →Steinzeit verehrten Kräfte, die in der Natur wirken. Heute gibt es Tausende von kleineren religiösen Gruppen und fünf große Weltreligionen. Das sind der →Buddhismus, das →Christentum, der →Hinduismus, der →Islam

Mehr zum Thema Religion auf den Seiten 194 und 195!

Republik

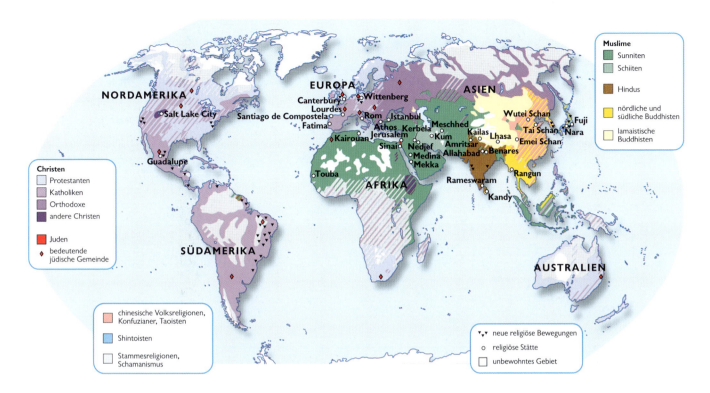

Die Weltkarte zeigt die verschiedenen **Religionen** unserer Erde sowie die wichtigsten religiösen Stätten.

und das →Judentum. Wenn sich der Mensch fragt, wie er sein Leben führen soll, wer sein Schicksal bestimmt und was ihn nach dem →Tod erwartet, versuchen die Religionen ihm Antwort darauf zu geben. In den meisten Religionen ist der Himmel der Sitz der →Götter, die Hölle dagegen das Reich des Todes oder des Bösen.

Neben den fünf Weltreligionen gibt es viele weitere Religionen. Sie werden von einzelnen Völkern oder Stämmen gepflegt und heißen Stammesreligionen. Viele Naturvölker glauben, der Mensch sei von Geistern umgeben, die in Tieren, Pflanzen oder Felsen wohnen. Der Mensch muss diese Geister durch Gebete, Opfer und Beschwörungen versöhnen.

die Rente

Wenn jemand in Rente geht, so hört er auf zu arbeiten. Er bekommt dann von der staatlichen Rentenversicherung oder von einer anderen Versicherung eine monatliche Zahlung, um seinen Lebensunterhalt zu bestreiten. Um eine Rente zu bekommen, muss man während des Arbeitslebens regelmäßig →Geld in die Versicherung einbezahlen. Von den laufenden Beiträgen wird die Rente derjenigen Menschen bezahlt, die schon alt sind. Die eigene Rente wird dann wiederum durch die Beiträge der jüngeren Arbeitnehmer beglichen.

die Republik

Anders als in einem Königreich oder einer Diktatur gibt es in einer Republik keinen →König oder Diktator (Alleinherrscher), der das Land regiert. In einer Republik wählen Bürger oder vom Volk gewählte Abgeordnete das Staatsoberhaupt für einen gewissen Zeitraum. Nach dieser Zeit muss ein neues Staatsoberhaupt in einer freien →Wahl bestimmt werden. Daher ist die Republik eigentlich eine →demokratische Staatsform. →Deutschland, →Österreich und die →Schweiz sind solche Republiken. Das Staatsoberhaupt einer Republik heißt Präsident. Bei uns ist das der →Bundespräsident.

Leider gibt es auch Länder, die sich Republiken nennen und dennoch von einem Diktator regiert und unterdrückt werden.

Religiöse Feste

Die wichtigsten Religionen der Erde sind das →Judentum, das →Christentum, der →Islam, der →Buddhismus und der →Hinduismus. So wie Christen jedes Jahr Weihnachten feiern, so begehen die Angehörigen anderer Religionen ihre eigenen religiösen Feste.

Ostern – das höchste Fest der Christen

Ostern ist das wichtigste Fest der Christen. An Karfreitag wurde Jesus Christus gekreuzigt. Am Sonntagmorgen aber, so heißt es in der →Bibel, war sein Grab leer. Für Christen bedeutet dies, dass Jesus von den Toten auferstanden ist und den Tod besiegt hat. Vor Freude darüber feiern die Christen in aller Welt das Osterfest. Die ersten Gottesdienste finden schon in der Nacht von Samstag auf Ostersonntag in der festlich geschmückten →Kirche statt. Die Kinder bekommen am Ostersonntag Süßigkeiten, Geschenke und bunt bemalte Ostereier, die ein Sinnbild des neuen Lebens sind. Jedes Jahr reisen viele Gläubige zu den Osterfeierlichkeiten nach Rom und empfangen den Ostersegen des Papstes.

Prozession am Ostersonntag in Spanien

Chanukka – das Lichterfest der Juden

Mit dem Lichterfest feiern die Juden ein Wunder, das der Überlieferung nach vor über 2000 Jahren geschah: Damals erhoben sie sich gegen einen fremden Herrscher, der ihre Religion verboten hatte. Nach ihrem Sieg entzündete ihr Anführer Judas Makkabäus im →Tempel von Jerusalem das ewige Licht. Die Lampe brannte, obwohl sie nur Öl für einen Tag enthielt, acht Tage lang. Beim Chanukkafest versammelt sich die Familie acht Abende lang um einen achtarmigen Leuchter, singt Lieder und zündet täglich eine Kerze an. Die Kinder bekommen Geschenke und spielen mit dem Dreidel, einem Kreisel mit den Anfangsbuchstaben des Satzes: „Hier geschah ein großes Wunder."

Chanukka-Leuchter haben neun Kerzen: acht für jeden Tag, eine – den Schammasch (Diener) – zum Anzünden der Lichter.

Religiöse Feste

Holi ist das Fest der Farben, wie man hier deutlich sieht.

Holi – das Farbenfest der Hindus

Das Holi-Fest im Frühling dauert mehrere Tage und findet zu Ehren der hinduistischen Gottheit Krishna statt. In der ersten Nacht tanzen die Hindus um ein Freudenfeuer und singen Lieder. In den Straßen wird während des Festes ausgelassen gefeiert, ähnlich wie anderswo an Karneval. Alle ziehen weiße oder alte Kleider an und färben sich mit buntem Pulver Haut und Kleidung. Auf der Straße bemalen sich die Menschen gegenseitig mit Farbpasten oder bespritzen sich mit gefärbtem Wasser. Die Kinder mischen kräftig mit und füllen riesige Wasserpistolen oder Luftballons mit gefärbtem Wasser. Das Besondere an Holi ist, dass alle Unterschiede zwischen Alter, Geschlecht und gesellschaftlichem Ansehen aufgehoben sind. Alle haben einfach nur Spaß.

Gläubige Buddhisten beim Vesak-Fest in Thailands Hauptstadt Bangkok

Das Vesak-Fest der Buddhisten

Im Buddhismus gibt es verschiedene Glaubensrichtungen. Alle feiern die Geburt, die Erleuchtung und den Eingang Buddhas ins Nirwana (Nichts) nach seinem Tod. Im Theraveda-Buddhismus werden diese drei Ereignisse am Vollmondtag des Monats Mai gefeiert. Im Mittelpunkt des Vesak-Festes steht das Schenken, wobei die Gläubigen vor allem Bedürftige und Pilger beschenken. In manchen Ländern schenkt man gefangenen Vögeln die Freiheit. In Sri Lanka tragen die Gläubigen schlichte weiße Gewänder und gehen zum Meditieren in den schön dekorierten →Tempel. Abends ziehen Lichterprozessionen durch die Straßen, die mit bunten Fahnen und Laternen geschmückt sind.

Das Zuckerfest der Muslime

Im Ramadan, dem islamischen Fastenmonat, dürfen gesunde erwachsene Muslime vom Morgengrauen bis zum Sonnenuntergang nichts essen und nichts trinken. Wenn der Ramadan vorbei ist, findet ein dreitägiges Fest statt. Die ganze Familie geht am Morgen zum Beten in die →Moschee. Danach gibt es zu Hause leckere Speisen. Man schenkt sich gezuckerte Früchte, süße Mandeln oder Bonbons – daher der Name Zuckerfest. Beim Zuckerfest küssen die Kinder den Älteren die Hand und bekommen von diesen Geld und Süßigkeiten.

Beim islamischen Zuckerfest gibt es jede Menge Süßigkeiten.

Rhythmus

der Rhythmus
Wenn etwas einen Rhythmus hat, dann ist es zeitlich gegliedert, hat einen periodischen Wechsel oder kehrt regelmäßig wieder. Man spricht etwa vom Rhythmus der →Jahreszeiten oder der Gezeiten →Ebbe und Flut.

Vor allem in der →Musik spielt der Rhythmus eine große Rolle. Dort bedeutet er die Abfolge von langen und kurzen Notenwerten. Rhythmusinstrumente geben oft den Grundschlag (Beat) vor, im Gegensatz zu den Instrumenten, die die Melodie spielen.

die Ringelnatter
Die Ringelnatter ist eine ungiftige →Schlange. An den beiden gelben Halbmonden im Nacken kann man sie gut erkennen. Ringelnattern sind sehr scheu. Sie leben bei uns in der Nähe von →Teichen, →Seen und anderen Gewässern und jagen dort Frösche, Molche und Fische. Die Ringelnattern können gut schwimmen und tauchen. Im Sommer legt das Weibchen bis zu 50 längliche →Eier an Stellen, an denen es feucht und warm ist. Das kann zum Beispiel auch ein →Komposthaufen sein. Den Winter über ruht die Ringelnatter in einem verlassenen Mäusebau oder in anderen Erdverstecken.

Ringelnatter

Ritter: Wasserburgen waren zum Schutz vor Angreifern von einem Wassergraben umgeben.

der Ritter
Die Ritter waren die Berufssoldaten des →Mittelalters. Da sie berittene Kämpfer waren, nannte man sie Ritter. Sie dienten einem Fürsten oder →König und erhielten dafür ein Dorf als Lehen. Die Bauern des Dorfes mussten für den Ritter und seine Mannschaft sorgen. Die meisten Ritter hausten in zugigen, grob gezimmerten Wohntürmen aus Holz, den sogenannten Motten. Nur sehr wohlhabende Ritter konnten sich →Burgen aus Stein leisten.

Das Turnier war ein spielerischer Wettkampf, bei dem die **Ritter** einzeln oder in Gruppen gegeneinander antraten.

Eine Ritterrüstung mit Brust- und Kragenteil, Arm- und Beinschienen und gepanzerten Schuhen konnte über 25 Kilo schwer sein.

Ein Ritter war zu besonderen Tugenden verpflichtet: Er musste gehorsam und treu gegenüber seinem Herrn und vornehm gegenüber Frauen sein und ein christliches Leben führen. Die höchste Tugend des Ritters war es, um eine adlige Dame zu werben. Die Liebe zu der verehrten Herrin nannte man Minne.

Jeder Ritter musste eine Ausbildung absolvieren. Mit sieben Jahren wurde er in höfischen Manieren unterrichtet. Mit 14 Jahren lernte er den Umgang mit Waffen. Etwa sieben Jahre später erhielt der Ritter von seinem Dienstherrn den Ritterschlag.

die Robbe

Die Robben sind Meeressäugetiere. Sie stammen von den →Raubtieren des Festlands ab. Die meisten Robbenarten leben in kalten →Meeren und verbringen den größten Teil ihres Lebens im Wasser. Gelegentlich kommen sie an Land, um sich in der Sonne aufzuwärmen oder um ihre Jungen auf die Welt zu bringen. Robben sind sehr gute Schwimmer. Die beiden Beinpaare sind zu Flossen umgewandelt. Die Tiere haben eine dicke Fettschicht unter der Haut als Schutz gegen die eisigen Temperaturen des Wassers. Wegen der begehrten Pelze sind die Bestände vieler Arten bedroht. Zu den Robben gehören auch die Walrosse, die Seelöwen, die Seebären, die See-Elefanten, die Seehunde und die Seeleoparden.

Robben

der Roboter

Roboter sind keine künstlichen Menschen, sondern →Maschinen, die programmiert werden und sich danach selber steuern. Sie können komplizierte Arbeiten verrichten, nehmen uns also Arbeit ab. Die meisten Roboter arbeiten in der →Industrie. Das Wort „Roboter" ist von dem tschechischen Wort für „Arbeit" abgeleitet.

der Rohstoff

Aus Rohstoffen stellt man Produkte her. Rohstoffe stammen aus dem Tier- oder Pflanzenreich oder sind Bodenschätze wie →Erdöl oder →Erdgas, Gold, Silber, Kupfer oder →Kohle. Tiere liefern uns viele Rohstoffe, etwa Fleisch, →Milch, Wolle und Häute. Ein wichtiger pflanzlicher Rohstoff ist →Holz. Er dient zum Feuern ebenso wie zum Bauen von Häusern oder zur Herstellung von Möbeln. Der Rohstoff →Kakao wird zu Schokolade weiterverarbeitet.

Rohstoffarme Länder, etwa die Schweiz und Japan, stellen hochwertige Waren wie Uhren oder Autos her. Die Rohstoffe dafür müssen eingeführt werden.

WISSEN KOMPAKT

Rohstoffe in Deutschland
In Deutschland werden diese Rohstoffe gefördert:

- Braunkohle, Steinkohle und Erdgas für die Energiegewinnung
- Kalisalze als Dünger
- Steinsalz, Bausand, Baukies und Natursteine zum Bauen
- Schwerspat, Flussspat, Grafit, Kaolin und andere Mineralien für die Industrie

der Roman

In Romanen werden vor allem Lebensabschnitte oder ganze Lebensläufe einer oder mehrerer Personen erzählt. Romane sind daher oft sehr umfangreich. Romane für Kinder sind meist spannend, wie die Kriminalromane von Erich Kästner („Emil und die Detektive") und Astrid Lindgren („Meisterdetektiv Kalle Blomquist"). Fantastisch-abenteuerliche Romane haben zum Beispiel Michael Ende („Momo"), Joanne K. Rowling („Harry Potter") oder Cornelia Funke („Tintenblut") geschrieben. Viele moderne Kinderromane, etwa von Christine Nöstlinger, handeln von Problemen, die Kinder und Jugendliche mit sich selbst und ihrer Umgebung haben, und wie sie damit fertig werden.

Römisches Reich

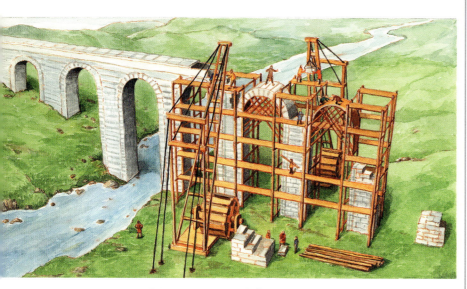

Die Ingenieure im **Römischen Reich** haben den Kran erfunden, mit dessen Hilfe sie lange Wasserleitungen (Aquädukte) bauten.

das Römische Reich

Vor rund 2000 Jahren war das Römische Reich das mächtigste Reich der Erde. Es umfasste den ganzen Mittelmeerraum und reichte bis nach Deutschland und England. Das Zentrum dieses Reiches war die Stadt Rom, die heutige Hauptstadt von Italien. Der Sage zufolge wurde Rom vor über 2700 Jahren von den Zwillingsbrüdern Romulus und Remus gegründet, die von einer Wölfin aufgezogen wurden.

Die Römer schufen im Lauf der Zeit eine →Republik, bauten ein starkes Heer auf und unterwarfen ihre Nachbarvölker. Überall gründeten sie Städte, wie Köln und Aachen, und bauten prächtige →Tempel, gepflasterte Straßen, Wasserleitungen und Badehäuser. In großen Arenen fanden oft sehr brutale Wettkämpfe mit Tieren oder zwischen Gladiatoren statt.

Später wurde das Römische Reich in zwei Hälften geteilt. Das Weströmische Reich ging 476 n. Chr. unter, das Oströmische knapp 1000 Jahre später.

Legionär

Römisches Reich: Triumphbogen wie der Konstantinsbogen in Rom wurden zur Feier des Sieges römischer Feldherren und Kaiser errichtet.

die Röntgenstrahlen

Röntgenstrahlen sind wie →Licht- und →Radiowellen elektromagnetische Strahlen. Sie enthalten viel →Energie und dringen durch verschiedene Stoffe unterschiedlich stark hindurch. Sie werden etwa von Muskeln weniger stark „verschluckt" als von Knochen. Da Röntgenstrahlen auf Fotografien ein Bild hinterlassen, kann man mit ihnen das Körperinnere abbilden. Ärzte können auf Röntgenbildern sehen, ob →Knochen gebrochen sind. Auch in der Technik verwendet man Röntgenstrahlen, zum Beispiel um Risse in Röhren zu finden. Der deutsche Physiker Wilhelm Röntgen entdeckte 1895 die nach ihm benannten Strahlen durch einen Zufall, als er →Elektrizität durch Gase passieren ließ.

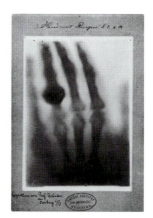

Röntgenaufnahme, die Wilhelm Röntgen 1896 von der Hand seiner Frau machte.

das Rote Kreuz

Das Rote Kreuz ist eine internationale Organisation, die kranken, verletzten, hungernden und leidenden Menschen hilft. Es hat seinen Sitz in Genf in der Schweiz, ist aber in sehr vielen Ländern vertreten. Das Symbol des Roten Kreuzes entstand aus der Umkehrung der Farben der schweizerischen Flagge.

Der Journalist Henri Dunant gründete 1863 das Rote Kreuz. Einige Jahre zuvor hatte er auf einem Schlachtfeld Tausende von verletzten Soldaten gesehen, die um Hilfe riefen. Damals war es nicht üblich, verletzte Soldaten zu pflegen.

Statt eines **roten Kreuzes** trägt die islamische Hilfsorganisation einen roten Halbmond, die israelische einen roten Kristall.

Salz

die Sage

Sagen oder Legenden sind Geschichten, die zunächst nicht aufgeschrieben, sondern nur weitererzählt wurden. Jeder Erzähler schmückte sie etwas mehr aus, bis oft die ursprüngliche Geschichte kaum mehr zu erkennen war. Erst lange Zeit später wurde die Geschichte dann aufgeschrieben.

Sagen handeln oftmals von Helden, Elfen, Riesen und Zwergen, denen merkwürdige Dinge geschehen. Anders als die →Märchen enthalten viele Sagen einen wahren Kern und ein Teil der Geschichte hat sich tatsächlich vor langer Zeit so oder so ähnlich zugetragen. So bezieht sich etwa die Nibelungensage auf die Zerschlagung des Burgunderreiches am Rhein durch die Römer vor über 1500 Jahren. Zu den Sagen gehören auch die Geschichten von Till Eulenspiegel und von Robin Hood.

der Salamander

Der Salamander gehört zu den →Lurchen. Weil erwachsene Salamander wie auch die →Molche und Olme einen langen Schwanz besitzen, nennen wir sie Schwanzlurche. In unseren Wäldern kommt der schwarz-gelbe Feuersalamander vor, in den Alpen der schwarze Alpensalamander. Beide haben eine feuchte Haut, die giftig ist. Salamander verstecken sich tagsüber unter Steinen und Wurzeln. Erst in der Nacht gehen sie auf die Jagd nach Schnecken, Spinnen, Käfern und Regenwürmern.

Salamander legen keine →Eier. Der Feuersalamander setzt im Frühjahr bis zu 80 →Larven in einem Bach ab. Im Wasser entwickelt sich die Larve langsam zum Salamander, der dann an Land geht. Der Alpensalamander hingegen bringt vier bis fünf Zentimeter lange Jungtiere zur Welt.

Feuersalamander

das Salz

Salz ist ein wichtiger Mineralstoff in unserer →Ernährung. Als Bergsalz bildet es riesige unterirdische Stöcke. Früher gewannen Bergleute das Salz mit Hacke und Schaufel. Heute pumpt man Wasser in den Salzstock. Das Salz löst sich darin auf, bis eine gesättigte Lösung, die sogenannte Sole, entsteht. Diese wird wieder hochgepumpt. Dann lässt man das Wasser verdampfen und erhält reines Kochsalz. Salz wird auch aus dem →Meer gewonnen: Man lässt Meerwasser in flache Salzgärten laufen, wo es mit der Zeit verdunstet und das Salz als Rückstand zurückbleibt.

Meersalz wird in großen Trocknungsanlagen gewonnen.

Samen

der Samen

Blütenpflanzen vermehren sich durch Samen. Im feuchten Boden keimt der Samen. Es wächst eine neue →Pflanze, die zunächst Keimling heißt. Nach der Bestäubung entwickelt sich die →Blüte zur →Frucht, welche die Samen enthält. Viele Früchte enthalten kleine, harte Samen, wie die Weinbeere oder der →Apfel. Dagegen sind Samen wie Eicheln oder Erbsen ziemlich groß. Die Samen werden von →Tieren oder dem →Wind verbreitet. Ahornsamen haben zum Beispiel eine Art Flügel und werden gut vom Wind getragen, ebenso die Samen des →Löwenzahns, die wie kleine Fallschirme aussehen. Kletten haken sich am Fell von Tieren fest. →Beeren werden von →Vögeln gefressen und deren Samen mit dem Kot wieder ausgeschieden. Der Eichelhäher vergräbt Eicheln als Nahrungsvorrat, die er jedoch häufig vergisst. So können die Eicheln auskeimen.

Bei den Tieren und beim →Menschen sind mit dem „Samen" die männlichen Samenzellen (das Sperma) gemeint, die die weiblichen Eizellen befruchten.

Ahornsamen

Löwenzahnsamen

Erbse

Samen: Die Samenflüssigkeit eines Mannes ist mit glasigen Fäden durchsetzt. Diese Spermien bestehen aus dem Kopfteil mit der Erbinformation und einem beweglichen Schwanzteil.

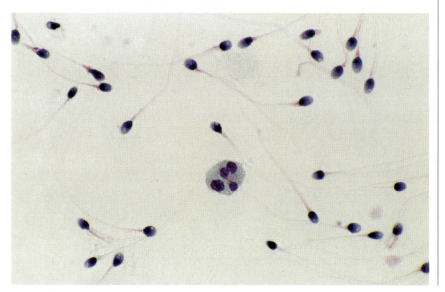

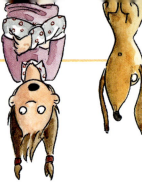

Manchmal kommt also der Sand am Strand aus dem Gebirge?!

der Sand

Sand findet man hauptsächlich am Strand und in der →Wüste. Er besteht aus vielen winzigen Steinkörnchen. Diese Körnchen entstehen, wenn →Gesteine verwittern. Bei der Verwitterung dringt →Wasser in Felsspalten ein, gefriert und sprengt Teile des Gesteins ab. Mit dem Regen- und Tauwasser gelangen die Steinbrocken in →Bäche und →Flüsse. Durch die Bewegung des Wassers reiben sie stetig aneinander und werden immer kleiner. So entstehen aus den groben Steinbrocken zunächst runde Kieselsteine und dann winzig kleine Sandkörnchen.

Auch der →Wind kann Felsen im Lauf der Zeit zu feinen Sandkörnchen zermahlen. Es gibt weißen, roten, schwarzen und bunten Sand. Die Farbe hängt damit zusammen, welches Gestein fein gemahlen wurde.

ein **Satellit** in der Erdumlaufbahn

der Satellit

Jeder Körper, der um einen anderen Körper in einer Umlaufbahn (einem Orbit) kreist, heißt Satellit. Die →Erde und die übrigen →Planeten sind somit Satelliten der →Sonne. Der →Mond ist der Satellit der Erde. Zudem gibt es Tausende künstliche Satelliten, die unseren Planeten

Säugetier

umkreisen. →Raketen befördern sie auf ihre Umlaufbahnen. Wettersatelliten nehmen mit Kameras Bilder von den →Wolken und von Stürmen auf der Erdoberfläche auf und machen unsere genaue Wettervorhersage möglich. Fernmeldesatelliten übertragen Telefongespräche, Computerdaten und →Fernsehsendungen in andere Länder und Kontinente. →Navigationssatelliten helfen Schiffen und Flugzeugen, ihre Position zu bestimmen. Satelliten haben →Batterien an Bord, die von den Sonnenstrahlen immer wieder aufgeladen werden.

Heute umkreisen über 8000 Satelliten unsere Erde. Dazu kommen viele Millionen Bruchstücke von Satelliten und Raketen, die ebenfalls wie Geschosse um die Erde fliegen.

der Sauerstoff

Der Sauerstoff ist ein →Gas und eines der häufigsten chemischen Elemente. Ein Fünftel der →Luft besteht aus Sauerstoff. Wenn etwas brennt, verbindet es sich in einer heftigen Reaktion mit Sauerstoff. Dabei wird viel Wärme frei. Fast alle Lebewesen brauchen Sauerstoff. Sie nehmen ihn mit der →Atmung auf. Mit dem Sauerstoff „verbrennen" wir die Nahrung und gewinnen dabei Energie für das Leben. Die grünen →Pflanzen geben Sauerstoff ab und sind deswegen lebenswichtig für Tier und Mensch.

Das chemische Zeichen für Sauerstoff ist O. Wenn sich drei Sauerstoffatome zu einem Molekül verbinden, entsteht →Ozon, das in größeren Mengen für den Menschen hochgiftig ist.

das Säugetier

Zu den Säugetieren gehören die Eier legenden Säugetiere wie das →Schnabeltier, die Beuteltiere und die sogenannten Echten Säugetiere. Sie besitzen alle ein Fell und atmen →Luft mithilfe ihrer →Lungen. Die Weibchen der Beuteltiere und Echten Säugetiere gebären lebende Junge. Als Nahrung bekommen die Jungen →Milch aus den Milchdrüsen der Mutter. Wir sagen: Die Jungen werden gesäugt. Auf der

Säugetiere: Eine Hündin säugt ihren Wurf junger Welpen.

Neben den Walen und den Robben gehören auch Seekühe zu den großen meeresbewohnenden **Säugetieren**.

ganzen Welt gibt es über 5000 Säugetierarten. Beuteltiere wie das →Känguru und der →Koala leben nur in Australien. Echte Säugetiere haben die ganze Erde erobert. Dazu zählen →Nagetiere wie →Mäuse und →Ratten, →Raubtiere wie →Fuchs und →Bär, Huftiere wie Hirsch, →Reh und →Pferd, Insektenfresser wie →Igel und Spitzmaus, ferner die →Affen und die →Hasen. In den Meeren zählen der →Wal und die →Robbe zu den Säugetieren, in der Luft die →Fledermaus. Auch der Mensch gehört zu den Säugetieren und viele →Haustiere wie das Rind (→Kuh), das →Schaf oder der →Hund.

Säugetiere: Das Fuchskusu-Weibchen wirft nach nur 17 Tagen Tragzeit ein Junges pro Jahr. Es bleibt vier bis fünf Monate im Beutel der Mutter. Danach reitet es noch ein bis zwei Monate auf ihrem Rücken.

Savanne

Savanne in der Nähe des Kilimandscharo in Tansania

die Savanne

Die Savanne ist ein tropisches Grasland. Meistens ist sie von einzelnen schirmartigen Bäumen oder niedrigeren Sträuchern durchsetzt. Die Savanne liegt zwischen den →tropischen Regenwäldern und der →Wüste. In der afrikanischen Savanne leben große Tierherden, zum Beispiel Antilopen, →Giraffen, Büffel und →Zebras. Von dem reichen Nahrungsangebot profitieren Großkatzen wie →Löwen und Geparden, außerdem auch Hyänen und Wildhunde. Das mächtigste Tier der Savanne ist jedoch der →Elefant.

der Schädling

Mit dem Wort „Schädlinge" sind die zahlreichen Pflanzenschädlinge gemeint, die die →Pflanzen befallen können. Zu den Schädlingen gehören etwa die →Raupen des Kohlweißlings, eines →Schmetterlings. Sie fressen die Blätter von Kohlpflanzen auf. Auch →Läuse, die an den Pflanzen saugen, sind Schädlinge.

Schädlinge können an Pflanzen im Zimmer und im →Garten auftreten, aber auch auf Feldern und Obstplantagen. Dort können sie große Schäden anrichten. Wenn Schädlinge überhand nehmen, werden sie bekämpft. Das geschieht meist mit chemischen →Giften, die die Schädlinge abtöten. Biobauern hingegen wollen keine Gifte verwenden. Sie setzen zum Beispiel Nützlinge ein. Das sind →Insekten, die die Schädlinge auffressen. Der bekannteste Nützling ist der →Marienkäfer, der Blattläuse frisst.

das Schaf

Das Schaf ist eines der ältesten →Haustiere des Menschen. Es ist ein anspruchsloser Pflanzenfresser und wurde vor über 10 000 Jahren aus verschiedenen Wildschafen wie dem Steppenschaf und dem Mufflon gezüchtet.

Seit etwa 6000 Jahren leben Hausschafe in Mitteleuropa. Das Schaf liefert dem Menschen Milch, Fleisch und Häute für die Herstellung von →Leder und →Wolle. Die Wolle wird versponnen und danach zu Stoffen verwebt. Die feinste Wolle stammt von den Merinoschafen.

Schaf: Heidschnucken werden gerne gehalten, da sie sehr genügsam sind.

der Schall

Der Schall besteht aus Luftschwingungen. Wenn wir die Saite eines →Musikinstrumentes anzupfen, schwingt sie hin und her. Dabei versetzt sie die benachbarte Luft in Schwingungen, die unser →Ohr als Ton wahrnimmt.

Schallwellen legen in der Sekunde ungefähr 340 Meter zurück. Im Vergleich zum →Licht, das in der Sekunde 300 000 Kilometer zurücklegt, ist der Schall relativ langsam. Bei einem →Gewitter

Die Fledermaus nutzt den **Schall** zur Orientierung.

sehen wir deswegen erst den Blitz und hören erst einige Sekunden danach den Donner.

Die Höhe der Töne, die wir hören, hängt von der Anzahl der Schwingungen pro Sekunde ab. Töne mit wenig Schwingungen sind sehr tief. Der tiefste Ton, den man noch hören kann, hat 16 Schwingungen pro Sekunde. Wir sagen auch 16 Hertz. Hohe Töne hingegen weisen sehr viele Schwingungen pro Sekunde auf. Manche Tiere orientieren sich mithilfe des Schalls, etwa die →Delfine und die →Fledermäuse.

die Scheidung

Wenn sich die Partner in einer Ehe nicht mehr verstehen, kann einer von beiden die Scheidung verlangen. Dies geschieht vor einem →Gericht. Dabei müssen die Ehepartner ihr meist gemeinsames Vermögen aufteilen. Man nennt dies den Zugewinnausgleich. Bei dem Scheidungsurteil geht es nicht um die Frage, welcher der beiden Partner schuld ist. Meistens sind am Scheitern der Ehe beide Partner beteiligt.

Wenn sich Eltern scheiden lassen, ist das für die Kinder besonders schlimm. Das Gericht entscheidet, bei welchem Elternteil die Kinder bleiben und wer Unterhalt bezahlen muss. In der Regel kümmern sich beide Eltern um die Kinder. Das nennt man gemeinsames Sorgerecht.

Schiff

das Schiff

Ein Schiff ist ein großes Wasserfahrzeug, das Menschen oder Waren transportiert. Kleine Wasserfahrzeuge nennt man Boote. Schiffe legen in einem →Hafen an. Dort werden sie mit den Waren beladen, und Menschen gehen von oder an Bord des Schiffes. Der Chef eines Schiffes heißt Kapitän.

Containerschiff

Er gibt von der Brücke aus Befehle an seine Mannschaft, zu der die Offiziere, die Matrosen und der Steuermann gehören.

Die meisten Waren werden heute auf Containerschiffen befördert. Container sind riesige Behälter, die sich gut stapeln lassen. Zu den größten Frachtschiffen zählen die Öltanker. Auf Flüssen fahren Binnenschiffe. Viele von ihnen transportieren lockere Güter wie →Getreide oder →Kohle. Wer Ferien auf einem Schiff machen will, fährt mit einem Kreuzfahrtschiff. Fähren bringen Menschen und Autos von einem Hafen zum anderen. Vor der Erfindung der →Dampfmaschine gab es hauptsächlich Segelschiffe. Sie bewegen sich mithilfe des →Windes über das Wasser.

Schiff: Autofähren haben klappbare Laderampen. Sie können bis zu 6000 Fahrzeuge aufnehmen.

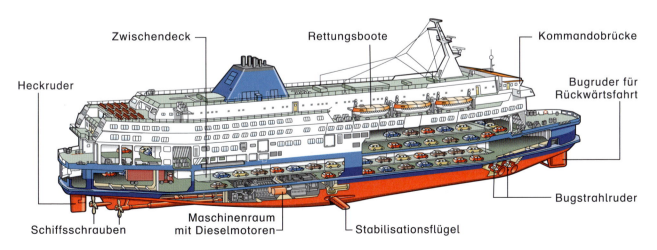

Schildkröte

die Schildkröte

Die Schildkröten bilden eine sehr altertümliche Gruppe der →Kriechtiere. Es gibt sie schon seit über 200 Millionen Jahren und seit jener Zeit haben sie sich kaum verändert. Schildkröten erkennt man an ihrem Panzer. Anstelle der Zähne haben sie einen Hornschnabel. Die Landschildkröten bewohnen überwiegend warme, trockene Gebiete, zum Beispiel am Mittelmeer. Die größten Arten leben auf den Galapagosinseln und auf einigen Inseln im Indischen Ozean. Sie werden bis zu 225 Kilogramm schwer und 1,80 Meter lang. Die Sumpf- oder Wasserschildkröten halten sich vor allem in Gewässern auf. Sie haben Schwimmhäute zwischen den Zehen oder flossenähnliche Beine. Allerdings müssen sie immer wieder auftauchen, um Luft zu schnappen. Die größte Art ist die Lederschildkröte. Sie wird bis über 725 Kilogramm schwer. Aus den Hornplatten der Meeresschildkröten machte man früher Schildpatt, aus dem man zum Beispiel Knöpfe herstellte.

Maurische Landschildkröte

der Schimmel

Schimmlige Lebensmittel sind von bestimmten →Pilzen befallen. Man erkennt einen meist weißen bis grünlichen oder schwarzen Überzug. Die Schimmelpilze wachsen in den Lebensmitteln, wobei sie ein äußerst feines Fadengeflecht, das Myzel, bilden. Nach einiger Zeit bringen sie Sporenkapseln hervor. Diese brechen auf und geben die Sporen frei. Auf diese Weise vermehren sich die Pilze. Verschimmelte Nahrungsmittel sollte man wegwerfen.

Es gibt aber auch nützliche Schimmel. Die Blauschimmelkäse, etwa Roquefort oder Gorgonzola, erhalten ihren besonderen Geschmack durch Schimmelpilze. Ein weißes →Pferd nennt man auch Schimmel.

der Schlaf

Der Schlaf stellt die →Wissenschaft heute noch vor die größten Probleme. Viele wichtige Fragen sind noch völlig unbeantwortet: Warum brauchen wir Schlaf? Warum fühlen wir uns nach dem Schlaf erholt? Was geschieht beim Schlafen im Gehirn? Eines steht fest: Alle Menschen brauchen Schlaf, wenn sie gesund bleiben wollen. Bei Schlafentzug werden wir reizbar und können Halluzinationen bekommen. Wir sehen dabei Dinge, die es gar nicht gibt.

Die Forscher unterscheiden beim Schlaf vier verschiedene Zeitabschnitte oder Phasen. Wir durchlaufen sie während einer Nacht mehrmals hintereinander. In der REM-Phase führen wir zuckende Augenbewegungen durch und träumen viel. Gegen Morgen nimmt der leichte Schlaf überhand. Auch in dieser Phase haben wir viele →Träume.

WISSEN KOMPAKT

Schlaf

Wie viel Schlaf ein Kind täglich braucht, ist unterschiedlich und kann bis zu 2 Stunden abweichen. So viele Stunden schlafen die meisten Kinder in verschiedenen Altersstufen pro Tag:

1 Woche alt	über 16 Stunden
1–2 Jahre alt	13 Stunden
3–4 Jahre alt	12 Stunden
5–8 Jahre alt	11 Stunden
9–10 Jahre alt	10 Stunden

die Schlange

Schlangen sind →Kriechtiere, deren Beine sich im Lauf der →Evolution zurückgebildet haben. Sie haben eine trockene und schuppige →Haut. Wenn Schlangen wachsen, streifen sie in regelmäßigen Abständen ihre Haut ab. Mit ihrer gespaltenen →Zunge nehmen Schlangen

Kreuzotter

Schmerz

Die Boa constrictor, auch **Königsschlange** genannt, kann bis zu 5 m lang werden.

Gerüche wahr. Die meisten Schlangen legen →Eier. Giftschlangen wie die Kobra, die Sandviper oder die Mamba töten Mäuse und andere Beutetiere durch einen Biss. Dabei spritzen sie ihr →Gift durch zwei hohle Zähne im Oberkiefer in das Beutetier. Würgeschlangen wie die riesigen Boas und Pythons umschlingen ihr Opfer und erwürgen es. Die meisten Schlangen gibt es in den →tropischen Regenwäldern. Bei uns kommen die harmlose →Ringelnatter und die giftige Kreuzotter vor.

die Schleuse

In einer Schleuse werden →Schiffe auf einem Fluss oder →Kanal von einem niedrigen Wasserstand auf einen höheren Wasserstand gebracht und können so Steigungen überwinden. Dabei fährt das Schiff in eine Schleusenkammer, die mit zwei Toren verschlossen wird. Dann fließt Wasser in die Schleusenkammer hinein und hebt das Schiff an. Das obere Tor wird geöffnet, wenn das Schiff den höheren Wasserstand erreicht hat und weiterfahren kann. Dieses Prinzip funktioniert auch in umgekehrter Richtung.

das Schloss

In Schlössern lebten früher Adlige, Fürsten und →Könige. Schlösser dienten nicht mehr wie die mittelalterlichen →Burgen dem Schutz vor Feinden, sondern sollten vor allem prunkvoll sein. Sie waren reich geschmückt und gut ausgestattet. Zum Schloss gehörte meist ein Park mit Alleen und sorgfältig geschnittenen Hecken. Neben dem Hauptschloss gab es oft noch weitere kleine Schlösser, die bestimmten Zwecken dienten, zum Beispiel das Jagdschloss oder das Lustschloss für das rein private Vergnügen.

In Deutschland gibt es mehrere Hundert Schlösser. Bekannt sind hauptsächlich Neuschwanstein, Schloss Sanssouci in Potsdam und Schloss Ludwigsburg.

Schloss Neuschwanstein

der Schmerz

Ein Schmerz warnt uns davor, dass irgendetwas im →Körper nicht richtig funktioniert. Schmerzen können also nützlich sein. Sie lehren uns, die Ursachen von Schmerzen zu meiden. Wenn wir uns beim Arbeiten mit einem Werkzeug wehgetan haben, erinnert uns der Schmerz daran, beim nächsten Hantieren mit dem Werkzeug vorsichtiger zu sein. Kopfschmerzen alarmieren uns zum Beispiel, wenn wir zu wenig getrunken haben. Von vielen Schmerzen kennt man allerdings die Ursache noch nicht.

Die Chemiker haben zahlreiche Schmerzmittel entwickelt. Manche Schmerzmittel machen den Patienten bewusstlos und bewirken, dass er bei →Operationen keine Schmerzen mehr spürt. Wenn wir Schmerzen empfinden, sind immer unsere →Nerven daran beteiligt. Sie melden den Reiz dem Rückenmark oder dem →Gehirn. Dort wird dann zum Beispiel der Befehl gegeben, blitzartig den Finger von der heißen Herdplatte zu nehmen.

Schmetterling

der Schmetterling

Die Schmetterlinge gehören zu den →Insekten. Auf der ganzen Erde sind bisher rund 110 000 Arten bekannt. Viele weitere Arten sind aber noch zu entdecken. Schmetterlinge können überall vorkommen, angefangen vom →Hochgebirge und der Tundra in der Arktis bis zu den →tropischen Regenwäldern.

Es gibt wohl keine bunteren Tiere als die Schmetterlinge. Sie zeigen mit den zarten, winzigen Schuppen ihrer Flügel die verschiedensten Muster. Die kleinsten Schmetterlinge sind nur ungefähr drei Millimeter groß und einer der größten, der Atlasspinner, hätte kaum in einem Suppenteller Platz.

Entwicklung des **Schmetterlings:** von der Raupe über die Puppe zum Schmetterling

Raupe — Puppe — Schwalbenschwanz

Alle Schmetterlinge beginnen ihr Leben als →Raupe, die aus dem →Ei schlüpft. Die Raupen fressen überwiegend Pflanzen. Da sie schnell heranwachsen, müssen sie sich mehrere Male häuten. Nach der letzten Häutung verwandelt sich die Raupe in eine Puppe. Daraus schlüpft nach einiger Zeit der geflügelte Schmetterling. Schmetterlinge ernähren sich vor allem von Blütennektar, den sie mit ihrem langen Saugrüssel aufnehmen.

das Schnabeltier

Das australische Schnabeltier ist ein sehr ungewöhnliches →Säugetier. Es hat ein Fell, Füße mit Schwimmhäuten und einen entenähnlichen Schnabel. Es legt →Eier, säugt aber dennoch

Das **Schnabeltier** lebt im Süßwasser in Australien.

seine Jungen. Das Schnabeltier lebt in Bächen und in selbst gegrabenen Erdhöhlen in Ufernähe. Die Jungen schlüpfen aus etwa zwei Zentimeter großen Eiern. Die Milch der Mutter tritt nicht aus Zitzen, sondern aus einem Drüsenfeld aus. Sie wird von den Jungen aufgeleckt. Die Schnabeltiere leben schon seit 115 Millionen Jahren auf der Erde.

die Schnecke

Die Schnecken erkennt man unter allen →Weichtieren daran, dass sie als Gehäuse eine einzige Schale haben. Meistens ist diese spiralförmig gewunden. Es gibt auf der ganzen Welt weit über 80 000 verschiedene Schneckenarten. Am besten kennen wir die Landschnecken, wie etwa die heimischen →Weinbergschnecken, die bei feuchtem Wetter langsam umherkriechen

Gartenschnirkelschnecke

und eine Schleimspur zurücklassen. Die von Gärtnern gefürchteten Nacktschnecken haben kein Gehäuse mehr. Schnecken fressen Pflanzen und können in →Gärten große Schäden anrichten. Die meisten Schneckenarten leben allerdings im →Meer und im Süßwasser.

Schließmundschnecke

Schwangerschaft

die Schrift

Eine Sprache hatten die →Menschen schon immer. Die Schrift allerdings ist erst einige Tausend Jahre alt. Um 3000 v. Chr. entstanden die ersten echten Schriften. Im →Ägyptischen Reich entwickelten die Menschen eine Bilderschrift, die sogenannten Hieroglyphen. Erst kennzeichneten diese Zeichen einzelne Gegenstände, zum Beispiel „Krug". Später standen sie nur noch für einzelne Laute. Ähnliches galt auch für die Keilschrift in Babylonien. Diese Schriften hatten aber den Nachteil, dass die Schüler Hunderte verschiedener Zeichen lernen mussten. Um 1200 v. Chr. entstand die phönikische Schrift. Sie enthielt nur noch 22 Zeichen für die einzelnen Laute. Aus ihr entwickelten sich alle späteren Buchstabenschriften des Westens, auch unsere lateinische Schrift.

Mehr zu den Themen Schrift und Schule auf den Seiten 208 bis 211!

Schrift: In Keilschrift wurde vor mehr als 2500 Jahren der Aufstieg des persischen Königs Dareios I. beschrieben.

die Schule

In fast allen Ländern müssen →Kinder zur Schule gehen. Dort werden sie in verschiedenen Fächern unterrichtet, wie zum Beispiel Deutsch, →Mathematik oder →Biologie. Bei uns ist die Schulzeit mindestens neun Jahre lang. Die Grundschule dauert vier Jahre. Danach gehen die Schüler für zwei Jahre in eine Orientierungsstufe oder besuchen direkt die Hauptschule, die Realschule, eine Gesamtschule oder das Gymnasium. Wer auf einer Ganztagsschule ist, wird dort den ganzen Tag betreut. Nach neun Jahren macht man den Hauptschulabschluss, nach zehn Jahren den mittleren Bildungsabschluss. Wer nach 12 oder 13 Jahren das →Abitur macht, kann auf einer →Universität oder Fachhochschule studieren. Einen Schulabschluss kann man in der Abendschule nachholen. Auszubildende besuchen eine Berufsschule. Nicht alle Kinder können eine Schule besuchen. In manchen →Entwicklungsländern gibt es nicht genügend Schulen und Lehrer. Oder die Kinder müssen arbeiten gehen, um Geld für ihre Familie zu verdienen.

die Schwangerschaft

Die Zeit von der Befruchtung bis zur →Geburt eines Babys nennt man Schwangerschaft. Sie umfasst rund neun Monate. In dieser Zeit wächst aus der befruchteten Eizelle im Bauch der →Frau ein kleiner Mensch heran. Das geschieht durch Zellteilung. Das heranwachsende Kind erhält die benötigten Nährstoffe und den →Sauerstoff von der Mutter. Die Verbindung zwischen Mutter und Kind besorgen der Mutterkuchen (Plazenta) und die Nabelschnur.

Die Schwangerschaft bedeutet für die Mutter eine große Umstellung. Viele Frauen leiden am Anfang unter Übelkeit und Erbrechen. In den ersten drei Monaten bildet der Keim alle →Organe aus. Danach vergrößern diese sich nur noch. →Medikamente können in den ersten drei Monaten die Bildung von Organen stören. Deshalb darf die Mutter in dieser Zeit Medikamente nur unter ärztlicher Aufsicht einnehmen. Auch sollte man während der Schwangerschaft weder rauchen noch →Alkohol trinken. Das heranwachsende Kind würde nämlich „mitrauchen" und „mittrinken" und Schaden nehmen.

Gegen Ende der **Schwangerschaft** dreht sich das Kind im Bauch der Mutter. Sein Kopf zeigt jetzt nach unten.

Schrift

Wer sich ein japanisches Manga im Original anschaut, ist sicherlich erstaunt über die fremdartigen Zeichen in den Sprechblasen. Japanische Kinder hingegen können den →Comic problemlos verstehen. Weltweit gibt es viele faszinierende Arten, wie man das gesprochene Wort schriftlich festhalten kann.

Die Schrift der Eroberer

Die Schrift, die heute auf der Welt am weitesten verbreitet ist, haben die Römer vor 2000 Jahren auf ihren Eroberungszügen eingeführt. Seither hat sich das lateinische →Alphabet kaum verändert. Nachdem sich ein paar neue Buchstaben hinzugesellt haben, zählt das Alphabet heute 26 Zeichen. Ursprünglich gab es nur die Großschreibung – eine Schreibweise, die vielen Schülern vielleicht lieber wäre, weil es dann weniger Fehler im Diktat gäbe. Das lateinische Alphabet wird in fast allen Ländern Europas verwendet. In manchen Sprachen gibt es zusätzliche Sonderzeichen, etwa die Pünktchen auf den Umlauten „ä", „ö" und „ü" im Deutschen, Akzente im Französischen („é", „è", „ê"), das „ş" im Türkischen oder das „ø" im Norwegischen.

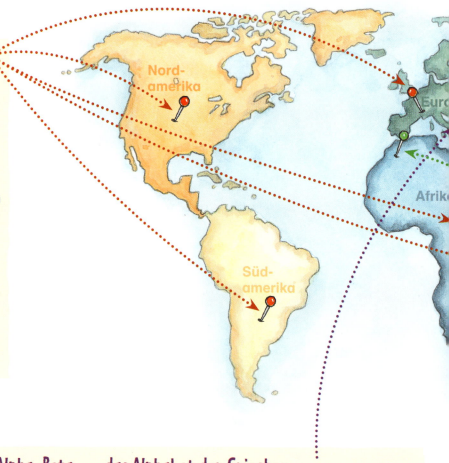

Mit den römischen Münzen verbreitete sich die lateinische Schrift in ganz Europa.

Alpha, Beta ... – das Alphabet der Griechen

Das erste richtige Alphabet mit Mitlauten und Selbstlauten haben die alten Griechen entwickelt. Weil die ersten beiden Buchstaben Alpha und Beta heißen, hat sich die Bezeichnung Alphabet eingebürgert. Die Griechen haben ihr Alphabet bis heute behalten, im Gegensatz zu den meisten anderen europäischen Ländern, in denen sich das lateinische durchgesetzt hat. Auf der Rückseite einer griechischen Euro-Münze sieht man zum Beispiel, wie „Euro" auf Griechisch geschrieben wird: ΕΥΡΩ. Griechisch ist die älteste Sprache Europas – ein Erbe, auf das die Griechen zu Recht stolz sind. Das heutige Neugriechisch hat sich aus dem klassischen Griechisch entwickelt.

Auf der Rückseite der griechischen 2-Euro-Münze steht „Euro" in griechischer Schrift.

Schrift

Textbeispiel in der „Kriegerschrift"

რამეთუ ესრეთ შეიყუარა ღმერთმან სოფელი ესე, ვითარმედ ძეცა თჳსი მხოლოდშობილი მოსცა მას, რათა ყოველსა, რომელსა ჰრწმენეს იგი, არა წარჰსწყმდეს, არამედ აქუნდეს ცხოვრებაჲ საუკუნო.

Die Schrift der Krieger

„An, Ban, Gan" – so klingt es, wenn Schulkinder in Georgien im Kaukasus das Alphabet aufsagen. Sie lernen die Mchedruli-Schrift (Schrift der Krieger), die aus 33 Buchstaben besteht und nicht zwischen Groß- und Kleinbuchstaben unterscheidet. Das georgische Alphabet entstand wahrscheinlich Anfang des 5. Jahrhunderts. Wer Georgisch als Fremdsprache lernt, hat eine harte Nuss zu knacken, denn es besitzt eine äußerst komplizierte Grammatik. Mehr als drei Viertel der Georgier sprechen Georgisch als Muttersprache, die anderen Russisch, Armenisch und noch andere Sprachen.

Ein Wort – ein Zeichen

Anders als in unserer Schrift steht ein Zeichen in der chinesischen Schrift nicht für einen Buchstaben, sondern für ein ganzes Wort. Das ist ein Grund, weshalb wir beim Schreiben aller erdenklichen Wörter mit 26 Buchstaben auskommen, das Chinesische aber mehr als 50 000 Zeichen hat! Die muss ein Chinese zwar nicht alle kennen, aber 3000 Zeichen sollte man kennen, wenn man eine Zeitung lesen will. Jedes Zeichen setzt sich aus mehreren Strichen zusammen. Mitte des 20. Jahrhunderts wurden in der Volksrepublik China viele Zeichen vereinfacht. Diese Kurzzeichen werden heute überwiegend benutzt.

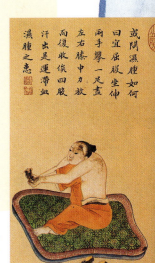

chinesische Schriftzeichen auf einer Anleitungstafel zur Behandlung von Schweißfüßen durch Massage

Schön geschwungen

Arabisch wird in vielen Ländern gesprochen, etwa in Saudi-Arabien, Marokko und Ägypten. Das arabische Alphabet hat 28 Buchstaben. Es besteht aus Mitlauten (Konsonanten), bis auf drei Zeichen, die man auch für die langen Selbstlaute (Vokale) a, i und u verwenden kann. Kurze Vokale gibt es nicht. Wenn man dieses System aufs Deutsche überträgt, würde man „Drck" statt „Druck" schreiben. Aber woher weiß man dann, dass es „Druck" heißt und nicht „Dreck"? Ganz einfach: Kurze Vokale können durch kleine Striche und Häkchen dargestellt werden, die über oder unter dem Mitlaut stehen.

Tastatur mit arabischen und lateinischen Schriftzeichen

Schule

Kaum zu glauben, aber wahr: Schon seit über 5000 Jahren drücken →Kinder die Schulbank. Die allerersten Schulen gab es in Mesopotamien in Asien, nachdem das altorientalische Volk der Sumerer die Keilschrift erfunden hatte. Bestrafungen mit dem Rohrstock oder der Rute gehörten früher oft zum Schulalltag. Heute sind Schläge verboten.

Elf Stunden täglich büffeln

Die ersten Schüler der Welt gingen in die Edubba, das Tafelhaus. So hieß die sumerische Schule, weil man damals die Bildzeichen der sumerischen Keilschrift mit einem Griffel in weiche Tontafeln eindrückte. Die Schüler mussten die Zeichen auswendig lernen und ständig üben, bis sie nach vier bis sechs Jahren einfache Texte schreiben konnten. In Mathematik lernten sie praktische Aufgaben zu lösen, etwa wie viel Getreide in einen Speicher passt. Der Unterricht dauerte von morgens bis abends, und wer nicht spurte, bekam Ärger.

Das sumerische Tontäfelchen mit Schriftzeichen ist etwa 5000 Jahre alt.

So prächtig konnte in der Antike ein Sportplatz aussehen.

Nackt im Gymnasion

In Athen gab es Schulen, in denen nur etwa zehn bis zwölf Jungen unterrichtet wurden. Ein →Sklave brachte sie jeden Morgen zum Haus des Lehrers und nach dem Unterricht wieder heim. Neben Rechnen, Schreiben und Lesen lernten die Schüler auch ein Instrument und nahmen an sportlichen Wettkämpfen teil. Beim Sportunterricht trainierten alle Schüler nackt auf einem Sportplatz, dem sogenannten Gymnasion. Davon leitet sich unser „Gymnasium" ab.

Mit Rohrstock und Gebäck

Im alten Rom wurden die Kinder sehr reicher Eltern von Privatlehrern unterrichtet, die anderen gingen zur Grundschule, die aber nicht Pflicht war. Die Schule war oft nicht mehr als ein Bretterverschlag oder fand unter freiem Himmel statt. Die Kinder saßen auf Holzschemeln um den Lehrer herum. Wenn sie träumten, wurden sie mit dem Rohrstock oder einem Lederriemen bestraft. Freundlichere Lehrer führten Buchstaben aus Gebäck als Belohnung für fleißiges Lernen ein.

Mit Lob und Belohnung kann man Schüler beim Lernen unterstützen.

Schule

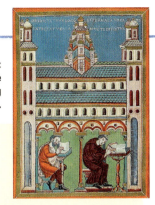

Schreibstube in einem Kloster: Im Mittelalter waren vor allem die Klöster wichtig für die Sammlung und die Weitergabe von Wissen.

Mönch mit Rute

Im Mittelalter schickten Adlige ihre Sprösslinge häufig auf eine Klosterschule. Dort gab es eine innere Schule, die Mönche oder Nonnen ausbildete, und eine äußere für diejenigen, die eine weltliche Laufbahn einschlagen sollten. Man wollte nicht, dass die angehenden Geistlichen von den anderen Schülern in ihren frommen Studien gestört wurden. Die Lehrmönche hielten den Unterricht in Latein ab und waren sehr streng. Wer sich nicht benahm, wurde mit der Rute geschlagen.

Müssen oder können?

In Deutschland müssen alle Kinder zur Schule; das nennt man Schulpflicht. Nach vier oder sechs Jahren Grundschule besucht jedes Kind eine weiterführende Schule, eine Haupt- oder Realschule oder ein Gymnasium. In den öffentlichen Schulen muss man kein Schulgeld bezahlen. Damit soll garantiert werden, dass alle Kinder die gleichen Möglichkeiten haben, egal ob die Eltern arm sind oder reich. Viele Kinder auf der Welt haben diese Chance nicht und können nie eine Schule besuchen.

Erstklässler am ersten Schultag

FRÜHER UND HEUTE

In seiner Bildergeschichte von „Max und Moritz" verspottete Wilhelm Busch die Lehrer mit seiner Figur vom Dorfschullehrer Lämpel.

Gehorsam und Disziplin

In einer deutschen Volksschule herrschte zur Zeit Kaiser Wilhelms II. Zucht und Ordnung. Zuerst prüfte der strenge Lehrer, ob alle Fingernägel sauber waren. Während des Unterrichts saßen die Kinder stocksteif und mucksmäuschenstill in ihren Bänken. War ein Schüler ungehorsam, wurde er mit dem Rohrstock geschlagen oder musste in der Ecke stehen. Besonders strebsame Schüler bekamen dagegen zur Belohnung Fleißkärtchen und Bonbons. Die Jüngsten schrieben mit Kreide auf Schiefertafeln, die sich mit einem Schwämmchen immer wieder säubern ließen. Ältere Schüler schrieben mit Federkiel und Tinte auf Papier. Gerechnet wurde mit dem Abakus, einem Gestell mit mehreren Reihen verschiebbarer Kugeln.

211

Schwein

das Schwein

Das Schwein gehört zu den Huftieren und stamm vom einheimischen Wildschwein ab. Es ist eines der ältesten →Haustiere des Menschen. Das Männchen heißt Eber, das Weibchen Sau, die Jungen nennen wir Ferkel. Schweine sind Allesfresser. Mit ihrer Rüsselscheibe durchwühlen sie den Boden nach →Wurzeln und Knollen. Durch Züchtung sind Schweine entstanden, die immer mehr Fleisch enthalten. Auf vielen →Bauernhöfen werden Mastschweine heute in Massenbetrieben gehalten. Die Enge, in der sie dort leben müssen, bedeutet für sie großen Stress.

Ein junges Wildschwein heißt Frischling.

Die Karte zeigt die 23 Kantone der **Schweiz**.

die Schweiz

Die Schweiz liegt mitten in →Europa. Der größte Teil des Landes besteht aus →Gebirge, denn sowohl die Alpen als auch der Jura durchziehen die Schweiz. Einige der wichtigsten Alpenpässe liegen hier, wie der Sankt-Gotthard-Pass. Der Jura erstreckt sich vom Genfer See bis nach Schaffhausen und besteht aus Kalk. Er ist nur rund 1700 Meter hoch. Zwischen Jura und Alpen liegt das flache oder hügelige Mittelland. Dort leben die meisten Schweizer, etwa in den Städten Bern und Zürich. In den Alpen gibt es nicht mehr viele Bauern, da sich die →Landwirtschaft kaum noch lohnt. Dafür bringt der →Tourismus in den Bergregionen viel Geld. In den flacheren Gebieten der Schweiz sind die →Industrie und der →Handel die Haupteinnahmequellen. Die Schweizer stellen neben Schokolade und Uhren vor allem Maschinen, chemische Stoffe und Arzneimittel her.

Die Geschichte der Schweiz begann im Jahr 1291, als die drei Waldstätten Uri, Schwyz und Unterwalden eine Eidgenossenschaft gründeten. Im Laufe der Jahrhunderte schlossen sich ihrem „Ewigen Bund" noch viele weitere Orte an, als letzter 1815 die Stadt Genf. Heute besteht die Schweiz aus 23 Kantonen.

WISSEN KOMPAKT

Schweiz
Hauptstadt: Bern
Fläche: 41 285 km²
Bevölkerung: etwa 8 Millionen
Sprache: Deutsch, Französisch, Italienisch, Rätoromanisch
Währung: Schweizer Franken

Das Matterhorn in der **Schweiz** ist mit einer Höhe von 4478 m einer der höchsten Berge der Alpen.

Drei Viertel der Schweizer sprechen Deutsch. In der Westschweiz ist Französisch die Muttersprache, im Tessin und in einigen Tälern Graubündens Italienisch. Das Rätoromanische stirbt langsam aus und wird nur noch in einigen Gebieten Graubündens gesprochen.

die Schwerkraft

Die Schwerkraft zieht alles zur Erdmitte hin. Wenn ein Gegenstand auf den Boden fällt, so ist die Schwerkraft dafür verantwortlich. Die Schwerkraft bewirkt auch, dass sich der →Mond um die →Erde dreht.

An Bord der Internationalen Raumstation leben die Astronauten in **Schwerelosigkeit**.

Wenn wir etwas wiegen, so messen wir die Kraft, mit der die Schwerkraft der Erde den betreffenden Gegenstand anzieht. Auf dem Mond herrscht eine viel geringere Schwerkraft. Deshalb ist ein Mann, der auf der Erde 80 Kilogramm wiegt, auf dem Mond nur noch ungefähr 13 Kilogramm schwer.

Wo fast keine Schwerkraft mehr wirksam ist wie im →Weltall, herrscht Schwerelosigkeit. Deswegen schweben die Astronauten in ihrem Raumschiff. Wenn man sich etwas zu trinken eingießen will, bildet die →Flüssigkeit eine frei schwebende Kugel. Auch so einfache Dinge wie auf die Toilette gehen oder schlafen sind in der Schwerelosigkeit sehr schwierig. Damit die Astronauten in einer stabilen Lage schlafen können, gibt es spezielle Schlafsäcke, die an der Wand befestigt sind.

schwimmen

Viele Tiere können von Natur aus schwimmen, zum Beispiel der Hund und der Igel, obwohl sie gar nicht im Wasser leben. Wir Menschen müssen das Schwimmen hingegen →lernen. Kinder lernen meist zuerst das Brustschwimmen, weil man dabei den Kopf immer über Wasser halten kann. Beim Wettkampf atmen die Brustschwimmer allerdings unter Wasser aus, weil sie auf diese Weise besser vorwärtsgleiten. Das Brustschwimmen ist der langsamste Schwimmstil, der schnellste ist das Kraulen. Die schnellsten Schwimmer legen heute 100 Meter in weniger als 50 Sekunden zurück. Sie sind damit deutlich schneller als ein Wanderer. Weitere Schwimmstile sind Delfin oder Schmetterling und Rückenkraulen.

Schwimmen ist die erste der drei Sportarten beim Triathlon.

See

Kratersee

Bruchtalsee

Gletschersee

der See

Die größten Seen Europas entstanden durch →Gletscher. Diese höhlten →Täler aus und hinterließen bei ihrem Rückzug am Ende der →Eiszeit große Schutthaufen, die wie Dämme wirkten und das Wasser stauten. Manche Krater erloschener →Vulkane sind mit Wasser gefüllt. So entstanden die Maarseen der Eifel. An Grabenbrüchen entstehen Bruchtalseen. Durch die Ablagerung von Sand an Flussschlingen entstehen Altwasserseen.

Selbst die größten Seen sind vergänglich. Man nimmt zum Beispiel an, dass der Bodensee in einigen Zehntausend Jahren verschwunden sein wird. Die →Flüsse, die in einen See hineinfließen, schleppen Steine und →Sand mit sich und füllen den See langsam auf. Von den Rändern her wachsen immer mehr Pflanzen hinein und bilden festen Boden. Wir sagen: Der See verlandet.

> **WISSEN KOMPAKT**
>
> **See, Teich, Tümpel oder Weiher?**
> - See: tiefes Gewässer, dessen Grund nicht mehr vom Sonnenlicht erreicht wird
> - Weiher: natürliches, bis zu 2 m tiefes Gewässer
> - Teich: vom Menschen angelegtes, bis zu 2 m tiefes Gewässer, etwa der Garten-, Forellen- oder Karpfenteich
> - Tümpel: kleines Gewässer, das im Sommer austrocknet

der Seeigel

Die Seeigel und die verwandten →Seesterne sind ungewöhnliche Tiere, denn sie haben keinen Kopf. Seeigel bestehen aus einer fast hohlen Kalkschale, die mit vielen Stacheln versehen ist. Sie leben in allen →Meeren, oft kann man sie an Felsküsten entdecken. Vor ihren Stacheln muss man sich in Acht nehmen, denn sie dringen leicht in die Haut ein, brechen dort ab und führen zu Entzündungen.

das Seepferdchen

Die Seepferdchen gehören zu den →Fischen. Sie leben weltweit in den →Meeren. Bei ihnen tragen die Männchen den Nachwuchs aus. Nach der Balz gibt das Weibchen bis zu 200 Eier in den Brutbeutel des Männchens. Dort werden sie besamt. Nach zwei bis vier Wochen schlüpfen winzige junge Seepferdchen aus den →Eiern. Das Männchen presst dabei seinen Brutbeutel immer wieder zusammen und gibt die Jungen portionsweise an das Wasser ab.

Mit ihrem Schwanz halten sich **Seepferdchen** an Pflanzen, Korallen oder Steinen fest.

die Seerose

Seerosen sind Wasserpflanzen, die in →Seen und →Teichen auf der ganzen Welt vorkommen. Die dicken →Wurzeln sind im Gewässerboden verankert. Die großen →Blätter und →Blüten schwimmen auf der Wasseroberfläche. Die Blüten locken Fliegen, Käfer und Hummeln an. Nach der Bestäubung durch die Insekten bilden sich beerenartige →Früchte, die schwimmen können. Wenn die Früchte reif sind, sinken sie auf den Gewässerboden und bilden Wurzeln.

Bei uns ist die Weiße Seerose heimisch. Auf der Unterseite ihrer Blätter leben verschiedene Wassertiere, wie Wasserschnecken und Egel. In den warmen Gewässern der →Tropen kommt die Riesenseerose Victoria vor. Ihre runden Blätter sind so groß wie Wagenräder und können das Gewicht eines Kindes tragen.

Seilbahn

Seesterne leben weltweit in allen Meeren.

der Seestern

Die Seesterne haben fünf Arme und besitzen ein Skelett aus Kalkplatten. Sie leben im →Meer und bewegen sich wie die verwandten →Seeigel mithilfe winziger Füßchen auf der Unterseite der Arme fort. Seesterne ernähren sich vor allem von →Muscheln, →Schnecken und →Krebstieren. Da sie ihre Nahrung nicht zerkleinern können, nehmen sie sie als Ganzes über ihre Mundöffnung auf, die sich an der Unterseite ihres Körpers befindet. Viele Arten können ihren →Magen auch über die Mundöffnung nach außen stülpen. Die Nahrung wird dann außerhalb des Körpers verdaut und in flüssiger Form aufgesaugt.

die Seide

Echte Seide liefert uns ein →Schmetterling, der Seidenspinner. Seine →Raupen werden gezüchtet und einige Wochen lang mit Maulbeerblättern gefüttert. Danach verpuppen sie sich. Dazu spinnen sich die Raupen in einen Kokon aus einem einzigen hauchdünnen Faden ein, der 600 bis 900 Meter lang ist.

Die Seidenraupenzüchter töten nun die Puppen des Seidenspinners in heißem Wasser und wickeln den Faden des Kokons auf. Aus vielen solcher Seidenfäden stellt man Seidengarne und daraus wiederum wertvolle Seidenstoffe her. Jahrhundertelang lieferten nur die Chinesen Seide in den Westen. Heute erzeugt vor allem Thailand Seidenstoffe.

die Seilbahn

Es gibt zwei verschiedene Arten von Seilbahnen. Bei der Standseilbahn zieht das eine Seilende ein Fahrzeug bergaufwärts und das andere lässt ein Fahrzeug talabwärts fahren. In der Mitte begegnen sich die beiden Fahrzeuge in einer Ausweichanlage.

Häufiger ist die Seilschwebebahn. Zwischen Tal- und Bergstation ist ein geschlossenes Tragseil gespannt. Ein Zugseil bewegt die beiden großen Kabinen. Auch sie treffen sich in der Mitte. Solange das Tragseil hält, können sie nicht abstürzen und auch nicht ins Tal sausen. Selbst wenn das Zugseil reißen sollte, halten Krallen die Kabine automatisch am Tragseil fest.

Eine automatische Fangbremse schützt die Kabine der **Seilschwebebahn** vor dem Abstürzen.

Sekte

die Sekte

Das Wort „Sekte" beschreibt ursprünglich eine Gemeinschaft, die sich von einer größeren →Religion abgespalten hat. Viele →Kirchen wehren sich dagegen, Sekte genannt zu werden, weil nach ihrer Ansicht in diesem Begriff etwas Abwertendes enthalten ist. Oft sagt man deswegen lieber Freikirche oder Sondergemeinschaft. Man kennt auch den Begriff Psychosekte und versteht darunter Vereinigungen, die ihre Anhänger massiv seelisch beeinflussen und sie in Abhängigkeit bringen. Dies wirft man auch einigen neureligiösen Bewegungen vor, etwa der Scientology-Kirche.

die Sexualität

Mit Sexualität bezeichnen wir alles, was mit den →Geschlechtsorganen und der geschlechtlichen Betätigung, zum Beispiel dem Geschlechtsverkehr, zu tun hat. Sexualität gibt es auch bei Pflanzen und Tieren. Die beiden Geschlechter heißen auch hier männlich und weiblich. Beim Menschen gibt es verschiedene Formen der Sexualität. Die geschlechtliche →Liebe zwischen zwei Menschen verschiedenen Geschlechts heißt Heterosexualität. Die →Homosexualität ist die Liebe zwischen gleichgeschlechtlichen Partnern. Sexualität ist ein Grundbedürfnis des Menschen. Wenn ein Mensch gegen seinen Willen zu sexuellen Handlungen gezwungen wird, spricht man von Vergewaltigung oder von sexuellem Missbrauch. Dies sind brutale Verbrechen, unter denen die Opfer körperlich und seelisch schwer leiden.

die sieben Weltwunder

Es gab in der →Antike einige Bauwerke, welche die Menschen als so großartig empfanden, dass sie als Weltwunder galten. Nur eines davon ist heute noch erhalten, die →Pyramiden von Giseh. Die übrigen sechs wurden im Lauf der Zeit zerstört. Die Hängenden Gärten von Babylon wurden auf einem Stufentempel errichtet. Der Artemistempel von Ephesus war einer der größten →Tempel der damaligen Welt; Reste sind heute noch vorhanden. Die aus Gold und Elfenbein gearbeitete Zeusstatue von Olympia

die **sieben Weltwunder:** Koloss von Rhodos (1), Artemistempel von Ephesus (2), Leuchtturm von Pharos (3), Pyramiden von Giseh (4), Mausoleum von Halikarnassos (5), Hängende Gärten von Babylon (6), Zeusstatue von Olympia (7)

Sinnesorgan

stellte den Herrscher aller Götter dar. Das Grabmal von Halikarnassos in der Türkei wurde für den persischen König Mausolos erbaut. Seither bezeichnen wir ein prächtiges Bauwerk über einem Grab als Mausoleum. Der Koloss von Rhodos erhob sich vermutlich über der Hafeneinfahrt und stellte den Sonnengott Helios dar. Den Leuchtturm von Pharos bauten im Jahr 270 v. Chr. die Ägypter auf einer Insel vor der Stadt Alexandria.

der Singvogel

Nahezu die Hälfte aller →Vogelarten auf unserer Erde sind Singvögel. Sie besitzen ein Singorgan in ihrer Brust, mit dessen Hilfe sie singen können. Dieses Singorgan nennt man Syrinx. Mit ihren Gesängen teilen Singvögel während der Brutzeit mit, dass ihr Revier besetzt ist. Mit Rufen locken Männchen die Weibchen an oder warnen vor Feinden, etwa vor →Greifvögeln. Zu den heimischen Singvögeln gehören →Amseln, Meisen, Finken, Lerchen, Sperlinge, Rohrsänger und die Nachtigall, aber auch →Krähen und andere Rabenvögel.

Nachtigall

Feldlerche

das Sinnesorgan

Sinnesorgane nehmen Reize wahr, wie zum Beispiel →Licht, →Schall, chemische Stoffe, Druck, →Schmerz, Wärme und Kälte. Wir Menschen besitzen Sinnesorgane für fünf Sinne: →Augen zum Sehen, →Ohren zum Hören, eine →Nase zum Riechen, eine →Zunge zum Schmecken und die →Haut mit zahlreichen Sinneskörperchen zum Fühlen. Im Ohr hat auch der Gleichgewichtssinn seinen Sitz. Dank diesem Sinn wissen wir zum Beispiel, ob wir aufrecht stehen oder schräg an einer Wand lehnen.

Das Thermometerhuhn hat ein **Sinnesorgan** am Schnabel, mit dem es die Temperatur seines Nestes messen kann.

Für Ultraschall, →Magnetfelder, elektrische →Ströme oder →Radioaktivität hat der Mensch kein Sinnesorgan. Manche Tiere jedoch reagieren auf solche Reize. →Fledermäuse nehmen Ultraschallwellen wahr. →Vögel und →Wale orientieren sich bei ihren Wanderungen an den Magnetfeldern der Erde. Die →Fische haben ein Seitenlinienorgan, mit dem sie unterschiedlichen Wasserdruck wahrnehmen, und →Schlangen können Wärmestrahlen „sehen".

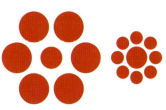

Eine optische Täuschung: Die beiden Kreise in der Mitte sind gleich groß!

WISSEN KOMPAKT

Die Sinne des Menschen

- Sehen: Augen sehen Lichtwellen. Sie können Hell und Dunkel sowie verschiedene Farben unterscheiden.
- Hören: Ohren hören Schallwellen.
- Riechen: Die Nase nimmt chemische Stoffe aus der Luft als Duft oder Gestank wahr.
- Schmecken: Mit der Zunge überprüfen wir den Geschmack chemischer Stoffe in unserer Nahrung. Die Zunge kann süß, salzig, bitter und scharf erkennen.
- Fühlen: Die Haut nimmt Wärme und Kälte, Druck und Schmerz wahr.

Skelett

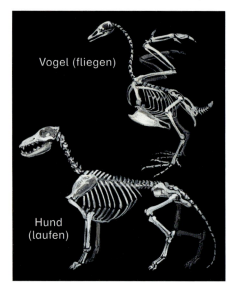

Skelett zweier Wirbeltiere (oben) sowie das Skelett des Menschen (rechts). Die Formen der Knochen sind an die jeweilige Lebensweise angepasst.

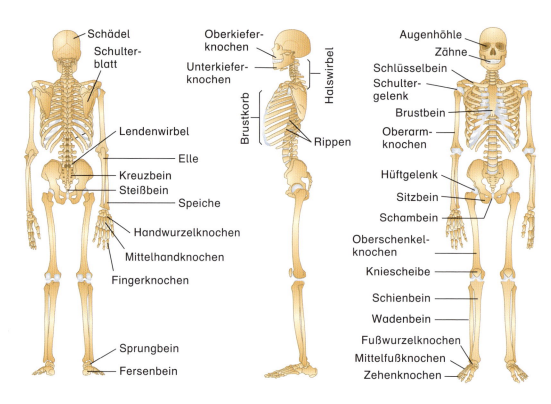

das Skelett

Kinder kommen mit ungefähr 350 →Knochen auf die Welt. Die Knochen bilden zusammen das Skelett. Wenn das Kind älter wird, verwachsen viele Knochen miteinander. Die Knochenlücken in der Schädeldecke, die sogenannten Fontanellen, schließen sich. Der erwachsene Mensch hat schließlich rund 235 Knochen. Das Skelett gibt dem →Körper Stütze und Halt. Es liegt im Körperinneren. Deshalb spricht man von einem Innenskelett. Auch alle übrigen Wirbeltiere haben ein solches Skelett.

Ein Außenskelett finden wir vor allem bei →Insekten, →Krebsen, →Spinnen, →Seesternen und →Seeigeln. Es besteht aus harten, teilweise gepanzerten Abschnitten. Die →Muskeln liegen im Inneren. →Regenwürmer haben mit Flüssigkeit gefüllte Kanäle im Körperinneren. Beim Kriechen bildet sich ein festes Wasserskelett, an dem die Muskeln angreifen.

der Sklave

Sklaven sind Menschen, die verkauft und gekauft werden und für ihre Besitzer arbeiten müssen. Den Sklaven sind alle →Menschenrechte genommen. Sie werden zu einem Leben unter menschenunwürdigsten Bedingungen gezwungen. Die →Griechen und →Römer hatten viele Sklaven, vor allem Kriegsgefangene. Vom 16. Jahrhundert an verschleppten die Spanier afrikanische Sklaven in die amerikanischen Kolonien. Um 1770 brachten englische Schiffe schwarze Sklaven nach Amerika. Auf diesen Sklavenschiffen herrschte eine entsetzliche Enge. Viele Menschen starben unterwegs.

Die Briten schafften den Sklavenhandel im Jahr 1807 ab. In den USA hingegen wurde die Sklaverei erst 1865, nach dem Bürgerkrieg zwischen den Nord- und Südstaaten, aufgegeben. Die Diskriminierung der Afroamerikaner hält jedoch bis auf den heutigen Tag an.

der Skorpion

Die Skorpione gehören zu den →Spinnentieren. Sie werden bis zu zehn Zentimeter lang, haben acht Beine und am Schwanzende einen Giftstachel, mit dem sie Angreifer und Beutetiere stechen und töten. Dabei halten sie

Feldskorpion

Sonne

ihre Beute mit den Greifzangen am Vorderende des Körpers fest. Nur bei wenigen Skorpionarten, etwa beim Dickschwanzskorpion, ist der schmerzhafte Stich für den Menschen gefährlich. Skorpione kommen nur in warmen Ländern vor, in Europa zum Beispiel in Spanien, Italien und Griechenland.

die Sonne

Die Sonne ist ein riesiger →Stern, der im Zentrum unseres →Sonnensystems steht. Sie besteht aus glühend heißen Gasen. In ihrem Innern finden laufend Kernreaktionen statt, bei denen riesige Mengen an →Energie frei werden. Die Sonne versorgt die →Erde mit →Licht und Wärme. Sie ermöglicht das Leben von →Pflanzen, Tieren und Menschen. Andererseits strahlt sie aber auch gefährliche ultraviolette Strahlen ab. Die Ozonschicht unserer →Atmosphäre schützt uns vor dieser Strahlung, so gelangen nur wenige der Strahlen auf die Erdoberfläche. Ohne den Schutz der →Ozonschicht wäre die Erde unbewohnbar.

Unsere Sonne ist sehr weit von der Erde entfernt: Ein Raumschiff, das unseren →Planeten in einer Stunde umkreisen würde, wäre bis zur Sonne fünf Monate lang unterwegs! Die Sonne

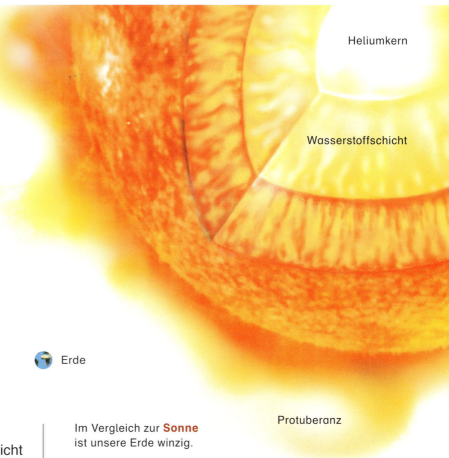

Im Vergleich zur **Sonne** ist unsere Erde winzig.

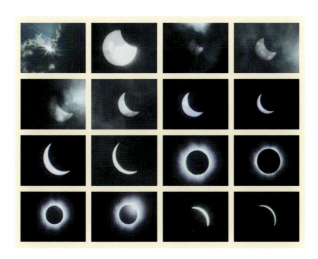

ist so groß, dass die Erde darin weit mehr als eine Million Mal Platz finden würde. Insgesamt wiegt die Sonne 750-mal mehr als alle Planeten des Sonnensystems zusammengenommen.

In einem →Jahr dreht sich die Erde einmal um die Sonne. Weil sich die Erde an einem →Tag einmal um sich selbst dreht, geht die Sonne jeden Morgen im Osten auf und jeden Abend im Westen unter.

Eine **Sonnenfinsternis** entsteht, wenn der Mond exakt zwischen Sonne und Erde steht.

219

Sonnensystem

Das Bild zeigt die Größenverhältnisse der acht Planeten unseres **Sonnensystems**. Alle umkreisen die Sonne.

das Sonnensystem

Unser Sonnensystem gehört zur →Milchstraße. Im Mittelpunkt des Sonnensystems steht die →Sonne. Um sie kreisen auf regelmäßigen Bahnen die acht →Planeten mit ihren →Monden. Die vier inneren Planeten Merkur, Venus, →Erde und Mars haben eine feste Oberfläche aus →Gesteinen. Die vier äußeren Planeten hingegen sind Gasplaneten ohne feste Oberfläche. Sie heißen Jupiter, Saturn, Uranus und Neptun. Die Venus sieht man in der Abend- oder Morgendämmerung als leuchtenden Punkt am Himmel. Wir nennen sie Abend- oder Morgenstern, obwohl es sich nicht um einen →Stern handelt. Auch Mars, Jupiter und Saturn kann man gelegentlich mit bloßem Auge sehen. Der Saturn ist berühmt für die vielen Ringe, die ihn umgeben. Sie bestehen aus Eisteilchen und Gesteinsbruchstücken. Auch der Zwergplanet Pluto gehört zu unserem Sonnensystem, ebenso die →Kometen und Meteoriten sowie die unzähligen Planetenbruchstücke des Asteroidengürtels zwischen Mars und Jupiter.

Sonnensystem: Die Aufnahme des Hubble-Weltraumteleskops zeigt den gasförmigen Planeten Jupiter mit einigen seiner Monde und deren Schatten.

der Specht

Spechte gibt es überall auf der Welt, die meisten der rund 200 Spechtarten leben aber in Asien und Amerika. Die größte einheimische Art ist der Schwarzspecht, der leider schon sehr selten geworden ist. Im Frühjahr hört man oft das melodische Rufen des Grünspechts. Der häufigste Specht bei uns ist der Buntspecht. Die Spechte haben scharfe, kräftige Schnäbel, mit denen sie Löcher in Baumstämme meißeln können. Zwischen dem Schnabel und dem Schädel ist eine federnde Verbindung, so ist das Gehirn gut gegen heftige Stöße geschützt. Entweder fangen die Spechte unter der Rinde verborgene →Insekten oder sie höhlen Niststätten für ihre Brut aus. Im Winter ernähren sie sich vor allem von →Fichtensamen.

Buntspecht

der Spiegel

Früher waren Spiegel aus poliertem →Metall. Die ersten Spiegel gab es etwa 3000 v. Chr. in Ägypten. Spiegel aus →Glas mit einer dünnen Schicht aus Silber oder Aluminium auf der Rückseite kamen erst im 16. Jahrhundert in Venedig auf. Die Metallschicht des Spiegels

Sprache

wirft das →Licht zurück, reflektiert es also. Das gespiegelte Bild und das Original verhalten sich spiegelbildlich: Wenn du die linke Hand hebst, bewegt dein Spiegelbild die rechte Hand.

Die einfachen Haushaltsspiegel sind flach. Konvexe Spiegel sind gewölbt wie die Rückseite eines Löffels. Sie verzerren das Bild. Konkave Spiegel sind hohl. Mit ihnen kann man Lichtstrahlen sammeln, wie im Spiegelteleskop.

Spinne: Die Rotknie-Vogelspinne lebt in Mexiko.

die Spinne

Weltweit gibt es rund 30 000 Spinnenarten. Im Gegensatz zu den sechsbeinigen →Insekten haben die Spinnen acht Beine. Doch es gibt auch noch andere Unterschiede: Die meisten Insekten haben Flügel und Fühler, während den Spinnen beides fehlt. Der Körper der Insekten ist dreigeteilt, die Spinnen haben jedoch nur zwei Körperabschnitte.

Alle Spinnen bringen mit besonderen Spinndrüsen am Hinterleib Seidenfäden hervor. Sie fangen damit zum Beispiel ihre Beutetiere. Die Kreuzspinne baut ein Fangnetz, andere Spinnen legen Fallgruben an. Manche liegen auf der Lauer und springen auf ihre Beute. Alle Spinnen töten ihre Beute durch einen giftigen Biss. Dann spritzt die Spinne Verdauungssäfte in ihre Beute und saugt sie aus.

Die Grammatik beschreibt die Regeln einer Sprache.

der Sport

Fußball, Handball und Hockey sind typische Mannschaftssportarten, während →Leichtathletik, →Schwimmen, Radfahren und Skilaufen meistens Einzelsportarten sind. Viele Menschen gehen in den Sportverein oder in ein Fitnessstudio oder sie joggen im Park. Jeder sollte Sport treiben, um sich fit zu halten. Sport bewirkt, dass wir beweglich bleiben, er hebt die Stimmung und beugt vielen →Krankheiten vor.

Eine der beliebtesten **Sportarten** ist Fußball.

Für manche Menschen ist der Leistungssport zum Beruf geworden. Leistungssportler nehmen an Wettkämpfen teil wie zum Beispiel den →Olympischen Spielen. Im Gegensatz zum Fitnesssport belastet der Profisport den →Körper ziemlich stark und führt häufig zu Verletzungen und bleibenden Schäden. Um noch besser zu sein, nehmen manche Leistungssportler sogar schädliche →Dopingmittel.

die Sprache

Weltweit existieren rund 2000 Sprachen mit einer →Schrift. Sehr viele Sprachen haben aber keine schriftliche Form. Ein Beispiel: Das Niederländische ist eine eigenständige Sprache. Es hat sich ebenso aus dem Hochdeutschen entwickelt wie etwa das Bairische. Dennoch gilt Bairisch nicht als Sprache, sondern als Dialekt oder Mundart, denn es hat keine festgelegte Schriftform. Die Grenzen zwischen Sprache und Dialekt sind fließend. Forscher schätzen, dass es zwischen 5000 und 8000 Sprachen gibt. Auch Menschen, die →gehörlos sind, können sich durch Sprache verständigen. Die Gebärdensprache ist ein Zeichensystem, das sich der Körperhaltung, der Mimik und der Gebärden (Handzeichen) bedient. Hierzu gehört auch das Fingeralphabet.

Spur

Die **Fraßspur** eines Bibers an einem Baumstamm. Biber bevorzugen Baumarten mit weichem Holz, wie Pappeln oder Weiden.

WISSEN KOMPAKT

Spuren
Diese Spuren werden von Tieren hinterlassen:
- Abdrücke von Pfoten, Zehen und Hufen
- Fährten und Wildwechsel, bei denen man sehen kann, woher das Tier kam und wohin es ging
- angeknabberte Blätter, Früchte, Nüsse und Zapfen
- Nester, Spinnennetze, Schlupflöcher, Gänge und Tierbaue
- Kot, Urinspuren und Gewölle
- Federn und zerbrochene Eierschalen
- leere Insektenhüllen und Schneckenhäuschen

Diese **Spuren** sind viele Millionen Jahre alt. Sie stammen von kleinen Reptilien, die längst ausgestorben sind.

die Spur

Jeder Verbrecher hinterlässt am Tatort Spuren. Es ist die Aufgabe der →Polizei, diese Spuren zu erkennen und auszuwerten. Auch die Tiere hinterlassen Spuren. Fährten nennt man die Abdrücke ihrer Füße. Daran kann man viele Tiere unterscheiden, etwa Hirsche, →Füchse oder →Hasen. Auch Fraßspuren sind oft leicht zu bestimmen. →Rehe fressen gerne frische Baumschösslinge, Hirsche ziehen im Winter Rindenstreifen von den Bäumen ab. →Eulen würgen unverdaute Haare und Knochen ihrer Beutetiere hoch. Diese Gewölle findet man unter ihren Nestern. Fraßspuren ganz besonderer Art hinterlassen die Insekten. →Raupen fressen ganz bestimmte Muster in Blätter. Winzige →Larven legen zwischen der Ober- und Unterseite der Blätter ihre Gänge an. Diese Minen sind als meist weißliche Bahnen leicht zu erkennen. Als Gallen bezeichnen wir knollige oder kugelförmige Auswüchse an Pflanzenteilen. Im Inneren leben ebenfalls Insektenlarven, die diese Wucherungen hervorrufen.

der Staat

Wenn Erwachsene über den Staat schimpfen, so meinen sie meistens eine Behörde, zum Beispiel das Finanzamt oder die →Polizei. Den eigentlichen Staat – man kann auch Nation sagen – bilden wir alle zusammen. Der Staat

Auch manche Insekten bilden **Staaten**. In einem Ameisenstaat leben viele Arbeiterinnen und Männchen sowie eine Königin.

ist ein Gemeinwesen mit →Regierung, Rechtsprechung und Gesetzgebung. Zu einem Staat gehören ein Land (das Staatsgebiet) und fest ansässige Menschen (das Staatsvolk). Staaten sind unabhängig und bestimmen ihr Schicksal selbst. In letzter Zeit sind viele neue Staaten entstanden, weil größere Staaten auseinanderfielen, wie die Sowjetunion und Jugoslawien. Auch Tiere bilden Staaten, zum Beispiel die →Ameisen oder die →Bienen.

die Stadt

Ortschaften mit mehr als 2000 Einwohnern werden als Städte bezeichnet. Kleinstädte haben bis zu 20000 Einwohner, in Großstädten leben über 100000 Menschen.

Früher entschieden Fürsten und →Könige darüber, welche Orte Städte wurden. Sie verliehen ihnen die Stadtrechte. Die Städte durften zum Beispiel Märkte abhalten. Die ansässigen →Handwerker konnten sich zu Zünften zusammenschließen. Wenn ein unfreier, leibeigener Mann in die Stadt zog, wurde er meist nach „Jahr und Tag" zu einem freien Mann. Deshalb hieß es früher: „Stadtluft macht frei."

die Staumauer

Staumauern schließen →Täler ab und bewirken, dass sich das Wasser der →Flüsse aufstaut. Wir sprechen deshalb auch von Talsperren. Das Wasser von Stauseen versorgt die Haushalte und dient der Bewässerung trockener Felder. Solche Talsperren gab es im →Ägyptischen Reich und im Mittleren Osten schon vor vielen Jahrtausenden.

Wenn Wasser von einem höheren Ort zu einem niedriger liegenden fließt, kann es Arbeit leisten. →Kraftwerke nutzen die →Energie des fließenden Wassers und verwandeln sie in elektrischen →Strom. Die meisten Staumauern baut man heutzutage zur Stromerzeugung. In hohen Druckleitungen wird das Wasser zu Tal geleitet, wo es →Turbinen antreibt. Diese wiederum versetzen →Generatoren in eine schnelle Drehbewegung. Dabei entsteht Wechselstrom. Die höchste Staumauer Europas ist 285 Meter hoch und steht in der Schweiz. Pro Jahr brechen übrigens ein bis zwei Talsperren und richten dabei große Schäden an.

Diese **Staumauer** in Nordamerika staut den Fluss Colorado zu einem großen See auf.

der Steinpilz

Der Steinpilz ist ein essbarer →Pilz, der bei uns in den →Wäldern wächst. Die braunen, feucht glänzenden Pilze erscheinen ab Juli unter Kiefern, →Eichen und Buchen. Auf der Unterseite des Pilzhutes ist ein schwammiges Röhrengewebe, in dem die Sporen zur Vermehrung gebildet werden. Der Steinpilz ist als guter Speisepilz sehr beliebt. Manchmal wird er auch Herrenpilz genannt. Denn früher mussten alle gefundenen Steinpilze bei den grundbesitzenden Herren, also den Fürsten und Adligen, abgegeben werden.

Steinpilze

Steinzeit

Steinzeit: Pflanzliche Nahrungsmittel der Jungsteinzeit (links). In der Jungsteinzeit wurden auch schon große Tempelanlagen gebaut, wie diese mehr als 5000 Jahre alten Ruinen auf der Insel Malta zeigen (rechts).

die Steinzeit

Bevor die Menschen lernten, →Metalle zu verarbeiten, fertigten sie ihre Geräte nur aus Stein, Holz, Geweih und Knochen an. Diesen Zeitabschnitt bezeichnen wir heute als Steinzeit. Die Steinzeit begann wahrscheinlich vor über drei Millionen Jahren. Danach begann die Bronzezeit, in der Gegenstände vor allem aus Bronze hergestellt wurden, einem Gemenge aus den Metallen Kupfer und Zinn.

Die Menschen der Steinzeit stellten ihre Werkzeuge vor allem aus Feuerstein her. Der Stein hat die Eigenschaft, auf eine ganz bestimmte Art zu zersplittern, wenn man ihn anschlägt. Auf diese Weise gelang es, scharfe Kanten, Speerspitzen, Klingen, Pfeilspitzen, Faustkeile und Schaber herzustellen. Die →Archäologen unterscheiden die Altsteinzeit, die mittlere Steinzeit und die Jungsteinzeit. In der Jungsteinzeit fertigten die Menschen auch schon Äxte aus poliertem Stein. Gleichzeitig gaben sie ihre Lebensweise als Nomaden auf und wurden zu sesshaften Bauern.

Herstellung von Steinwerkzeug in der **Steinzeit**

die Steppe

Steppen sind flache, trockene, baumlose Graslandschaften. Es gibt sie überall auf der Welt. In Argentinien heißen die riesigen Flächen Pampa, in Nordamerika Prärie, in Ungarn Puszta. Hier wachsen vor allem →Moose und →Flechten, manchmal auch niedrige →Sträucher. Wenn Steppen immer trockener werden, verwandeln sie sich allmählich in →Wüsten.

der Stern

Mit bloßem Auge erkennen wir am Nachthimmel ungefähr 1500 Sterne. Damit sehen wir nicht einmal den billionsten Teil aller Sterne, die es im →Weltall gibt. Die meisten sind riesige glühende Gaskugeln wie die →Sonne. Auf ihnen gibt es kein Leben. Nur auf →Planeten, den Begleitern der Sterne, ist Leben möglich, weil sie ein kühleres →Klima haben.

Sterne bestehen am Anfang aus Gaswolken. Die →Schwerkraft bewirkt, dass die Gasmassen immer stärker zusammengedrückt werden, bis die →Atome des →Gases miteinander verschmelzen. Dabei wird ungeheuer viel →Energie frei.

Sternwarte

Der hellste **Stern** am Nachthimmel ist Sirius (Hundsstern). Rechts im Bild ist der Komet Hale-Bopp mit Schweif zu erkennen.

Deshalb leuchten die Sterne so hell. Am Ende seines Lebens vergrößert sich der Stern und wird zu einem Roten Riesen. Danach schrumpft er zu einem kleinen glühenden Weißen Zwerg. Manche Sterne explodieren nach dem Schrumpfen und werden zur Supernova. Nach dem Ausbruch bleibt ein schwarzes Loch.

das Sternbild

Wenn wir den Nachthimmel betrachten, so sieht es aus, als würden gewisse helle Sterne zusammengehören und eine Gruppe bilden. Wir nennen sie Sternbilder. In Wirklichkeit besteht kein Zusammenhang zwischen den Sternen eines Sternbildes. Sie sind weder zur gleichen Zeit entstanden noch stehen sie besonders nah beieinander. Bereits im →Ägyptischen Reich und im alten Babylon versuchten die Menschen, die Sternbilder zu deuten. Heute beobachten wir 88 Sternbilder. Zwölf davon gehören zu den Tierkreiszeichen, die für das Erstellen der Horoskope bedeutend sind.

Diese **Sternwarte** befindet sich mitten in den Anden im Norden Chiles.

Eines der bekanntesten **Sternbilder** ist der Große Bär, zu dem auch der Große Wagen gehört.

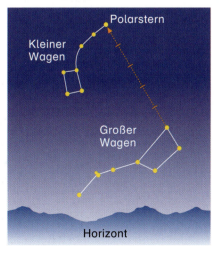

Der helle Polarstern dient oft als Navigationshilfe auf Schiffen.

die Sternwarte

In Sternwarten oder Observatorien beobachten Astronomen den Sternenhimmel. Sie versuchen dabei herauszufinden, wie die →Sterne entstanden sind, wie sie aussehen und wie sie sich in Zukunft weiterentwickeln werden. Das →Licht, das die Sterne aussenden, wird von großen →Teleskopen eingefangen. Aber Sterne senden auch noch ganz andere Wellen aus, die wir mit den Augen gar nicht wahrnehmen können, zum Beispiel →Radiowellen. Sie werden von Radioteleskopen registriert.

Die meisten Sternwarten liegen hoch oben im Gebirge, weil hier die Luft am klarsten ist und kaum Licht von den Städten stört. Die →Atmosphäre der Erde verändert aber immer das Bild. Deswegen gibt es auch Sternwarten, die mit →Satelliten im →Weltall fliegen. Am bekanntesten ist das Hubble-Teleskop.

Steuern

die Steuern

Steuern sind Abgaben an den →Staat. Mit den Einnahmen bezahlt der Staat seine Beamten und alle anderen Angestellten. Er baut Schulen, Krankenhäuser und Straßen.

Es gibt verschiedene Steuern. Wer als Angestellter in einer Firma Lohn bekommt, muss Lohnsteuer bezahlen. Sie wird ihm direkt vom Gehalt abgezogen. Menschen, die selbstständig arbeiten, müssen Einkommensteuer zahlen. Bei allem, was man kauft, ist im Preis die Mehrwertsteuer enthalten. Zudem gibt es zum Beispiel Versicherungssteuer, Tabaksteuer, Hundesteuer, Kfz-Steuer und Zollabgaben.

die Stimme

Die Stimme des →Menschen wird im Kehlkopf erzeugt. Er besteht aus mehreren Knorpelringen. Im Inneren des Kehlkopfes sind zwei Stimmbänder angespannt. Mit kleinen Muskeln kann man sie verlängern oder kürzen. Dadurch verändert sich auch ihre Spannung.

Wenn Luft beim Ausatmen über die Stimmbänder streicht, beginnen sie zu schwingen – ähnlich wie in einem →Musikinstrument. Damit erzeugen wir Töne. Je länger die Stimmbänder sind, umso tiefer ist der Ton. In der →Pubertät verändert sich die Stimme der Jungen, weil sich der Kehlkopf vergrößert und die Stimmbänder länger werden. Das ist der Stimmbruch. Im Chor nennt man eine tiefe Männerstimme Bass, eine hohe Tenor. Als Bariton wird die Stimmlage dazwischen bezeichnet. Eine tiefe Frauenstimme ist ein Alt, eine hohe heißt Sopran.

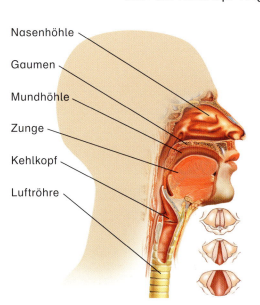

Nasenhöhle
Gaumen
Mundhöhle
Zunge
Kehlkopf
Luftröhre

Ein- und ausströmende Luft bringt die **Stimmbänder** am Kehlkopf zum Schwingen.

Den schnellsten **Stoffwechsel** haben Kolibris. Deswegen müssen sie ständig Nektar trinken.

der Stoffwechsel

Während eines Tages atmen wir viel Luft ein. Die →Lunge entzieht der Luft →Sauerstoff. Beim Ausatmen geben wir das →Gas Kohlendioxid ab. Wir essen mehrmals am Tag und müssen auch auf die Toilette gehen. Außerdem geben wir immer Wasserdampf durch die Haut ab. Dies merken wir meist nur, wenn wir schwitzen. Unser →Körper nimmt also dauernd Stoffe auf, verändert sie und gibt andere Stoffe ab. Diese Vorgänge bezeichnen wir als Stoffwechsel.

der Storch

Den Weißstorch nennt man auch Adebar, was so viel bedeutet wie Glücksbringer. Deswegen heißt es im Volksglauben, er bringe die kleinen Kinder ins Haus. Der Weißstorch nistet im Sommer in Europa und zieht hier seine Jungen auf. Er frisst vor allem Insekten, gelegentlich aber auch Frösche und Mäuse. Gerne folgt er Bauern, die Wiesen mit Maschinen mähen, weil dann die Beutetiere leicht zu sehen sind. Störche sind →Zugvögel, die im Herbst nach Afrika ziehen. Sie können dabei mehr als 10 000 Kilometer zurücklegen.

Der Weißstorch baut sein Nest häufig auf Hausdächern. Das Elternpaar begrüßt sich gegenseitig durch ein lautes Klappern, bei dem der Kopf bis in den Rücken zurückgelegt wird.

Bei der Brutpflege sind die Eltern sehr fürsorglich. Nie lassen sie das Nest unbewacht. Die Jungvögel werden mit vorverdauter Nahrung gefüttert. Leider wird der Weißstorch immer seltener. Der Schwarzstorch lebt zurückgezogen in Wäldern und ist bei uns fast ausgestorben.

Weißstörche bauen ihr Nest, den Horst, auf Dächern und Bäumen.

der Strauch

Sträucher sind wie die →Bäume verholzte Blütenpflanzen. Im Gegensatz zu den Bäumen haben sie jedoch keinen dicken Stamm, sondern verzweigen sich am Boden oder knapp darüber in viele dünne Stämme. Sträucher tragen meist →Früchte, →Beeren oder →Nüsse, so auch der Johannisbeer- und Himbeerstrauch. Wildsträucher bilden dichte Hecken, in denen Tiere Nahrung, Verstecke und Nistplätze finden. Heimische Wildsträucher sind Holunder, Haselnuss, Schlehe und Sanddorn. Ziersträucher wie Rosen oder Forsythien stehen im →Garten.

der Strauß

Der Strauß ist der größte lebende →Vogel. Er kann über zwei Meter groß werden und doppelt so schwer wie ein Mensch. Wegen seines Gewichtes kann er nicht mehr fliegen. Dafür können Strauße bis zu 70 Kilometer in der Stunde schnell laufen. Ein Straußenei hat ein Volumen von 25 bis 30 Hühnereiern und wiegt ungefähr 1,5 Kilogramm. Das Gelege mit den →Eiern wird vom Straußenmännchen gut bewacht. Strauße leben in den →Savannen Afrikas. Auch bei uns werden sie manchmal in Farmen gehalten. Sie liefern Fleisch und Leder.

Strauß mit Gelege

der Streik

Statt Streik kann man auch Arbeitsniederlegung sagen. Zu Streiks kann es kommen, wenn sich zum Beispiel die Arbeiter einer Fabrik ungerecht behandelt fühlen und sie sich nicht mit dem Besitzer der Fabrik, dem Arbeitgeber, über bessere Löhne und Arbeitszeiten einigen können. Die Arbeiter hören dann auf zu arbeiten und streiken. Oft sind sie durch eine Gewerkschaft vertreten. Mit dem Streik soll der Arbeitgeber zum Einlenken gezwungen werden.

Bei einem **Streik** gehen die Arbeitnehmer oft auf die Straße, um zu demonstrieren.

Stress

der Stress

Wenn wir uns in Gefahr befinden, passieren in unserem →Körper merkwürdige Dinge: Der Blutdruck steigt an, der →Puls wird schneller, Wachsamkeit und →Muskelspannung nehmen zu, wir atmen tiefer und können so mehr leisten. Wir sind dann besser darauf vorbereitet, zu kämpfen oder zu flüchten. Diesen Zustand nennt man Stress. Geht die Gefahr vorüber, so entspannen wir uns. Stress ist also etwas sehr Nützliches und kann uns das Leben retten. Durch ständigen Ärger, →Lärm und Hektik kommt es aber zu andauerndem Stress. Der Körper arbeitet dabei ständig auf Hochtouren. Diese Art von Stress kann schwere →Krankheiten verursachen wie hohen Blutdruck, Infektionskrankheiten, Herzinfarkt, seelische Störungen oder →Krebs.

> Zu wenig Schlaf oder Zigarettenrauch können auch Stress verursachen.

der Strom

Wenn wir eine →Glühbirne einschalten, fließt elektrischer Strom. Er erhitzt den →Metallfaden in der Lampe und bringt ihn zum Glühen. Strom fließt, wenn sich negativ geladene Elektronen im Leiter vorwärtsbewegen. Die Stromquelle ist das →Kraftwerk. Es liefert uns Wechselstrom ins Haus. Dieser Strom fließt erst in die eine, dann in die andere Richtung. Dieser Wechsel findet 50-mal in einer Sekunde statt. Der Strom aus →Batterien fließt immer in derselben Richtung und heißt Gleichstrom. Ein breiter →Fluss wird auch Strom genannt.

der Sturm

Wenn der →Wind so stark weht, dass Zweige von den Bäumen abbrechen und man kaum gehen kann, herrscht ein Sturm. Bei schweren Stürmen fallen sogar Bäume um und Häuser werden beschädigt. Meist tritt bei einem Sturm heftiger Regen auf oder es →gewittert. Bei einem Orkan weht der Wind mit Windstärke 12. Das sind über 120 Kilometer in der Stunde – so schnell fahren die Autos auf der Autobahn. Ein Orkan richtet oft schwere Schäden an.

Bei einem **Wirbelsturm** befindet sich in der Mitte das sogenannte Auge, wo absolute Windstille herrscht.

Dreht sich der Wind mit hoher Geschwindigkeit kreisförmig um ein Zentrum, so ist es ein Wirbelsturm. Wirbelstürme entstehen über warmen →Meeren, wo die Luft sehr feucht ist. Gelangen sie auf das Festland, können sie ganze Landstriche verwüsten. Tropische Wirbelstürme heißen auch Taifun oder Hurrikan.

WISSEN KOMPAKT

Unterschiedliche Stürme
- Sturmbö: Ein Wind, der nur ganz kurz, aber sehr heftig weht.
- Schnee- oder Hagelsturm: Ein Sturm, bei dem kein Regen fällt, sondern Schnee oder Hagel. Schneestürme treten oft in den Bergen oder in der Arktis und Antarktis auf.
- Sandsturm: Ein starker Wind, der in der Wüste so viel Sand aufwirbelt, dass man nichts mehr sehen kann.

Synagoge

Sucht: Alkohol und Nikotin werden für viele Menschen zum Problem, weil sie ohne diese Stoffe nicht mehr leben können.

die Sucht

Bei dem Wort Sucht denkt man meist an →Drogen wie etwa →Alkohol. Es kann aber fast jede Tätigkeit zur Sucht werden, auch das Essen, das Computerspielen, das Rauchen, das Bergsteigen und das Sammeln. Der Süchtige gibt oft seine Beziehungen zur Familie, zu Freunden und Arbeitskollegen fast ganz auf. Mit seiner Sucht will er dem Alltag entkommen und verliert dabei jedes Maß.

Sucht führt dazu, dass man abhängig wird. Besonders deutlich ist das bei den Drogen. Der Süchtige kann ohne die Droge nicht mehr leben, weil der Körper daran gewöhnt ist. Man spricht von körperlicher Abhängigkeit. Wird dem Körper die Droge nicht mehr zugeführt, reagiert er mit schweren Entzugserscheinungen. Dazu kommt auch noch die seelische Abhängigkeit. Für die Süchtigen gibt es verschiedene Anlaufstellen, die Hilfe anbieten.

der Südpol

Der Südpol ist der südlichste Punkt der →Erde. Hier gibt es nur eine →Himmelsrichtung, nämlich die nach Norden. Die Linie, die den Südpol mit dem →Nordpol verbindet, heißt Erdachse. Am Südpol gibt es keine Einteilung in →Tage oder Tageszeiten. Die →Sonne geht am 23. September auf und am 21. März unter und teilt das →Jahr in den Südpolartag und die Südpolarnacht. Der Südpol liegt mitten in der →Antarktis, also auf einem festen Kontinent. Arved Fuchs und Reinhold Messner erreichten 1989 bei ihrer Durchquerung der Antarktis als Erste den Südpol zu Fuß.

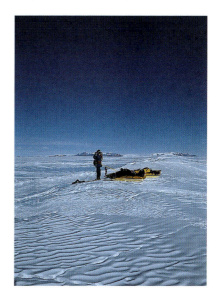

Reinhold Messner am **Südpol**.

die Synagoge

Das Gotteshaus im →Judentum bezeichnet man mit einem ursprünglich griechischen Wort als Synagoge, was so viel wie Versammlungsort bedeutet. Jede Synagoge ist nach Jerusalem ausgerichtet und enthält einen Schrein, einen prunkvollen Schrank, in dem die Thora aufbewahrt wird. Das sind die heiligen Bücher der Juden, allerdings nicht in Form eines Buches, sondern als Rolle, wie dies in der →Antike üblich war. Der erhöhte Platz ist für das Lesepult des Vorlesers gedacht. Männer tragen in der Synagoge eine Kopfbedeckung.

Das Bild zeigt den Innenraum der **Synagoge** von Mannheim mit dem Thoraschrein und dem Lesepult.

Tabak

der Tabak

Tabak wird aus den getrockneten →Blättern der Tabakpflanze hergestellt. Diese gehört zu den Nachtschattengewächsen. Die Tabakpflanze stammt ursprünglich aus Amerika. 1599 wurde sie vom spanischen Forschungsreisenden Francisco Hernández nach Europa gebracht. Heute wird Tabak weltweit angebaut.

Zigarren bestehen aus gerollten Tabakblättern. Zur Herstellung von Zigaretten verwendet man zerkleinerten Tabak. Tabak enthält Nikotin, das anregend wirkt. Rauchen ist jedoch sehr schädlich für die →Gesundheit und kann zur →Sucht führen.

blühende Tabakpflanze

der Tachometer

Mit dem Tachometer oder kurz Tacho misst man Drehzahlen oder →Geschwindigkeiten. Moderne →Autos haben digitale Tachos, die den gemessenen Wert in Zahlen angeben. Auf analogen Tachos bewegt sich eine Nadel vor einer Skala. Die Geschwindigkeit wird in Kilometern pro Stunde (km/h), die Drehzahl in Umdrehungen pro Minute angegeben.

Der **Tachometer** zeigt auch die insgesamt gefahrenen Kilometer an. Hier sind es schon mehr als 80 000 Kilometer.

Tag und Nacht

Die →Erde dreht sich um ihre eigene Achse und gleichzeitig um die →Sonne. Auf dem Teil der Erde, der gerade Sonnenlicht empfängt, herrscht Tag, auf dem anderen Nacht. Da sich die Erde ständig dreht, liegen immer wieder andere Gebiete im Bereich der Sonne und des Schattens. Tag und Nacht folgen somit regelmäßig aufeinander.

Die Achse, um die sich die Erde dreht, liegt schräg. Deswegen ist die Länge des Tages beziehungsweise der Nacht von der Lage eines Ortes auf der Erdkugel abhängig. Im Juni geht in der →Arktis die Sonne niemals unter. In der →Antarktis herrscht zur selben Zeit dauernd Nacht. In unseren Breiten fällt der längste Tag mit dem Sommeranfang zusammen, der kürzeste mit dem Winteranfang. Nur am →Äquator sind die Tage immer ungefähr gleich lang.

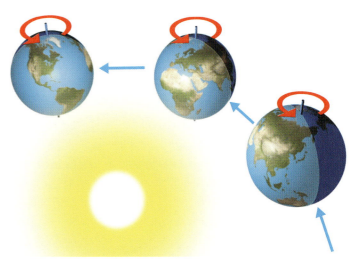

Tag und Nacht entstehen, weil sich die Erde in 24 Stunden um die eigene Achse dreht. Die Sonne bescheint immer nur eine Hälfte der Erdkugel.

das Tagpfauenauge

Das Tagpfauenauge ist ein →Schmetterling, der bei uns häufig vorkommt. Seine braunroten Flügel tragen auffällige Zeichnungen, die wie Augen aussehen. Sie schützen den Falter davor, gefressen zu werden, weil die Augenflecken →Vögel und andere Feinde erschrecken. Als Tagfalter fliegt er tagsüber →Blüten an und

das **Tagpfauenauge** (links) und sein Saugrüssel in einer neunfachen Vergrößerung

saugt Nektar. Das Tagpfauenauge legt seine →Eier auf die Unterseite von →Brennnesselblättern. Sobald die schwarzen →Raupen schlüpfen, ernähren sie sich von den Blättern. Wie ein dichtes Gespinst überziehen sie ihre Futterpflanzen. Hat eine Raupe genug gefressen, verpuppt sie sich. In der Puppe wandelt sie sich zum fertigen Falter, der bald aus der Puppenhülle schlüpft. Den Winter über ruhen die Falter in einem Versteck, etwa in einer →Höhle, einem Keller oder Fuchsbau.

das Tal

Die Flüsse graben sich mit unterschiedlicher Geschwindigkeit in den Boden ein. In weichem →Gestein können binnen kurzer Zeit tiefe Rinnen entstehen. Wir nennen diese Schlucht, Cañon, Klamm oder Kerbtal. Sie sind im Querschnitt v-förmig. Das tiefste Tal auf unserer Erde ist der Grand Canyon in Nordamerika. Der Colorado River grub sich im Lauf der Jahrmillionen bis zu 1800 Meter tief in das Gestein ein. Breite Täler entstehen, wenn der →Fluss immer wieder in anderen Betten fließt und Schleifen bildet. Er trägt dann viel Gesteinsmaterial gleichmäßig ab und verlagert →Sand und Gestein in seinen Unterlauf und in das Mündungsgebiet. Nicht nur fließendes Wasser, sondern auch das Eis von →Gletschern kann Täler aushöhlen. Sie zeigen dann im Querschnitt eine deutliche U-Form: Der Talboden eines Trog- oder U-Tales ist flach und weit, die Talwände steigen steil an.

der Tanz

Der Tanz ist wahrscheinlich eine der frühesten Formen menschlicher →Kultur. Wir wissen, dass die →Menschen früher tanzten, um ganz bestimmte Botschaften, bestimmte Gefühle oder Zustände auszudrücken. Noch heute spricht man von einem Freudentanz. Es gibt viele verschiedene Formen des Tanzes, etwa das Ballett, Standardtänze wie Tango und Walzer oder Breakdance.

Die meisten Tänze sind eng mit einer ganz bestimmten Musik verknüpft, etwa der Walzer, der Tango, Salsa, Swing und Rock 'n' Roll.

Tal: Bei Trog- oder U-Tälern ist der Talboden breit und flach. Kerb- oder V-Täler haben einen engen Talboden.

Trog- oder U-Tal

Kerb- oder V-Tal

Tarnung

die Tarnung

Militärfahrzeuge sind meistens grün, braun und schwarz gemustert. Mit dieser Tarnfarbe fallen sie in der Natur kaum auf. Für den Betrachter fügen sie sich perfekt in den ähnlich gefärbten Hintergrund ein. Diesen Trick haben die Menschen den Tieren abgeschaut.

Im Tierreich gibt es wahre Meister der Tarnung. Spannerraupen sitzen unbeweglich auf Rinden und ahmen Aststückchen nach. Heuschrecken sind allein schon durch ihre grüne Farbe gut getarnt. Die tropische Gespenstheuschrecke sieht einem Blatt täuschend ähnlich, die mit ihr verwandte Stabheuschrecke hat einen Körper, den man nur schwer von einem dünnen Zweig unterscheiden kann. Den →Tiger kann man im Helldunkel des indischen Waldes kaum ausmachen, denn das Fellmuster löst seine Gestalt auf. Die Flunder und das →Chamäleon können sogar ihre Hautfarbe der Färbung des Untergrundes angleichen.

Perfekte **Tarnung**: Das „Wandelnde Blatt" (links) ist eine Gespenstheuschrecke; den Steinfisch (rechts) kann man auf dem Meeresboden kaum erkennen.

die Taube

Es gibt weltweit ungefähr 300 Taubenarten. Die Haustaube ist ein echtes →Haustier. Sie stammt von der Felsentaube des Mittelmeergebietes ab. Im →Mittelalter war sie ein wichtiger Fleischlieferant. Besonders beliebt sind die Brieftauben, die auch aus weiter Entfernung ihr Zuhause wieder-finden. Die Stadttauben sind verwilderte Haustauben. Häufig werden sie zu einer echten Plage. Die weiße Taube ist ein Symbol des →Friedens.

Brieftaube

der Tausendfüßer

Kein Tausendfüßer hat 1000 Beine. Der Rekord liegt bei rund 300 Beinpaaren, die der tropische Riesenbandfüßer besitzt. Es gibt zwei Gruppen von Tausendfüßern. Die eigentlichen Tausendfüßer oder Doppelfüßer haben einen harten, kreisrunden Chitinpanzer und zwei Beinpaare pro Körperabschnitt. Sie leben friedlich, ernähren sich von Pflanzenmaterial und bewegen sich ziemlich langsam. Bei Gefahr scheiden sie ein stinkendes Sekret aus.

Die Hundertfüßer hingegen sind schnelle Räuber mit einem flachen Körper. Pro Körperabschnitt haben sie nur ein Beinpaar. Die größten Hundertfüßer heißen Skolopender. Sie kommen auch im Mittelmeergebiet vor. Ihr Biss kann erhebliche Schmerzen verursachen.

Der Skolopender, ein **Hundertfüßer**, versteckt sich tagsüber unter Steinen.

die Technik

Das Wort „Technik" bedeutete ursprünglich „Kunstfertigkeit". Heute verstehen wir unter Technik vor allem den Einsatz von →Maschinen, →Werkzeugen und anderen Hilfsmitteln, die uns die Arbeit erleichtern. Schon in der →Steinzeit kannte man technische Verfahren, etwa um →Feuer anzuzünden. Der Faustkeil gehört zu den frühesten Werkzeugen des Menschen. Ohne den technischen Fortschritt würde unser Leben heute nicht funktionieren. Mithilfe

Technik: Der Vorratsbehälter, der Wagen mit Speichenrädern, der Sextant und der Computer brachten den Menschen zur Zeit ihrer jeweiligen Entwicklung enorme Vorteile und neue Möglichkeiten.

der Technik werden in der →Industrie Produkte erzeugt, zum Beispiel stellen →Roboter Autos in einer Autofabrik her. Leider bringt die Technik nicht nur Vorteile, sie schafft auch →Arbeitslosigkeit und ermöglicht →Kriege.

Unter Technik versteht man auch die Art und Weise, etwas zu tun. So gibt es zum Beispiel eine Mal- und Zeichentechnik, eine Schwimm- oder Balltechnik.

WISSEN KOMPAKT

Technikberufe
Es gibt viele technische Berufe, die man erlernen kann. Hierfür wird man in verschiedenen technischen Spezialbereichen ausgebildet wie:

Agrartechnik	Biotechnik
Computertechnik	Elektrotechnik
Gentechnik	Holztechnik
Maschinenbautechnik	Medizintechnik
Nachrichtentechnik	Raumfahrttechnik
Tontechnik	Umwelttechnik

der **Tee**

Der Teestrauch stammt aus China. Heute wird er jedoch in vielen tropischen Ländern angepflanzt. Mehrmals im Jahr werden die →Blätter gepflückt und anschließend getrocknet. Wenn wir solche Teeblätter mit heißem Wasser aufbrühen und einige Minuten ziehen lassen, erhalten wir schwarzen Tee. Dieses Getränk wirkt wie →Kaffee anregend durch das enthaltene Koffein. Man kann auch aus anderen Pflanzen Tee herstellen, zum Beispiel aus Pfefferminze, Kamille, Malve, Fenchel oder Hagebutten.

der **Teich**

Teiche sind wie Weiher und →Seen stehende Gewässer – im Gegensatz zu fließenden Gewässern wie →Bächen und →Flüssen. Alle gehören jedoch eng zusammen, denn oft mündet ein Bach oder ein Fluss in einen Teich oder einen See. Viele Tierarten kommen deshalb auch in allen diesen Lebensräumen vor.

Teiche sind künstlich angelegte Weiher. Sie dienen meist der Fischzucht. In oder an einem Weiher oder Teich leben verschiedene Tiere, etwa die Stockente oder das schwarze Blesshuhn. Gelegentlich warten Graureiher oder Eisvögel unbeweglich am Ufer, um einen Wasserfrosch oder einen →Fisch zu fangen. Im Wasser leben Blutegel, Rückenschwimmer, zahlreiche →Insektenlarven und der Gelbrandkäfer. Er kann schwimmen und fliegen und macht Jagd auf alles, was sich bewegt. Auf der Wasseroberfläche gibt es Wasserläufer. →Libellen fliegen durch die Luft. Zu den typischen Pflanzen gehören das Schilf und die →Seerose.

typische Pflanzen und Tiere eines **Teiches**

Wasserläufer

Sumpfdotterblume

Gemeiner Froschlöffel

Schilfrohrsänger

Telefon

das Telefon

Mit dem Telefon können wir mit jemandem sprechen, der weit von uns entfernt ist. Im Telefonhörer ist ein Mikrofon. Es verwandelt die →Schallwellen der →Sprache in elektrische Signale. Diese wandern in der Telefonleitung zum Gesprächspartner und werden dort von einem →Lautsprecher wieder in Schallwellen umgewandelt. Bei der Internettelefonie wird die Verbindung über das →Internet hergestellt. Die Mobiltelefone (→Handys) benutzen für die Übermittlung kabellose Funkkanäle.

Das **Telefon** von Alexander G. Bell wurde auf der Weltausstellung in Philadelphia 1876 vorgestellt.

modernes **Schnurlostelefon**

das Teleskop

Teleskope oder Fernrohre erzeugen ein vergrößertes Bild von weit entfernten Gegenständen. Es gibt zwei Arten: Das Linsenfernrohr hat zwei →Linsen, die in einer Metallröhre befestigt sind. Eine große Linse am einen Ende sammelt das Licht. Man nennt sie Objektiv. Eine kleinere Linse am anderen Ende vergrößert das Bild. Da sie nahe am →Auge liegt, bezeichnen wir sie mit dem lateinischen Wort Okular, das Auge bedeutet. In einem solchen Linsenfernrohr sehen wir ein auf dem Kopf stehendes Bild. Für ein richtiges Bild muss man eine dritte Linse einfügen. Beim Spiegelteleskop sammelt ein Hohlspiegel das →Licht. Er wirft die Lichtstrahlen auf einen zweiten →Spiegel zurück, der sie in ein Okular umlenkt. Alle großen Fernrohre zur Beobachtung des →Weltalls sind heute Spiegelteleskope. Radioteleskope sammeln keine Lichtstrahlen, sondern Radiowellen von fremden →Sternen.

Das **Weltraumteleskop** Hubble umkreist die Erde in etwa 600 km Höhe. Es soll Aufnahmen vom Weltall machen und diese zur Erde senden.

der Tempel

Die Gotteshäuser vieler →Religionen heißen Tempel. Bei diesem Wort denkt man meistens zuerst an die riesigen Tempel der →griechischen Kultur und des →Römischen Reiches, die rings-um von Säulenreihen umgeben sind. Aber auch die Gotteshäuser des →Hinduismus und →Buddhismus nennen wir Tempel. Oft werden sie von hohen Türmen mit mehrstöckigen Dächern geschmückt. Diese Türme bezeichnet man als Pagoden.

Der **Tempel** des Göttervaters Zeus in Athen stammt aus dem 2. Jahrhundert v. Chr.

die Temperatur

Für den →Physiker ist Temperatur nichts anderes als die Bewegung von →Atomen und Molekülen (Verbindungen aus mehreren Atomen). Je schneller diese sich bewegen, umso höher liegt die Temperatur. Das erklärt auch, warum es eine tiefste Temperatur gibt: Hier bewegen sich die Atome und Moleküle eines Körpers überhaupt nicht mehr. Dieser absolute Nullpunkt liegt bei −273,15 Grad Celsius. Eine obere Temperaturgrenze gibt es nicht. Gemessen wird die Temperatur mit einem →Thermometer.

Textilie

In einem **Terrarium** kann man Kriechtiere genau beobachten. Bei diesem Gecko sieht man die Haftlamellen, mit dessen Hilfe er an glatten Wänden hochklettern kann.

das Terrarium

Im Terrarium hält man kleine Landtiere. Das können →Kriechtiere wie →Schlangen, →Echsen oder Landschildkröten, große →Insekten oder →Spinnen, →Skorpione oder kleine Säuger sein. Wie auch in einem Aquarium sollte die Einrichtung des Terrariums den Ansprüchen der dort gehaltenen Tiere entsprechen. Man nennt dies artgerechte Tierhaltung.

Ein Terrarium besteht meist aus einem Metallrahmen mit angesetzten Glasscheiben. Die Umwelt im Terrarium sollte möglichst naturgetreu gestaltet werden, mit Pflanzen, Felsen und einer Sandschicht sowie einem Kletterbaum. Viele Terrarientiere brauchen eine Wärmelampe, die tagsüber einzuschalten ist. →Frösche und →Kröten, die im Wasser und an Land leben, hält man in einem Terrarium mit einem Wasseranteil. Man nennt das auch Aquaterrarium. Es bildet den Übergang zum →Aquarium.

der Terror

Wer seine politischen Ansichten oder seinen Machtanspruch mit brutaler →Gewalt durchsetzen will, übt Terror aus. Zum Terror gehören zum Beispiel Bombenanschläge, →Attentate, Flugzeugentführungen und Geiselnahmen. Selbstmordattentäter sprengen sich bei einem Attentat selbst mit in die Luft. Terroristen wollen Angst und Schrecken verbreiten, um ihre Ziele durchzusetzen. Das Ausführen von Terroranschlägen nennt man Terrorismus. Terror üben einzelne Gruppen oder auch ganze Staaten aus. Zum Terror des deutschen →Nationalsozialismus gehörte die Verfolgung der Juden. Als terroristische Gruppen sind in den vergangenen Jahrzehnten die Rote Armee Fraktion (RAF) und der Nationalsozialistische Untergrund (NSU) in Deutschland, die IRA in Irland, die ETA in Spanien oder die palästinensische Hamas bekannt geworden.

Eine schreckliche Größenordnung nahm der Terror am 11. September 2001 an, als die terroristische Organisation El Kaida Flugzeuge entführte und diese in die beiden Türme des World Trade Centers in den USA flog.

die Textilie

Zu den Textilien gehört alles, was man aus Fäden und Garnen herstellen kann, zum Beispiel gewebte Stoffe, Häkelarbeiten, gestrickte Pullover, Filze und Teppiche. Lange Zeit wurden nur Naturfasern verwendet, vor allem →Wolle, →Baumwolle, Leinen oder →Seide. Die Fasern wurden zu einem Garn verzwirnt und versponnen. Dann war eine Weiterverarbeitung möglich, etwa durch Weben. Heute gibt es viele →Kunststofffasern wie Nylon, Perlon und Trevira.

Unsere Kleidungsstücke gehören zu den **Textilien**. Heute werden sie meist in Fabriken hergestellt. Das Bild zeigt eine Näherin in einer Bekleidungsfabrik.

Theater

In Epidauros liegt das besterhaltene griechische **Theater**. Es wurde Anfang des 3. Jh. v. Chr. für 14 000 Zuschauer erbaut.

das Theater

Wenn wir ins Theater gehen, sehen wir uns ein Schauspiel, eine →Oper, ein Musical oder auch ein Ballett an. Das Theater kann eine ganz einfache Bühne im Freien oder auch ein prächtiges Gebäude sein. Die Zuschauer sitzen meist in steil ansteigenden Reihen. Die Schauspieler oder Tänzer bewegen sich auf der Bühne. Dort ist auch das Bühnenbild aufgebaut. Dieses kann in der Pause zwischen den Akten gewechselt werden. Oft dreht man dazu einfach die Bühne wie eine Drehscheibe.

Besonders wichtig ist die Lichttechnik während einer Aufführung. Diese Aufgabe übernimmt der Beleuchtungsmeister von einem großen Regelpult aus. Der Leiter einer Aufführung heißt Regisseur. Außer den Schauspielern oder Musikern wirken an einer Aufführung zum Beispiel noch Bühnenbildner, Maskenbildner, Kostümbildner und Bühnenarbeiter mit. Oft sind mehrere Hundert Menschen an einer Theateraufführung beteiligt.

Szene aus einer japanischen **Theateraufführung**

das Thermometer

Mit einem Thermometer messen wir die →Temperatur. Fast alle Thermometer bestehen aus einer Glasröhre mit einer Skala. Die Röhre enthält heute meist Alkohol. Steigt die Temperatur, erwärmt sich auch die →Flüssigkeit in der Röhre und dehnt sich aus. Sie steigt im Thermometer weiter nach oben und wir können die Temperatur auf der Skala ablesen.

Beim Bimetallthermometer sind zwei verschiedene Metallstreifen fest miteinander zu einem längeren Band verbunden. Durch Erwärmung verbiegt sich dieses Band, weil sich die beiden →Metalle unterschiedlich ausdehnen. Diese Verbiegung wird auf einen Zeiger übertragen, der sich über einer Skala bewegt.

die Tiefsee

Die meisten Pflanzen und Tiere des →Meeres leben nahe der Wasseroberfläche bis in eine Tiefe von höchstens 200 Metern. Darunter ist es sehr kalt, da kein Sonnenlicht mehr durchdringt. Ab 1000 Meter Tiefe herrscht völlige Dunkelheit. →Pflanzen können hier nicht überleben, weil sie Licht brauchen, um ihre Nahrung herzustellen. Jedoch bewohnen diesen Lebensraum viele Tierarten, die neben der Kälte und Dunkelheit dem ungeheuren Druck der Wassermassen über sich standhalten. Sie ernähren sich von dem, was aus den oberen Wasserschichten nach unten fällt. Die meisten →Fische der Tiefsee haben riesige Kiefer mit spitzen Zähnen und stark vergrößerte Augen. Viele Tiefseebewohner besitzen Leuchtorgane, mit denen sie Geschlechtspartner oder Beutetiere anlocken. An manchen Stellen der Tiefsee gibt es vulkanische Spalten und heiße →Quellen. Hier leben →Bakterien, →Muscheln, →Krebse und meterlange Bartwürmer.

Der Viperfisch hat sich den schwierigen Lebensbedingungen in der **Tiefsee** angepasst.

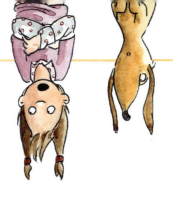

Mehr über Tiere erfährst du im Anhang auf den Seiten 286 und 287!

das Tier

Tiere sind Lebewesen, die sich von →Pflanzen oder anderen Tieren ernähren. Darin unterscheiden sie sich grundsätzlich von den Pflanzen, die aus dem →Gas Kohlendioxid und Wasser mithilfe des Sonnenlichts ihre Nahrung selbst herstellen. Die Tiere dagegen brauchen →Sauerstoff zum Atmen, den sie der →Luft oder wie die →Fische dem Wasser entnehmen.

Tier: Bienenkönigin mit Arbeiterinnen

Alle Tierarten haben sich im Lauf der Erdgeschichte durch →Evolution aus früheren, längst ausgestorbenen Formen entwickelt. Bisher kennt man rund 1,5 Millionen Tierarten. Es gibt aber sicherlich noch viel mehr Tiere, die noch nicht entdeckt sind, zum Beispiel im →tropischen Regenwald. Die kleinsten Tiere sind winzige Einzeller, die etwa im →Plankton leben. Das größte Tier ist der bis zu 30 Meter lange Blauwal. Fische, →Lurche, →Kriechtiere, →Vögel und →Säugetiere besitzen ein →Skelett mit einer Wirbelsäule. Deshalb bezeichnen wir diese fünf Tiergruppen als Wirbeltiere. Alle anderen Tiere sind Wirbellose, wie die →Insekten, die →Schnecken und die →Spinnen. Viele Tiere, wie etwa der Siebenschläfer, stehen unter Artenschutz. Sie sind auf der Liste geschützter Tiere und Pflanzen aufgeführt.

Siebenschläfer

Tier: Der heute ausgestorbene Auerochse sah wohl sehr ähnlich aus wie das hier abgebildete Heckrind, das aus Hausrindern rückgezüchtet wurde.

Tiger

Der **Tiger** ist ein Einzelgänger. Männchen und Weibchen kommen nur zur Paarung zusammen.

der Tiger

Der Tiger lebt in den Wäldern Asiens und jagt vor allem Hirsche. Er ist die größte und kräftigste →Katzenart. Bis ins 19. Jahrhundert hinein lebten Tausende von Tigern in Asien. Dann begann der Mensch, immer stärker Jagd auf diese Großkatzen zu machen. Heute ist der Tiger in vielen Gebieten ausgestorben, zum Beispiel auf Bali. In Indien ist es nur mit knapper Not gelungen, den Tiger vor dem Aussterben zu bewahren.

Tintenfisch

der Tintenfisch

Die Tintenfische sind keine Fische, sondern →Weichtiere und daher mit den →Schnecken und →Muscheln verwandt. Sie haben um den Mund herum lange Fangarme mit Saugnäpfen. Deshalb bezeichnen die Zoologen sie auch als Kopffüßer.

Es gibt verschiedene Lebensformen unter den Tintenfischen. Der Krake oder Oktopus hat acht Fangarme und einen plumpen Körper. Er hält sich in Höhlen am Meeresboden auf. Bei Gefahr stößt er eine dunkle Flüssigkeit aus, um seinen Angreifer zu verwirren und fliehen zu können. Die Sepien und die Kalmare haben einen länglichen, flachen Körper und zehn Fangarme.

Tintenfische können sehr hohe Geschwindigkeiten erreichen. Mithilfe starker Muskeln wird Wasser eingesaugt und mit großem Druck wieder ausgestoßen.

der Tod

Was der Tod wirklich ist, weiß keiner. Die meisten Ärzte sagen, dass der Tod dann eingetreten ist, wenn das →Gehirn nicht mehr funktioniert, selbst wenn das →Herz noch weiterschlägt. In diesem Fall stellt sich die Frage, ob der Mensch noch weiterhin an die Apparate angeschlossen bleiben soll, die seinen →Körper künstlich am „Leben" erhalten.

Manche Menschen lehnen es heute ab, dass ihr Leben mit den Mitteln der →Medizin verlängert wird, wenn sie unheilbar krank sind. Andere gehen noch weiter und fordern eine Sterbehilfe. Der Arzt soll ihnen auf Verlangen ein →Gift geben, damit sie sich selbst töten können. Diese Fragen sind heute sehr umstritten.

Die meisten →Religionen versuchen eine Antwort zu geben auf die Frage, was nach dem Tod passiert. So glauben etwa die →Christen an ein Weiterleben im Jenseits, die →Buddhisten und die →Hinduisten glauben an die Wiedergeburt. Andere Menschen gehen davon aus, dass mit dem Tod alles vorbei ist.

Mehr zum Thema Tod und Trauer auf den Seiten 240 und 241!

die Toleranz

Wer tolerant ist, achtet die Meinung des anderen und lässt sie gelten. Toleranz bedeutet aber nicht, keine Unterschiede mehr zwischen verschiedenen Ansichten zu sehen. Man kann seine Meinung für die richtige halten und trotzdem eine andere anerkennen. Toleranz äußert sich vor allem in Friedfertigkeit: Man verfolgt den anderen nicht wegen seiner abweichenden Meinung. Toleranz ist als Gedankenfreiheit, Glaubensfreiheit und Gewissensfreiheit in den Grund- und →Menschenrechten verankert. Das Gegenteil von Toleranz sind Intoleranz, Radikalismus, →Rassismus und Nationalismus.

die Tollwut

Tollwut ist eine →Viruskrankheit, die für Tiere und Menschen tödlich ist. Besonders →Füchse können an Tollwut leiden, aber auch Hunde, Katzen, Rinder und andere Säugetiere. Die erkrankten Tiere werden zahm und bissig. Bald treten tödliche Lähmungen am ganzen →Körper und Schaum vor dem Maul auf.

Tollwutkranke Wildtiere übertragen die Krankheit bei Berührung oder durch einen Biss auf andere Tiere oder den Menschen. Befallene Menschen leiden an einer Gehirnentzündung, die zum →Tod führt. Nur eine vorbeugende oder in den ersten Stunden nach dem Biss erfolgte

Tradition

Sobald einzelne Fälle von **Tollwut** bekannt sind, werden Sperrgebiete eingerichtet.

→Impfung kann das Leben retten. Damit Füchse keine Tollwut bekommen, werden Köder mit einem Impfstoff ausgelegt. Wenn ein Fuchs den Köder frisst, ist er vor Tollwut geschützt.

die Tomate

Die Tomate ist ein →Gemüse, das viele →Vitamine enthält. Sie stammt aus Südamerika. Die spanischen Eroberer brachten die Tomate zusammen mit der nah verwandten →Kartoffel nach Europa. Erst seit rund 100 Jahren werden bei uns Tomaten gegessen. Heute gibt es viele verschiedene Tomatensorten, die auch im →Garten gezogen werden können. Aus Tomaten werden Säfte, Soßen, Salate und Ketchup gemacht. Außer den roten →Früchten sind alle Teile der Tomatenpflanze giftig, auch die noch unreifen Früchte. Tomatenfrüchte sind →Beeren. Sie entwickeln sich aus gelben →Blüten und enthalten viele →Samen.

Tomatenpflanze mit Blüten und Früchten

der Tourismus

Zum Tourismus gehört alles, was mit Reisen und Fremdenverkehr zu tun hat. In den Ferien fahren viele Menschen in die Berge, ans Meer oder in fremde Städte und leben dort in Hotels oder Pensionen. Dem Tourismus dienen auch Restaurants, Bergbahnen, Diskotheken und Sportstätten. So kommt es, dass der Tourismus in vielen Ländern eine wichtige Einnahmequelle geworden ist. Es gibt aber auch negative Folgen, da manche Touristen an ihrem Ferienort weder die Natur noch die →Kultur und →Tradition des Landes achten.

Einige Unternehmen möchten den **Tourismus** in den Weltraum ausdehnen. Ziele sollen zum Beispiel die Erdumlaufbahn und die Internationale Raumstation, aber auch Flüge um den Mond sein.

die Tradition

Wenn man sich an Weihnachten beschenkt, folgt man einer Tradition. Statt Tradition sagt man auch Brauch oder Gewohnheit. In Mitteleuropa gehen Traditionen oft mit Veränderungen einher. Das sieht man etwa an der →Sprache. Kinder sprechen zwar wie ihre Eltern und Großeltern. Aber sie verwenden auch neue Wörter, die es zur Zeit der Eltern nicht gab, wie downloaden, hip oder cool.

Mit Henna bemalte Hände gehören zur **Tradition** bei orientalischen Hochzeiten.

Tod und Trauer

Wenn ein Mensch gestorben ist, nehmen die Hinterbliebenen Abschied von ihm und begleiten ihn zu seiner letzten Ruhe. Dieses Abschiednehmen kann auf ganz unterschiedliche Weise erfolgen und hängt oft mit der →Religion und dem Glauben der Menschen zusammen.

In die Erde oder ins All

In christlichen Ländern ist es üblich, Verstorbene auf dem Friedhof zu beerdigen. Verwandte, Freunde und Bekannte nehmen in einer Trauerfeier Abschied, dann wird der Leichnam in einem Sarg beerdigt. Wenn der Leichnam verbrannt wurde, wird seine Asche in einer Urne beigesetzt. Auf das mit Blumen geschmückte Grab kommt später ein Grabstein. Heute gibt es auch neue Formen der Bestattung. So kann die Urne in bestimmten Wäldern zu Füßen eines Baumes beigesetzt werden. Bei der Diamantbestattung wird ein Teil der Asche zu einem Diamanten gepresst. Und wer viel Geld hat, kann seine Asche teilweise im Weltraum bestatten lassen. Die übrige Asche wird ganz normal beigesetzt.

christlicher Friedhof

Tote auf Besuch

Nach altmexikanischem Glauben bekommen die Toten einmal im Jahr Urlaub, um mit ihren Verwandten zu feiern. Dieses Totenfest findet in der Nacht vom 1. auf den 2. November statt. In jedem Haus wird ein Ofrenda aufgebaut. Das ist ein Altar mit Wasser, Speisen, Kerzen, Blumen und einem Totenschädel aus Zucker. Den dürfen später die Kinder essen. Im ganzen Dorf wird gesungen, getanzt und gelacht. Vor Mitternacht begleiten die Familien die Seelen der Toten zum Friedhof, wo alle noch einmal fröhlich feiern. Denn der Abschied ist nicht endgültig: In einem Jahr kommen die Toten ja wieder.

ein mexikanischer Gabentisch (Ofrenda)

Tod und Trauer

Vor dem Eingang der Felsengräber stehen auf kleinen Balkonen Holzfiguren, die die Verstorbenen darstellen.

Tote in der Warteschleife

In Felsengräbern bestattet der Volksstamm der Toraja auf der indonesischen Insel Sulawesi seine Verstorbenen. Doch bis es so weit ist, können Jahre vergehen, denn die Vorbereitungen und Feierlichkeiten sind sehr aufwendig und teuer. So lange bleibt der Leichnam, der wie eine Mumie in Stoff eingewickelt ist, im Haus aufgebahrt, was aber keinen stört. Das mehrtägige Bestattungsfest, zu dem Freunde und Verwandte eingeladen sind, soll der Seele den Übergang ins Totenreich leichter machen. Dazu sind Riten nötig wie die Opferung von Tieren, Totentänze und Gesänge. War der Verstorbene reich, wird in eine Nische des Felsengrabs sein aus Holz geschnitztes Abbild gestellt.

Himmelsbestattung in Tibet

In Tibet in Asien ist die Himmelsbestattung weit verbreitet. Nach dem Tod bleibt der Verstorbene noch ein paar Tage im Haus, damit seine Seele den Körper verlassen kann. Danach wird der Leichnam zum Bestattungsplatz hoch in den Bergen getragen, auf einem Felsen in kleine Teile zerlegt und den Geiern zum Fressen überlassen. Die Vögel schwingen sich anschließend in den Himmel auf – daher der Name „Himmelsbestattung". Auch wenn auf uns dieses Ritual zuerst grausam wirkt, so steckt doch ein sehr schöner Gedanke dahinter: Die Tibeter glauben an die Wiedergeburt. Der tote Körper geht durch die Himmelsbestattung erneut in den Kreislauf der Natur ein. Die Seele aber ist frei und kann in einem anderen Körper wiedergeboren werden.

Erlösung am Ganges

Der Leichnam eines Hindu wird gewaschen, gesalbt und dann verbrannt. Fast alle indischen Hindu wollen in der indischen Stadt Varanasi bestattet werden. Sie glauben daran, dass eine Seele so lange wiedergeboren werden muss, bis sie endgültig erlöst ist. Wer aber in Varanasi verbrannt wird, wird unmittelbar erlöst. Angehörige bringen ihre Toten manchmal bis zu 500 Kilometer weit in die Stadt am heiligen Fluss Ganges. Dort wird der Leichnam in einer rituellen Zeremonie auf einem Scheiterhaufen direkt am Ufer verbrannt und die Asche anschließend in den Fluss gestreut.

traditioneller Ort für Himmelsbestattungen in Tibet

Im Hinduismus wird der Leichnam sorgsam gewaschen, mit duftenden Essenzen eingerieben und neu eingekleidet auf einem Scheiterhaufen aufgebahrt und dann verbrannt.

HIER UND ANDERSWO

Transformator

der Transformator

Ein Transformator, kurz Trafo genannt, verändert die Spannung elektrischer Ströme. Er besteht aus zwei Spulen, die über einen Eisenkern miteinander verbunden sind. In die erste Spule wird der →Strom eingespeist und erzeugt in der zweiten Spule einen anderen Strom. Enthält die zweite Spule mehr Wicklungen als die erste, erhöht sich die Spannung, und man spricht von einem Aufwärtstransformator.

Im anderen Fall handelt es sich um einen Abwärtstransformator. Der in einem →Kraftwerk erzeugte Strom wird auf 400 000 Volt hinauftransformiert. Nur so kann man ihn ohne große Verluste in Überlandleitungen transportieren. Damit wir den Strom im Haushalt nutzen können, wird er wieder heruntertransformiert bis auf die üblichen 230 Volt.

Auch Hochspannungsleitungen funktionieren mit **Transformatoren**.

der Traum

Träume zeigen, dass unser →Gehirn im →Schlaf besonders viel arbeitet. Träume sind ganz verschieden: Wir werden etwa ein Bild nicht los, das uns schon tagsüber beschäftigt hat. Oder wir träumen ganz wirr und ohne Zusammenhang von bekannten oder unbekannten Personen. Manche Menschen haben Albträume und fühlen, wie sie fallen oder gejagt werden. Jeder träumt, aber an die wenigsten Träume erinnert man sich. Warum wir träumen, konnten die Wissenschaftler noch nicht klären.

das Triebwerk

Wir blasen einen Luftballon auf und lassen ihn los. Er fliegt weg. Dabei stößt er Luft hinten aus. Strahltriebwerke von →Flugzeugen arbeiten ganz ähnlich. Die Schaufeln des Verdichters im Triebwerk saugen Luft an und pressen sie mit hohem Druck in die Brennkammern. Dort wird Treibstoff verbrannt. Dadurch erhitzt sich die Luft sehr stark und dehnt sich aus. Die heißen →Gase strömen in die →Turbine und treiben den Propeller an. Sie werden nach hinten ausgestoßen und sorgen durch den Rückstoß für eine nach vorne gerichtete Bewegung.

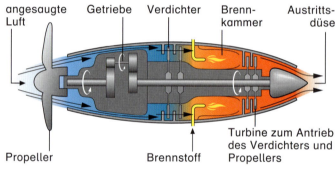

Triebwerk: ein Propeller-Turbinen-Luftstrahltriebwerk, wie es für Kurzstreckenflüge eingesetzt wird

Die Triebwerke von →Raketen arbeiten etwas anders. Sie saugen keine Luft an, sondern führen den →Sauerstoff mit sich. Im Triebwerk reagiert er mit dem Brennstoff. Die austretenden Gase treiben die Rakete vorwärts.

der tropische Regenwald

Zu dem Gebiet um den →Äquator sagt man auch Tropen. Die →Sonne steht dort am Mittag sehr hoch. Die Tropen haben ein feuchtwarmes Klima, das wir auch tropisches Klima nennen. Statt Winter und Sommer gibt es dort meist eine Regen- und eine

Regenbogentukan

Tropischer Regenwald am Ufer des Amazonas in Brasilien (oben). Tropische Fische wie der Korallenfisch (unten) sind oft besonders farbenprächtig.

Trockenzeit. In Indien kommt es in der Regenzeit zu starken Monsunregen. Die tropischen Regenwälder bieten einen Lebensraum für eine unglaubliche Vielzahl verschiedener Tier- und Pflanzenarten. Viele Tiere, die dort leben, sind sehr farbenprächtig. Auch die Fische der tropischen →Korallenriffe sind meist auffällig bunt. Die Regenwälder haben einen wichtigen Einfluss auf unser →Klima. Deswegen ist es sehr alarmierend, dass die Regenwaldbestände durch Abholzung zunehmend kleiner werden.

der Tunnel

Tunnels sind dem Menschen nützlich als Verkehrswege, für den Bergbau und den Transport von Wasser. Bereits im →Römischen Reich schlug man Tunnels in Gestein und nutzte sie als Wasserleitungen. Der St. Gotthard ist mit 16,9 Kilometern Länge der längste Straßentunnel der Alpen.

Es gibt mehrere Verfahren für den Bau von Tunnels. Bei ganz hartem →Gestein muss man Sprengstoffe einsetzen. In weicherem Gestein verwendet man riesengroße Bohrmaschinen ähnlich jenen, mit denen man nach →Erdöl bohrt. Eine andere Technik ist der Schildvortrieb: Man drückt einen Stahlzylinder von der Größe des späteren Tunnels mit Pressen durch das Gestein. Dieses wird dann im Inneren des Zylinders zerkleinert und abtransportiert.

die Turbine

Turbinen werden bei der →Energiegewinnung eingesetzt. Sie nutzen die →Energie des fließenden Wassers oder strömender →Gase. Wärmekraftwerke arbeiten mit Dampfturbinen. Bei der Verbrennung von →Erdöl oder →Kohle entsteht Wasserdampf. Diesen leitet man durch die fest stehenden Schaufeln eines Leitrades auf die beweglichen Schaufeln eines Laufrades. So wird die Turbine in eine Drehung versetzt, die wiederum den Generator zur Stromerzeugung antreibt. Gasturbinen arbeiten wie Dampfturbinen, indem sie heiße Abgase nutzen. Gasturbinen befinden sich etwa in den →Triebwerken von →Flugzeugen.

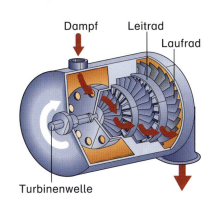

Aufbau einer Dampfturbine

Auch in allen Wasserkraftwerken gibt es Turbinen. Das Wasser von Stauseen fließt mit hoher Geschwindigkeit durch Röhren talwärts. Es trifft auf die Schaufel einer Turbine und versetzt sie in schnelle Drehung. Wenn man die Welle der Turbine mit einem →Generator verbindet, kann man →Strom erzeugen.

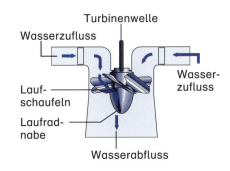

Die Kaplan-Turbine wird in Wasserwerken eingesetzt.

Überwinterung

die Überwinterung

Unsere Winter sind oft sehr kalt. Wechselwarme Tiere, deren Körpertemperatur von ihrer Umgebung abhängt, müssen sich im Winter zurückziehen. Sie graben sich tief in den Boden ein oder verstecken sich in Baumhöhlen, wo die Temperatur nicht unter null Grad sinkt, und überwintern dort. Sie befinden sich dabei in einer Kältestarre, die sie vor dem Erfrieren schützt. Wechselwarm sind zum Beispiel →Schnecken, →Insekten und →Kriechtiere. Warmblüter oder gleichwarme Tiere wie die →Vögel und die →Säugetiere sind von der Lufttemperatur unabhängig. Sie produzieren ihre eigene Wärme. In den kalten Wintermonaten finden die insektenfressenden Arten jedoch kaum Nahrung. Deswegen sind viele bei uns heimische Vögel →Zugvögel und ziehen über den Winter in den Süden. Siebenschläfer, →Igel, Murmeltier und andere Säugetiere fallen im Herbst in einen Winterschlaf. Dabei drosseln sie ihren →Stoffwechsel, um über die nahrungsarmen, kalten Monate zu kommen. Sie atmen kaum noch und ihr Herz schlägt sehr langsam.

die Uhr

Früher bestimmten die Menschen die Tageszeit nach dem Sonnenstand. Schon in der →Antike entstanden die ersten Sonnenuhren. Die Griechen kannten auch die Wasseruhr. Die ersten mechanischen Uhren mit →Zahnrädern entstanden im 13. Jahrhundert in Europa. 1581 entdeckte Galileo Galilei das Pendel für die Zeitmessung. Damit wurde der Bau viel genauerer Uhren möglich. Mechanische Uhren enthalten Zahnräder und müssen immer wieder aufgezogen werden. Quarzuhren funktionieren mit elektrischem →Strom. Sie machen von der Erscheinung Gebrauch, dass das →Mineral Quarz hin- und herschwingt, wenn man es an einen Stromkreis anschließt.

Mehr zum Thema Uhr auf den Seiten 246 und 247!

Überwinterung: Im Winter halten viele Tiere Winterruhe oder Winterschlaf oder sie versetzen sich in eine Kältestarre.

Fledermaus

Siebenschläfer

Ringelnatter

Frosch

Unterseeboot

der Umweltschutz

Jedes Tier, jede Pflanze und jeder Mensch lebt in einer Umwelt. Dazu gehören →Klima, Wohnraum und alle anderen Lebewesen. Die Umwelt einer →Alge ist natürlich ganz anders als die des Menschen. Dennoch besteht zwischen Alge und Mensch ein Zusammenhang, etwa über die →Nahrungskette Alge – Fisch – Mensch.

Umweltschutz ist heute sehr wichtig, da durch die Industrie die Luft und auch die Gewässer teilweise stark gefährdet sind.

Obwohl der Mensch auch Teil der Natur ist, greift er oft in die natürliche Ordnung ein und gefährdet dadurch die Umwelt. Wir zerstören Lebensräume, indem wir →Moore trockenlegen, →Wälder abholzen und Flüsse in ein gerades Flussbett zwingen. Autos, Haushalte, →Industrie und →Landwirtschaft verwenden und produzieren Tausende umweltschädliche Stoffe. Industrie- und auch Autoabgase bewirken etwa das Waldsterben und verstärken den Treibhauseffekt, wodurch das Klima verändert wird. Der Umweltschutz versucht, die natürlichen Lebensräume zu erhalten. Er sollte jedoch beginnen, bevor man die Natur schädigt.

die Universität

Wer das →Abitur (Matura) besitzt, kann an einer Universität studieren. Das ist eine Hochschule, an der Professoren und Dozenten unterrichten. Die Studenten entscheiden sich für ein Studienfach wie Medizin, Geschichte oder →Chemie. Ein Studium dauert mindestens vier Jahre. Dann kann man den Doktorgrad erwerben und als Arzt oder Rechtsanwalt arbeiten. Kinder-Unis sind Veranstaltungen der Universitäten, in denen Kindern verschiedene Wissenschaften erklärt werden.

das Unterseeboot

Damit ein Unterseeboot tauchen kann, muss es schwerer sein als das umgebende Wasser. Also füllt es die Ballasttanks mit Wasser und sinkt dann ab. Wenn es auftauchen will, muss es die Wassertanks wieder leeren. Dies geschieht mithilfe komprimierter Luft, die in die Tanks gedrückt wird. Wenn das Unterseeboot gleich viel wiegt wie das Wasser, das es verdrängt, so schwebt es im Wasser. Das erste funktionsfähige U-Boot wurde 1770 gebaut. 1955 gab es das erste Unterseeboot, das mit →Atomenergie angetrieben wurde. Es konnte die ganze Erde umrunden, ohne aufzutauchen. Heute benutzt man U-Boote vor allem, um →Erdölleitungen auf dem Meeresboden zu montieren.

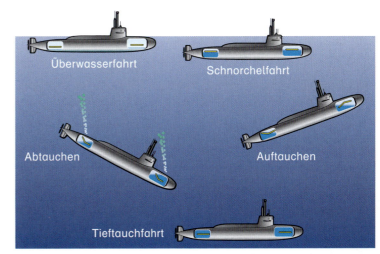

Für Schnorchelfahrten sind die Tauchzellen des **U-Bootes** teilweise, für Tieftauchfahrten vollständig mit Wasser gefüllt.

Uhr

Ein Blick aufs Handy oder auf die Armbanduhr sagt uns heute auf die Sekunde genau, wie spät es ist. Die ersten Uhren, wie etwa die Sonnenuhren, waren weniger zuverlässig. Sie zeigten zwar die Stunden, hatten aber einen Haken: Nachts, wenn die Sonne nicht schien, waren sie nicht zu gebrauchen.

3500 v. Chr.

ANTIKE

3000 v. Chr.

1344

MITTELALTER

Zählt die schönen Stunden nur

Die Sonnenuhr gibt es vermutlich schon seit mehr als 5000 Jahren. Die einfachsten Sonnenuhren bestanden aus einem senkrechten Stab, der bei Sonneneinstrahlung einen Schatten wirft. Dieser Schatten wandert im Lauf des Tages mit dem Stand der Sonne. So konnte man erkennen, wie viel Zeit vergangen war. Später zeichnete man um den Stab herum eine Zeitskala und konnte die Stunden ablesen.

Sonnenuhr an einem Kirchturm

Kurzlebig: die Feueruhr

Mitunter benutzten die Menschen früher auch Flammen zur Messung der Zeit.

Die alten Chinesen kamen auf die Idee, die Zeit mithilfe von Feuer zu messen. Sie hängten in gleichmäßigen Abständen kleine Metallkugeln mit Fäden an einen Holzstab, der waagrecht über einem Gong hing. Morgens zündeten sie den Stab am Ende an. Immer wenn die Flamme einen Faden erreicht hatte und dieser verbrannte, fiel eine Kugel herab und brachte den Gong zum Klingen. So wusste man, dass wieder eine gewisse Zeit vorbei war.

Fleißige Rädchen

Um das Jahr 1300 wurde die mechanische Räderuhr erfunden, die von Gewichten angetrieben wird. Wenn das Gewicht nach unten gezogen wird, dreht sich eine Walze. Sie treibt →Zahnräder an, die ihre Kraft auf den Uhrzeiger übertragen. Außerdem setzen die Gewichte einen Klöppel in Bewegung, der jede Stunde auf eine Metallkugel schlägt. 1344 wurde erstmals eine Uhr mit 24-Stunden-Schlagwerk in den Palastturm der italienischen Stadt Padua eingebaut.

Räderwerk einer Turmuhr

Uhr

FRÜHER UND HEUTE

Verflossene Zeit

Obwohl sie erst im späten Mittelalter erfunden wurde, ist das Prinzip der Sanduhr einfach. Zwei gleich große Glaskolben sind durch ein dünnes Röhrchen miteinander verbunden. Ein Kolben ist mit Sand gefüllt oder mit gemahlenen Eierschalen. Deswegen sagt man manchmal auch Eieruhr. Stellt man die Uhr auf den Kopf, rieselt der Sand vom oberen in das untere Gefäß. Ist der ganze Sand durchgeronnen, weiß man, dass eine bestimmte Zeitspanne verflossen ist.

Bei dieser Sanduhr braucht der Sand genau eine Stunde, bis er vollständig durchgeronnen ist.

Von der Westentasche an den Arm

Zu Beginn des 20. Jahrhunderts wollten Männer von Armbanduhren noch nichts wissen. Man blieb der Taschenuhr treu, die um 1500 aufgekommen war und von Spiralfedern angetrieben wurde. Das änderte sich schlagartig im Jahr 1927, als die Britin Mercedes Gleitze den Ärmelkanal durchschwamm – mit einer wasserdichten Rolex Oyster an ihrem Handgelenk, die selbst nach acht Stunden im Wasser noch die exakte Zeit anzeigte.

Immer kleiner werdende Bauteile des Uhrwerkes ließen zur Wende des 20. Jahrhunderts die Uhr auf Armbandgröße schrumpfen.

Tock-Tock!

1656 entwickelte der Holländer Christiaan Huygens die erste Pendeluhr, bei der ein Pendel als Taktgeber hin und her schwingt. Sie konnte erstmals die Zeit auf die Minute genau angeben. Ihre wichtigsten Bestandteile sind →Zahnräder, die über ein Gewicht angetrieben werden, sowie Anker und Pendel. Bei jedem Schlag löst sich der Anker einmal auf jeder Seite für kurze Zeit vom Zahnrad, und dieses dreht sich um einen Zahn weiter.

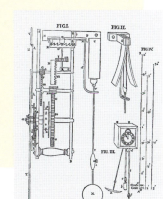

Konstruktionszeichnung einer Pendeluhr nach Christiaan Huygens

Auch die Bahnhofsuhr bekommt die extakte Zeit über Funk von der Atomuhr in Braunschweig.

Atomuhr

Atomuhren sind die genauesten Uhren der Welt. Angetrieben werden sie durch die Eigenschwingung von Cäsium-Atomen. Ein Cäsium-Atom schwingt in einer einzigen Sekunde 9 192 631 770 Mal, also über neun Milliarden Mal. Diese unglaublich hohe Frequenz ist der Grund dafür, weshalb Atomuhren so genau gehen – in mehreren Millionen Jahren weichen sie höchstens eine Sekunde ab! In Deutschland stehen mehrere Atomuhren in der Physikalisch-Technischen Bundesanstalt in Braunschweig. Sie übertragen die Zeit an alle deutschen Funkuhren.

Vegetarier

der Vegetarier

Vegetarier essen kein Fleisch. Sie ernähren sich vorwiegend von →Obst, →Gemüse und →Getreide. Mediziner haben festgestellt, dass die vegetarische Lebensweise gesund ist, solange man auf eine ausgewogene →Ernährung achtet. Wenn sich jemand vegan ernährt, verzichtet er zudem auf sämtliche Produkte tierischer Herkunft wie Eier, Milchprodukte und Honig. Veganer trinken anstelle von Kuhmilch zum Beispiel rein pflanzliche Sojamilch.

das Ventil

Mit Ventilen kann man →Gase oder →Flüssigkeiten einfüllen oder ablassen oder das Ausströmen von Gasen und Flüssigkeiten regulieren. Das Ventil im Fahrradreifen lässt keine Luft aus dem Reifen. Beim Aufpumpen öffnet es sich automatisch, sodass Luft in den Reifen gepumpt werden kann. Im →Motor des Autos steuert ein Ventil die Zufuhr des Benzin-Luft-Gemisches. Im Dampfkochtopf befindet sich ein Überdruckventil. Sobald der Druck zu groß wird, öffnet das Ventil sich selbsttätig.

Auch der Wasserhahn ist ein **Ventil**. Durch mechanische Bewegung wird eine Sperrvorrichtung gelöst, die den Wasserfluss regelt.

die Verdauung

Bei der Verdauung zerlegt unser →Körper die aufgenommene Nahrung in ihre Bestandteile. Erst diese kann der Körper verwerten. Die Verdauung fängt bereits im Mund an. Die →Zähne zerkleinern das Essen und besondere chemische Stoffe im Speichel, die Enzyme, beginnen mit dem Abbau der Nahrung. Nach dem Schlucken gelangen die zerkauten Speisen durch die Speiseröhre in den →Magen, wo sie zu einem Brei zersetzt werden. Von Zeit zu Zeit entlässt ein Ringmuskel am unteren Ende des Magens Portionen des Speisebreies in den Dünndarm. Das ist der erste Abschnitt unseres →Darms.

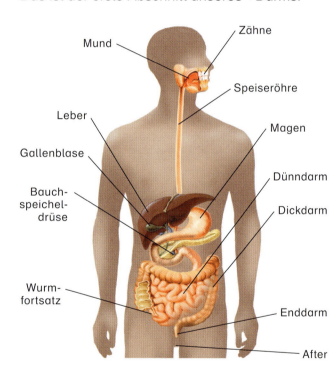

Der **Verdauungskanal** des Menschen ist 8 bis 10 m lang.

Im Dünndarm wird die Nahrung in einzelne Bestandteile zerlegt, die durch die dünnen Darmwände ins →Blut übergehen und sich im ganzen Körper verteilen. Der Rest zieht weiter zum Dickdarm. Die Darmwände nehmen Wasser und Mineralsalze auf, bis der Brei eingedickt ist. Außerdem helfen viele →Bakterien beim Verdauen der Nahrung. Das Endprodukt verlässt unseren Körper schließlich durch den After als Exkremente oder Kot.

Verkehr

die Vereinten Nationen

Die meisten Länder der Welt gehören zu den Vereinten Nationen, abgekürzt UN oder UNO. Jedes Mitgliedsland sendet Vertreter zur Versammlung der Vereinten Nationen mit Sitz in New York. Die UNO versucht, den →Frieden zu erhalten und Menschen zu helfen, die in Not geraten sind. Sie achtet darauf, dass die →Menschenrechte eingehalten werden. Der Sicherheitsrat der UNO kann Mitgliedsstaaten bitten, Friedenstruppen in Länder zu entsenden, die gegeneinander →Krieg führen. Die Soldaten dieser Truppen nennt man Blauhelme, weil sie eine Uniform mit blauen Helmen tragen.

Zur UNO gehören zahlreiche Sonderorganisationen: Die Welternährungsorganisation FAO hilft →Entwicklungsländern bei der Verbesserung der Landwirtschaft. Die Weltgesundheitsorganisation WHO bekämpft ansteckende Krankheiten. Der Internationale Währungsfonds leiht armen Ländern Geld.

WISSEN KOMPAKT

Vereinte Nationen: UNESCO
Die UNESCO ist die UN-Sonderorganisation für Bildung, Wissenschaft, Kultur und Kommunikation. Sie kümmert sich unter anderem um die weltweite Durchsetzung der Menschenrechte, besonders des Rechts auf Bildung. Die UNESCO fördert außerdem den internationalen Literatur- und Kulturaustausch und schützt das Weltkulturerbe.

die Vererbung

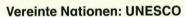

Wenn sich eine Rose fortpflanzt, wird daraus immer wieder eine Rose, niemals eine Tulpe. Durch Vererbung gibt die Rose ihre Merkmale vollständig an ihre Nachkommen weiter. Die →Wissenschaft, die sich mit der Vererbung befasst, heißt Genetik. Verantwortlich für die Vererbung sind die Chromosomen. Das sind stäbchenförmige Gebilde im Kern jeder →Zelle. Sie enthalten einen sehr langen Faden aus Desoxyribonukleinsäure (DNS oder DNA).

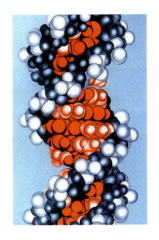

Vererbung: Modell eines DNS-Stranges, auf dem alle genetischen Informationen liegen

Die DNS ist mit einem →Lexikon vergleichbar: Sie birgt sehr viele Informationen. Einzelne Abschnitte darauf, die →Gene, sorgen für die Vererbung bestimmter Merkmale.

Bei der →Fortpflanzung verschmilzt eine Eizelle der →Frau mit einer männlichen Samenzelle. Dabei vermischt sich das Erbgut der Mutter mit dem Erbgut des Vaters. Alle Samenzellen und Eizellen unterscheiden sich aber etwas voneinander. Deswegen müssen sich Geschwister nicht besonders ähnlich sehen.

der Verkehr

Verkehr entsteht, wenn Güter oder Menschen von einem Ort zum anderen transportiert werden. Heute findet der Verkehr auf dem Wasser, der Straße, der Schiene oder in der Luft statt. Weil es so viel Verkehr und →Verkehrsmittel gibt, braucht man auch viele Verkehrswege und Verkehrsanlagen. Für das →Auto sind dies die Straßen mit allen Verkehrszeichen. Im Bereich der →Medien spricht man auch oft vom Verkehr, zum Beispiel vom Funkverkehr.

Schau doch auch mal im Anhang nach auf den Seiten 296 und 297!

Mehr zum Thema Verkehr auf den Seiten 250 und 251!

Staus sind heute die alltägliche Folge starken **Autoverkehrs**.

Verkehr

Wenn wir kurz einen Freund besuchen wollen, der 30 Kilometer entfernt wohnt, ist das heutzutage mit Auto, Bus oder Bahn kein Problem. Und selbst in New York ist man mit dem Flugzeug in wenigen Stunden. Ganz am Anfang aber hatten die Menschen nur ihre zwei Beine, um sich fortzubewegen. Erst die Erfindung des Rads brachte den Verkehr ins Rollen.

3500 v. Chr.

STEINZEIT — ANTIKE — MITTELALTER

900

1700 v. Chr.

Eine runde Sache

Früher wurden Schlitten für den Transport von Lasten eingesetzt, was wegen der hohen Gleitreibung aber sehr mühsam war. Dann kam man auf die Idee, Radkarren für den Transport einzusetzen. Sie hatten zwei →Räder aus Massivholz, die mit hölzernen Stiften an den Achsenenden befestigt waren. So ließen sich die schweren Lasten viel einfacher bewegen.

Die ersten Räder waren Scheibenräder.

Darstellung eines römischen Streitwagens mit Speichenrädern

Schnelles Kriegsgefährt

Die ersten zweirädrigen Streitwagen waren noch mit schwerfälligen Scheibenrädern ausgestattet. Deutlich schneller und wendiger wurden sie um 1700 v. Chr. durch die leichteren Speichenräder, die sich unabhängig voneinander drehten. In einem ägyptischen Streitwagen standen ein Wagenlenker, ein Kämpfer mit Lanze oder Pfeil und Bogen und einer mit Schild. Die gegnerischen Fußsoldaten nahmen Reißaus, wenn die schnellen Wagen heranpreschten.

Auf zu neuen Ufern!

Die →Wikinger brauchten für ihre Eroberungsreisen seetüchtige Schiffe. Ihre eleganten Langschiffe hatten ein großes Segel und bis zu 80 Ruder. Oftmals trugen sie einen gefährlich drohenden Drachenkopf am Bug, weshalb sie auch Drachenschiffe (Drakkar) heißen. Sobald die Schiffe an einer fremden Küste gesichtet wurden, erschallte der ängstliche Ruf: „Die Wikinger kommen!" Um das Jahr 1000 erreichten die Wikinger mit ihren schnellen Schiffen sogar Nordamerika.

Wikingerschiff im Museum

Verkehr

FRÜHER UND HEUTE

Ford-T-Modell

Blechliesel vom Fließband

Schwarz war sie und ein echtes Erfolgsmodell: die „Tin Lizzie" des Amerikaners Henry Ford. Das Ford-T-Modell war das erste Auto, das am Fließband in großen Mengen gebaut wurde. Weil sich so bei der Herstellung viel Geld einsparen ließ, konnten sich auch einfache Leute die fertigen Autos leisten. Ford verkaufte seine „Blechliesel" zwischen 1908 und 1927 insgesamt 15 Millionen Mal.

Großraumflugzeuge

Bis vor kurzem war die Boeing 747, der Jumbojet, das größte Verkehrsflugzeug der Welt. Doch jetzt hat ihn der Airbus A380 abgelöst, der 73 Meter lang ist und zwei durchgehende Passagierdecks hat. Seine Flügelfläche ist mit 845 Quadratmetern um ein Drittel größer als die der Boeing – und damit größer als drei Tennisplätze! Der Gigant der Lüfte ist bis zu 560 Tonnen schwer und wird in der Lufthansa-Ausführung 555 Passagiere befördern.

Airbus A380

 Heute

1908

NEUZEIT

1885

2007

der französische Hochgeschwindigkeitszug TGV

Motorrad mit Stützrädern

Gottlieb Daimler und Wilhelm Maybach waren nicht nur die Väter des Automobils, sie bauten auch das erste Motorrad der Welt. Mit heutigen Rennmaschinen hatte der „Reitwagen" jedoch wenig gemeinsam: Er hatte einen Holzrahmen, mit Metall beschlagene Reifen und Stützräder. Mit seinem 0,5-PS-Benzinmotor schaffte das Motorrad gerade einmal 12 Kilometer in der Stunde – und konnte so mit einem Fahrrad mithalten. Allerdings war es auch nur ein Testfahrzeug.

Auf seiner Jungfernfahrt legte das erste Motorrad 3 km zurück, von Cannstatt nach Untertürkheim.

Die schnellsten Züge der Welt

Im April 2007 stellte der französische TGV einen neuen Geschwindigkeitsrekord für Schienenfahrzeuge auf: Auf einer Teststrecke brachte er es auf 574,8 km/h. Damit hat er sich seinen Namen mehr als verdient – TGV ist die Abkürzung von „train à grande vitesse" (Hochgeschwindigkeitszug). Im normalen Passagierverkehr darf er so schnell natürlich nicht fahren, aber die erlaubten 320 km/h sind auch kein Pappenstiel. Das deutsche Gegenstück ist der ICE.

Verkehrsmittel

das Verkehrsmittel

Mit Verkehrsmitteln werden Personen oder Waren auf Straßen und Autobahnen, Flüssen und Meeren oder in der Luft von einem Ort zum anderen transportiert. Zu den Verkehrsmitteln auf dem Land gehören →Autos, LKWs, →Motor- und →Fahrräder. Verkehrsmittel auf dem Wasser sind →Schiffe, Fähren und Motorboote, während →Flugzeuge und →Hubschrauber zu den Verkehrsmitteln der Luft zählen.

In Städten und deren Umgebung fahren die öffentlichen Verkehrsmittel im Stadt- und Nahverkehr, die Busse, S- und U-Bahnen sowie Straßenbahnen. Sie fahren nach einem genauen Fahrplan, und die Fahrgäste können nur an den Haltestellen zu- und aussteigen. Taxis fahren jederzeit zu jedem beliebigen Ort, sind jedoch auch wesentlich teurer. Ohne öffentliche Verkehrsmittel wären noch mehr Autos unterwegs, und es gäbe ständig Stau auf unseren Straßen.

Schwebebahn

Straßenbahn

Die erste **Untergrundbahn** Europas wurde 1896 in Budapest eröffnet.

der Vertrag

Ein Vertrag kommt dann zustande, wenn ein Vertragspartner ein Angebot macht und der andere es annimmt. Wer ein gebrauchtes Auto verkaufen will, bietet es dem Käufer für einen bestimmten Betrag an. Wenn der Käufer seine Zustimmung gibt, ist der Vertrag gültig. Beide sind nun verpflichtet, ihren Beitrag zur Erfüllung des Vertrages zu leisten: Der Verkäufer muss das Auto übergeben, der Käufer muss bezahlen. Verträge können mündlich oder schriftlich geschlossen werden. Bei Streitigkeiten ist allerdings ein schriftlicher Vertrag nützlich.

die Verwandtschaft

Menschen mit derselben →genetischen Herkunft sind miteinander verwandt. Jeder →Mensch ist mit seinen Eltern verwandt. Dagegen sind Vater und Mutter nicht miteinander verwandt. Deren Eltern sind die Großeltern, Großmutter (Oma) und Großvater (Opa). Manche Menschen haben keine Geschwister, andere einen Bruder oder eine Schwester.

Mutter, Vater, Tochter und Sohn bilden eine Kleinfamilie. Die Tochter ist die Enkelin der Großeltern, der Sohn der Enkel. Die Schwiegermutter ist die Mutter des Ehepartners, der Vater wird Schwiegervater genannt. Für die Schwiegereltern ist der Ehepartner des Kindes der Schwiegersohn oder die Schwiegertochter. Wenn die Eltern Geschwister haben, gibt es auch Tanten und Onkel in der →Familie. Die Kinder der elterlichen Geschwister sind Cousine und Cousin oder Base und Vetter.

Tiere und Pflanzen, die miteinander verwandt sind, haben sich während der →Evolution aus denselben Vorfahren entwickelt.

die Videokamera

Mit einer Videokamera kann man einen →Film aufnehmen. Anders als bei der Filmkamera werden die Bilder nicht auf einem lichtempfindlichen Fotofilm festgehalten, sondern als elektrische Signale auf einem magnetischen Videoband oder einem digitalen Speichermedium aufgezeichnet. Dadurch muss der Film nicht mehr entwickelt werden, bevor man ihn anschauen will.

Wer den Videofilm mit einem Videorekorder abspielt, kann die Bilder am Bildschirm betrachten. Ein Camcorder ist eine Videokamera mit einem eingebauten Rekorder. So kann man direkt sehen, was man aufnimmt.

Vitamin

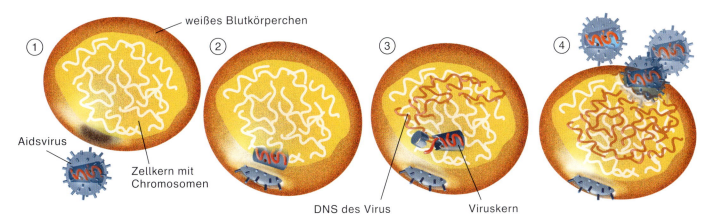

Das **Aidsvirus** greift weiße Blutkörperchen an, die normalerweise den Körper gegen Viren verteidigen (1). Das Virus wandert ins Innere (2).

Der Viruskern gibt sein Erbgut (DNS) frei (3). Oft erst nach Jahren stellt das weiße Blutkörperchen viele Kopien des Virus her und stirbt ab (4).

das Virus

Ein Virus ist ein winziger →Krankheitserreger. Die Mehrzahl dazu lautet Viren. Viren kommen in Pflanzen, Tieren und im Menschen vor. Sie sind viel kleiner als →Bakterien und nur unter dem Elektronenmikroskop zu sehen.

Viren sind keine richtigen Lebewesen. Sie haben keinen →Stoffwechsel. Um sich zu vermehren, dringen sie in eine →Zelle ein und zwingen diese, viele neue Viren herzustellen. Dazu schleusen sie ihr eigenes Erbgut (→Gene) in das Erbgut der Wirtszelle ein. Viren borgen sich also ihr Leben. Wir Menschen leiden unter zahlreichen Viruserkrankungen wie Masern, Grippe, Mumps und →Aids. Als Viren bezeichnet man auch Programme, die im →Computer große Schäden anrichten können.

WISSEN KOMPAKT

Vitamine
Die wichtigsten Vitamine und Nahrungsmittel, in denen sie enthalten sind:

- Vitamin A: in Butter, Milch und Eiern
- B-Vitamine: in Fleisch, Milch und Hefe
- Vitamin C: in Obst und Gemüse
- Vitamin D: in Milch, Butter, Lebertran, Eidotter
- Vitamin E: in Vollkornbrot, Sonnenblumenöl und anderen pflanzlichen Ölen
- Vitamin K: in Spinat, Kohl und Leber

das Vitamin

Um gesund zu bleiben, braucht jeder Mensch Vitamine. Da unser →Körper sie nicht selbst herstellen kann, müssen wir sie mit der Nahrung aufnehmen. Früher erkrankten Seefahrer auf langen Reisen an Skorbut, weil sie keine →Früchte oder frisches →Gemüse zu essen bekamen. Um 1800 entdeckte ein englischer Arzt, dass Zitronensaft die Krankheit verhindern kann. Das Vitamin C in der Zitrone kann den Skorbut wirksam bekämpfen.

Scharbockskraut (links) heißt auch Skorbutkraut, weil es viel **Vitamin** C enthält. Austern (rechts) sind reich an Vitamin A, B1 und B2.

Man kennt inzwischen fünf zusätzliche Vitamine: A, B, D, E und K. Die vier Vitamine A, D, E und K können wir in unserem Körperfett speichern. Die B-Vitamine und das Vitamin C hingegen können wir nicht speichern. Wir sollten uns aus diesem Grund jeden Tag damit versorgen. Es gibt aber kein Nahrungsmittel, das alle Vitamine enthält. Aus diesem Grund ist eine möglichst vielfältige →Ernährung so wichtig.

Vogel

Vogel: Der Turmfalke lebt oft in Städten und ist nach dem Mäusebussard der häufigste Greifvogel in Mitteleuropa.

der Vogel

Vögel gibt es auf der ganzen Welt. Sie besitzen zwei Flügel, einen Schnabel und →Federn am Körper. Weil Vögel für den Flug leicht sein müssen, sind ihre →Knochen hohl. Viele Arten verbringen den Winter in warmen Gebieten am Mittelmeer oder in Afrika. Auf ihrem Zug legen diese →Zugvögel Tausende von Kilometern zurück. Manche Vögel können nicht mehr fliegen, etwa →Pinguine. Der größte Vogel ist der ebenfalls flugunfähige →Strauß, der kleinste ist der →Kolibri.

Alle Vögel legen →Eier und brüten sie aus. Sind die Jungen geschlüpft, werden sie von den Eltern gefüttert. Die Schnabelform verrät viel über die Lebensweise eines Vogels. →Greifvögel und →Eulen haben scharfe Hakenschnäbel, um ihre Beute zu zerteilen. →Singvögel picken mit ihren kurzen Schnäbeln Samen und Insekten auf, während der kräftige Schnabel der →Krähe auch größere Beutetiere packen kann. Wasservögel wie →Enten holen mit dem breiten Schnabel Nahrung aus dem Wasser.

Eisvogel

Papageientaucher

Kernbeißer

das Vorurteil

Vorurteile sind voreilig gefasste Meinungen ohne Prüfung der Tatsachen. Vorurteile sind meist von anderen Menschen übernommene Urteile. Dabei spielen oft feindselige Gefühle eine Rolle. Durch Vorurteile wird ein Mensch erniedrigt, man sagt auch diskriminiert. Vorurteile gegenüber Ausländern führen zum Beispiel leicht zur Ausländerfeindlichkeit. Auch der →Rassismus beruht auf Vorurteilen.

der Vulkan

Vulkane sind Öffnungen in der Erdkruste, aus denen →Gase, flüssiges →Gestein (Lava) und Asche austreten. Einen heftigen Ausbruch nennen wir eine Eruption.

Es gibt unterschiedliche Vulkanformen. Einige Vulkane haben flach aufsteigende Hänge. Aus ihrem Krater oder aus Spalten fließt dünnflüssige Lava, die weite Gebiete bedecken kann. Die kegelförmigen Vulkane haben oftmals steile Hänge und fast immer einen oder mehrere Krater, die explosionsartig sehr viel Asche und Schlacke ausstoßen.

Auf der ganzen Welt gibt es rund 800 aktive Vulkane. Durch die Weltmeere hindurch ziehen sich endlos lange Gebirgsketten, die sogenannten Mittelozeanischen Rücken. Sie bestehen alle aus Vulkanen. Aus ihren Kratern tritt ständig Lava aus und verfestigt sich zu neuem Meeresboden. Dabei werden die Platten zu beiden Seiten der Vulkanspalte auseinandergedrückt. So kommt es, dass sich Europa von Amerika jedes Jahr um rund zwei Zentimeter entfernt.

Öffnungen an **Vulkanen**, aus denen Wasserdampf oder vulkanische Gase austreten, nennt man Fumarolen.

Waise

die Waage

Mit der Waage bestimmt man, wie schwer etwas ist. Das Gewicht eines Gegenstandes hängt mit der →Schwerkraft zusammen. Es gibt unterschiedliche Waagentypen. Bei der Federwaage dehnt das Gewicht eine Feder. Das Maß der Dehnung kann man an einer Skala ablesen. Die Briefwaage funktioniert nach dem →Hebelprinzip. Bei der Balkenwaage vergleicht man verschiedene Gewichte. Dazu braucht man einen Satz von geeichten, also amtlich überprüften Gewichtssteinen. Die meisten heutigen Waagen arbeiten mit elektrischem →Strom und zeigen das Ergebnis digital an.

Die Illustration zeigt verschiedene Typen von **Waagen**.

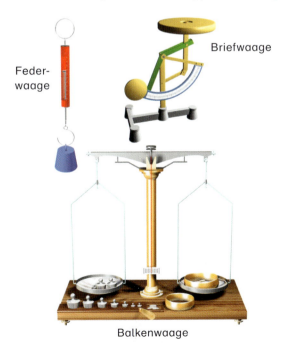

Federwaage
Briefwaage
Balkenwaage

die Wahl

In →demokratischen Ländern können die Staatsbürger in regelmäßigen Abständen zur Wahl gehen. Sie wählen etwa einen →Bürgermeister, eine Partei oder einen Abgeordneten für das →Parlament. Dabei kreuzen sie auf dem Stimmzettel den Namen des Kandidaten an, für den sie sich entschieden haben.

Wahlen müssen frei und geheim sein. „Frei" bedeutet, dass jeder den Kandidaten wählen darf, der ihm am meisten zusagt. Keiner darf einem anderen die Wahl vorschreiben. Damit dies möglich ist, sind Wahlen geheim. Jeder Wähler begibt sich in eine Kabine, füllt dort den Stimmzettel aus und wirft ihn dann in die Wahlurne. In Deutschland und der Schweiz ist jeder Staatsangehörige ab 18 Jahren wahlberechtigt, in Österreich bereits ab 16 Jahren.

WISSEN KOMPAKT

Wahl
In vielen Bereichen des öffentlichen Lebens finden Wahlen statt.

- In der Schule: Die Schüler und Schülerinnen einer Klasse wählen den Klassensprecher. Die Eltern wählen einen Elternsprecher.
- In Stadt und Gemeinde: Die Bürger und Bürgerinnen wählen Mitbürger für den Gemeinde- oder Stadtrat, manchmal auch einen Bürgermeister.
- Im Land: Die Einwohner eines Landes wählen eine Partei und Abgeordnete für den Landtag und den Bundestag.

die Waise

Halbwaisen sind →Kinder, die Vater oder Mutter verloren haben, Vollwaisen haben beide Elternteile verloren. Sie werden oft von →Verwandten aufgenommen oder bekommen durch →Adoption eine neue →Familie. Bis dahin kümmert sich ein Vormund um sie. Er trifft alle wichtigen Entscheidungen bis zum 18. Lebensjahr der Waisen. Dann sind sie volljährig und können für sich selbst entscheiden.

Wal

Ganz schön schwer! Ein Blauwal wiegt bis zu 140 Tonnen.

Das größte Tier ist der **Blauwal**. Er wird bis zu 33 m lang.

der Wal

Wale sind an das Leben im Wasser sehr gut angepasst, gehören aber zu den →Säugetieren. Die Bezeichnung „Walfisch" ist also genau genommen falsch. Eine dicke Fettschicht unter der Haut verhindert, dass Wale im kalten Wasser auskühlen. Für den Antrieb beim Schwimmen sorgt die große Schwanzflosse oder Fluke, die auf und ab geschlagen wird. Die Vorderflossen dienen der Steuerung. Als Säugetiere atmen die Wale Luft und müssen somit regelmäßig zur Wasseroberfläche aufsteigen. Dort stoßen sie explosionsartig die verbrauchte Luft aus. Man sieht eine Nebelfontäne, den Blas. Danach atmet der Wal sofort wieder ein. Der Pottwal kann weit über eine Stunde unter Wasser bleiben und dabei bis zu 1200 Meter tief tauchen. Man hat sogar schon Pottwale in 2500 Meter Tiefe geortet. Wir unterscheiden zwei Gruppen von Walen. Die Zahnwale haben spitze kegelförmige Zähne im Kiefer und fangen Tintenfische, Robben und Seevögel. Zu ihnen gehören auch die →Delfine. Die Bartenwale haben anstelle von Zähnen lange Barten. Sie filtern damit →Plankton aus dem Wasser.

Wal: Der Orca oder Schwertwal gehört zu den Zahnwalen.

der Wald

Mit Ausnahme der Polargebiete, der Wüsten, Steppen und hohen Gebirge kommen überall auf der Erde Wälder vor. Am Äquator gibt es →tropische Regenwälder. In den gemäßigten Klimagebieten wie in Mitteleuropa wachsen Laubwälder oder Laubmischwälder. Sie zeigen einen Aufbau aus mehreren Stockwerken. Die unterste Streuschicht besteht aus totem Laub und →Moosen, die Krautschicht aus niedrigen Blütenpflanzen. Dann folgen die Strauch- und die Baumschicht (Stamm- und Kronenschicht). Nadelwälder, wie man sie etwa in Kanada findet, bestehen ausschließlich aus →Nadelbäumen.

Viele **Wälder** in Deutschland sind vom Waldsterben bedroht.

Wälder sind Lebensräume für zahlreiche Tiere und Pflanzen. In Wäldern ist es meist feucht, weil sie Regenwasser speichern. Die →Bäume der Wälder geben sehr viel →Sauerstoff an die Luft ab. Gleichzeitig filtern sie Staub aus der Luft und dämpfen den Lärm.

Watt

das Wasser

Wasser ist eine Verbindung aus Wasserstoff (H) und Sauerstoff (O) und heißt chemisch H_2O. Es hat eine besondere Eigenschaft. Fast alle Flüssigkeiten ziehen sich beim Gefrieren zusammen. Wasser dehnt sich jedoch aus. Deswegen schwimmt →Eis auf Wasser. Bei vier Grad Celsius hat Wasser seine größte Dichte. Wenn sich das Wasser eines →Sees auf vier Grad abkühlt, sinkt es zu Boden. Dadurch gelangt →Sauerstoff in die Tiefe. Das ist für Pflanzen und Tiere lebenswichtig. Weil es so viel Wasser auf der Welt gibt, glaubten die Menschen lange Zeit, sie könnten alle Abfälle dem Wasser überlassen. Heute wissen wir, dass das falsch ist. Unsere →Flüsse, Seen und die →Meere sind auf unterschiedliche Weise durch →Dünger, Waschmittel, Schwermetalle und Lösungsmittel verschmutzt. Über eine Milliarde Menschen haben kein sauberes Trinkwasser. Zwei Millionen Kinder sterben jedes Jahr an Krankheiten, die durch verschmutztes Wasser und mangelnde →Hygiene verursacht werden.

der Wasserkreislauf

Rund zwei Drittel der Erdoberfläche sind von →Wasser bedeckt. Vor allem von der Oberfläche der →Meere verdunstet viel Wasser und gelangt als Dampf in die →Atmosphäre. Beim Abkühlen kondensiert der Wasserdampf zu feinen Tröpfchen und bildet dabei die →Wolken. Wenn sie sich weiter abkühlen, werden die Tröpfchen größer und schwerer und fallen zu Boden. Dann regnet oder schneit es. Dieser →Niederschlag wird zu einem Teil von den →Pflanzen aufgenommen und fließt zum größeren Teil in →Bächen und →Flüssen zurück ins Meer. So schließt sich der Wasserkreislauf.

Der **Wasserkreislauf** der Erde wäre ohne Regen nicht möglich.

das Watt

Der seichte →Küstenstreifen der Nordsee wird Watt genannt. Das Watt wird bei Flut vom Meer überspült und liegt bei →Ebbe trocken. Dann sind nur noch die sogenannten Priele mit Wasser gefüllt, die das Watt durchziehen. Der Boden ist matschig weich und heißt Schlick. Im Watt leben Würmer, →Muscheln, →Krebse und →Schnecken. Von ihnen ernähren sich die Watvögel, etwa Austernfischer, Knutt und Säbelschnäbler. Die deutschen Wattengebiete stehen unter Naturschutz.

Säbelschnäbler

Watt: ein Wattwurm neben seinem Kothäufchen

257

Weichtier

das Weichtier

Kalmar

Die Weichtiere sind eine der ältesten Tiergruppen der Erde. Zu ihnen zählen →Muscheln, →Schnecken und die Kopffüßer, das sind Tintenfische und Kraken. Die Weichtiere kommen auf der ganzen Welt vor, außer in der Arktis, der Antarktis und im Hochgebirge. Während die Kopffüßer nur im →Meer leben, gibt es Muscheln und Schnecken sowohl in den Gewässern als auch an Land.

Der Körper der Weichtiere besteht aus dem Kopf, dem Fuß, dem Eingeweidesack und dem Mantel. Im Eingeweidesack liegen die inneren →Organe wie etwa der Darm. Den Mantel bildet die Schale, die bei Muscheln und Schnecken äußerlich sichtbar ist. Bei →Tintenfischen liegt ein Rest dieser Schale als Schulp im Körperinnern. Weichtiere legen →Eier. Bei den meisten schlüpft zunächst eine →Larve aus dem Ei, die sich dann zum erwachsenen Tier entwickelt.

Krake

Kammmuschel

die Weinbergschnecke

Die Weinbergschnecke gehört zu den größten →Schnecken Europas. Ihr braunes Gehäuse kann bis zu fünf Zentimeter hoch werden. Sie lebt nicht nur in Weinbergen, sondern auch in verwilderten →Gärten und an Waldrändern. Sie ernährt sich von →Blättern, →Früchten und anderen Pflanzenteilen. Den Winter über ruht die Schnecke im Erdboden. Im Frühjahr legt sie nach der Paarung bis zu 60 →Eier in eine selbst gegrabene Erdhöhle. Weinbergschnecken sind weder Männchen noch Weibchen, sondern beides zugleich. Wir nennen sie Zwitter.

Die **Weinbergschnecke** hat vier Fühler, am Ende der beiden längeren Fühler sitzen die Augen.

der Weizen

Weizen gehört zusammen mit Mais und Reis zu den wichtigsten →Getreidesorten. Er wird nahezu weltweit angebaut. Nur in der Arktis und Antarktis ist es für Weizen zu kalt. Der Weizen zählt zu den Gräsern. Am Ende des langen Halms befindet sich die Ähre mit den vielen unscheinbaren →Blüten. Nach der Befruchtung entwickelt sich aus jeder Blüte ein →Samen, das Weizenkorn. Es enthält lebenswichtige Nährstoffe und Stärke. Weizenkörner werden in einer Mühle zu Mehl gemahlen, aus dem man Brot, Kuchen und Nudeln herstellt. Schon am Ende der →Steinzeit wurden die beiden Weizenarten Emmer und Einkorn angebaut. Heute gibt es viele Weizensorten, die der Mensch gezüchtet hat. Bei uns wird der Weizen zweimal im Jahr ausgesät: Winterweizen im Herbst und Sommerweizen im Frühjahr. Im Sommer und im Herbst wird der Weizen geerntet.

Weizen mit und ohne Grannen

die Welle

Immer dort, wo sich Schwingungen ausbreiten, entstehen Wellen. Das können Wellen auf dem Wasser, →Schallwellen in der Luft oder elektromagnetische Wellen wie →Licht oder →Radiowellen sein. Wellen zeigen Wellenberge und Wellentäler. Der Abstand zwischen zwei Wellenbergen heißt Wellenlänge. Wenn Wellen schnell eintreffen, haben sie eine hohe Frequenz. Wellenberge können unterschiedlich hoch sein. Diese Höhe nennt man Amplitude.

Wenn Wind über das Wasser weht, entstehen Wellen auf der Wasseroberfläche. →Erdbeben am Meeresgrund können riesige Wellen auslösen. Auf dem Meer sind diese Tsunamis nicht erkennbar. Wenn sie an der →Küste eintreffen, können sie jedoch höher als ein Hochhaus werden und verheerende Schäden anrichten.

Werbung

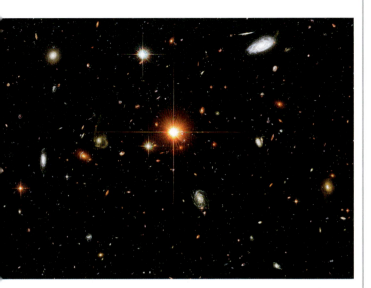

Weltall: Die Aufnahme mit dem Hubble-Weltraumteleskop zeigt Galaxien aus der Frühzeit des Kosmos, etwa 5 Milliarden Jahre nach dem Urknall.

das Weltall

Das Weltall oder Universum besteht aus den →Sternen, →Planeten, dem Raum dazwischen sowie aus dem Staub und den Gasen, die in diesen Räumen anzutreffen sind. Die →Erde, unser →Sonnensystem oder auch die →Milchstraße bilden nur einen winzigen Teil des Weltalls. Das Licht von den entferntesten Sternensystemen (Galaxien) braucht 15 Milliarden Jahre, bis es zu uns gelangt!

Die →Wissenschaftler glauben, dass alle Materie des Universums vor ungefähr 17 Milliarden Jahren an einem Punkt vereinigt war. Dann explodierte diese in einem unvorstellbaren Urknall, dem Big Bang. Die Materie wurde mit ungeheurer Geschwindigkeit in alle Richtungen weggeschleudert. Sie kühlte sich dabei ab und verdichtete sich zu Sternen, Planeten und →Monden.

der Weltkrieg

In den Jahren von 1914 bis 1918 kam es zum Ersten Weltkrieg. Er tobte zwischen Deutschland, Österreich-Ungarn und der Türkei auf der einen Seite und fast der ganzen übrigen Welt auf der anderen Seite. In Europa kämpften die Männer von Schützengräben aus und erstmals wurde auch Giftgas eingesetzt. Nachdem die Amerikaner in den →Krieg eingegriffen hatten, wurden die Deutschen zurückgeschlagen.

Der Zweite Weltkrieg begann mit dem Angriff deutscher Truppen auf Polen. Das war am 1. September 1939. Die Deutschen unter Führung der →Nationalsozialisten eroberten zunächst große Teile Europas, der Sowjetunion und Nordafrikas. In den folgenden Jahren kämpften Deutschland, Japan und Italien gegen nahezu alle übrigen Nationen Europas, Amerikas und Asiens. 1945 verlor Deutschland den Krieg. Die Menschen litten jahrzehntelang an den Folgen des Krieges. Viele Städte waren durch Bomben vollkommen zerstört.

die Werbung

Die Werbung will die Menschen davon überzeugen, eine bestimmte Ware zu kaufen. Werbeanzeigen und Werbefilme findet man in den →Medien wie im →Fernsehen und im →Radio, in →Zeitungen und in Zeitschriften. Darin werben Firmen für eine neue Schokolade oder für ein spezielles Auto. Die Werbung darf übertreiben, aber nichts Falsches behaupten. In der Werbung werden oft bekannte Sportler oder beliebte Schauspieler gezeigt. Viele Menschen lassen sich davon beeinflussen und meinen, sie müssten unbedingt das beworbene Produkt kaufen. In der Werbebranche arbeiten heutzutage viele Texter, Grafiker, Fotografen und Filmemacher. Ein Büro, das Werbung plant und zum Beispiel Werbefilme dreht oder Prospekte und Plakate entwirft, nennt man Werbeagentur. Die meisten Firmen geben sehr viel Geld für Werbung aus.

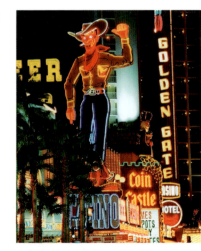

Werbung prägt auch das Bild unserer Städte, wenn auch nicht immer so grell bunt wie diese Leuchtreklamen im nächtlichen Las Vegas.

Werkzeug

das Werkzeug

Werkzeuge sind Hilfsmittel, die meist in der →Technik und im →Handwerk verwendet werden. Sie erleichtern uns die Arbeit. Manche Werkzeuge werden von Hand bedient: Mit dem Hammer schlägt man Nägel in die Wand, mit der Schaufel gräbt man Löcher in die Erde und mit dem Messer schneidet man. Andere Werkzeuge werden von →Maschinen angetrieben. In eine Bohrmaschine kann zum Beispiel ein Bohrer oder eine Drahtbürste als Werkzeug eingespannt werden. Zu den ältesten Werkzeugen gehört der Faustkeil, den Menschen in der →Steinzeit hergestellt haben. Später fertigte man Werkzeuge aus →Metallen wie Kupfer oder Eisen. Auch einige Tiere verwenden Werkzeuge. Schmutzgeier öffnen Eier mithilfe von Steinen. Schimpansen stochern mit Ästen in Termitenbauten nach Nahrung.

Schimpansen mit **Werkzeug**

die Wespe

Wespen sind mit den →Bienen und den →Ameisen verwandt und gehören zu den →Insekten. Sie sind etwas schlanker und größer als Bienen. Die häufigste Art ist die zwei Zentimeter lange Deutsche Wespe. Sie baut kugelförmige Nester aus gekautem Holz. Im Nest leben eine Königin, die →Eier legt, sowie viele Tausend Arbeiterinnen, die alle Nachkommen der einen Königin sind. Die Arbeiterinnen helfen bei der Aufzucht junger Wespen, bei der Nahrungssuche und beim Nestbau. Wespen sind sozial lebende Insekten und bilden →Staaten. Der Stich einer Wespe kann sehr schmerzhaft sein.

Die größte Wespe ist die braun-gelb gefärbte Hornisse. Sie ist viel weniger aggressiv als die Deutsche Wespe. Ihr →Nest baut die Hornisse meistens in hohlen Bäumen oder Gebäudenischen. Alle einheimischen Wespen stehen unter Artenschutz. Sie dürfen nicht getötet und ihre Nester dürfen nicht zerstört werden.

Deutsche **Wespen**

WISSEN KOMPAKT

Wetter

So kann man das Wetter beobachten:

- Temperatur: Das Thermometer misst die Lufttemperatur. Man sollte es so aufhängen, dass keine Sonne darauf scheinen kann.
- Luftdruck: Der Luftdruck wird mit dem Barometer gemessen. Bei hohem Luftdruck ist das Wetter meist schön, bei niedrigem herrscht eher schlechtes Wetter und es regnet.
- Wolken: Dunkle Wolken können Regen bringen. Die watteähnlichen Kumuluswolken bedeuten meist schönes Wetter.

das Wetter

Zum Wetter gehören Sonnenschein, →Niederschläge, →Wind, →Wolken und →Nebel, Wärme und Kälte. Das alles spielt sich in der →Atmosphäre ab. Die →Sonne ist der Motor des Wetters. Sie wärmt die Erdoberfläche unterschiedlich stark auf. Die →Tropen erhalten zum Beispiel viel mehr Sonne als Mitteleuropa. Warmluft steigt auf und kühlere Luft fließt nach. Warme und kalte Luftmassen werden somit dauernd verschoben. Wenn kalte und warme Luftmassen aufeinandertreffen, entsteht eine Front. Dann

Wetter: Im Zentrum eines Wirbelsturms bildet sich ein „Rüssel" aus Wassertropfen und aufgewirbeltem Staub, der von der Gewitterwolke zum Erdboden reicht.

Wiese

verändert sich das Wetter schlagartig. Bei einer Warmfront trifft Warmluft auf Kaltluft und gleitet über sie hinweg. Warmfronten bringen höhere Temperaturen und die Niederschläge lassen nach. Bei Kaltfronten sinkt die Temperatur und dann folgt meist ein heftiger Niederschlag. Auch der Luftdruck ist sehr wichtig für das Wettergeschehen. Wenn er steigt, wird das Wetter besser. Fallender Luftdruck kündigt oft den Durchzug einer Kaltfront mit Regen an. Man spricht deshalb auch von einem Tief oder Hoch. Die Wissenschaft vom Wetter heißt Meteorologie. Eine ihrer Hauptaufgaben ist die Wettervorhersage. Früher haben die Menschen versucht, das Wetter durch die Beobachtung von Wolken vorherzusagen. Heute kann man mit →Satelliten genauere Wettervorhersagen machen.

Die Sonne hat einen großen Einfluss auf unser **Wetter**. Sie ist verantwortlich für Verdunstung, Wolkenbildung und Niederschlag.

die Wiedervereinigung

Wir verstehen unter der Wiedervereinigung den Beitritt der Deutschen Demokratischen Republik (DDR) zur Bundesrepublik Deutschland (BRD) am 3. Oktober 1990. Damals entstand aus den beiden deutschen Gebieten, die nach dem Zweiten →Weltkrieg getrennt wurden, das heutige →Deutschland. Der Tag der Deutschen Einheit ist bei uns ein Nationalfeiertag. Auch in anderen Ländern gab es Wiedervereinigungen, wie etwa 1990 im Jemen oder 1976 in Vietnam.

die Wiese

Auf einer Wiese wachsen niedrige Gräser, →Kräuter und →Blumen. Hier leben viele →Schmetterlinge, →Käfer, →Heuschrecken, →Bienen und andere →Insekten. Im Wiesenboden graben →Maulwürfe und Feldmäuse Gänge. Zweimal im Jahr wird die Wiese gemäht. Die getrockneten Pflanzen werden als Heu an →Kühe verfüttert. Grünland, auf dem Kühe fressen, bezeichnen wir als Weide. Oft sind Wiesen und Weiden von Hecken aus →Sträuchern umgeben. Damit die Pflanzen auf den Wiesen kräftig wachsen, werden sie oft gedüngt. Dadurch können aber nur noch wenige Pflanzenarten gedeihen. Viele unterschiedliche Blumen wachsen auf nicht gedüngten, natürlichen Magerwiesen, etwa Margeriten, Glockenblumen oder Wiesensalbei. Auf einer Feuchtwiese steht ständig etwas Wasser. Dort fühlen sich zum Beispiel Binsen und Wollgras wohl. Eine Wiese mit →Obstbäumen heißt Streuobstwiese.

großes Grünes Heupferd

Wiesenschaumkraut

Gänseblümchen

Wikinger

Die **Wikinger** waren wegen ihrer Überfälle auf Dörfer, Städte und Klöster sehr gefürchtet.

die Wikinger

Das Volk der Wikinger lebte vor langer Zeit im heutigen Norwegen, Schweden und Dänemark. Zwischen den Jahren 800 und 1100 n. Chr. machten viele Wikinger mit ihren schnellen Schiffen die Küsten Europas unsicher. Sie plünderten Dörfer und Städte und galten als sehr blutrünstig. Doch sie waren nicht nur auf Raub und →Piraterie aus. Sie gründeten ebenso Siedlungen in England, Irland und Frankreich. Dort wurden sie Normannen genannt. Ein Gebiet im Nordfrankreich heißt heute noch Normandie. Die Wikinger trieben viel →Handel und reisten sehr weit: So landete Leif Eriksson bereits um das Jahr 1000 in Nordamerika. Die Wikinger nannten das neue Gebiet Weinland, „Vinland", und besiedelten es während der nächsten zwei Jahrhunderte. Doch das Wissen um diesen neuen Erdteil ging später wieder verloren. Deswegen gilt heute Christoph Kolumbus als Entdecker Amerikas, der die Neue Welt jedoch erst 1492 betrat.

Auch Island wurde von den **Wikingern** besiedelt. Auf offenen Schiffen brachten die Siedler sogar das Vieh für den Neubeginn über das Meer.

die Wildpflanze

Wildpflanzen sind wild wachsende →Pflanzen, im Gegensatz zu den Kulturpflanzen, die von Menschen gezüchtet und als Nutz- oder Zierpflanzen auf Feldern, Plantagen und in →Gärten angebaut werden. Manche Wildpflanzen kommen fast überall vor, wie →Löwenzahn oder Spitzwegerich. Andere bevorzugen einen bestimmten Lebensraum. So gibt es →Seerosen nur in ruhigen Gewässern. Wildpflanzen unserer →Wälder sind etwa →Eichen und Tannen. Haselnuss und Schlehe stehen als Wildsträucher am →Wiesenrand. Heimische Wildblumen sind Hahnenfuß und Schlüsselblume. Die meisten Wildpflanzen werden vom Wind oder von →Insekten bestäubt. Das Springkraut dagegen besitzt Fruchtkapseln, die bei Berührung aufplatzen. Dabei werden die →Samen bis zu drei Meter weit fortgeschleudert.

Schlehenfrucht

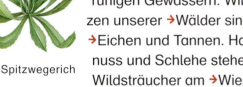

Spitzwegerich

Springkraut

der Wind

Wind ist →Luft in Bewegung. Wenn sich Luft erwärmt, steigt sie auf. Weil kein luftleerer Raum entstehen kann, fließt kalte Luft nach. Das spüren wir als Wind. Die Winde sind zum größten Teil für unser →Wetter verantwortlich. Der Engländer Sir Francis Beaufort stellte 1805 eine Skala der Windstärken auf. Die Beaufortskala gilt noch heute. Sie umfasst 13 Windstärken. Schon lange wird die Windkraft genutzt. Früher wurde mit Windmühlen →Getreide gemahlen. Heute dient der Wind der →Energiegewinnung.

WISSEN KOMPAKT

Windstärken

0	windstill	Rauch steigt senkrecht nach oben.
1–3	schwacher Wind	Blätter bewegen sich leicht.
4	mäßiger Wind	Loses Papier fliegt auf.
5	frischer Wind	Kleine Laubbäume schwanken leicht.
6–7	starker Wind	Ein Regenschirm ist schwer zu halten.
8–9	Sturm	Zweigen brechen ab.
10	schwerer Sturm	Bäume fallen um.
11	orkanartiger Sturm	Große Schäden an Gebäuden entstehen.
12	Orkan	Schwere Verwüstungen werden angerichtet.

die Wirtschaft

Jeden Tag essen wir, ziehen Kleider an, fahren Bus oder Fahrrad. Ständig benötigen wir Güter oder Leistungen anderer Menschen. Damit beschäftigt sich die Wirtschaft oder Ökonomie.

Zur Wirtschaft gehören →Landwirtschaft, →Handwerk, →Industrie und Dienstleistungen. Die Landwirtschaft und die Industrie stellen Produkte her, wie Lebensmittel, Autos oder Bücher. Dienstleistungen sind Tätigkeiten, die der Befriedigung menschlicher Bedürfnisse dienen. Dienstleister sind zum Beispiel Friseure, Ärzte oder Taxifahrer. Auch der →Handel zählt zu den Dienstleistungen. Die Wirtschaft funktioniert durch Angebot und Nachfrage. Eine Firma stellt Fernseher her und möchte damit hohe Gewinne erzielen. Ein zu teures Gerät wird nicht gekauft. Ist es günstig, greifen viele Käufer zu. Gibt es mehr Käufer als Fernseher, steigt der Preis. Die Firma erzielt einen höheren Gewinn und kann mehr Fernseher herstellen.

Wirtschaft: An der Börse werden Waren, Währungen und Wertpapiere (zum Beispiel Aktien) gehandelt.

die Wissenschaft

Die Wissenschaft sammelt Wissen in einem Fachgebiet und versucht, durch Forschung dieses Wissen auszubauen. Sie will objektiv sein, ohne persönliche Wertung.

Wir unterscheiden verschiedene Einzelwissenschaften. Es gibt Geisteswissenschaften und die Naturwissenschaften. Die Geisteswissenschaften untersuchen zum Beispiel die →Sprachen, die →Literatur und die →Religionen. Zu den Naturwissenschaften gehören die →Biologie, die →Chemie und →Physik sowie die →Mathematik. Durch wiederholte Beobachtungen und →Experimente versuchen die Wissenschaftler, Gesetzmäßigkeiten in der Natur zu erkennen. Entscheidend ist dabei, dass diese Versuche jederzeit und an jedem Ort dieser Erde dieselben Ergebnisse liefern.

Der Nobelpreis ist eine Auszeichnung für besondere Verdienste in der Wissenschaft.

Wolf

der Wolf

Der Wolf gehört zur Familie der →Hundeartigen. Wölfe leben in großen Rudeln unter der Führung des Leitpaares aus einem Wolf und einer Wölfin, dem alle gehorchen. In Gruppen machen Wölfe Jagd auf große Säugetiere wie Hirsche, Rentiere oder Elche. Dabei hat jedes Rudelmitglied eine bestimmte Aufgabe. Eine Gruppe hetzt zum Beispiel das Beutetier, während eine andere ihm den Weg abschneidet. Nur das Leitpaar bekommt Junge, die vom ganzen Rudel aufgezogen werden. Wenn die Wölfe erwachsen werden, verlassen sie das Rudel und gründen ein neues Rudel. Wölfe fressen auch Aas, Beeren oder sogar Pflanzenwurzeln.

Wolf

die Wolke

Wolken bestehen aus winzigen →Wassertröpfchen und Eiskristallen. Bis in rund 10 000 Meter Höhe gibt es Wolken. Manchmal reichen sie bis zum Erdboden, dann spricht man von →Nebel. Es gibt verschiedene Wolkentypen. Meistens kann man anhand der Wolkenform das →Wetter voraussagen.

Die →Luft enthält stets eine bestimmte Menge Feuchtigkeit in Form von Wasserdampf. Warme Luft nimmt am meisten Feuchtigkeit auf. Wenn sie aufsteigt, kühlt sie sich ab. Kalte Luft kann nun aber nicht so viel Wasserdampf enthalten wie warme. Deswegen entstehen aus dem unsichtbaren Wasserdampf sichtbare winzige Wassertröpfchen. Es kommt zur Wolkenbildung. Dabei schlägt sich der Wasserdampf an kleinen, in der Luft schwebenden Teilchen nieder. Die Wassertröpfchen vergrößern sich und aus der anfänglich weißen Wolke wird eine dicke graue Wolke. Schließlich fallen die schwer gewordenen Tropfen als →Niederschlag auf den Erdboden: Es regnet, schneit oder hagelt.

Häufig bilden sich aus den Kondensstreifen der Flugzeuge **Wolken**, die man den Zirruswolken zuordnet.

Wolken: Zirruswolken (ganz links) bestehen aus winzigen Eiskristallen. Haufenwolken oder Kumuluswolken (links) sieht man meist bei schönem Wetter. Kumulonimbuswolken (rechts) deuten auf ein bevorstehendes Gewitter hin. Die niedrigen grauen Stratuswolken (ganz rechts) bringen schlechtes Wetter.

die Wolle

Wolle wird oft aus dem Fell der →Schafe gewonnen. Ein- oder zweimal im Jahr werden die Tiere geschoren. Ein Schaf liefert zwischen vier und fünf Kilogramm Wolle. Anschließend wird diese gereinigt, gefärbt und zu Garnen versponnen. Aus Wollgarnen stellt man Stoffe, Strickwaren und Teppiche her. Wolle liefern auch das südamerikanische Lama, der tibetische Yak oder die Ziege. Die Angorawolle stammt von einer Ziegen- oder Kaninchenrasse.

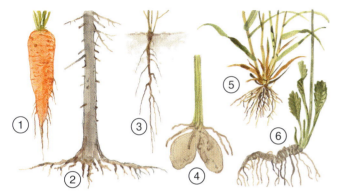

Wurzelarten: (1) Wurzelrübe (Karotte), (2) Flachwurzel (Nadelbaum), (3) Hauptwurzel mit Nebenwurzeln (zweikeimblättrige Samenpflanze), (4) Wurzelknollen (Dahlie), (5) Wurzelfasern (Gräser), (6) Rhizom, ein unterirdischer Spross, der Wurzeln ausbildet.

die Wurzel

Alle Blütenpflanzen haben eine Wurzel. Sie hält die →Pflanze im Boden fest. Mit den sehr feinen Wurzelhaaren nimmt die Pflanze Wasser und darin gelöste Mineralsalze als Nahrung aus dem Boden auf. Manche →Bäume wie →Eichen haben eine tiefe Pfahlwurzel, die weit in den Boden reicht. Bei anderen verzweigen sich die Wurzeln zu einem dichten Wurzelwerk. In Wurzelknollen speichern Scharbockskraut und Dahlien Speicherstoffe, bei Hyazinthen, Narzissen, Tulpen und Schneeglöckchen übernimmt das die →Zwiebel. Auch in dem stark verdickten Wurzelstock (Rhizom) der Primel werden Nährstoffe gespeichert.

Scharbockskraut

Wüste

ein Zeltdorf von Beduinen, die als Nomaden in der **Wüste** leben

die Wüste

Wüsten sind sehr trockene Lebensräume, in denen nur ganz wenige Pflanzen wachsen können. Tagsüber sind Wüsten sehr heiß, nachts dagegen eisig kalt. Manchmal regnet es jahrelang nicht. Dann kann plötzlich sehr viel Regen fallen und trockene →Täler verwandeln sich in reißende Flüsse. Nach dem Regen blüht die Wüste für kurze Zeit auf. Bevor die Wüste wieder austrocknet, bilden die Pflanzen rasch →Samen, die in der nächsten Regenzeit keimen werden. Nur wenige Tiere leben in der Wüste, etwa der Wüstenfuchs oder das →Chamäleon sowie →Käfer, →Skorpione und Springmäuse.

Die Sahara in →Afrika ist die größte Wüste der Erde. Manche Teile der Sahara sind von Steinen bedeckt. In anderen Teilen gibt es nur →Sand, der sich zu hohen Hügeln auftürmt, den Dünen. An Wasserstellen wachsen Palmen und andere Pflanzen. In diesen →Oasen leben auch Menschen, und Karawanen, die auf →Kamelen durch die Wüste ziehen, können dort rasten.

Die Seitenwinder-Klapperschlange lebt ausschließlich in sehr trockenen **Wüstenregionen** und bevorzugt sandige Flächen.

X-Chromosom

das X-Chromosom

Chromosomen sind fadenförmige Gebilde, die sich in jeder einzelnen →Zelle unseres Körpers befinden. Auf ihnen sind die Erbinformationen gespeichert, die →Gene. Unsere Gene legen zum Beispiel fest, welche Haar- oder Augenfarbe wir haben oder welches Geschlecht. Mädchen oder →Frauen haben zwei X-Chromosomen, Jungen oder →Männer haben ein X- und ein Y-Chromosom.

Mädchen haben zwei **X-Chromosomen**.

die Xenophobie

Das Wort Xenophobie stammt aus dem Griechischen. „Xénos" bedeutet so viel wie „Fremder", „phóbos" heißt „Angst". Setzt man die beiden Wörter zusammen, ergibt sich „Fremdenangst". Damit gemeint ist die Angst vor Dingen, die einem fremd sind oder vor Menschen mit anderen →Religionen oder anderer Hautfarbe, anderen →Traditionen oder →Kulturen. Es gibt auch Menschen, die Angst vor Ärzten haben oder Angst vor Wasser. Alle diese Ängste sind unbegründet, denn weder Ärzte noch Wasser noch fremde Kulturen sind schädlich – ganz im Gegenteil!

das Xylofon

Das Xylofon ist ein sehr altes →Musikinstrument, das weltweit verbreitet ist. Das Wort kommt aus dem Griechischen und bedeutet wörtlich übersetzt „Holzklang". Xylofone bestehen meist aus einem Rahmen, auf dem verschieden lange Holzstäbe in der Reihenfolge der Tonleiter angebracht sind. Mit zwei Schlegeln kann man die Stäbe zum Klingen bringen. Große Xylofone, die etwa in einem →Orchester gespielt werden, haben oft zwei Tonreihen. Jedes Klangholz hat einen eigenen Ton, wobei die längeren Hölzer einen tieferen Ton ergeben. Auch die Art des Holzes ist für den Ton entscheidend. So tönen etwa weiche Hölzer wie Pappel oder Erle viel sanfter als harte Holzarten.

Ein **Xylofon** wird mit zwei Schlägeln gespielt. Die runden Köpfe der Schlägel sind aus Holz oder Filz.

Yoga

der Yak
Der Yak ist ein langhaariges, bis zu drei Meter langes Wildrind, das im Hochland Asiens lebt. Da Yaks sehr gut an das harte Klima in großer Höhe angepasst sind, werden sie schon seit vielen Tausend Jahren als →Haustiere gehalten. Sie liefern Fleisch, Milch, →Leder und →Wolle und werden als Last- und Reittiere eingesetzt. Zudem dient ihr Kot in getrockneter Form als Brennmaterial. Die Haustierform des Yaks ist kleiner als das Wildrind und hat meistens auch keine Hörner.

das Y-Chromosom
Chromosomen sind fadenförmige Gebilde, die sich in jeder einzelnen →Zelle unseres Körpers befinden. Auf ihnen sind die Erbinformationen gespeichert, auch →Gene genannt. Unsere Gene legen zum Beispiel fest, welche Haar- oder Augenfarbe wir haben oder welches Geschlecht. Mädchen oder →Frauen haben zwei X-Chromosomen, Jungen oder →Männer haben ein X- und ein Y-Chromosom.

Jungen haben ein X- und ein **Y-Chromosom**.

der Yeti
Glaubt man den Erzählungen mancher Bergsteiger, so ist der Yeti ein Schneemensch, der auf zwei Beinen geht und stark behaart ist. Er soll in den Höhen des Himalaja-Gebirges in Asien leben. In Europa ist er durch Fotos von Fußabdrücken im Schnee bekannt geworden. Verschiedene →Expeditionen haben diese bis zu 43 Zentimeter langen Spuren gesehen. In Wirklichkeit handelt es sich beim Yeti um ein Fabelwesen. Und die Spuren im Schnee hat wahrscheinlich ein Braunbär hinterlassen.

Beim **Yoga** werden bestimmte Körperstellungen erlernt. Bei den Übungen wechseln sich Anspannung und Entspannung ab.

das Yoga
Yoga ist eine spezielle Form des Trainings für Körper und Geist. Ursprünglich wurde es vor vielen Tausend Jahren in Indien entwickelt. Heute ist Yoga auch bei uns sehr beliebt, und in vielen Sportstudios oder Yogaschulen werden Yogakurse angeboten. Manchmal liegt dabei der Schwerpunkt auf Konzentrations- und Entspannungsübungen. Oder man erlernt bestimmte Körperhaltungen, die man in Einklang zu setzen sucht mit seinen eigenen Atemzügen.

Zahl

die Zahl

In der →Steinzeit stellten die Menschen eine Zahl wie 20 einfach durch ebenso viele Striche dar. In einigen Höhlen kann man solche Markierungen sehen. Später entwickelten die Menschen besondere Zeichen, um Zahlen auszudrücken. Im →Ägyptischen Reich war die Ziffer 1 ein vertikaler Strich, die Zahl 10 ein Schultergelenk, 100 ein aufgerolltes Seil, 1000 eine Lotusblume, 10 000 ein Schilfkolben und 100 000 war eine Kaulquappe. Bei den →Azteken war die 1 eine Kakaobohne, die 20 eine halbe Kakaobohne und die 400 eine Vogelfeder.

Sehr lange wurden in Europa die römischen Zahlzeichen verwendet, obwohl man mit ihnen nicht gut rechnen kann. Unser heutiges Zahlensystem hat arabische Ziffern. Die wichtigste Zahl ist die Null. Wenn wir 207 schreiben, so meinen wir zwei Hunderter, null Zehner und sieben Einer. Ohne die Null könnten wir mit unserem Zahlensystem die Zahl 207 nicht schreiben.

WISSEN KOMPAKT

Zahlen der Römer
Die Römer verwendeten Zeichen anstatt Zahlen.
I = 1   V = 5   X = 10   L = 50
C = 100   D = 500   M = 1000

Um herauszufinden, welche Zahl sich hinter MDCCCCLXVII verbirgt, muss man die Zeichen nur zusammenzählen: 1967.

Der Mensch bekommt zweimal **Zähne**. Ab dem sechsten Lebensjahr fallen die Milchzähne (oberes Bild) aus und machen dem Dauergebiss (unten) Platz.

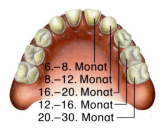

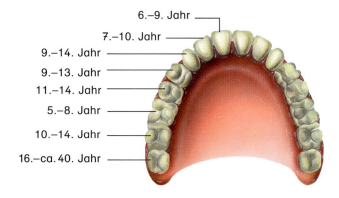

der Zahn

Zähne dienen dem Zerkleinern von Nahrung. Beim Menschen unterscheiden wir drei Formen von Zähnen, die Schneidezähne, die Eckzähne und die Backenzähne. Ähnliche Zahnformen gibt es auch bei den →Säugetieren. Fleischfresser haben oft große Eckzähne zum Töten und Zerreißen der Beute. Pflanzenfresser weisen scharfe Schneidezähne zum Zerschneiden des Grases und breite Backenzähne zum Zerkleinern auf. Jeder Zahn setzt sich aus der Wurzel und der Krone zusammen. Die Wurzel verankert den Zahn im Kieferknochen. Die Zahnkrone ragt über das Zahnfleisch hinaus und trägt einen

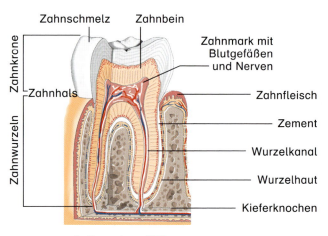

Aufbau eines **Zahns**

besonders harten Überzug aus Schmelz. Die Zahnfäule oder Karies ist die häufigste Krankheit des Menschen. Sie tritt vor allem dann auf, wenn wir zu viel Zucker essen. →Bakterien im Mund verwandeln den Zucker in Säuren, die den Zahnschmelz angreifen. Dabei können Löcher im Zahn entstehen.

das Zahnrad

Zahnräder haben außen Zähne. Damit können sie Kräfte übertragen und vervielfachen. Wenn wir die Pedale eines →Fahrrads treten, bewegen wir ein großes Zahnrad. Seine Zähne transportieren die Kette. Diese bewegt wiederum das hintere Zahnrad. Bei der Fahrt bergauf wählt man hinten ein größeres Zahnrad, vorne ein kleineres. Dadurch wird das Bergauffahren leichter.

schräg verzahntes Zahnrad

das Zebra

Zebras sind mit dem →Pferd nahe verwandt. Sie kommen nur südlich der Sahara in →Afrika vor. Ihr Fell ist weiß mit dunklen Streifen. Das in den gebirgigen Gebieten Südafrikas lebende Bergzebra hat breite Streifen. Das Grevyzebra erkennt man an einer sehr dichten Streifung und auffallend großen Ohren. Es kommt in den →Savannen Äthiopiens und Ostafrikas vor. Am weitesten verbreitet ist das Steppenzebra, das im mittleren und südlichen Afrika lebt. Jede der drei Zebraarten hat ihre eigene Fellzeichnung. Zusätzlich besitzt jedes einzelne Zebra eine typische Zeichnung am Kopf. Man kann es daran erkennen.

Trotz ihrer Verwandtschaft mit den Pferden lassen sich die Zebras nicht zähmen und zur Arbeit abrichten. Dies gelingt nur bei Kreuzungen zwischen Zebras und Pferden.

Zecke

Wenn **Zebras** dicht beieinanderstehen, lösen die Streifen ihre Umrisse auf und Raubtiere können kein Einzelopfer mehr ausmachen.

die Zecke

Zecken leben in →Sträuchern und Gräsern. Dort warten sie lauernd und lassen sich von einem vorbeilaufenden Hund oder Menschen abstreifen. Die Zecken stechen mit ihrem Rüssel in die Haut und saugen →Blut.

Wer eine Zecke am Körper entdeckt, sollte sie sofort mit einer Pinzette oder Zeckenzange aus der Haut herausziehen. Man sollte sie nicht mit Öl beträufeln und auch nicht herausdrehen. Zecken übertragen zwei →Krankheiten, eine gefährliche Hirnhautentzündung (FSME) und eine →Bakterienkrankheit. die Borreliose.

17-fach vergrößerte Zecke

Die Zecken gehören zu den Spinnentieren, da sie wie diese 8 Beine haben – im Gegensatz zu den Insekten, die nur 6 Beine besitzen.

Zeichnung

Die **Zeichnung** von Albrecht Dürer zeigt, wie Künstler früher Hilfsmittel einsetzten, um einen Gegenstand räumlich abbilden zu können.

die Zeichnung

Zeichnen kann man mit Bleistift, Farbstiften, Kohle, Kreide, Tusche oder Tinte. Schon in frühester Zeit fertigten die Menschen Zeichnungen an. Wir können sie heute noch an Höhlenwänden in Form von Ritzzeichnungen sehen.

In der →Malerei machen Künstler oft Zeichnungen als Studien und Skizzen für ihre großen Ölgemälde. Bedeutende Zeichner waren Leonardo da Vinci und Albrecht Dürer oder Paul Cézanne und Pablo Picasso.

Noch im →Mittelalter stellten die Künstler Menschen oder Gebäude ganz flach, ohne Tiefe, dar. Erst die Perspektive, die später entdeckt wurde, konnte den Eindruck von räumlichen Gebilden erwecken. Die Dinge werden dabei so gezeichnet, wie sie dem menschlichen →Auge erscheinen. Nahe Dinge sehen wir größer, ferne kleiner. Parallele Linien wie die Seiten eines Hauses sehen wir nicht parallel, sondern sie laufen aufeinander zu.

die Zeit

Die Zeit verstreicht und kommt nie mehr zurück. Manche Ereignisse in der Natur wiederholen sich zwar immer wieder. Aber die Zeit, in der das geschieht, ist nie dieselbe. Alles unterliegt einer Veränderung.

Wir messen die Zeit mit einer →Uhr. Als Maß für die Zeit verwenden wir die drei Einheiten Sekunde, Minute und Stunde. Sie sind die einzigen Einheiten, die keine dezimale Ordnung haben. Anders als zum Beispiel bei den Längeneinheiten ist bei ihnen die Grundzahl nicht zehn, sondern zwölf. 60 Sekunden ergeben eine Minute, 60 Minuten eine Stunde und 24 Stunden einen →Tag. Und das →Jahr hat 365 Tage. Nur die Sekunde ist dezimal unterteilt in Zehntel-, Hundertstel- und Tausendstelsekunden.

Weil die →Erde eine Kugel ist, die sich um sich selbst dreht, herrscht nicht überall dieselbe Zeit. Man unterscheidet aus diesem Grund mehrere →Zeitzonen.

Zeit: Die Atomuhr CS 2 der Physikalisch-Technischen Bundesanstalt in Braunschweig ist weltweit eine der genauesten Uhren.

die Zeitung

Zeitungen verbreiten die neuesten Nachrichten. Die ersten Zeitungen gab es im 15. Jahrhundert, kurz nach der Erfindung des Buchdrucks. Die Drucker verkauften damals sogenannte „fliegende Blätter", die den Menschen die Neuigkeiten der letzten Zeit berichteten.

eine Auswahl internationaler **Zeitungen**

Die ersten Zeitungen im heutigen Sinn erschienen im 18. Jahrhundert. Inzwischen hat jedes Land und jede Stadt eigene Zeitungen. Die Tageszeitungen erscheinen jeden Tag, oft mit Ausnahme des Sonntags. Wochenzeitungen kommen nur alle sieben Tage heraus.

An der Herstellung einer Zeitung sind viele Menschen beteiligt. Tag und Nacht treffen Nachrichten und Berichte von Agenturen, Reportern, Journalisten und Korrespondenten ein. Diese Texte werden von der Redaktion gesichtet. Der Chefredakteur legt zusammen mit seinen Mitarbeitern bei einer Konferenz die wichtigsten Themen für die nächste Ausgabe fest.

WISSEN KOMPAKT

Zeitung an der Schule
Eine Schülerzeitung machen Schüler für andere Schüler. Sie treffen sich regelmäßig und schreiben Texte über Themen, die die Schule betreffen. Das können das nächste Schulfest, der neu gestaltete Schulhof oder Nachrichten aus der Schule sein. In einer Schülerzeitung dürfen die Schüler frei ihre Meinung äußern.

die Zeitzone

Die →Erde dreht sich um ihre Achse. Dadurch entstehen →Tag und Nacht. Wenn es bei uns zwölf Uhr mittags ist, stehen die Uhren in Moskau auf 13.00 Uhr. In Bangkok geht im selben Augenblick die Sonne unter: Es ist schon 18.00 Uhr. Im östlichen Teil Asiens schlafen die Menschen bereits. Je weiter man also nach Osten geht, umso später ist es. Im Westen Alaskas ist es bereits 24.00 Uhr, und der nächste Tag beginnt. Dort verläuft die Datumsgrenze.

Schlägt es bei uns 12.00 Uhr, so zeigen die Uhren in Tunesien, Nigeria und Angola dieselbe Zeit. Diese Länder liegen in derselben Zeitzone. Man kann sich eine Zeitzone vorstellen wie einen senkrechten Streifen, der parallel zu den Längengraden von Nord nach Süd verläuft. Für uns gilt die Mitteleuropäische Zeit (MEZ).

Zelle

Die Weltzeituhr am Alexanderplatz in Berlin zeigt die Zeit der verschiedenen **Zeitzonen** der Erde.

die Zelle

Jede Pflanze, jedes Tier und auch der Mensch besteht aus Zellen. Man kann die Zellen als die kleinsten Bausteine unseres →Körpers bezeichnen. Selbst ein Stückchen →Haut besteht aus Millionen von Zellen. Dennoch sind nicht alle Zellen gleich, sondern sie unterscheiden sich in ihrem Aufbau und ihrer Aufgabe. Es gibt zum Beispiel →Muskelzellen, Nervenzellen, →Leberzellen und →Knochenzellen. Zellen sind mit dem bloßen Auge kaum erkennbar. Meistens haben sie eine rundliche Form. Nur die →Nervenzellen zeigen lange Verästelungen.

Eine Zelle besteht aus einer Zellmembran, die die Zelle umhüllt, dem Zellplasma und einem Zellkern, in dem das Erbgut (→Gen) aufbewahrt wird.

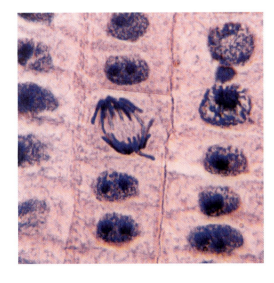

Die mikroskopische Aufnahme zeigt eingefärbte **Zellen** einer Zwiebel, die sich gerade teilen.

Zoo

Den Sibirischen Tiger sieht man heute fast nur noch im **Zoo**, da er wie viele andere Tigerarten vom Aussterben bedroht ist.

der Zoo

In Zoos, zoologischen Gärten und Tierparks werden Wildtiere gehalten. Damit sie sich wohlfühlen und Junge bekommen, sollen sie dort so leben können wie in der freien Natur. Da die →Tiere jedoch nicht immer artgerecht untergebracht werden, sind Zoos oft umstritten. Andererseits überleben manchmal auch Tiere im Zoo, die in ihrer Heimat vom Aussterben bedroht sind, wie etwa Wildesel.

In getrennten Tiergehegen sieht man →Elefanten, →Löwen, →Zebras, →Affen, →Giraffen und Eisbären. Im →Aquarium werden →Fische aus den Meeren und tropischen Flüssen gehalten. →Krokodile, →Schlangen und →Echsen sind im →Terrarium untergebracht. Manche Zoos haben auch ein Insektenhaus mit exotischen →Schmetterlingen und →Käfern. Im Streichelzoo kann man Ziegen, Ponys und andere →Haustiere streicheln.

Auch der Kleine Panda gehört zu einer bedrohten Tierart, die im **Zoo** gehalten wird.

Zugvogel: Der Weißstorch überwintert in Afrika südlich der Sahara.

der Zugvogel

Die Zugvögel leben in verschiedenen →Jahreszeiten an unterschiedlichen Orten. Die heimischen Zugvögel brüten bei uns und ziehen hier ihre Jungen groß. Da sie sich nur von →Insekten ernähren und im Winter keine Nahrung mehr finden, müssen sie wegziehen. Im Herbst, sobald die Tage kürzer werden, fliegen sie nach Süden. Hausrotschwanz, Rotkehlchen und Mönchsgrasmücke verbringen den Winter in Südeuropa oder Nordafrika. →Störche, Rauchschwalben und Mauersegler hingegen fliegen bis nach West- und Südafrika. Auf ihrem Zug sind sie oft viele Wochen lang unterwegs. Im Frühjahr kehren die Zugvögel zu uns zurück. Den Hin- und Rückweg finden die Vögel automatisch. Der Wandertrieb und die Flugrichtung sind ihnen angeboren. Auf ihrem Zug orientieren sie sich am →Magnetfeld der →Erde.

Rotkehlchen (links) und Mönchsgrasmücke (rechts) sind **Zugvögel**.

die Zunge

Die Zunge ist ein beweglicher Muskellappen im Mund. Sie hat verschiedene Aufgaben. Sie bewegt beim Kauen die Nahrung hin und her. Gleichzeitig überprüft sie die Nahrung auf ihren Geschmack. Ferner brauchen wir die Zunge, um Laute zu bilden und zu sprechen. Auf dem Zungenrücken sind kleine pilzförmige Organe, die Papillen. Hier sitzen die →Sinnesorgane für den Geschmack. Mit ihnen können wir aber nur ganz wenige Geschmacksrichtungen wahrnehmen, nämlich bitter, sauer, süß und salzig. Um den Geschmack von Speisen beurteilen zu können, sind wir auf den Geruchssinn angewiesen, der seinen Sitz in der →Nase hat.

die Zwiebel

Die Zwiebel ist ein →Gemüse, mit dem man Salate, Fleisch, Fisch oder andere Gemüsesorten würzt. Wenn man eine Küchenzwiebel aufschneidet, tränen die →Augen. Die Zwiebel enthält einen Stoff, der sich an der Luft umwandelt und die Augen reizt. Knoblauch, Lauch und Schalotten sind mit der Zwiebel verwandt.

Auch die unterirdischen Speicherorgane von Tulpen, Osterglocken, Schneeglöckchen, Hyazinthen und anderen Zwiebelgewächsen nennt man Zwiebeln. Die Blumenzwiebeln bestehen wie die Küchenzwiebel aus fleischig dicken →Blättern, die im Erdboden wachsen. In der Zwiebel sammeln die →Blumen Speicherstoffe, die sie im nächsten Jahr als Nahrung benötigen. Deswegen können die sogenannten Frühblüher schon im Februar oder im März blühen. Viele Blumenzwiebeln sind giftig, damit sie nicht von Mäusen und Insektenlarven gefressen werden.

eingetopfte **Zwiebel** einer Hyazinthe

Speisezwiebel, einmal aufgeschnitten (links) und einmal ganz (rechts)

der Zwilling

Es kommt vor, dass im Körper einer →Frau statt einer Eizelle zwei Eizellen reif werden. Dann ist es möglich, dass nach dem →Geschlechtsverkehr die Samenzellen des →Mannes beide Eizellen befruchten. Sie entwickeln sich gleichzeitig im Bauch der Mutter zu Babys, die kurz hintereinander geboren werden. Solche Zwillinge nennen wir zweieiig, weil sie aus verschiedenen Eizellen hervorgegangen sind. Sie gleichen sich nicht mehr als Geschwister, die in größerem Abstand auf die Welt kamen.

Seltener kommt es vor, dass sich eine befruchtete Eizelle teilt und aus den beiden Tochterzellen zwei Babys heranwachsen. Diese Zwillinge nennen wir eineiig, weil sie aus einer einzigen Eizelle hervorgegangen sind. Da eineiige Zwillinge dasselbe Erbgut haben, sehen sie sich zum Verwechseln ähnlich. Dennoch können sie vollkommen unterschiedliche Eigenschaften entwickeln.

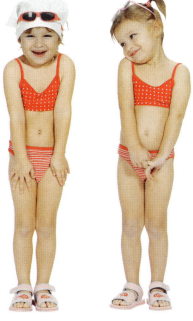

eineiige Zwillinge

Jetzt sind wir am Ende des Alphabets angekommen. Aber auf den nächsten Seiten findest du noch viel Wissenswertes und Hilfreiches zu den einzelnen Schulfächern. Also unbedingt weiterblättern!

Tipps zur Rechtschreibung

Diese Strategien helfen dir beim richtigen Schreiben. Wenn du sie dir gut einprägst und anwendest, wirst du beim Schreiben gut zurechtkommen. Schwierige Wörter kannst du im Wörterbuch nachschlagen.

Strategie 1: Mitsprechen

Beim Aufschreiben **spreche** ich leise **mit.**

- Ich höre jeden Laut genau ab.
  das F–e–n–s–t–e–r

- Ich gliedere die Wörter deutlich in einzelne Silben.
  Ro – bo – ter – spra – che

- Ich achte auf besondere Laute und Buchstabenverbindungen.
  si**ng**en – ng   no**ch**, ni**ch**t – ch
  spielen – sp   hü**pf**en – pf
  der **St**ern – St   die **Qu**alle – Qu

- Ich achte auf die Endungen.
  lauf**en** – en
  Vat**er** – er
  Apf**el** – el

- Bei zusammengesetzten Wörtern darf ich keinen Buchstaben vergessen.
  To**pf-pf**lanzen   Bu**ch-h**andlung
  Schim**pf-w**örter   a**b-bl**enden

- Ich achte darauf, ob der Laut am Anfang eines Wortes weich oder hart gesprochen wird.
  backen – **p**acken
  der **D**ank – der **T**ank
  die **G**asse – die **K**asse

Rechtschreibung

Strategie 2: Nachdenken

Beim Aufschreiben **denke** ich **nach**.

- Ich überlege, welche Wörter **großgeschrieben** werden.
  Satzanfang?   **L**uzie kommt. **W**ir spielen.
  Nomen?   der **B**aum, der braune **H**und
  die **W**ohn**ung**, die **F**rei**heit**,
  die **F**röhlich**keit**
  Eigennamen?   **B**en, **D**ornröschen, **M**ünchen
  Höflichkeitsanrede? **S**ie, **I**hnen

- b oder p, d oder t, g oder k?
  Ich **verlängere** das Wort, um den Endlaut besser zu hören.
  der Hund   – die Hun-**d**e
  der Korb   – die Kör-**b**e
  winzig   – winzi-**g**e

- ä oder e, äu oder eu? Ich suche ein **verwandtes Wort** mit a oder au.
  die **Ä**pfel   – der **A**pfel
  du tr**äu**mst   – der Tr**au**m
  er l**äu**ft   – l**au**fen

- Ein oder zwei Mitlaute? Ich entscheide: **langer** oder **kurzer Vokal**.
  das Ka̱-bel   – der Kas-ten
  die Hü̱-te   – die Hüt-te
  die Mie̱-te   – die Mit-te
  rei̱-zen   – rit-zen

- Dehnungs-h? Ich suche ein **verwandtes Wort mit Dehnungs-h**.
  fa**h**ren – das **F**a**h**rzeug – er fä**h**rt
  fü**h**len – das Gefü**h**l – **F**ü**h**ler

Schwierige Wörter muss ich mir merken und üben.

Strategie 3: Merken

Wörter mit schwierigen Lauten muss ich mir **merken** und immer wieder üben.

Wörter mit **V/v** statt F/f:
der Vogel, der Vers

Wörter mit **V/v** statt W/w:
die Vase, die Olive

Wörter mit **ai**:
der Kaiser, der Hai

Wörter mit **chs**:
sechs, die Achse

Wörter mit langem **i** statt **ie**:
wir, dir, der Tiger

Wörter mit **doppeltem Vokal** (Selbstlaut):
der Saal, der See, das Boot

Wörter mit **Dehnungs-h**:
fehlen, der Lohn

Wörter mit **gleichem Wortstamm** schreibe ich gleich:
wohnen, **wohn**lich, die **Wohn**ung

Beim Aufschreiben denke ich nach.

Die wichtigsten Regeln zur Zeichensetzung

Beim Schreiben werden Sätze durch Satzzeichen voneinander getrennt. So ist ein Text verständlicher und leichter vorzulesen. Hier findest du die wichtigsten Regeln.

Punkt, Ausrufezeichen, Fragezeichen

- Am Ende eines **Aussagesatzes** steht ein **Punkt**.
  Luzie gibt mir ihr Buch. Ich möchte darin lesen.

- Ein **Fragesatz** endet mit einem **Fragezeichen**.
  Willst du das Buch kaufen?

- Am Ende eines **Ausrufesatzes** steht ein **Ausrufezeichen**.
  Toll, was für eine spannende Geschichte!
  Achtung!

- Bei einer **Aufforderung,** die nicht besonders nachdrücklich ist, steht am Ende des Satzes ein **Punkt**.
  Bring mir bitte das Buch am Montag wieder.
  Lies mir bitte eine Geschichte vor.

  Will man eine **Aufforderung** oder einen Wunsch besonders **eindringlich** vorbringen, setzt man ein **Ausrufezeichen**.
  Gib es mir sofort wieder!
  Ruhe! Bitte nicht stören!

Komma

- Die Wörter oder Wortgruppen einer **Aufzählung** werden durch **Kommas** voneinander getrennt.
  Paul liest gerne spannende Krimis, Märchen und Comics.

  Achtung: Vor **und** steht in der Aufzählung **kein Komma!**

- Vor einem Nebensatz, der mit einem Bindewort, z. B. **dass** oder **weil,** eingeleitet wird, steht ein Komma.
  Er hofft, dass das neue Buch interessant ist.
  Er wünscht sich ein Buch, weil er gerne liest.

Wörtliche Rede

- Die **wörtliche Rede** wird durch **Anführungszeichen** unten „ und oben " gekennzeichnet.

  Steht der Begleitsatz davor, endet er mit einem Doppelpunkt.
  Luzie fragt: „Spielst du mit mir?"

  Wenn der Begleitsatz in die wörtliche Rede eingeschoben ist oder dahinter steht, wird er durch Kommas abgetrennt.
  „Natürlich", antwortet Paul, „ich komme gleich."
  „Spielst du auch gerne Domino?", fragt Luzie.
  „Ja, sehr gerne", sagt Paul.

  Achtung: Bei einem nachgestellten oder einem eingeschobenen Begleitsatz fällt der Punkt im Aussagesatz weg!

Am Satzende steht ein Punkt, ein Ausrufezeichen oder ein Fragezeichen.

Zeichensetzung / Fachbegriffe

Fachbegriffe

Hier findest du die wichtigsten Fachbegriffe, die dir im Deutschunterricht begegnen. In der ersten Spalte steht der deutsche Begriff, in der zweiten Spalte die lateinische Entsprechung. Außerdem gibt es zu jedem Fachbegriff ein oder mehrere Beispiele.

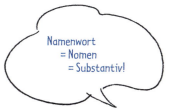

Namenwort = Nomen = Substantiv!

Laute

Selbstlaut	Vokal	a, e, i, o, u
Mitlaut	Konsonant	b, c, d, f …
Umlaut		ä, ö, ü
Doppellaut		ei, ai, au, äu, eu

Wortarten

Namenwort	Nomen, Substantiv	Freundin
Begleiter	Artikel	die, eine
Einzahl	Singular	eine Freundin
Mehrzahl	Plural	zwei Freundinnen
Fürwort	Pronomen	sie, ihr
Tu(n)wort	Verb	erklären
Grundform	Infinitiv	erklären
Personalform		ich erkläre, du erklärst …
Gegenwart	Präsens	er erklärt
1. Vergangenheit	Präteritum, Imperfekt	er erklärte
2. Vergangenheit	Perfekt	er hat erklärt
Zukunft	Futur	er wird erklären
Wiewort	Adjektiv	leicht
Umstandswort	Adverb	bald, gestern
Verhältniswort	Präposition	auf, an, in
Bindewort	Konjunktion	und, oder, obwohl

Satzglieder

Satzgegenstand	Subjekt	Paul
Satzkern	Prädikat	erklärt
Ergänzung im 3. Fall	Dativobjekt	seiner Freundin
Ergänzung im 4. Fall	Akkusativobjekt	die Hausaufgaben
Umstandsbestimmung	adverbiale Bestimmung	in der Pause

Erste Sätze auf Englisch

Diese Sätze helfen dir bei einer kleinen Unterhaltung auf Englisch.

Hello!	Hallo!
Good morning/afternoon!	Guten Morgen/Tag!
How are you?	Wie geht es dir?
I'm fine, thank you.	Danke, mir geht es gut.
What's your name?	Wie heißt du?
My name is Paul.	Ich heiße Paul.
I'm Luzie.	Ich bin Luzie.
How old are you?	Wie alt bist du?
I'm ten.	Ich bin zehn Jahre alt.
Where are you from?	Woher kommst du?
I'm from Mannheim.	Ich komme aus Mannheim.
What are your hobbies?	Was sind deine Hobbys?
My hobbies are swimming and reading.	Meine Hobbys sind Schwimmen und Lesen.
When is your birthday?	Wann ist dein Geburtstag?
My birthday is in March.	Mein Geburtstag ist im März.
Have you got any brothers or sisters?	Hast du Geschwister?
I've got one sister and two brothers.	Ich habe eine Schwester und zwei Brüder.
I haven't got any brothers or sisters.	Ich habe keine Geschwister.
What's your telephone number?	Wie lautet deine Telefonnummer?
Good bye!	Auf Wiedersehen!
Bye-bye!	Tschüss!
See you!	Bis bald!

Jemanden ansprechen
Excuse me, please.	Entschuldigen Sie bitte.
Can you help me, please?	Können Sie mir bitte helfen?

Sich entschuldigen
Sorry!	Entschuldigung!
I'm sorry.	Es tut mir leid.

Um etwas bitten und sich bedanken
Can I have an apple, please?	Kann ich bitte einen Apfel bekommen?
Here you are.	Bitte sehr.
Thank you.	Danke.
You're welcome.	Keine Ursache.

Etwas nicht verstehen
Pardon?	Wie bitte?
I don't understand.	Ich verstehe (das) nicht.
Can you say that again, please?	Kannst du das bitte noch einmal sagen?

Redewendungen / Grammatik

Erste Grammatik

Groß- und Kleinschreibung

Im Englischen schreibt man nicht nur Verben und Adjektive **klein,** sondern auch Nomen.
- Verben: to sing, to read, to drink …
- Adjektive: old, happy, green …
- Nomen: pencil, book, apple …

Es gibt aber Ausnahmen, die im Englischen immer großgeschrieben werden:
- Namen von Personen: Luzie, John, Tina …
- Wochentage und Monate: Monday, Tuesday …; January, February …
- Feiertage: Christmas, New Year, Easter …
- Ländernamen: Germany, Great Britain, Italy …

Bestimmter und unbestimmter Artikel

Im Deutschen gibt es drei bestimmte Artikel: **der, die, das.** Im Englischen gibt es dagegen nur einen einzigen bestimmten Artikel: **the**, auch in der Mehrzahl: **the** dog – **the** dog**s**
Der unbestimmte Artikel (ein/eine) heißt **a**. Aus **a** wird **an**, wenn das nachfolgende Wort mit einem Vokal (Selbstlaut) beginnt: **a** dog – **an** apple

Einzahl und Mehrzahl

Die Mehrzahl wird im Englischen durch ein angehängtes **-s** gebildet:

one dog – two dog**s**
an apple – some apple**s**
the boy – the boy**s**

Es gibt aber auch **unregelmäßige Pluralformen:**

one foot – two feet
one fish – ten fish
one child – five children
one man – six men
one woman – four women
one pony – three ponies

Die Zahlen auf Englisch

1 one	20 twenty		
2 two	30 thirty		
3 three	40 forty		
4 four	50 fifty		
5 five	60 sixty		
6 six	70 seventy		
7 seven	80 eighty		
8 eight	90 ninety		
9 nine	100 one hundred		
10 ten			

WAU, WAU!

Pronomen (Fürwörter)

Personalpronomen (persönliche Fürwörter)

Einzahl
1. Person: I – ich
2. Person: you – du
3. Person: he – er
   she – sie
   it – es

Mehrzahl
1. Person: we – wir
2. Person: you – ihr
3. Person: they – sie

Besitzanzeigende Pronomen

Einzahl
1. Person: my – mein
2. Person: your – dein
3. Person: his – sein
   her – ihr
   its – sein

Mehrzahl
1. Person: our – unser
2. Person: your – euer
3. Person: their – ihr

Verben

In der Gegenwart haben englische Verben nur eine Form, an die allerdings in der **3. Person Einzahl** ein **-s** angehängt wird.

I drink, you drink, we drink, they drink
aber: he drink**s**, she drink**s**, it drink**s**

Wichtige Verben:

to be (sein)		**to have** (haben)	
I	**am**	I	**have**
you	**are**	you	**have**
he/she/it	**is**	he/she/it	**has**
we	**are**	we	**have**
you	**are**	you	**have**
they	**are**	they	**have**

ENGLISCH

Zahlen und Grundrechenarten

Hier findest du auf einen Blick alles Wichtige zum Umgang mit Zahlen. Außerdem kannst du nachlesen, was du bei den Grundrechenarten beachten musst.

Zahlen

- E Einer
- Z Zehner
- H Hunderter
- T Tausender
- ZT Zehntausender
- HT Hunderttausender
- M Million

M	HT	ZT	T	H	Z	E
		4	8	3	7	0
	8	3	7	0	3	6
1	0	0	0	0	0	0

Größer und kleiner

- < ist kleiner als 3 < 4
- > ist größer als   4 > 3
- = gleich   4 = 4

Ab- und Aufrunden

Man **rundet ab** bei: 0, 1, 2, 3, 4.
Man **rundet auf** bei: 5, 6, 7, 8, 9.

73 582 ≈ 73 580 (auf der Zehnerstelle gerundet)
73 582 ≈ 73 600 (auf der Hunderterstelle gerundet)
73 582 ≈ 74 000 (auf der Tausenderstelle gerundet)
73 582 ≈ 70 000 (auf der Zehntausenderstelle gerundet)

Grundrechenarten

+ Addition/plus
addieren, zusammenzählen, hinzufügen

6 + 3 = 9
Summand + Summand = Summe

− Subtraktion/minus
subtrahieren, abziehen, wegnehmen

9 − 3 = 6
Minuend − Subtrahend = Differenz

· Multiplikation/mal
multiplizieren, malnehmen

6 · 2 = 12
Faktor · Faktor = Produkt

: Division/geteilt durch
dividieren, teilen

12 : 2 = 6
Dividend : Divisor = Quotient

Zahlen und Grundrechenarten

Schriftliche Addition

5637 + 4203 = **?**
Überschlag: 6000 + 4000 = 10000

```
  5 6 3 7
+ 4 2 0 3
      1
  9 8 4 0
```

Beginne immer an der Einerstelle zu rechnen. Ist bei der Addition ein Ergebnis eines Stellenwertes größer als 9, schreibe auf die nächsthöhere Stelle einen Übertrag.

Schriftliche Subtraktion

6946 − 3208 = **?**
Überschlag: 7000 − 3000 = 4000

```
  6 9 4 6
− 3 2 0 8
      1
  3 7 3 8
```

Beginne immer an der Einerstelle zu rechnen. Ist bei der Subtraktion eine Stelle der unteren Zahl größer als die der oberen Zahl, addiere zu der oberen Zahl 10 und schreibe auf die nächsthöhere Stelle einen Übertrag.

Schriftliche Multiplikation

6823 · 32 = **?**
Überschlag: 7000 · 30 = 210000

```
6 8 2 3 · 3 2
  2 0 4 6 9
    1 3 6 4 6
          1 1
    2 1 8 3 3 6
```

Ist die Zahl, mit der du multiplizierst, zweistellig, rechne zuerst mit den Zehnern und dann mit den Einern. Schreibe die Teilprodukte stellengerecht untereinander und addiere sie dann schriftlich.

Schriftliche Division

9944 : 8 = **?**
Überschlag: 10000 : 10 = 1000

```
9 9 4 4 : 8 = 1 2 4 3
8
1 9
1 6
  3 4
  3 2
    2 4
    2 4
      0
```

Probe: 1243 · 8
        ─────────
        9944

Rechne schrittweise. Beginne immer mit der höchsten Zahl, die geteilt werden soll. Ist diese kleiner als der Teiler, beginne mit den beiden ersten Stellen.
Führe am Ende eine Probe durch!

Teilbarkeitsregeln

Teiler	Regel
: 10	wenn eine 0 in der Einerstelle ist
: 5	wenn eine 0 oder eine 5 in der Einerstelle ist
: 2	wenn die Einerstelle gerade ist
: 4	wenn die Zahl aus den letzten beiden Ziffern durch 4 teilbar ist
: 8	wenn die letzten 3 Ziffern durch 8 teilbar sind
: 3	wenn die Quersumme durch 3 teilbar ist
: 9	wenn die Quersumme durch 9 teilbar ist
: 6	wenn die Zahl gerade und die Quersumme durch 3 teilbar ist

Maßeinheiten

Beim Rechnen mit Geldbeträgen, Gewichten, Längen- und Zeitangaben ist es wichtig, dass du die Maßeinheiten richtig umrechnen kannst. Hier findest du die wichtigsten auf einen Blick.

Geld

Euro	€	
Cent	ct	1 € = 100 ct

3 € 75 ct = 3,75 €
60 ct = 0,60 €

Gewichte

Tonne	t	1 t = 1000 kg
Kilogramm	kg	1 kg = 1000 g
Gramm	g	

725 g = 0,725 kg
250 kg = 0,25 t

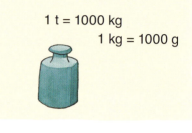

Längen

Kilometer	km	1 km = 1000 m
Meter	m	1 m = 100 cm
Zentimeter	cm	1 cm = 10 mm
Millimeter	mm	

1 m 25 cm = 125 cm
250 m = 0,25 km

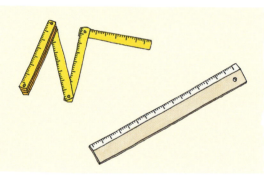

Maßstab

Dinge, die in der Wirklichkeit sehr groß oder auch sehr klein sind, können auf Papier nicht in der echten Größe abgebildet werden. Deshalb werden sie verkleinert oder vergrößert dargestellt. Das Verhältnis zwischen der abgebildeten Größe und der entsprechenden Größe in der Wirklichkeit wird als **Maßstab** bezeichnet.

Maßstab 1 : 10
↑   ↑
Darstellung   Wirklichkeit / Natur

Das bedeutet:
1 cm auf dem Papier sind 10 cm in der Natur.
In Wirklichkeit ist der Hase 30 cm groß.

3 cm

Zeit

Stunde	h	1 h = 60 min
Minute	min	1 min = 60 s
Sekunde	s	

1 h 30 min = 90 min
1 min 40 s = 100 s

1 : 10
Sprechweise: eins zu zehn

Maßeinheiten / Fachbegriffe der Geometrie

Fachbegriffe der Geometrie

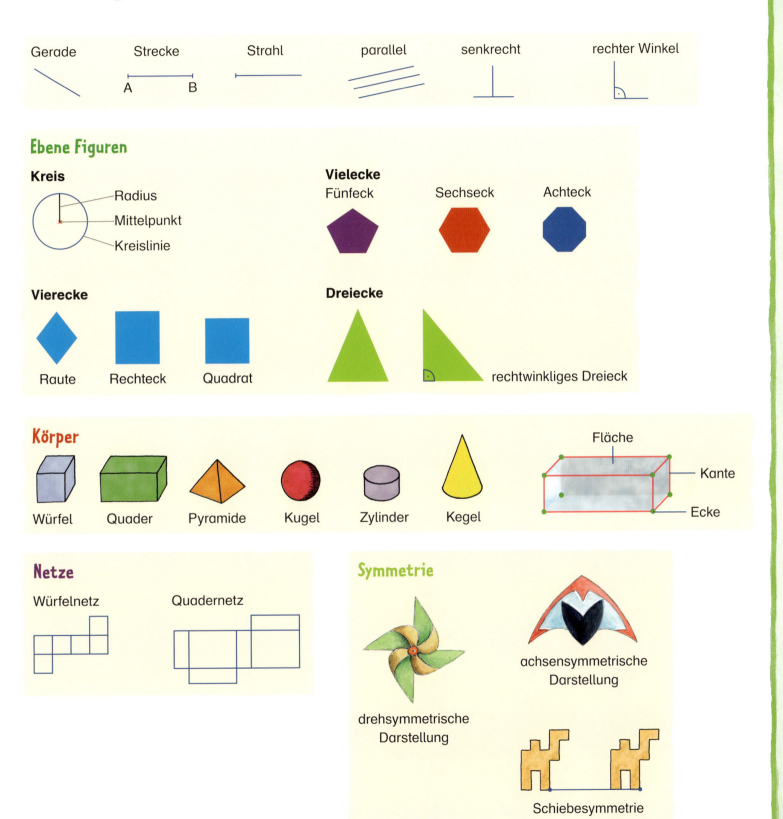

Höhere Pflanzen

Zu den höheren →Pflanzen gehören neben den →Blütenpflanzen wie →Nadel- und →Laubbäume, →Blumen und →Kräuter auch die →Farne und →Moose. Weltweit gibt es rund 26 000 verschiedene Arten von Moosen, etwa 15 000 Farnarten sowie über 230 000 Arten von Blütenpflanzen.

Pflanzen vermehren sich auf ganz raffinierte und vielfältige Weise.

Vermehrung von Pflanzen

Es gibt grundsätzlich zwei Wege, wie Pflanzen sich vermehren: Entweder es wachsen aus Teilen der Mutterpflanze neue Pflanzen oder es bildet sich über Samen oder Sporen eine ganz neue Pflanze.

Vermehrung über

- **Stecklinge:** Ein Trieb der Mutterpflanze wird abgeschnitten und in die Erde gesteckt. Dort bildet er →Wurzeln.
  (Beispiele: Pelargonie, Fuchsie, Oleander)

- **Ausläufer:** Die Mutterpflanze bildet von selbst Seitentriebe, die sich bewurzeln und als Tochterpflanzen heranwachsen.
  (Beispiele: Erdbeere, Kartoffel, Grünlilie)

Ausläufer der Erdbeere

- **Ableger:** Ein Trieb der Mutterpflanze wird in der Erde befestigt und bildet Wurzeln. Der bewurzelte Trieb wird von der Mutterpflanze getrennt und als Jungpflanze in einen eigenen Topf gepflanzt.
  (Beispiele: Vogelkirsche, Glyzine)

Wurzelknollen der Dahlie

- **Brutknollen** und **Brutzwiebeln:** An der Mutterpflanze bilden sich von selbst kleine Brutknollen oder Tochterzwiebeln, die abgenommen werden.
  (Beispiele: Gladiole, Krokus, Tulpe)

- **Teilung:** Wurzelstock und Wurzelknollen werden in zwei oder mehrere Teile geteilt, jedes Teilstück ergibt eine neue Pflanze.
  (Beispiele: Dahlie, Schafgarbe, Rittersporn)

Wurzelstock zum Teilen

Vermehrung über

- **Samen** bei den Blütenpflanzen
- **Sporen** bei Farnen und Moosen

Blütenpflanze (Arnika) mit Samen

Sporenkapsel mit Sporen (Farn)

284

Pflanzen

Verbreitung von Samen

Damit sich eine Pflanze verbreiten kann, müssen die →Samen oder die →Früchte mit den Samen möglichst weit weg transportiert werden. Samen werden durch Tiere, vom Wind oder über das Wasser verbreitet.

Durch Tiere:
- Steinobst, →Beeren, →Äpfel und andere Früchte werden von Tieren gefressen. Die Samen werden an anderer Stelle mit dem Kot wieder ausgeschieden.
- Kletten und andere Haftfrüchte bleiben im Fell der Tiere hängen und werden so weitertransportiert.
- Eicheln, Bucheckern und andere Nussfrüchte werden zum Beispiel von Eichhörnchen als Wintervorrat vergraben und dann vergessen.

Springkraut

Schließfrucht (Löwenzahn)

Flügelfrucht (Ahorn)

Vogelbeeren

Gemeine Klette mit Samen

Vom Wind:
- Spring- und Streufrüchte (Springkraut, Mohn, Kreuzblütler) öffnen sich, wenn die Samen reif sind, und verstreuen sie in der Umgebung.
- Flügelfrüchte (Ahorn) oder Schließfrüchte (→Löwenzahn) bilden Flügel oder Schirmchen, die vom Wind erfasst werden.

Über das Wasser:
- Samen und Früchte von Wasser- und Sumpfpflanzen (Sumpf-Schwertlilie, →Seerose, Teichrose) können schwimmen, weil sie Hohlräume enthalten.

Die Entwicklung einer Pflanze

Die meisten Samen legen zunächst eine Ruhepause (Samenruhe) ein. Wenn die Bedingungen günstig sind und ausreichend Wasser vorhanden ist, keimen die Samen.

So wachsen Bohnen:

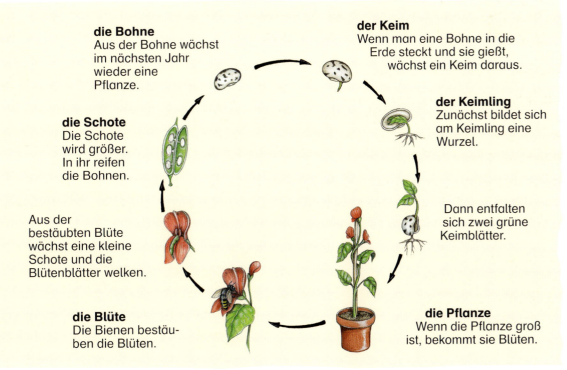

die Bohne
Aus der Bohne wächst im nächsten Jahr wieder eine Pflanze.

die Schote
Die Schote wird größer. In ihr reifen die Bohnen.

Aus der bestäubten Blüte wächst eine kleine Schote und die Blütenblätter welken.

die Blüte
Die Bienen bestäuben die Blüten.

der Keim
Wenn man eine Bohne in die Erde steckt und sie gießt, wächst ein Keim daraus.

der Keimling
Zunächst bildet sich am Keimling eine Wurzel.

Dann entfalten sich zwei grüne Keimblätter.

die Pflanze
Wenn die Pflanze groß ist, bekommt sie Blüten.

Wirbellose

Wir unterscheiden bei den →Tieren zwischen den Wirbeltieren und den Wirbellosen. Wirbellose Tiere besitzen keine Wirbelsäule. Die meisten Tiere der Erde sind Wirbellose. Hier sind einige wichtige Gruppen:

Weichtiere

Zu den →Weichtieren gehören die →Schnecken, die →Muscheln und die →Tintenfische. Weltweit gibt es rund 130 000 Arten.

Weichtiere besitzen
- eine Schale aus Kalk oder Kalzit, die bei den Nacktschnecken zurückgebildet ist, bei den Muscheln aus zwei Hälften besteht und bei den Tintenfischen im Körperinneren liegt;
- einen muskulösen Fuß, auf dem die Schnecken kriechen, mit dem sich Muscheln eingraben und mit dem Tintenfische schwimmen;
- einen Eingeweidesack, in dem alle inneren Organe liegen und der von einer Mantelhöhle umgeben ist, die ständig von Wasser oder Luft (bei landlebenden Tieren) durchströmt wird.

Spinnentiere

Zu den Spinnentieren gehören die Echten →Spinnen, die mit ihren Spinndrüsen Spinnfäden herstellen können, die →Skorpione, Weberknechte, →Zecken und Milben. Weltweit gibt es rund 70 000 Arten.

Spinnentiere besitzen
- einen zweigeteilten Körper aus Kopfbrustteil und Hinterleib,
- acht Laufbeine (also vier Paar),
- zwei Paar Mundwerkzeuge am Kopfbrustteil (Kiefertaster und Kieferklaue).

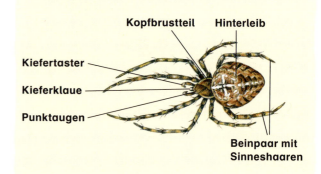

Insekten

Zu den →Insekten gehören Heuschrecken, →Libellen, Ohrwürmer, →Mücken, →Fliegen, →Käfer, →Bienen, Wespen, →Ameisen, →Schmetterlinge und viele andere Gruppen. Weltweit gibt es über eine Million Arten.

Insekten besitzen
- einen dreigeteilten Körper aus Kopf, Brust und Hinterleib,
- sechs Laufbeine (also drei Paar),
- drei Paar Mundwerkzeuge und ein Paar Fühler am Kopf,
- meist zwei Paar Flügel an der Brust,
- Tracheen zum Atmen.

Tiere

Wirbeltiere

Wirbeltiere haben eine Wirbelsäule und ein im Körperinneren liegendes Knochen- oder Knorpelskelett. Sie besitzen einen Körper aus Kopf, Rumpf und Schwanz. Man unterscheidet fünf Gruppen:

Lurche

Zu den →Lurchen (Amphibien) gehören Schwanzlurche (→Salamander, →Molche) und Froschlurche (→Frösche, →Kröten), bei denen der Schwanz zurückgebildet ist. Weltweit gibt es über 3000 Arten.

Lurche besitzen
- zwei Vordergliedmaßen und zwei Hintergliedmaßen,
- eine feuchte, drüsenreiche Haut.

Fische

Zu den →Fischen gehören Knochenfische und Knorpelfische (→Haie, Rochen). Weltweit gibt es über 20 000 Arten.

Fische besitzen
- einen strömungsgünstigen Körper,
- Schuppen,
- Flossen zur Fortbewegung,
- Kiemen zum Atmen.

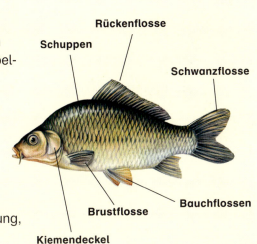

Kriechtiere

Zu den →Kriechtieren (Reptilien) gehören →Echsen, →Schlangen, →Krokodile und →Schildkröten. Weltweit gibt es über 6000 Arten.

Kriechtiere besitzen
- zwei Vordergliedmaßen und zwei Hintergliedmaßen, die bei Schlangen zurückgebildet sind,
- eine trockene, mit Schuppen bedeckte Haut.

Vögel

Zu den →Vögeln gehören →Singvögel, →Greifvögel, →Eulen, →Enten, →Hühner, →Störche, →Möwen und viele andere. Weltweit gibt es fast 9000 Arten.

Vögel besitzen
- zwei Flügel als umgebildete Vordergliedmaßen und zwei Hintergliedmaßen,
- Federn,
- einen Schnabel.

Säugetiere

Zu den →Säugetieren gehören Echte Säugetiere (→Raubtiere, Huftiere, →Nagetiere, →Fledermäuse, →Wale, →Affen), Kloakentiere (→Schnabeltier, Schnabeligel) und Beuteltiere (→Känguru, →Koala). Weltweit gibt es fast 4000 Arten.

Säugetiere besitzen
- ein Fell aus Haaren,
- Milchdrüsen, mit deren Milch die Jungen gesäugt werden.

Außer den Eier legenden Kloakentieren gebären alle Säugetiere lebende Junge.

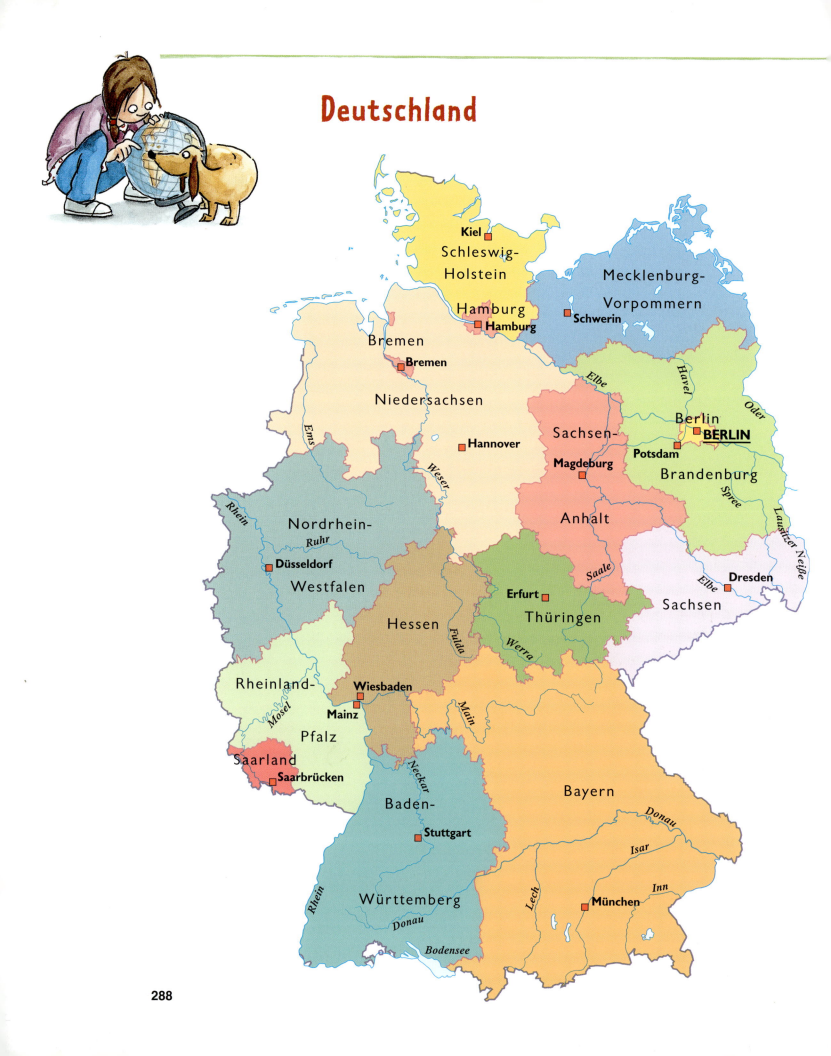

Deutschland

Die deutschen Bundesländer

Baden-Württemberg

Hauptstadt: Stuttgart
Fläche: 35 752 km²
Bevölkerung: 10,6 Mio.

Bayern

Hauptstadt: München
Fläche: 70 549 km²
Bevölkerung: 12,55 Mio.

Berlin

Hauptstadt: Berlin
Fläche: 892 km²
Bevölkerung: 3,39 Mio.

Brandenburg

Hauptstadt: Potsdam
Fläche: 29 477 km²
Bevölkerung: 2,48 Mio.

Bremen

Hauptstadt: Bremen
Fläche: 404 km²
Bevölkerung: 654 580

Hamburg

Hauptstadt: Hamburg
Fläche: 755 km²
Bevölkerung: 1,74 Mio.

Hessen

Hauptstadt: Wiesbaden
Fläche: 21 115 km²
Bevölkerung: 6,03 Mio.

Mecklenburg-Vorpommern

Hauptstadt: Schwerin
Fläche: 23 174 km²
Bevölkerung: 1,6 Mio.

Niedersachsen

Hauptstadt: Hannover
Fläche: 47 618 km²
Bevölkerung: 7,79 Mio.

Nordrhein-Westfalen

Hauptstadt: Düsseldorf
Fläche: 34 083 km²
Bevölkerung: 17,55 Mio.

Rheinland-Pfalz

Hauptstadt: Mainz
Fläche: 19 853 km²
Bevölkerung: 3,99 Mio.

Saarland

Hauptstadt: Saarbrücken
Fläche: 2569 km²
Bevölkerung: 991 800

Sachsen

Hauptstadt: Dresden
Fläche: 18 415 km²
Bevölkerung: 4,04 Mio.

Sachsen-Anhalt

Hauptstadt: Magdeburg
Fläche: 20 445 km²
Bevölkerung: 2,25 Mio.

Schleswig-Holstein

Hauptstadt: Kiel
Fläche: 15 763 km²
Bevölkerung: 2,8 Mio.

Thüringen

Hauptstadt: Erfurt
Fläche: 16 172 km²
Bevölkerung: 2,16 Mio.

SACHUNTERRICHT

Europa

Die Staaten Europas

Die verschiedenen Flaggen zeigen die 47 unabhängigen →Staaten, die derzeit zu →Europa gehören. Unter jedem Land findest du hier die zugehörige Hauptstadt sowie in Klammern das jeweilige Länderkennzeichen. Einige der europäischen Staaten haben sich zur →Europäischen Union zusammengeschlossen.

Albanien
Tirana (AL)

Andorra
Andorra la Vella (AND)

Belgien
Brüssel (B)

Bosnien und Herzegowina
Sarajevo (BIH)

Bulgarien
Sofia (BG)

Dänemark
Kopenhagen (DK)

Deutschland
Berlin (D)

Estland
Tallinn (EST)

Finnland
Helsinki (FIN)

Frankreich
Paris (F)

Griechenland
Athen (GR)

Irland
Dublin (IRL)

Island
Reykjavík (IS)

Italien
Rom (I)

Kosovo
Priština (KOS)

Kroatien
Zagreb (HR)

Lettland
Riga (LV)

Liechtenstein
Vaduz (FL)

Litauen
Vilnius (LT)

Luxemburg
Luxemburg (L)

Malta
Valletta (M)

Mazedonien (Makedonien)
Skopje (MK)

Moldawien
Chişinău (MD)

Monaco
Monaco (Stadt) (MC)

Montenegro
Podgorica (MNE)

Europa

Niederlande
Amsterdam
(NL)

Norwegen
Oslo (N)

Österreich
Wien (A)

Polen
Warschau (PL)

Portugal
Lissabon (P)

Rumänien
Bukarest (RO)

Russland
Moskau (RUS)

San Marino
San Marino (Stadt)
(RSM)

Schweden
Stockholm (S)

Schweiz
Bern (CH)

Serbien
Belgrad (SRB)

Slowakische Republik
Bratislava (SK)

Slowenien
Ljubljana (SLO)

Spanien
Madrid (E)

Tschechische Republik
Prag (CZ)

Türkei
Ankara (TR)

Ukraine
Kiew (UA)

Ungarn
Budapest (H)

Vatikanstadt
(V)

Vereinigtes Königreich Großbritannien und Nordirland
London (GB)

Weißrussland
Minsk (BY)

Zypern
Nikosia (CY)

Weltkarte

AL.	ALBANIEN	KAMB.	KAMBODSCHA	S.M	SAN MARINO
A.	ANDORRA	KOS.	KOSOVO	S.	SCHWEIZ
ÄQUA.	ÄQUATORIALGUINEA	KR.	KROATIEN	SER.	SERBIEN
AR.	ARMENIEN	LI.	LIECHTENSTEIN	S.R.	SLOWAKISCHE REPUBLIK
AS.	ASERBAIDSCHAN	MAK.	MAKEDONIEN	SL.	SLOWENIEN
BE.	BELGIEN	MO.	MONACO	T.R.	TSCHECHISCHE REPUBLIK
B.	BOSNIEN UND HERZEGOWINA	MON.	MONTENEGRO	UNG.	UNGARN
BULG.	BULGARIEN	NIED.	NIEDERLANDE	VAT.	VATIKANSTADT
DÄN.	DÄNEMARK	ÖST.	ÖSTERREICH	V.A.E.	VEREINIGTE ARABISCHE EMIRATE
DTL.	DEUTSCHLAND	S.U.P.	SÃO TOMÉ UND PRÍNCIPE		

Das verkehrssichere Fahrrad

Dein Fahrrad ist verkehrssicher, wenn es diese Teile hat:

- Klingel
- weißer Frontrückstrahler
- Scheinwerfer
- Vorderradbremse
- gelbe Speichenreflektoren
- gelbe Pedalrückstrahler
- Dynamo
- gelbe Speichenreflektoren
- Hinterradbremse
- rote Schlussleuchte mit Rückstrahler
- roter Großflächenrückstrahler

Bitte mit Helm!

Zur richtigen Ausrüstung gehört immer auch ein Fahrradhelm, der dich vor Kopfverletzungen schützt. Er muss genau auf den Kopf passen, fest, aber bequem sitzen und einen breiten Kinnriemen haben. Lüftungsschlitze oben am Helm vermeiden, dass sich die Wärme staut. Helme mit kräftigen, leuchtenden Farben sind auch bei Dunkelheit gut zu sehen. Nach einem Unfall muss ein Helm auf jeden Fall ersetzt werden. Auch wenn äußerlich kein Schaden sichtbar ist, kann seine Schutzwirkung eingeschränkt sein.
Und: Mit heller, reflektierender Kleidung bist du für andere Verkehrsteilnehmer besser sichtbar!

Die wichtigsten Verkehrszeichen

Gefahrzeichen

 Vorsicht Gefahrenstelle!
 Vorsicht Baustelle!
 Vorsicht unbeschrankter Bahnübergang!
 Vorsicht Kreuzung mit Vorfahrt von rechts!

Vorschriftzeichen

 Einbahnstraße
 Verbot der Einfahrt
 Durchfahrt verboten
 Fußgängerweg
 Radweg

Richtzeichen

 Verkehrsberuhigte Zone (Spielstraße)
 Fußgängerüberweg
 Sackgasse

Rechts vor links

Wenn an einer Kreuzung keine Verkehrszeichen sind, gilt die Grundregel „rechts vor links". Du hast also Vorfahrt gegenüber einem Auto, das von links kommt. Trotzdem musst du sicher sein, dass der Autofahrer dich gesehen hat, bevor du in die Kreuzung fährst.

Bei diesen Zeichen hast du Vorfahrt:

 Vorfahrtstraße

 Vorfahrt an der nächsten Kreuzung

Hier haben die anderen Vorfahrt:

 Vorfahrt gewähren

 Halt! Vorfahrt gewähren

Was muss ich beachten, wenn ich mit dem Fahrrad links abbiege?

- umsehen
- Handzeichen geben
- nach links einordnen
- Gegenverkehr vorbeilassen
- nochmals umsehen
- im weiten Bogen abbiegen
- auf Fußgänger achten

Grundbegriffe der Musik

Musik kann man nicht nur hören und machen, sondern auch aufschreiben. Dafür gibt es eine Notenschrift mit ganz bestimmten Zeichen und Regeln. Musiker können diese Noten lesen und mit ihrer Stimme oder ihrem Instrument erklingen lassen. Leute, die sich
→Musik ausdenken und diese aufschreiben, nennt man Komponisten.

Notenschrift

Eine **Note** besteht aus einem Kopf und einem Hals (außer bei der ganzen Note). Ist der Kopf nicht ausgefüllt, ist der Notenwert größer und der Ton länger. Bei ausgefüllten Köpfen ist der Ton kürzer. Am Hals können Fähnchen angebracht werden. Je mehr Fähnchen es sind, desto kürzer ist die Note.

Außer den Noten gibt es auch **Pausen.** Pausen zeigen an, wann die Stimme oder das Instrument keinen Ton erzeugen soll. Genau wie die Noten haben Pausen unterschiedliche Längen.

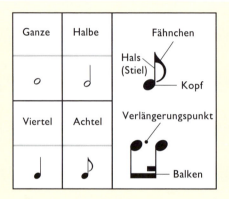

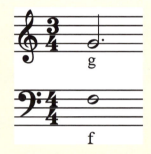

Die Noten werden in einem System mit fünf Linien angeordnet. Tiefere Töne schreibt man weiter unten, höhere weiter oben. Am Anfang der fünf Linien stehen der **Notenschlüssel** sowie eine Angabe zum **Takt**.

Tonleiter

In der Tonleiter werden Töne nach ihrer Höhe stufenweise geordnet. Sie bildet die Grundlage für die **Melodie** eines Musikstückes. Eine siebenstufige Tonleiter besteht zum Beispiel aus den Tönen c – d – e – f – g – a – h – c.

Partitur

In einer Partitur sind alle Stimmen eines →Orchesters oder Chores eingetragen. Alle gleichzeitig erklingenden Noten stehen untereinander. Wenn zwei oder mehrere Töne erklingen, ergibt sich eine **Harmonie.** Durch die Abfolge von kurzen und langen Tönen und Pausen entsteht der →**Rhythmus.** In der Partitur gibt es auch Angaben zur Lautstärke (Dynamik).

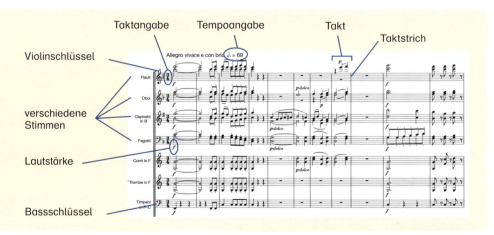

Auszug aus der Partitur von Ludwig van Beethovens 8. Sinfonie F-Dur

Grundbegriffe der Musik

Musikstile und Musikrichtungen

Musik wird von der menschlichen →Stimme (Vokalmusik), von →Musikinstrumenten (Instrumentalmusik) oder von →Computern (elektronische Musik) erzeugt. Gesang kann auch von Instrumenten begleitet werden. Es gibt viele verschiedene Musikstile und Musikrichtungen. Hier werden einige beschrieben.

Wolfgang Amadeus Mozart als Kind

Unterhaltungsmusik

Unterhaltungsmusik hört man fast überall: im Radio, im Kaufhaus oder in der Disco. Es gibt viele verschiedene Musikrichtungen wie Jazz, Filmmusik, Schlager, Volksmusik, Rock- oder Popmusik. Das Wort **Pop** bedeutet „populär" und meint Musik, die sehr eingängig, beliebt und erfolgreich ist. Auch Techno, Rap oder Hip-Hop sind Richtungen der Unterhaltungsmusik.

Vokalmusik

Singt ein Mensch alleine, so spricht man von Sologesang. Wenn mehrere Menschen zusammen singen, bilden sie einen **Chor.** Dabei können sie von →Musikinstrumenten begleitet werden. Im Chor gibt es verschiedene Stimmlagen. Je nachdem, wie hoch oder tief jemand singt, bezeichnet man die Stimme als Sopran (hohe Frauenstimme), Alt (tiefe Frauenstimme), Tenor (hohe Männerstimme) oder Bass (tiefe Männerstimme).

Klassische Musik

Wenn wir von klassischer Musik sprechen, meinen wir meist die sogenannte ernste Musik – zum Beispiel Sinfoniekonzerte oder →Opern – im Gegensatz zur Unterhaltungsmusik. Einer der berühmtesten deutschen Komponisten, der sehr viele Stücke für Chor, Orchester und Soloinstrumente geschrieben hat, ist Johann Sebastian Bach (1685–1750). In der Musikgeschichte versteht man dagegen unter klassischer Musik die Epoche der sogenannten Wiener Klassik (etwa 1770–1830). Besonders bekannt sind aus dieser Zeit die Werke von Joseph Haydn (1732–1809), Wolfgang Amadeus Mozart (1756–1791) und Ludwig van Beethoven (1770–1827).

Instrumentalmusik

Musik, die nur von Instrumenten gespielt wird, nennt man Instrumentalmusik. Spielt ein Instrument alleine, spricht man von einem Soloinstrument. Viele unterschiedliche Instrumente, die zusammen spielen, bilden ein →**Orchester.** Dieses wird meist von einem Dirigenten geleitet.

Band

In der Unterhaltungsmusik bezeichnet man eine kleinere Gruppe von Musikern als Band. Anders als im Orchester gibt es hier meist ein Schlagzeug, eine elektrische Gitarre, einen Bass und einen oder mehrere Sänger. Eine Big Band ist eine große Jazzband, in der zusätzlich viele Blasinstrumente mitspielen.

Sänger des Thomanerchors in Leipzig

eine Pop-Band beim Konzert

Register

Dieses Register hilft dir, Informationen zu Begriffen zu finden, die keinen eigenen Lexikonartikel haben. Viele Wörter werden nämlich innerhalb eines anderen Artikels miterklärt. Wenn du zum Beispiel im Register „Meise" nachschlägst, steht unter diesem Begriff →Singvogel 217. Das bedeutet, dass du im Artikel „Singvogel" auf Seite 217 etwas über Meisen erfährst. Alle fett gedruckten Wörter haben einen eigenen Eintrag im Lexikon.

Das Register ist alphabetisch geordnet

A

Aal 12
Abendstern
→Sonnensystem 220
Aberglauben
→Horoskop 107
Abfall →Müll 163
Abgase →Katalysator 117
Abgeordneter
→Bundestag 44
Abitur 12, →Ausbildung 26
→Beruf 33
→Schule 207
Ableger
→Sachunterricht 284
→Pflanze 182
Abonnement 12
Aborigines →Australien 27
Abschiebung 12
abstrakte Malerei
→Malerei 146
Abtei →Kloster 121
Abwasser →Meer 151
Achse →Rad 187
Addition
→Mathematik 280–281
Ader 13, →Lunge 145
→Niere 173
→Puls 185
Adjektiv →Deutsch 277
→Grammatik 95
Adoption 13, →Waise 255
Affe 13, →lernen 141
→Mensch 154
→Sachunterricht 287
→Säugetier 201
→Zoo 272
Afrika 14, →Entdecker 59
→Entwicklungsland 60
→Kontinent 126
Agame →Echse 54
Aggregatzustand
→Flüssigkeit 77
Ägyptisches Reich 15,
→Antike 20
→Berufe 34
→Geschichte 88

→Kultur 132
→Schrift 207
→Sternbild 225
→Zahl 268
Ahorn →Baum 32
→Sachunterricht 285
Ähre →Weizen 258
Aids 15, →Kondom 125
→Virus 253
Airbus A380 →Verkehr 251
Akkumulator →Batterie 31
Akustik →Physik 182
Alge 16, →Meer 151
→Nahrungskette 169
→Umweltschutz 245
Algebra →Mathematik 148
Alkohol 16, →Leber 139
→Schwangerschaft 207
→Sucht 229
Allah →Islam 112
Allergie 16
Alligator →Krokodil 131
Alpen →Europa 66
→Gebirge 81
Alpendohle
→Hochgebirge 105
Alpensalamander
→Salamander 199
Alphabet 16, →Lexikon 141
→Schrift 208
Alt →Musik 299
→Stimme 226
Altar →Kirche 119
Altertum →Antike 20
→Geschichte 88
Altes Testament →Bibel 36
→Judentum 113
Aluminium →Metall 155
Ameise 17, →Insekt 111
→Laus 138
→Nest 172
→Sachunterricht 286
→Staat 223
Amerika 17,
→Entdecker 59
→Geschichte 88
→Kontinent 126

Amnesty International
→Menschenrechte 154
Amoklauf 19
Amphibie →Lurch 145
Amplitude →Welle 258
Amsel 19, →Singvogel 217
Analphabet →Alphabet 16
Ananas →Obst 174
Anästhesist →Operation 177
Anden →Amerika 17
→Gebirge 81
Angebot →Wirtschaft 263
Animationsfilm →Comic 47
→Film 72
Antarktis 19, →Klima 123
→Kontinent 126
→Südpol 229
Antenne →Fernseher 70
→Radar 187
Antibiotika
→Medikament 150
Antike 20, →Architektur 22
→Geschichte 88
→sieben Weltwunder 216
→Uhr 244
Antikörper →Impfung 109
Antilope →Savanne 202
Apfel 20, →Obst 174
→Sachunterricht 285
→Samen 200
Apfelbaum →Obstbaum 174
Apotheke →Medikament 150
Aprikose →Frucht 80
→Obst 174
Aquarienfisch →Haustier 102
Aquarium 20,
→Terrarium 235
→Zoo 272
Äquator 21, →Afrika 14
→Jahreszeit 113
→Klima 120
→Tag 230
Ara →Papagei 180
Arbeit 21,
→Gleichberechtigung 93
→Industrie 110
Arbeiterin →Biene 36

Arbeitslosigkeit 22,
→Arbeit 21
→Globalisierung 94
→Technik 233
Arbeitsteilung
→Industrie 110
Archäologie 22,
→Steinzeit 224
Architektur 22
Aristoteles
→griechische Kultur 96
Arithmetik →Mathematik 148
Arktis 23, →Klima 123
→Nordpol 173
→Tag 230
Arnika →Medikament 150
Arterie →Ader 13
→Herz 104
→Niere 173
→Puls 185
Arzneimittel
→Medikament 150
Arzt →Krankheit 129
→Medikament 150
→Medizin 150
Asien 24,
→Entwicklungsland 60
→Hinduismus 105
→Kontinent 126
Asterix →Kelten 118
Asteroidengürtel
→Sonnensystem 220
Asthma →Allergie 16
→Krankheit 129
Astrologe →Horoskop 107
Astronaut →Mond 161
→Schwerkraft 213
Astronom →Sternwarte 225
Asyl 25, →Abschiebung 12
→Flüchtling 75
Atheist →Gott 95
Atlantik →Meer 151
→Ozean 179
Atlas 25
atmen →Lunge 144
→Nase 169
Atmosphäre 25, →Erde 61
→Klima 120
→Klimawandel 120
→Mond 160
→Wasserkreislauf 257
Atmung 25, →Haut 102
→Sauerstoff 201
Atoll →Insel 111
→Koralle 126

300

Register

Atom 26, →Flüssigkeit 77
  →Gas 81
  →Physik 182
  →Temperatur 234
Atombombe
  →Atomenergie 26
Atomenergie 26,
  →Kraftwerk 128
  →Radioaktivität 188
  →Unterseeboot 245
Atomkraftwerk
  →Atomenergie 26
  →Elektrizität 58
  →Energiegewinnung 59
  →Kraftwerk 128
  →Radioaktivität 188
Attentat 26, →Terror 235
Auferstehung →Bibel 36
  →Christentum 46
  →Religiöse Feste 194
Auge 26, →blind 39
  →Brille 41
  →Film 72
Ausbildung 26,
  →Arbeitslosigkeit 22
  →Bildung 37
  →Handwerk 98
  →Kind 118
Ausländerfeindlichkeit
  →Vorurteil 254
Ausläufer
  →Sachunterricht 284
Ausstellung →Museum 164
Auster →Muschel 164
Austernfischer →Watt 257
Austernseitling →Pilz 183
Australien 27,
  →Kontinent 126
  →Koralle 126
Ausweis →Pass 181
Auto 28, →Bremse 41
  →Katalysator 117
  →Klimawandel 120
  →Tachometer 230
  →Verkehr 249
  →Verkehrsmittel 252
Automat 28
Azteken 28, →Amerika 18
  →Indianer 109
  →Kakao 115
  →Zahl 268
Azubi →Handwerk 98

B

Baby →Milch 156
Bach 29, →Biotop 38
  →Sand 200
  →Wasserkreislauf 257
Bach, Johann Sebastian
  →Musik 299
Bachforelle →Bach 29
  →Forelle 78
Bachstelze →Bach 29
Bahnhof 29,
  →Eisenbahn 56
Bakterien 30, →Biologie 38
  →Dünger 53
  →Entzündung 60
  →Gesundheit 90
  →Kläranlage 120
  →Nahrungskette 169
  →Virus 253
Balkenbrücke →Brücke 42
Banane →Beere 32
  →Frucht 80
  →Obst 174
Band →Musik 299
Bank 30
Bär 30, →Raubtier 189
  →Säugetier 201
Bariton →Stimme 226
Barock →Architektur 23
Barometer 30
Bartenwal →Wal 256
Basalt →Gestein 89
Bass →Musik 298
  →Stimme 226
Batterie 31, →Strom 228
Bauchspeicheldrüse
  →Diabetes 51
Bauernhof 31,
  →Landwirtschaft 135
Baum 32, →Blüte 40
  →Fortpflanzung 78
  →Naturschutz 171
  →Pflanze 182
Baumgrenze
  →Hochgebirge 105
Baumwolle 32,
  →Textilie 235
Beamter →Rathaus 189
Beere 32, →Obst 174
  →Sachunterricht 285
  →Strauch 227
Beethoven, Ludwig van
  →Musik 299
Befruchtung →Ei 55
Begabung →Intelligenz 112

Behinderung 33
Behörde →Rathaus 189
Benz, Carl →Auto 28
Benzin 33,
  →Katalysator 117
Bergfried →Burg 45
Bergwerk →Kohle 124
Berliner Mauer
  →Deutschland 50
Beruf 33, 34–35
  →Bildung 37
  →Mann 147
Berufsschule →Schule 207
Besatzungszone
  →Deutschland 50
Beschleunigung
  →Geschwindigkeit 89
Bestäubung →Blüte 40
Beuteltier →Känguru 116
  →Koala 124
  →Sachunterricht 287
  →Säugetier 201
Bibel 36,
  →Religiöse Feste 194
Biber 36, →Nagetier 168
Bibliothek →Bücherei 43
Biene 36,
  →Fortpflanzung 78
  →Instinkt 111
  →Nest 172
  →Sachunterricht 286
  →Staat 223
Big Bang →Weltall 259
Bildhauerei 37, →Kunst 132
  →Museum 164
Bildschirm →Fernseher 71
Bildung 37, →Kind 118
Biobauer →Schädling 202
Biogas →Bauernhof 31
  →Benzin 33
  →Kläranlage 120
Biologie 38, →Schule 207
  →Wissenschaft 263
Biomasse
  →Energiegewinnung 59
Biomüll →Kompost 125
Biotop 38
Birnbaum →Obstbaum 174
Birne →Apfel 20
  →Obst 174
Bisexualität
  →Homosexualität 107
BKA →Polizei 184
Blas →Wal 256
Blase →Niere 173

Blatt 39, →Baum 32
  →Kaktus 115
  →Laubbaum 138
  →Nadelbaum 168
Blattgrün →Blatt 39
  →Laubbaum 138
  →Pflanze 182
Blattlaus →Laus 138
  →Marienkäfer 148
Blauhelme →Vereinte
  Nationen 249
Blauwal →Plankton 184
  →Tier 237
Blechblasinstrument
  →Musikinstrument 165
blind 39, →Behinderung 33
Blinddarm →Darm 48
Blindenhund →Hund 108
Blindenschrift
  →Behinderung 33
  →blind 39
Blindschleiche 39,
  →Echse 54
Blitz →Elektrizität 58
  →Gewitter 91
Blume 40, →Blüte 40
  →Fortpflanzung 78
  →Sachunterricht 284
  →Zwiebel 271
Blut 40, →Ader 13
  →Aids 15
  →Diabetes 51
  →Entzündung 60
  →Puls 185
  →Verdauung 248
Blüte 40, →Fortpflanzung 78
  →Frucht 80
  →Laubbaum 138
  →Nadelbaum 168
  →Obstbaum 174
  →Sachunterricht 285
Blütenblatt →Blüte 40
  →Knospe 124
Blütenpflanze →Blüte 40
  →Sachunterricht 284
Blütenstaub →Blüte 40
  →Fortpflanzung 78
Blutgefäß →Haut 102
Blutkörperchen →Atmung 25
  →Blut 40
  →Gesundheit 90
  →Knochen 121
Blutplättchen →Blut 40
Boa →Schlange 205
Boden →Kompost 125

301

Register

Bodensee →See 214
Bogenbrücke →Brücke 42
Bohne →Sachunterricht 285
Bombenanschlag
 →Terror 235
Boot →Schiff 203
Borke →Baum 32
Borreliose →Zecke 269
BRD →Deutschland 50
 →Wiedervereinigung 261
Breitengrad →Äquator 21
Bremse 41, →Fliege 75
 →Geschwindigkeit 89
Brennnessel 41
Brille 41, →Linse 143
Brombeere →Obst 174
Bronchien →Lunge 144
Bronze →Bildhauerei 37
 →Metall 155
Bronzezeit →Steinzeit 224
Brot →Getreide 90
Brücke 42,
 →Mathematik 148
Bruder
 →Verwandtschaft 252
Brunnen 42
Brustschwimmen
 →schwimmen 213
Brutknolle
 →Sachunterricht 284
Brutpflege →Kuckuck 132
Brutzwiebel
 →Sachunterricht 284
Buch 42, →Druckerei 52
 →Lexikon 141
 →Literatur 143
 →Medien 150
Buchdruck →Buch 43
 →Druckerei 52
 →Medien 152
Buche →Baum 32
 →Laubbaum 138
Bücherei 43
Buddha →Buddhismus 43
Buddhismus 43,
 →Religiöse Feste 194
 →Tempel 234
 →Tod 238
Büffel →Haustier 102
 →Savanne 202
Bulle →Kuh 132
Bundesheer →Militär 156
Bundeskanzler 44,
 →Österreich 178

Bundeskriminalamt
 →Polizei 184
Bundesländer
 →Sachunterricht 288–289
Bundespräsident 44,
 →Deutschland 50
 →Republik 193
Bundesrat 44,
 →Demokratie 49
 →Gesetz 89
 →Österreich 178
 →Parlament 180
Bundestag 44,
 →Demokratie 49
 →Diskussion 51
 →Regierung 192
Bundeswehr →Militär 156
Burg 45, →Ritter 196
 →Schloss 205
Bürger →Burg 45
 →Demokratie 49
Bürgermeister 45,
 →Gemeinde 84
 →Wahl 255
Bus →Verkehrsmittel 252

C

Camcorder
 →Videokamera 252
Cañon →Tal 231
Cäsar →König 125
CD-ROM 46,
 →Medien 150
Cello →Musikinstrument 165
Cézanne, Paul
 →Zeichnung 270
Chamäleon 46, →Echse 54
 →Tarnung 232
Champignon →Pilz 183
Chanukka →Religiöse
 Feste 194
Chatroom →Internet 112
chatten →Medien 153
Chemie 46, →Physik 182
 →Universität 245
 →Wissenschaft 263
Chip →Elektronik 58
Chirurg →Medizin 151
 →Operation 176
Chlorophyll →Blatt 39
 →Pflanze 182
Chor →Musik 299
Christentum 46, →Bibel 36
 →Kirche 119

 →Kreuzzug 130
 →Religiöse Feste 194
 →Tod 238
Chromosom
 →Vererbung 249
Comic 47, →Schrift 208
Computer 47, →Beruf 35
 →CD-ROM 46
 →Elektronik 58
 →Information 110
 →Medien 150, 153
Computeranimation
 →Comic 47
 →Film 73
Container →Bahnhof 29
 →Eisenbahn 56
 →Hafen 97
 →Schiff 203
Cousin/Cousine
 →Verwandtschaft 252

D

Dachs →Raubtier 189
Daimler, Gottlieb
 →Auto 28
 →Motorrad 163
Dalai-Lama
 →Buddhismus 43
Dampfmaschine 48,
 →Motor 162
 →Schiff 203
Darlehen →Bank 30
Darm 48, →Bakterien 30
 →Muskel 165
 →Verdauung 248
Datei →Information 110
Daten →CD-ROM 46
 →Information 110
Datumsgrenze →Zeit 271
DDR →Deutschland 50
 →Wiedervereinigung 261
Debatte →Diskussion 51
Deich 48
Delfin 49, →lernen 141
 →Schall 203
 →Wal 256
Delta →Fluss 77
 →Küste 133
Demokratie 49,
 →Demonstration 49
 →Europäische Union 67
 →Freiheit 79
 →griechische Kultur 96
 →König 125

 →Partei 181
 →Republik 193
Demonstration 49
Design →Grafik 95
Deutsch 274–277,
 →Schule 207
Deutschland 50, 288–289,
 →Nationalsozialismus 170
 →Ökosystem 175
 →Republik 193
Diabetes 51,
 →Gesundheit 90
Dialekt →Sprache 221
Diamant →Edelstein 54
Didgeridoo →Musik 167
Dienstleistung
 →Wirtschaft 263
Diesel →Motor 162
Digitalkamera
 →Fotoapparat 79
Diktatur →Deutschland 50
 →Nationalsozialismus 170
 →Regierung 192
 →Republik 193
Dinkel →Getreide 90
Dinosaurier 51, →Erde 61
 →Kriechtier 130
Dirigent →Orchester 177
Diskriminierung
 →Gleichberechtigung 93
 →Menschenrechte 154
 →Rassismus 188
 →Sklave 218
 →Vorurteil 254
Diskussion 51
Diskuswerfen
 →Leichtathletik 140
Division
 →Mathematik 280–281
DNA/DNS →Gen 84
 →Vererbung 249
Dock →Hafen 97
Doktor →Medizin 151
Dom →Kirche 119
Donner →Gewitter 91
Doping 52, →Sport 221
Dorf 52, →Gemeinde 84
Dorn →Kaktus 115
Dotter →Ei 55
Draisine →Fahrrad 69
Drama →Literatur 143
Drehzahl →Tachometer 230
Dreieck →Mathematik 283
Drittes Reich
 →Nationalsozialismus 170

Register

Dritte Welt
→Entwicklungsland 60
Droge 52, →Sucht 229
Drohne →Biene 36
Dromedar →Kamel 115
Druckerei 52, →Buch 43
→Medien 152
Druide →Kelten 118
Dudelsack →Musik 166
Düne →Wüste 265
Dünger 53, →Chemie 46
→Kläranlage 120
→Wasser 257
Dürer, Albrecht
→Zeichnung 270
Dürre 53
DVD →CD-ROM 46
→Computer 47
→Laser 135
Dynamo 53, →Generator 85

E

Ebbe und Flut 54,
→Hochwasser 105
→Küste 133
Echo 54, →Fledermaus 74
→Radar 187
Echse 54,
→Sachunterricht 287
→Terrarium 235
Ecstasy →Droge 52
Edelmetall →Metall 155
Edelstein 54, →Mineral 157
Edelweiß →Hochgebirge 105
Efeu →Beere 32
→Medikament 150
Ehe →Scheidung 203
Ei 55, →Fortpflanzung 78
→Frosch 80
→Geschlechtsorgan 88
→Huhn 108
→Larve 135
→Menstruation 154
→Raupe 191
→Schmetterling 206
→Schnabeltier 206
Eibe →Nadelbaum 168
Eiche 55, →Baum 32
→Wildpflanze 262
→Wurzel 265
Eichel →Eiche 55
→Samen 200
Eichelhäher →Eiche 55
→Samen 200

Eichhörnchen 55,
→Nest 172
→Sachunterricht 285
Eidechse 56, →Echse 54
Eidgenossenschaft
→Schweiz 212
Eierstock
→Geschlechtsorgan 88
→Menstruation 154
Einkorn →Weizen 258
Einzeller →Plankton 184
→Tier 237
Eis 56, →Eiszeit 57
→Gletscher 93
→Komet 124
→Niederschlag 173
Eisberg →Eis 56
Eisen →Metall 155
Eisenbahn 56,
→Bahnhof 29
Eisprung
→Geschlechtsorgan 88
Eiszeit 57, →Erdkunde 62
→Mammut 146
→See 214
Eiter →Entzündung 60
Eiweiß →Ernährung 63
→Leber 139
→Leder 140
→Magen 146
→Milch 156
Eizelle →Ei 55
→Fortpflanzung 78
→Kondom 125
→Samen 200
→Schwangerschaft 207
Elefant 57, →Mammut 146
→Savanne 202
Elektrizität 58,
→Gewitter 91
→Physik 182
→Röntgenstrahlen 198
elektromagnetisch
→Welle 258
Elektromotor →Generator 85
→Motor 162
Elektron →Atom 26
→Mikroskop 155
Elektronik 58,
→Maschine 148
Element →Chemie 46
→Mineral 156
→Sauerstoff 201
Elfenbein →Elefant 57
El Kaida →Terror 235

Elster →Krähe 128
Eltern →Familie 69
→Verwandtschaft 252
E-Mail 58, →Medien 152
Emanzipation
→Gleichberechtigung 93
Emmer →Getreide 90
→Weizen 258
Energie 58, →Batterie 31
→Dynamo 53
→Elektrizität 58
→Glühbirne 94
→Licht 142
→Motor 162
→Physik 182
→Sonne 219
→Staumauer 223
Energiegewinnung 59,
→Atomenergie 26
→Kläranlage 120
→Turbine 243
Energiesparlampe
→Glühbirne 94
Engerling →Käfer 114
→Larve 135
Englisch 278–279
Enkel/Enkelin
→Verwandtschaft 252
Entbindung →Geburt 82
Entdecker 59
Ente 60, →Haustier 102
→Sachunterricht 287
→Vogel 254
Entwicklungsland 60,
→Hunger 108
→Schule 207
→Vereinte Nationen 249
Entzündung 60
Enzian →Hochgebirge 105
Enzyklopädie →Lexikon 141
Enzym →Verdauung 248
Erbanlage →Gen 84
Erbse →Gemüse 84
→Samen 200
Erdbeben 60,
→Welle 258
Erdbeere →Beere 32
→Obst 174
→Sachunterricht 284
Erde 61, →Erdkunde 62
→Evolution 67
→Globus 94
→Jahr 113
→Kontinent 126
→Sachunterricht 294–295

→Schwerkraft 213
→Tag und Nacht 230
→Zeitzone 271
Erdgas 62, →Benzin 33
→Energiegewinnung 59
→Heizung 104
→Rohstoff 197
Erdkröte →Kröte 131
→Lurch 145
Erdkruste →Erdbeben 60
→Erde 61
Erdkunde 62
Erdmittelalter
→Dinosaurier 51
Erdöl 62, →Elektrizität 58
→Heizung 104
→Kraftwerk 128
→Ölpest 176
→Rohstoff 197
Erdteil →Kontinent 126
Erdwärme
→Energiegewinnung 59
Ernährung 63, 64–65
→Gesundheit 90
→Hunger 108
→Hygiene 108
→Vegetarier 248
Erste Hilfe 63
Eruption →Vulkan 254
Erz →Mineral 157
Erzählung →Literatur 143
Esel →Haustier 102
→Pferd 181
Esskastanie →Kastanie 117
ETA →Terror 235
EU →Europäische Union 67
Eule 63,
→Sachunterricht 287
→Spur 222
→Vogel 254
Euro
→Europäische Union 67
→Geld 84, 87
Europa 66, 290–293
→Kelten 118
→König 125
→Kontinent 126
Europäische Union 67,
→Geld 84, 87
→Pass 181
→Sachunterricht 292
Europol →Polizei 184
Euter →Milch 156

Register

evangelisch
→Christentum 47
→Kirche 119
Evolution 67, →Höhle 106
→Kriechtier 130
→Tier 237
→Verwandtschaft 252
Expedition 68,
→Entdecker 59
Experiment 68
Export →Handel 98

F

Fabel 69, →Märchen 147
Fabrik →Industrie 110
→Maschine 148
Fachhochschule
→Schule 207
Fahne →Flagge 73
Fähre →Hafen 97
→Schiff 203
Fahrrad 69, 296
→Bremse 41
→Dynamo 53
→Verkehrsmittel 252
→Zahnrad 269
Fährte →Spur 222
Falke →Greifvogel 96
Familie 69, →Adoption 13
→Mittelalter 157
→Waise 255
FAO →Vereinte Nationen 249
Farbe 69, →Fernseher 71
→Malerei 146
Farn 70, →Pflanze 182
→Sachunterricht 284
Färse →Kuh 132
Faultier 70
Faustkeil →Steinzeit 224
→Technik 232
→Werkzeug 260
Fax →Medien 150
Feder 70, →Haar 97
→Vogel 254
Feige →Obst 174
Fernrohr →Teleskop 234
Fernseher 70,
→Elektronik 58
→Gewalt 90
→Medien 150
→Satellit 201
→Werbung 259
Festkörper →Flüssigkeit 77
Festplatte →Computer 47

Fett →Ernährung 63
→Gesundheit 90
→Leber 139
→Milch 156
Feuchtwiese →Wiese 261
Feuer 71, →Feuerwehr 71
→Medien 152
→Technik 232
Feuersalamander
→Lurch 145
→Salamander 199
Feuerstein →Feuer 71
→Steinzeit 224
Feuerwehr 71, →Notruf 173
Fichte 72
Fieber 72, →Allergie 16
Film 72, →Comic 47
→Fernseher 70
→Gedächtnis 82
→Medien 150
→Videokamera 252
Fink →Singvogel 217
Fisch 73, 287,
→Aquarium 20
→Bach 29
→Fortpflanzung 78
→Nahrungskette 169
→Sinnesorgan 217
→Tiefsee 236
Fjorde →Küste 133
Flagge 73
Flaschenzug 74
Flechte 74
Fledermaus 74,
→Sachunterricht 287
→Schall 203
→Sinnesorgan 217
fleischfressende Pflanze
→Moor 161
→Pflanze 182
Fleischfresser
→Dinosaurier 51
→Ernährung 63
→Nahrungskette 169
Fliege 75, →Larve 135
→Sachunterricht 286
Fliegenpilz 75, →Gift 92
Floh 75, →Insekt 111
Flöte →Musikinstrument 165
Flüchtling 75, →Asyl 25
→Krieg 131
Flughafen 76
Fluglotse →Flughafen 76
Flugzeug 76, →Radar 187
→Triebwerk 242

→Turbine 243
→Verkehr 251
→Verkehrsmittel 252
Fluss 77, →Deich 48
→Hochwasser 105
→Kanal 116
→Quelle 186
→Staumauer 223
→Tal 231
→Wasserkreislauf 257
Flüssigkeit 77, →Physik 182
→Pumpe 185
→Schwerkraft 213
→Thermometer 236
→Ventil 248
Flusspferd 77
Flut 54, →Watt 257
Fohlen →Pferd 181
Forelle 78, →Fisch 73
Fortpflanzung 78,
→Geschlechtsorgan 88
→Menstruation 154
→Vererbung 249
Fossil 78
Fotoapparat 79, →Linse 143
Fotografie →Fotoapparat 79
→Kunst 132
→Medien 150
Fotosynthese →Blatt 39
→Pflanze 182
Fraßspur →Spur 222
Frau 79, →Geburt 82
→Geschlechtsorgan 88
→Homosexualität 106
→Menstruation 154
→Pubertät 184
→Schwangerschaft 207
Freiheit 79,
→Nationalsozialismus 170
Frequenz →Welle 258
Frieden 80, →Gesetz 89
→Taube 232
→Vereinte Nationen 249
Frosch 80,
→Sachunterricht 287
Froschlurch →Frosch 80
→Lurch 145
Frucht 80, →Baum 32
→Ernährung 63
→Fortpflanzung 78
→Gewürz 91
→Sachunterricht 285
Fruchtblase →Geburt 82
Fruchtknoten →Blüte 40
→Frucht 80

Frühblüher →Zwiebel 271
Frühling →Jahreszeiten 113
FSME →Zecke 269
Fuchs 80, →Spur 222
→Tollwut 238
Funkgerät →Handy 98
Fürst →König 125
→Regierung 192
Fußball →Sport 221
Fußpilz →Pilz 183

G

Galaxie →Milchstraße 156
→Weltall 259
Galilei, Galileo →Uhr 244
Galle →Leber 139
Gallier →Kelten 118
Gämse →Hochgebirge 105
Gans →Haustier 102
Ganztagsschule
→Schule 207
Garnele →Krebs 130
Garten 81,
→Maulwurf 149
→Schädling 202
→Wildpflanze 262
Gas 81, →Physik 182
→Rakete 188
→Triebwerk 242
→Turbine 243
→Ventil 248
Gate →Flughafen 76
Gebärdensprache
→Behinderung 33
→gehörlos 83
→Sprache 221
Gebärmutter →Geburt 82
→Geschlechtsorgan 88
→Menstruation 154
Gebirge 81, →Erde 61
→Klima 120
→Luft 144
Geburt 82, →Körper 127
→Medizin 150
→Schwangerschaft 207
Gedächtnis 82,
→lernen 141
Gedicht 82, →Literatur 143
Gefängnis 82
Gehirn 83, →Gedächtnis 82
→Mensch 154
→Schmerz 205
→Traum 242

304

Register

gehörlos 83,
→Behinderung 33
→Sprache 221
Geige
→Musikinstrument 165
Geisteswissenschaft
→Wissenschaft 263
Gelbfieber →Mücke 163
Gelbrandkäfer →Biotop 38
→Käfer 114
Gelbsucht →Leber 139
Geld 84, 86–87, →Bank 30
→Handel 98
→Mathematik 282
Gelée royale →Biene 36
Gelenk →Knochen 121
Gemeinde 84, →Politik 184
→Rathaus 189
Gemüse 84,
→Landwirtschaft 134
→Pflanze 182
→Vegetarier 248
Gen 84, →Virus 253
→Zelle 271
Generator 85,
→Kraftwerk 127
→Staumauer 223
Genetik →Gen 84
→Vererbung 249
→Verwandtschaft 252
Gentechnologie →Gen 85
Geografie →Erdkunde 62
Geometrie
→Mathematik 149, 283
Gepard →Savanne 202
Gerbung →Leder 140
Gericht 85, →Gesetz 89
→Recht 191
Germanen 88
Gerste →Getreide 90
Geruch →Nase 169
Gesamtschule →Schule 207
Geschichte 88
Geschlechtsorgan 88,
→Fortpflanzung 78
→Organ 178
→Sexualität 216
Geschlechtsverkehr
→Aids 15
→Geschlechtsorgan 88
→Kondom 125
→Liebe 142
→Menstruation 154
Geschwindigkeit 89,
→Tachometer 230

Geschwister
→Verwandtschaft 252
Gesellenbrief
→Handwerk 98
Gesetz 89, →Demokratie 49
→Europäische Union 67
→griechische Kultur 96
→Parlament 180
→Regierung 192
Gestein 89, →Edelstein 54
→Fossil 79
Gesundheit 90,
→Kräuter 129
→Lärm 135
→Medizin 150
Getreide 90, →Bauernhof 31
→Ernährung 65
→Kultur 132
→Landwirtschaft 134, 136–137
→Weizen 258
Getriebe →Auto 28
→Motor 162
Gewalt 90, →Amoklauf 19
→Frieden 80
Gewaltenteilung
→Demokratie 49
Gewerkschaft →Streik 227
Gewicht
→Sachunterricht 282
→Schwerkraft 213
→Waage 255
Gewichtheben
→Leichtathletik 140
Gewissen 90
Gewitter 91,
→Niederschlag 173
→Schall 202
Gewölle →Eule 63
→Spur 222
Gewürz 91, →Droge 52
→Kräuter 129
→Kreuzzug 130
Geysir 91, →Quelle 186
Gezeiten
→Ebbe und Flut 54
Gift 92, →Leber 139
→Schlange 205
→Tod 238
Gips →Gestein 89
→Mineral 157
Giraffe 92, →Savanne 202
Gitarre
→Musikinstrument 165

Gladiator →Römisches Reich 198
Glas 92, →Linse 143
→Spiegel 220
Glasfaserkabel →Handy 98
Gleichberechtigung 93
Gleichgewichtssinn
→Ohr 175
→Sinnesorgan 217
Gleichstrom →Generator 85
→Strom 228
gleichwarm
→Überwinterung 244
Gletscher 93, →Eiszeit 57
→Hochgebirge 105
→Küste 133
→See 214
→Tal 231
Glied
→Geschlechtsorgan 88
Globalisierung 94,
→Entwicklungsland 60
Globus 94, →Äquator 21
Glockenblume →Wiese 261
Glühbirne 94, →Licht 142
→Strom 228
Glühwürmchen 94,
→Käfer 114
Goethe, Johann Wolfgang von →Literatur 143
Gogh, Vincent van
→Kunst 133
→Malerei 146
Gold →Metall 155
→Mineral 156
Golfstrom →Klima 120
Gotik →Architektur 22
Gott 95, →Bibel 36
→Liebe 142
Gotteshaus →Kirche 119
→Moschee 162
→Synagoge 229
→Tempel 234
GPS →Navigationsgerät 171
Graf →König 125
Grafik 95
Grammatik 95
→Deutsch 277
→Englisch 279
Granit →Gestein 89
Gras →Getreide 90
→Pflanze 182
Grasfrosch →Frosch 80
→Lurch 145
Graupel →Niederschlag 172

Greenpeace
→Naturschutz 170
Greifvogel 96, →Nest 172
→Sachunterricht 287
Grenze 96
griechische Kultur 96,
→Geschichte 88
→Gott 95
Grimm, Brüder
→Märchen 147
Grindwal →Delfin 49
Grippe →Virus 253
Grizzlybär →Bär 30
Großeltern →Familie 69
→Verwandtschaft 252
Großes Barriereriff
→Koralle 126
Großfamilie →Familie 69
Grundgesetz
→Demokratie 49
→Gesetz 89
→Gleichberechtigung 93
Grundrechenarten
→Mathematik 280–281
Grundrecht
→Gleichberechtigung 93
→Nationalsozialismus 170
Grundschule
→Ausbildung 26
→Schule 207
Grundwasser →Brunnen 42
→Geysir 91
→Quelle 186
Gully →Kanalisation 116
Gurke →Beere 32
→Frucht 80
→Gemüse 84
Gutenberg, Johannes
→Buch 43
Güterzug →Eisenbahn 56
Gymnasium →Ausbildung 26
→Schule 207

H

Haar 97, →Haut 102
Habicht →Greifvogel 96
Hafen 97, →Kran 128
→Schiff 203
Hafer →Getreide 90
Hagel →Niederschlag 172
Hahnenfuß →Blüte 41
→Wildpflanze 262
Hai 97, →Fisch 73
→Sachunterricht 287

Register

Hamas →Terror 235
Hammer →Werkzeug 260
Hamster →Haustier 102
   →Nagetier 168
Handball →Sport 221
Handel 98,
   →Europäische Union 67
   →Kreuzzug 130
   →Wirtschaft 263
Handwerk 98,
   →Arbeitslosigkeit 22
   →Ausbildung 27
   →Beruf 33–34
   →Dampfmaschine 48
   →Mittelalter 157
Handy 98, →Telefon 234
Hängebrücke →Brücke 42
Hardware →Computer 47
Harmonie →Musik 164, 298
Harn →Niere 173
Haschisch →Droge 52
Hase 99, →Spur 222
Haselnuss →Nuss 173
   →Strauch 227
   →Wildpflanze 262
Häuptling →Regierung 192
Hauptschule
   →Ausbildung 26
   →Schule 207
Haus 99, 100–101
Hausrotschwanz
   →Zugvogel 270
Haustier 102, →Biene 36
   →Meerschweinchen 151
Haut 102, →Entzündung 60
   →Krebs 129
   →Leder 140
   →Lurch 145
Hautarzt →Medizin 150
Häutung →Krebs 130
   →Schlange 204
Haydn, Joseph →Musik 299
   →Orchester 177
Hebel 102, →Maschine 148
Hecht 103,
   →Nahrungskette 169
Hecke →Strauch 227
Heer →Militär 156
Hefepilz →Pilz 183
Heidelbeere →Obst 174
Heilkunde →Medizin 150
Heilpflanze →Kräuter 129
   →Löwenzahn 144
   →Medikament 150
Heimtier →Haustier 102

Heißluftballon 103,
   →Flugzeug 76
Heizung 104, →Luft 144
Heldensage →Literatur 143
Helikopter
   →Hubschrauber 107
Hengst →Pferd 181
Hepatitis →Leber 139
Herbst →Jahreszeiten 113
Hering →Fisch 73
Heroin →Droge 52
Herz 104, →Ader 13
   →Puls 185
Herzog →König 125
Heterosexualität
   →Homosexualität 107
   →Sexualität 216
Heu →Bauernhof 31
   →Wiese 261
Heuschnupfen →Allergie 16
Heuschrecke
   →Sachunterricht 286
   →Wiese 261
Hieroglyphen
   →Ägyptisches Reich 15
   →Schrift 207
Himalaja →Asien 24
   →Gebirge 81
Himbeere →Beere 32
   →Frucht 80
Himmel →Religion 193
Himmelsrichtung 104,
   →Kompass 125
   →Nordpol 173
   →Südpol 229
Hinduismus 105,
   →Religiöse Feste 194
   →Tempel 234
   →Tod 238
Hirnhautentzündung
   →Zecke 269
Hirsch →Reh 192
Hirse →Getreide 90
Hitler, Adolf
   →Nationalsozialismus 170
   →Weltkrieg 259
HIV →Aids 15
Hoch →Wetter 261
Hochdruck →Druckerei 52
Hochgebirge 105,
   →Eiszeit 57
   →Nadelbaum 168
   →Ökosystem 175
Hochsprung
   →Leichtathletik 140

Hochwasser 105,
   →Deich 48
   →Feuerwehr 71
   →Klima 123
Hochzeit →Kirche 119
Hockey →Sport 221
Hoden
   →Geschlechtsorgan 88
Höhle 106, →Erdbeben 60
   →Haus 99–100
   →Ökosystem 175
Höhlenmalerei →Höhle 106
   →Kunst 132
Holi-Fest
   →Religiöse Feste 195
Hölle →Religion 193
Hollywood →Film 73
Holocaust →Judentum 113
   →Nationalsozialismus 170
Holunder →Strauch 227
Holz 106, →Baum 32
   →Energiegewinnung 59
   →Feuer 71
   →Rohstoff 197
Holzblasinstrument
   →Musikinstrument 165
Homepage →Internet 112
Homoehe
   →Homosexualität 107
Homöopathie
   →Medikament 150
Homosexualität 106,
   →Gleichberechtigung 93
   →Sexualität 216
Honig →Biene 36
Horizont 107
Horn →Feder 70
   →Haar 97
Hornisse →Biene 36
   →Wespe 260
Hornschicht →Haut 102
Horoskop 107
Horst →Nest 172
Hospital →Krankenhaus 129
Hubschrauber 107,
   →Verkehrsmittel 252
Huftier →Giraffe 92
   →Pferd 181
   →Sachunterricht 287
   →Säugetier 201
Huhn 108, →Bauernhof 31
   →Sachunterricht 287
Hummel →Biene 36
   →Nest 172
Hummer →Krebs 130

Humus →Regenwurm 191
Hund 108, →Raubtier 189
   →Säugetier 201
Hundertfüßer
   →Tausendfüßer 232
Hunger 108
Hürdenlauf
   →Leichtathletik 140
Hurrikan →Sturm 228
Hyäne →Raubtier 189
   →Savanne 202
Hyazinthe →Wurzel 265
Hygiene 108,
   →Gesundheit 90
   →Wasser 257
Hypothese →Experiment 68

I

ICE →Eisenbahn 56
Igel 109, →Garten 81
   →Nagetier 168
   →Säugetier 201
   →Überwinterung 244
Imker →Biene 36
immun →Impfung 109
   →Kinderkrankheit 119
Immunsystem
   →Gesundheit 90
Impfung 109,
   →Kinderkrankheit 119
   →Tollwut 239
Import →Handel 98
Indianer 109,
   →Entdecker 59
   →Kartoffel 117
   →Medien 152
Indios →Amerika 18
   →Indianer 109
Industrie 110,
   →Arbeitslosigkeit 22
   →Automat 28
   →Dampfmaschine 48
   →Luftverschmutzung 144
   →Technik 233
   →Umweltschutz 245
   →Wirtschaft 263
Infektion →Entzündung 60
   →Fieber 72
   →Kinderkrankheit 119
Information 110,
   →CD-ROM 46
   →Lexikon 141
   →Medien 150, 153

Register

Inka 110, →Amerika 18
→Indianer 109
Insekt 111, 286 →Blüte 41
→Mücke 163
→Schädling 202
→Skelett 218
→Spinne 221
→Überwinterung 244
Insektenfresser →Igel 109
→Maus 149
→Säugetier 201
Insel 111, →Koralle 126
Instinkt 111
Instrument
→Musikinstrument 165
Insulin →Diabetes 51
Intelligenz 112,
→Legasthenie 140
Internationale Raumstation ISS →Raumfahrt 190
Internationaler Währungsfonds →Vereinte Nationen 249
Internet 112, →Berufe 35
→Handy 98
→Medien 150, 153
→Telefon 234
Interpol →Polizei 184
Intoleranz →Toleranz 238
Inuit →Klima 123
→Mode und Kleidung 159
IRA →Terror 235
Islam 112, →Bibel 36
→Moschee 162
→Religiöse Feste 194
ISS →Raumfahrt 190

J

Jaguar →Katze 118
Jahr 113, →Kalender 115
→Zeit 270
Jahresring →Holz 106
Jahreszeiten 113,
→Rhythmus 196
→Zugvogel 272
Jazz →Musik 165
Jeans
→Mode und Kleidung 158
Jesus Christus →Bibel 36
→Christentum 46
Joghurt →Milch 156
Jom Kippur →Judentum 113
Juden
→Nationalsozialismus 170

Judentum 113, →Bibel 36
→Religiöse Feste 194
→Synagoge 229
Jupiter →Planet 183
→Sonnensystem 220

K

Kabinett →Regierung 192
Käfer 114,
→Glühwürmchen 94
→Sachunterricht 286
Kaffee 114, →Tee 233
Kaiman →Krokodil 131
Kaiser →König 125
Kakadu →Papagei 180
Kakao 114,
→Landwirtschaft 137
→Rohstoff 197
Kaktus 115
Kalb →Kuh 132
Kalender 115
Kalk →Gestein 89
→Glas 93
→Höhle 106
Kalmar →Tintenfisch 238
Kaltblüter →Kriechtier 130
Kältestarre
→Überwinterung 244
Kaltfront →Wetter 261
Kaltluft →Gewitter 91
Kamel 115, →Haustier 102
→Milch 156
→Wüste 265
Kamera →Fotoapparat 79
→Videokamera 252
Kamin →Heizung 104
Kanal 116, →Schleuse 205
Kanalisation 116,
→Haus 100
→Kläranlage 120
Känguru 116,
→Sachunterricht 287
→Säugetier 201
Kaninchen →Hase 99
→Haustier 102
Kanton →Schweiz 212
Kapelle →Kirche 119
Kapitän →Schiff 203
Karfreitag
→Religiöse Feste 194
Karies →Zahn 269
Karpfen →Fisch 73
Kartoffel 117,
→Ernährung 64

→Gemüse 84
→Maya 149
Käse →Milch 156
Kastanie 117
Kastensystem
→Hinduismus 105
Katalysator 117
Kathedrale →Kirche 119
katholisch →Christentum 47
→Kirche 119
Katze 118
Kaulquappe →Frosch 80
→Kröte 131
→Larve 135
→Lurch 145
Kehlkopf →Stimme 226
Keilschrift →Schrift 207
Keimling
→Sachunterricht 285
→Samen 200
Kelten 118
Kerngehäuse →Apfel 20
Kernkraftwerk
→Radioaktivität 188
Kernobst →Apfel 20
→Obst 174
Ketchup →Tomate 239
Keuchhusten
→Kinderkrankheit 119
Kiefer →Baum 32
→Nadelbaum 168
Kiemen →Fisch 73
→Frosch 80
→Lurch 145
→Molch 160
→Muschel 164
Kieselstein →Sand 200
Kind 118, →Familie 69
→Hunger 108
→Intelligenz 112
→lernen 141
→Puls 185
Kinder-Uni →Universität 245
Kinderarzt →Medizin 150
Kinderausweis →Pass 181
Kinderbuch →Literatur 143
Kinderhilfswerk →Kind 119
Kinderkrankheit 119,
→Krankheit 129
→Medizin 151
Kinderlähmung
→Impfung 109
→Kinderkrankheit 119
Kinderrecht →Kind 118
Kino →Film 72

Kirche 119,
→Christentum 47
→Gemeinde 84
→Kloster 121
→Religiöse Feste 194
→Sekte 216
Kirschbaum →Kirsche 119
→Obstbaum 174
Kirsche 119, →Obst 174
Kiwi →Obst 174
Kläranlage 120,
→Kanalisation 116
Klarinette
→Musikinstrument 165
klassische Musik
→Musik 299
Klavier
→Musikinstrument 165
Kleidung →Mode 157, 158–159
Klette →Samen 200
Klima 120, 122–123
→Evolution 68
→Klimawandel 120
→Umweltschutz 245
Klimatologie →Erdkunde 62
Klimawandel 120,
→Arktis 23
→Gletscher 93
→Luftverschmutzung 144
→Ökosystem 175
Klinik →Krankenhaus 129
klonen →Gen 85
Kloster 121, →Buch 42
Knie →Knochen 121
Knoblauch →Zwiebel 273
Knochen 121, →Fossil 78
→Körper 127
→Röntgenstrahlen 198
→Vogel 254
→Zelle 271
Knochenfisch →Fisch 73
Knochenmark →Blut 40
→Knochen 121
Knollenblätterpilz →Gift 92
→Pilz 183
Knollengemüse
→Kartoffel 117
Knorpel →Knochen 121
Knorpelfisch →Fisch 73
Knospe 124
Knutt →Watt 257
Koala 124,
→Sachunterricht 287
→Säugetier 201

Register

Koalition →Partei 181
Kobel →Eichhörnchen 55
　→Nest 172
Kobra →Schlange 205
Koffein →Kaffee 114
Kohle 124, →Elektrizität 58
　→Energiegewinnung 59
　→Erdgas 62
　→Kraftwerk 128
　→Moor 161
　→Rohstoff 197
Kohlendioxid →Atmung 25
　→Klimawandel 120
　→Luftverschmutzung 144
　→Lunge 144
　→Pflanze 182
Kohlenhydrate
　→Ernährung 63
Kohlenstoff →Kohle 124
Kohlweißling
　→Schädling 202
Kokain →Droge 52
Kokon →Seide 215
Kolben →Auto 28
　→Dampfmaschine 48
　→Motor 162
Kolibri 124, →Ei 55
Kolkrabe →Krähe 128
Kolumbus, Christoph
　→Amerika 17
　→Entdecker 59
　→Indianer 109
　→Wikinger 262
Komet 124
Kommunion →Kirche 119
Komödie →Literatur 143
Komodowaran →Echse 54
Kompass 125
Komponist →Musik 164, 298–299
Kompost 125, →Müll 163
Kondom 125, →Aids 15
Konfirmation →Kirche 119
Konflikt →Gewalt 90
　→Krieg 131
König 125, →Mittelalter 157
　→Regierung 192
　→Republik 193
　→Schloss 205
　→Stadt 223
Königin →Biene 36
konkav →Linse 143
Konsonant →Deutsch 277
Kontaktlinse →Linse 143

Kontinent 126, →Eiszeit 57
　→Entdecker 59
　→Globus 94
　→Ozean 179
Kontinentaldrift
　→Kontinent 126
Konto →Bank 30
konvex →Linse 143
Kopffüßer →Tintenfisch 238
　→Weichtier 258
Koralle 126, →Insel 111
Korallenriff →Australien 27
　→Koralle 126
　→tropischer Regenwald 243
Koran →Bibel 36
　→Islam 112
Korbblütler →Blüte 41
Körper 127,
　→Gesundheit 90
　→Mathematik 283
　→Organ 178
　→Puls 185
　→Stoffwechsel 226
　→Stress 228
　→Tod 238
　→Zelle 271
Körperpflege →Hygiene 108
Krabbe →Krebs 130
Kraftwerk 127,
　→Elektrizität 58
　→Staumauer 223
　→Transformator 242
Krähe 128, →Singvogel 217
　→Vogel 254
Krake →Tintenfisch 238
　→Weichtier 258
Kran 128, →Maschine 148
　→Römisches Reich 198
Krankenhaus 129
Krankheit 129,
　→Behinderung 33
　→Entzündung 60
　→Gen 84
　→Gesundheit 90
　→Krankenhaus 129
　→Medikament 150
　→Operation 176
　→Virus 253
Krater →Mond 160
Kräuter 129, →Garten 81
　→Sachunterricht 284
　→Wiese 261
Krebs (Krankheit) 129,
　→Radioaktivität 188

　→Skelett 218
　→Stress 228
Krebs (Tier) 130
Kredit →Bank 30
Kreditkarte →Geld 84, 87
Kreis →Mathematik 283
Kreiselradpumpe
　→Pumpe 185
Kreuzblütler →Blüte 41
Kreuzotter →Moor 161
　→Schlange 205
Kreuzzug 130
Kriechtier 130, 287,
　→Terrarium 235
　→Überwinterung 244
Krieg 131, →Flagge 73
　→Militär 156
　→Technik 233
　→Vereinte Nationen 249
Kriminalpolizei →Polizei 184
Kristall →Mineral 157
Krokodil 131,
　→Kriechtier 130
　→Sachunterricht 287
Kronprinz →König 125
Kröte 131,
　→Sachunterricht 287
　→Terrarium 235
Kuckuck 132
Kugelstoßen
　→Leichtathletik 140
Kuh 132, →Hinduismus 105
　→Landwirtschaft 137
　→Säugetier 201
　→Wiese 261
Kultur 132, →Kunst 132
　→Museum 164
　→Tanz 231
Kulturpflanze
　→Wildpflanze 262
Kundgebung
　→Demonstration 49
Kunst 132, →Architektur 22
　→griechische Kultur 96
　→Kultur 132
Kunststoff 133,
　→Chemie 46
　→Müll 163
　→Textilie 235
Kunstwerk →Museum 164
Kupfer →Metall 155
Kupplung →Auto 28
Kurbelwelle →Auto 28
　→Motor 162
Kürbis →Frucht 80

kurzsichtig →Brille 41
　→Linse 143
Kurzstreckenlauf
　→Leichtathletik 140
Kurzzeitgedächtnis
　→Gedächtnis 82
Küste 133, →Erdkunde 62
　→Meer 151
　→Möwe 163
　→Watt 257
　→Welle 258

L

Lachs 134
La Fontaine, Jean de
　→Fabel 69
Laich →Frosch 80
　→Kröte 131
　→Lurch 145
Lama →Haustier 102
　→Kamel 115
　→Wolle 265
Landkarte 134,
　→Äquator 21
　→Atlas 25
　→Erdkunde 62
Landvermesser
　→Landkarte 134
Landwirtschaft 134, 136–137,
　→Dünger 53
　→Maschine 148
　→Umweltschutz 245
　→Wirtschaft 263
Längen →Mathematik 280
Längengrad →Zeitzone 271
Langstreckenlauf
　→Leichtathletik 140
Langzeitgedächtnis
　→Gedächtnis 82
Laptop →Computer 47
Lärche →Nadelbaum 168
Lärm 135, →Stress 228
Larve 135, →Insekt 111
　→Käfer 114
　→Lurch 145
　→Spur 222
　→Weichtier 258
Laser 135
Laserstrahl →CD-ROM 46
Laubbaum 138, →Baum 32
　→Blatt 39
　→Sachunterricht 284

Register

Laubhüttenfest
→Judentum 113
Lauch →Gemüse 84
→Zwiebel 273
Laus 138, →Insekt 111
→Schädling 202
Lautsprecher 138,
→Telefon 234
Lava →Vulkan 254
Lawine 139
Lebensraum →Bach 29
→Biotop 38
→Garten 81
→Hochgebirge 105
→Koralle 126
→Meer 151
→Moor 161
→Savanne 202
→Steppe 224
→Teich 233
→Tiefsee 236
→tropischer Regenwald 243
→Wald 256
→Watt 257
→Wiese 261
→Wüste 265
Leber 139, →Krebs 129
→Zelle 271
Leder 140, →Haustier 102
→Landwirtschaft 134
→Schaf 202
Legasthenie 140
Legebatterie →Huhn 108
Legende →Landkarte 134
→Sage 199
Legierung →Metall 155
Leguan →Echse 54
Lehen →Ritter 196
Lehm 140, →Gestein 89
Lehrling →Handwerk 98
Lehrstelle →Ausbildung 27
Leichtathletik 140,
→Marathon 147
→Sport 221
Leitbündel →Baum 32
Leopard 141, →Katze 118
→Raubtier 189
Lerche →Singvogel 217
lernen 141, →Instinkt 111
→Intelligenz 112
→schwimmen 213
lesbisch
→Homosexualität 106

Lese-Rechtschreib-Schwäche
→Legasthenie 140
Lexikon 141, →Medien 150
Libelle 142, →Insekt 111
→Moor 161
→Sachunterricht 286
→Teich 233
Licht 142, →Auge 26
→Fotoapparat 79
→Laser 135
→Linse 143
→Mikroskop 155
→Physik 182
→Sinnesorgan 217
→Spiegel 221
→Teleskop 234
→Welle 258
Lichtjahr →Licht 142
Liebe 142, →Sexualität 216
Lilienthal, Otto
→Flugzeug 76
Linde →Baum 32
→Laubbaum 138
Linse 143, →Fotoapparat 79
→Mikroskop 155
→Teleskop 234
Lippenblütler →Blume 40
→Blüte 41
Literatur 143, →Gedicht 82
→Wissenschaft 263
Lokomotive →Maschine 148
→Motor 162
Lori →Papagei 180
Löwe 144, →Raubtier 189
→Savanne 202
Löwenmäulchen →Blume 40
→Blüte 41
Löwenzahn 144,
→Sachunterricht 285
→Samen 200
Luchs →Katze 118
→Raubtier 189
Luft 144, →Gewitter 91
→Heißluftballon 103
→Klima 120
→Lunge 144
→Pflanze 182
→Wolke 264
Luftdruck →Luft 144
→Wetter 261
Luftfeuchtigkeit →Luft 144
Luftröhre →Lunge 144
Luftschiff
→Heißluftballon 103

Luftverschmutzung 144,
→Fichte 72
→Nadelbaum 168
Luftwaffe →Militär 156
Lumière, Brüder →Film 72
Lunge 144, →Delfin 49
→Frosch 80
→Larve 135
→Lurch 145
→Molch 160
→Säugetier 201
→Stoffwechsel 226
Lupe →Linse 143
→Mikroskop 155
Lurch 145, 287,
→Fortpflanzung 78
→Tier 237

M

Mäander →Hochwasser 105
Mädchen →Frau 79
→Menstruation 154
→Pubertät 184
Made →Larve 135
Magen 146, →Gift 92
→Seestern 215
Magnet 146, →Dynamo 53
→Generator 85
→Lautsprecher 138
→Motor 162
Magnetfeld →Erde 61
→Himmelsrichtung 104
→Sinnesorgan 217
→Zugvogel 272
Magnetismus →Physik 182
Magnetschwebebahn
→Eisenbahn 56
Mähdrescher
→Landwirtschaft 136
Maikäfer →Käfer 114
→Larve 135
Mais →Gemüse 84
→Getreide 90
→Weizen 258
Makrele →Fisch 73
Malaria →Mücke 163
Malerei 146,
→Bildhauerei 37
→Kunst 132
→Museum 164
→Zeichnung 270
Malz →Getreide 90
Mamba →Schlange 205
Mammut 146

Mandarine →Obst 174
Mandel →Nuss 173
Mandelbaum
→Obstbaum 174
Manga →Comic 47
Mango →Obst 174
Mann 147,
→Geschlechtsorgan 88
→Homosexualität 106
→Kondom 125
→Pubertät 184
Marathon 147
Märchen 147,
→Literatur 143
→Sage 199
Marder →Raubtier 189
Margerite →Blume 40
→Blüte 41
→Wiese 261
Marienkäfer 148,
→Schädling 202
Marihuana →Droge 52
Marine →Militär 156
Marmor →Gestein 89
Marone →Kastanie 117
Mars →Planet 183
→Sonnensystem 220
Maschine 148,
→Arbeitslosigkeit 22
→Bauernhof 31
→Computer 47
→Technik 232
→Werkzeug 260
Masern
→Kinderkrankheit 119
→Virus 253
Maßeinheit
→Mathematik 282
Massentierhaltung
→Landwirtschaft 134
Maßstab →Mathematik 282
→Landkarte 134
Mathematik 148, 280–283,
→Schule 207
→Wissenschaft 263
Matrose →Schiff 203
Matura →Universität 245
Mauersegler →Zugvogel 272
Maulwurf 149, →Wiese 261
Maus 149, →Säugetier 201
Mäusebussard
→Greifvogel 96
Mauser →Feder 70
Mausohr →Fledermaus 74

309

Register

Maya 149, →Amerika 18
   →Indianer 109
   →Kakao 115
Mechanik →Physik 182
Medien 150, 152–153,
   →Bücherei 43
   →Verkehr 249
   →Werbung 259
Medikament 150,
   →Schwangerschaft 207
Meditation →Buddhismus 43
Medizin 150, →Laser 135
Medizinmann →Medizin 151
Meer 151,
   →Hochwasser 105
   →Klima 120
   →Klimawandel 120
   →Ozean 179
   →Salz 199
   →Wasserkreislauf 257
Meeresströmung
   →Klima 120
Meerschweinchen 151
Mehl →Maschine 148
   →Weizen 258
Meise →Singvogel 217
Meister →Handwerk 98
Mekka →Islam 112
   →Moschee 162
Melodie →Musik 164, 298
   →Rhythmus 196
Mensch 154, →Biologie 38
   →Frau 79
   →Freiheit 79
   →Geschichte 88
   →Gesetz 89
   →Intelligenz 112
   →Kunst 132
   →Liebe 142
   →Mann 147
   →Menschenrechte 154
   →Recht 191
   →Schrift 207
   →Verwandtschaft 252
Menschenaffe →Mensch 154
Menschenrechte 154,
   →Bildung 37
   →Sklave 218
   →Toleranz 238
   →Vereinte Nationen 249
Menstruation 154,
   →Geschlechtsorgan 88
   →Pubertät 185
Merkur →Planet 183
   →Sonnensystem 220

Messer →Werkzeug 260
Metall 155, →Magnet 146
   →Mineral 157
   →Steinzeit 224
   →Werkzeug 260
Metamorphose →Frosch 80
   →Lurch 145
Meteorit →Dinosaurier 51
   →Sonnensystem 220
Meteorologie →Erdkunde 62
   →Wetter 261
Michelangelo →Kunst 133
Mikra →Bibel 36
Mikrofon →Lautsprecher 138
   →Radio 187
   →Telefon 234
Mikroskop 155,
   →Bakterien 30
   →Glas 92
Milch 156, →Bakterien 30
   →Bauernhof 31
   →Haustier 102
   →Landwirtschaft 134, 137
   →Rohstoff 197
   →Säugetier 201
Milchstraße 156,
   →Weltall 259
Militär 156
Mimikry →Gift 92
Minarett →Moschee 162
Mine →Spur 222
Mineral 156, →Uhr 244
Mineralstoffe
   →Ernährung 63
Mineralwasser →Quelle 186
Minister →Regierung 192
Minne →Ritter 197
Minute →Zeit 270
Missbrauch →Sexualität 216
Mitlaut →Deutsch 277
Mittelalter 157, →Brücke 42
   →Buch 42
   →Burg 45
   →Kloster 121
   →Malerei 146
   →Medikament 150
   →Ratte 189
   →Taube 232
   →Zeichnung 270
Mittelamerika →Amerika 17
Mittellauf →Fluss 77
Mittelmeer →Meer 151
   →Ozean 179
Mittelozeanischer Rücken
   →Vulkan 254

Mittelstreckenlauf
   →Leichtathletik 140
Mitternachtssonne
   →Arktis 23
Mobiltelefon →Handy 98
Mode 157, 158–159
Modell →Globus 94
Mohammed →Islam 112
   →Moschee 162
Möhre →Gemüse 84
Molch 160, →Lurch 145
   →Sachunterricht 287
Molekül →Atom 26
   →Flüssigkeit 77
   →Gas 81
   →Kunststoff 133
   →Sauerstoff 201
Monarchie →König 125
Monat →Kalender 115
Mönch →Kloster 121
Mönchsgrasmücke
   →Zugvogel 272
Mond 160,
   →Ebbe und Flut 54
   →Satellit 200
   →Sonnensystem 220
Mondfinsternis →Mond 160
Monet, Claude →Kunst 133
Monotheismus →Gott 95
Montgolfier, Brüder
   →Heißluftballon 103
Moor 161, →Mumie 164
   →Naturschutz 171
   →Umweltschutz 245
Moos 161,
   →Hochgebirge 105
   →Sachunterricht 284
   →Steppe 224
   →Wald 256
Moräne →Gletscher 93
Morgenstern
   →Sonnensystem 220
Moschee 162,
   →Islam 112
   →Religiöse Feste 195
Moskito →Mücke 163
Motor 162, →Batterie 31
   →Elektrizität 58
   →Kraftwerk 127
   →Ventil 248
Motorrad 163, →Motor 162
   →Verkehrsmittel 252
Mount Everest →Gebirge 81
Möwe 163
   →Sachunterricht 287

Mozart, Wolfgang Amadeus
   →Musik 299
   →Oper 176
Mücke 163,
   →Sachunterricht 286
Muezzin →Moschee 162
Müll 163, →Kunststoff 133
Müllabfuhr →Rathaus 189
Multimedia →Medien 150
Multiplikation
   →Mathematik 280–281
Mumie 164,
   →Ägyptisches Reich 15
Mumps
   →Kinderkrankheit 119
   →Virus 253
Münster →Kirche 119
Murmeltier →Nagetier 168
   →Überwinterung 244
Muschel 164,
   →Tiefsee 237
   →Sachunterricht 286
   →Watt 257
Museum 164
Musical →Theater 236
Musik 164, 166–167,
296–297, →Rhythmus 196
Musikinstrument 165,
166–167, →Musik 164
   →Orchester 177
   →Stimme 226
Muskel 165, →Doping 52
   →Medikament 150
   →Nerv 172
   →Skelett 218
Muslim →Islam 112
   →Kreuzzug 130 →Moschee 162
Mutter →Verwandtschaft 252
Muttermund →Geburt 82
Myzel →Schimmel 204

N

Nachfrage →Wirtschaft 263
Nacht 230
Nachtigall →Singvogel 217
Nacktschnecke
   →Schnecke 206
Nadelbaum 168,
   →Hochgebirge 105
   →Sachunterricht 284
   →Wald 256

Register

Nagetier 168, →Hase 99
→Meerschweinchen 151
→Sachunterricht 287
Nahrungskette 169,
→Plankton 184
→Umweltschutz 245
Namenwort →Deutsch 277
→Grammatik 95
Narkose →Operation 177
Narzisse →Wurzel 265
Nase 169, →Knochen 121
→Körper 127
→Sinnesorgan 217
→Zunge 273
Nashorn 170,
→Flusspferd 77
Nation →Staat 222
Nationalismus
→Rassismus 188
→Toleranz 238
Nationalpark
→Naturschutz 171
Nationalrat →Bundestag 44
→Österreich 178
→Parlament 180
Nationalsozialismus 170,
→Judentum 113
→Rassismus 188
→Terror 235
→Weltkrieg 259
Natur 170,
→Naturschutz 171
Naturschutz 170,
→Ökosystem 175
Naturwissenschaft
→Wissenschaft 263
Navigationsgerät 171,
→Landkarte 134
→Satellit 201
Nebel 171, →Wetter 260
Nebelkrähe →Krähe 128
Nehrung →Küste 133
Nektar →Biene 36
→Blüte 41
Neonazi
→Nationalsozialismus 170
Neptun →Planet 183
→Sonnensystem 220
Nerv 172, →Elektrizität 58
→Haut 102
→Kaffee 114
→Schmerz 205
Nervensystem →Droge 52
→Gedächtnis 82
→Körper 127

Nest 172, →Krähe 128
→Kuckuck 132
Netzhaut →Auge 26
Neues Testament →Bibel 36
Neurodermitis
→Krankheit 129
Neutron →Atom 26
Neuzeit →Geschichte 88
Newton, Isaac →Farbe 69
Nibelungensage →Sage 199
Niederschlag 172,
→Wasserkreislauf 257
→Wetter 260
Niedrigwasser →Ebbe
und Flut 54
Niere 173
Nikotin →Tabak 230
Nilpferd →Flusspferd 77
Nirwana →Buddhismus 43
Nomade →Steinzeit 224
→Wüste 265
Nomen →Deutsch 277
→Grammatik 95
Nonne →Kloster 121
Nordamerika →Amerika 17
→Kontinent 126
Norden
→Himmelsrichtung 104
Nordhalbkugel
→Jahreszeit 113
Nordpol 173, →Erde 61
→Klima 120
→Klimawandel 120
→Kompass 125
Nordsee →Deutschland 50
→Meer 151
→Ozean 179
→Watt 257
Notarzt →Erste Hilfe 63
Notenschrift
→Musik 165, 298
Notruf 173, →Erste Hilfe 63
NS-Staat
→Nationalsozialismus 170
NSDAP
→Nationalsozialismus 170
Nuss 173, →Baum 32
→Eichhörnchen 55
→Nagetier 168
→Obst 174
→Strauch 227
Nützling →Schädling 202
Nutzpflanze →Getreide 90
→Pflanze 182
→Wildpflanze 262

Nutztier →Haustier 102
Nylon →Kunststoff 133
→Textilie 235

O

Oase 174, →Wüste 265
obdachlos 174
Oberlauf →Fluss 77
Objekt →Deutsch 277
→Grammatik 95
Objektiv →Fotoapparat 79
→Mikroskop 155
→Teleskop 234
Observatorium
→Sternwarte 225
Obst 174, →Gemüse 84
→Landwirtschaft 134
→Obstbaum 174
→Pflanze 182
→Vegetarier 248
Obstbaum 174, →Garten 81
→Kultur 132
→Wiese 261
Obstplantage
→Obstbaum 174
Offizier →Militär 156
→Schiff 203
Offsetdruck →Druckerei 52
Ohr 175, →gehörlos 83
→Körper 127
→Schall 202
→Sinnesorgan 217
Okapi →Giraffe 92
Ökonomie →Wirtschaft 263
Ökosystem 175, →Biotop 38
Oktopus →Tintenfisch 238
Okular →Mikroskop 155
→Teleskop 234
Olm →Salamander 199
Ölpest 176, →Meer 151
Olympische Spiele 176,
→griechische Kultur 96
→Marathon 147
→Sport 221
Onkel →Verwandtschaft 252
online →Internet 112
Oper 176, →Musik 165
→Theater 236
Operation 176, →Herz 104
→Laser 135
→Medizin 151
→Schmerz 205
Operette →Musik 165
→Oper 176

Opposition →Partei 181
Optik →Physik 182
Orange →Beere 32
→Obst 174
Orbit →Planet 183
→Satellit 200
Orca →Delfin 49
Orchester 177,
→Musik 165, 298
Orchidee →Blume 40
Organ 178, →Krebs 129
→Schwangerschaft 207
Organismus →Organ 178
Orgel →Musikinstrument 165
Orientierung →Kompass 125
→Landkarte 134
Orkan →Sturm 228
orthodoxe Kirche
→Christentum 47
Osten
→Himmelsrichtung 104
Osterglocke →Zwiebel 273
Ostern →Christentum 47
→Religiöse Feste 194
Österreich 178, →Abitur 12
→Republik 193
Ostsee →Deutschland 50
→Meer 151
Ozean 179
Ozon 179,
→Luftverschmutzung 144
Ozonloch →Klima 123
→Ozon 179
Ozonschicht
→Atmosphäre 25
→Ozon 179
→Sonne 219

P

Paarung →Fortpflanzung 78
Palas →Burg 45
Palästina →Judentum 113
→Kreuzzug 130
Pampa →Steppe 224
Panther →Leopard 141
Papagei 180
Papier 180, →Buch 43
→Druckerei 52
→Fichte 72
→Müll 163
Pappel →Laubbaum 138
Paprika →Frucht 80
→Gemüse 84
→Gewürz 91

Register

Papyrus →Buch 42
→Papier 180
Parlament 180, →Organ 178
→Wahl 255
→Deutschland 50
Partei 181, →Parlament 180
Partitur →Musik 298
Pass 181, →Grenze 96
→Rathaus 189
Passahfest →Judentum 113
pasteurisieren →Milch 156
Pauke
→Musikinstrument 165
Pazifik →Meer 151
→Ozean 179
Pazifist →Frieden 80
PC →Computer 47
Penis
→Geschlechtsorgan 88
→Kondom 125
Pergament →Buch 42
Periode
→Menstruation 154
Perlhuhn →Haustier 102
Perlon →Kunststoff 133
→Textilie 235
Personalausweis →Pass 181
Pessachfest →Judentum 113
Pest →Ratte 189
Pfahlwurzel →Wurzel 265
Pferd 181, →Haustier 102
→Milch 156
→Säugetier 201
→Schimmel 204
Pfifferling →Pilz 183
Pfirsich →Obst 174
Pfirsichbaum
→Obstbaum 174
Pflanze 182, 284–285,
→Atmung 25
→Biologie 38
→Blatt 39
→Dünger 53
→Dürre 53
→Fortpflanzung 78
→Nahrungskette 169
→Natur 170
→Naturschutz 171
→Schädling 202
Pflanzenfresser
→Dinosaurier 51
→Ernährung 63
→Nahrungskette 169
Pflaume →Frucht 80
→Obst 174

Pharao
→Ägyptisches Reich 15
Physik 182,
→Temperatur 234
→Wissenschaft 263
Picasso, Pablo
→Malerei 146
→Zeichnung 270
Pilotwal →Delfin 49
Pilz 182,
→Flechte 74
→Fliegenpilz 75
→Gift 92
→Schimmel 204
→Steinpilz 223
Pinguin 183
Pirat 183, →Wikinger 262
Pits →CD-ROM 46
Planet 183,
→Raumfahrt 190
→Satellit 200
→Sonnensystem 220
→Stern 224
→Weltall 259
Plankton 184, →Hai 97
→Koralle 126
→Krebs 130
→Tier 237
→Wal 256
Plasma →Blut 40
Plastik →Bildhauerei 37
→Kunststoff 133
Platane →Laubbaum 138
Platin →Metall 155
Plato →griechische Kultur 96
Pluto →Sonnensystem 220
Polarlicht →Arktis 23
Politik 184,
→Bundeskanzler 44
→Gleichberechtigung 93
Polizei 184,
→Demonstration 49
→Gesetz 89
→Notruf 173
→Spur 222
Pollen →Biene 36
→Blüte 40
→Fortpflanzung 78
Polyp →Koralle 126
Polytheismus →Gott 95
Pony →Pferd 181
Popmusik →Musik 165, 299
Porzellan 184
Prädikat →Deutsch 277
→Grammatik 95

Prärie →Amerika 17
→Steppe 224
Präservativ →Kondom 125
Präsident →Republik 193
Primel →Wurzel 265
Prinz/Prinzessin
→König 125
Prisma →Farbe 69
Produkt →Wirtschaft 263
Proton →Atom 26
Provider →E-Mail 58
Prozessor →Computer 47
Pubertät 184,
→Geschlechtsorgan 88
→Stimme 226
Puls 185, →Stress 228
Puma →Katze 118
Pumpe 185, →Maschine 148
Pupille →Auge 26
Puppe →Insekt 111
→Käfer 114
→Larve 135
→Raupe 191
→Schmetterling 206
Pusteblume
→Löwenzahn 144
Puszta →Steppe 224
Pyramide 185,
→Ägyptisches Reich 15
→Architektur 22
→Maya 149
Python →Schlange 205

Q

Qualle 186, →Plankton 184
Quark →Milch 156
Quarz →Gestein 89
Quecksilber →Flüssigkeit 77
→Metall 155
Quelle 186, →Oase 174
→Tiefsee 236
Quitte →Apfel 20
→Obst 174

R

Rabenvogel →Krähe 128
→Singvogel 217
Rachenblütler →Blume 40
Rad 187, →Auto 28
→Bremse 41
→Fahrrad 69
→Inka 110
→Verkehr 250

Radar 187, →Echo 54
Radikalismus
→Toleranz 238
Radio 187,
→Lautsprecher 138
→Sternwarte 225
Radioaktivität 188,
→Sinnesorgan 217
Radioteleskop
→Teleskop 234
Rakete 188,
→Geschwindigkeit 89
→Raumfahrt 190
Ramadan →Islam 112
→Religiöse Feste 195
Raps →Landwirtschaft 134
Rapsöl →Benzin 33
Rassismus 188,
→Toleranz 238
→Vorurteil 254
Rathaus 189
Ratte 189, →Maus 149
→Säugetier 201
Raubfisch →Forelle 78
→Hecht 103
Raubkatze →Katze 118
Raubtier 189,
→Dinosaurier 51
→Sachunterricht 287
Raubvogel →Greifvogel 96
Rauchschwalbe
→Zugvogel 272
Raumfahrt 190
Raupe 190, →Schädling 202
→Seide 215
→Spur 222
Rauschmittel →Droge 52
Realschule →Ausbildung 26
→Schule 207
rechnen →Mathematik 148,
280–281
Recht 191, →Demokratie 49
→Demonstration 49
→Gewissen 90
→Gleichberechtigung 93
→Kultur 132
→Regierung 192
Rechtsanwalt →Gericht 85
Rechtschreibung
→Deutsch 274
Recycling →Müll 163
Regelblutung
→Menstruation 154
Regen →Niederschlag 172
→Wetter 261

312

Register

Regenbogen 191,
→Licht 142
Regenwurm 191,
→Skelett 218
Regenzeit →tropischer Regenwald 243
Regierung 192,
→griechische Kultur 96
→Menschenrechte 154
→Staat 223
Regisseur →Theater 236
Reh 192, →Säugetier 201
→Spur 222
Reibung →Bremse 41
Reis →Getreide 90
→Weizen 258
Reiz →Nerv 172
Religion 192, 194–195,
→Gleichberechtigung 93
→Gott 95
→Kreuzzug 130
→Krieg 131
→Kultur 132
→Liebe 142
→Sekte 216
→Tod und Trauer 240
Religionsgemeinschaft
→Kirche 119
Renaissance
→Architektur 23
Rente 193
Rentier →Haustier 102
→Milch 156
Reptil →Kriechtier 130
Republik 193,
→Römisches Reich 198
Rettungsdienst
→Erste Hilfe 63
Rezept →Medikament 150
Rhabarber →Gemüse 84
Rhinozeros →Nashorn 170
Rhizom →Wurzel 265
Rhythmus 196,
→Gedicht 82
→Musik 164, 298
Riese →Sage 199
Rind →Bauernhof 31
→Haustier 102
→Kuh 132
→Säugetier 201
Rinde →Baum 32
→Holz 106
Ringelblume
→Medikament 150
Ringelnatter 196

Ringen →Leichtathletik 140
Ritter 196, →Kreuzzug 130
Robbe 197, →Arktis 23
→Säugetier 201
Roboter 197, →Automat 28
→Technik 233
Rochen →Fisch 73
→Sachunterricht 287
Rockmusik →Musik 165
Rocky Mountains
→Gebirge 81
Roggen →Getreide 90
Röhrenpilz →Pilz 183
Rohrsänger →Singvogel 217
Rohstoff 197
Rom →Römisches Reich 198
Roman 197, →Literatur 143
Romanik →Architektur 22
Römer →Kelten 118
→Römisches Reich 198
→Sklave 218
römisch-katholische Kirche
→Christentum 47
Römisches Reich 198,
→Antike 20
→Brücke 42
→Buch 42
→Germanen 88
→Geschichte 88
→Gesetz 89
→Haus 101
Röntgenstrahlen 198
Röteln →Kinderkrankheit 119
Roter Riese →Stern 225
Rotes Kreuz 198,
→Erste Hilfe 63
Rotkehlchen →Zugvogel 272
Rotor →Hubschrauber 107
Rottanne →Fichte 72
Rubin →Edelstein 54
Rückenmark
→Gedächtnis 82
→Gehirn 83
→Nerv 172
Rückstoßprinzip
→Rakete 188
Rundfunk →Medien 150

S

S-Bahn →Eisenbahn 56
→Verkehrsmittel 252
Säbelschnäbler →Watt 257
Säbelzahntiger
→Mammut 147

Sachunterricht 284–297
Sage 199, →Fabel 69
Säger →Ente 60
Sahara →Wüste 267
Saiteninstrument
→Musikinstrument 165
Salamander 199,
→Molch 160
→Sachunterricht 287
Salat →Gemüse 84
Salbe →Medikament 150
Salz 199, →Quelle 186
Salzwasserfisch →Hai 97
Samba →Musik 166
Samen 200, →Farn 70
→Fichte 72
→Fortpflanzung 78
→Gemüse 84
→Getreide 90
→Gewürz 91
→Nuss 173
→Sachunterricht 284–285
→Wildpflanze 264
Samenzelle →Ei 55
→Fortpflanzung 78
→Geschlechtsorgan 88
→Menstruation 154
Sand 200, →Glas 93
→Küste 133
→Lehm 140
→See 214
→Tal 231
Sanddorn →Strauch 227
Sandstein →Gestein 89
Saphir →Edelstein 54
Sardine →Fisch 73
Satellit 200,
→Landkarte 134
→Navigationsgerät 171
→Raumfahrt 190
→Sternwarte 225
→Wetter 261
Saturn →Planet 183
→Sonnensystem 220
Satzglied →Deutsch 277
→Grammatik 95
Sauerstoff 201,
→Atmosphäre 25
→Blatt 39
→Blut 40
→Feuer 71
→Fisch 73
→Körper 127
→Lunge 144
→Stoffwechsel 226

→Wald 256
→Wasser 257
Säugetier 201, 287,
→Delfin 49
→Dinosaurier 51
→Fortpflanzung 78
→Gehirn 83
→Intelligenz 112
→Kriechtier 130
→Nest 172
→Tier 237
→Überwinterung 244
saurer Regen →Erdgas 62
→Luftverschmutzung 144
Savanne 202, →Afrika 14
Schädling 202, →Igel 109
→Käfer 114
→Landwirtschaft 134
Schaf 202, →Bauernhof 31
→Landwirtschaft 134
→Milch 156
→Säugetier 201
Schall 202, →Echo 54
→Lautsprecher 138
→Physik 182
→Radio 187
→Sinnesorgan 217
→Telefon 234
→Welle 258
Schaltjahr →Jahr 113
Schamane →Medizin 151
Scharbockskraut
→Wurzel 267
Schären →Küste 133
Schauspiel →Theater 236
Schauspieler →Film 73
Scheck →Geld 84
Scheide
→Geschlechtsorgan 89
→Menstruation 154
Scheidung 203,
→Familie 69
Schere →Hebel 103
Schiefer →Gestein 89
Schiff 203, →Hafen 97
→Kran 128
→Maschine 148
→Motor 162
→Navigationsgerät 171
→Schleuse 205
→Verkehrsmittel 252
Schildkröte 204,
→Kriechtier 130
→Sachunterricht 287
Schimmel 204

313

Register

Schimmelpilz →Pilz 183
Schimpanse
→Werkzeug 260
Schlaf 204,
→Gesundheit 90
Schlaginstrument
→Musikinstrument 165
Schlange 204,
→Blindschleiche 39
→Echse 54
→Sachunterricht 287
→Sinnesorgan 217
→Terrarium 235
Schlehe →Strauch 227
→Wildpflanze 262
Schleiereule →Eule 63
Schleuse 205, →Kanal 116
Schlick →Watt 257
Schloss 205
Schlucht →Tal 231
Schluckimpfung
→Impfung 109
Schlüsselblume
→Wildpflanze 262
Schlüsselreiz →Instinkt 111
Schmelzpunkt
→Flüssigkeit 77
Schmerz 205,
→Sinnesorgan 217
Schmetterling 206,
→Blüte 41
→Larve 135
→Sachunterricht 286
→Schädling 202
→Seide 215
→Wiese 261
Schmetterlingsblütler
→Blüte 41
Schmutzgeier
→Werkzeug 260
Schnabeltier 206,
→Sachunterricht 287
→Säugetier 201
Schnake →Mücke 163
Schnecke 206,
→Muschel 164
→Sachunterricht 286
→Tier 237
→Überwinterung 244
→Watt 257
Schnee →Lawine 139
→Niederschlag 172
Schneeglöckchen
→Wurzel 265
→Zwiebel 271

Schneehuhn
→Hochgebirge 105
Schneeschmelze
→Hochwasser 105
Schnupfen →Nase 169
Schokolade →Kakao 115
Schrift 207, 208–209,
→Gedicht 82
→Geschichte 88
→Maya 149
→Sprache 221
Schubkarre →Hebel 103
Schule 207, 210–211,
→Beruf 33
→lernen 141
→Politik 184
Schülervertretung
→Politik 184
Schulp →Weichtier 258
Schuppen →Fisch 73
Schwan →Ente 60
Schwangerschaft 207,
→Fortpflanzung 78
→Geburt 82
→Geschlechtsorgan 88
→Kondom 125
→Menstruation 155
Schwanzlurch →Lurch 145
→Molch 160
→Salamander 199
schwarzes Loch →Stern 225
Schwein 212,
→Flusspferd 77
→Landwirtschaft 134
Schweiz 212, →Abitur 12
→Republik 193
Schweizer Armee
→Militär 156
Schwerelosigkeit
→Schwerkraft 213
Schwerkraft 213,
→Stern 224
→Waage 255
Schwertwal →Delfin 49
Schwester
→Verwandtschaft 252
Schwiegereltern
→Verwandtschaft 252
schwimmen 213,
→Sport 221
Schwimmkran →Kran 128
schwul
→Homosexualität 106
Schwungfeder →Feder 70
Scientology →Sekte 216

See 214, →Biotop 38
→Fisch 73
→Hochwasser 105
→Meer 151
→Ökosystem 175
→Quelle 186
→Wasser 257
See-Elefant →Robbe 197
Seebär →Robbe 197
Seebeben →Erdbeben 61
Seehund →Robbe 197
Seeigel 214, →Skelett 218
Seelachs →Fisch 73
Seele →Gesundheit 90
→Krankenhaus 129
→Krankheit 129
Seeleopard →Robbe 197
Seelöwe →Robbe 197
Seepferdchen 214
Seerose 214,
→Sachunterricht 285
→Wildpflanze 262
Seestern 215, →Koralle 126
→Skelett 218
Segelschiff →Schiff 203
Sehne →Knochen 121
Seide 215, →Kreuzzug 130
→Mode und Kleidung 159
→Textilie 235
Seidenspinner →Seide 215
Seilbahn 215
Seismograf →Erdbeben 61
Sekte 216
Sekunde →Zeit 270
Selbstlaut →Deutsch 277
→Grammatik 95
Selbstmordattentat
→Attentat 26
→Terror 235
Sellerie →Gemüse 84
Sepia →Tintenfisch 238
Sextant
→Navigationsgerät 171
Sexualität 216
Siddhartha Gautama
→Buddhismus 43
Siebenkampf
→Leichtathletik 140
Siebenschläfer
→Überwinterung 244
sieben Weltwunder 216
Siedepunkt →Flüssigkeit 77
→Gas 81
Silber →Metall 155
→Mineral 156

Sinfonie →Musik 165
Singvogel 217, →Garten 81
→Sachunterricht 287
Sinnesorgan 217, →blind 39
→Körper 127
→Organ 178
Sittich →Papagei 180
Skelett 218, →Fisch 73
→Fossil 78
→Hai 97
→Koralle 126
→Tier 237
Skilaufen →Sport 221
Sklave 218
Skorbut →Vitamin 253
Skorpion 218,
→Terrarium 235
→Wüste 265
Skulptur →Bildhauerei 37
Slum →Haus 99
Smaragd →Edelstein 54
Smog
→Luftverschmutzung 144
→Ozon 179
SMS →Handy 98
Software →Computer 47
Sokrates →griechische
Kultur 96
Solarzelle
→Energiegewinnung 59
Soldat →Militär 156
Sommer →Jahreszeiten 113
Sonar →Echo 54
Sonde →Raumfahrt 190
Sondermülldeponie
→Kläranlage 120
Sonne 219,
→Ebbe und Flut 54
→Energiegewinnung 59
→Farbe 69
→Himmelsrichtung 104
→Jahreszeiten 113
→Kalender 115
→Klima 120, 123
→Regenbogen 191
→Wetter 260
Sonnenblume →Blume 40
Sonnenenergie
→Energiegewinnung 59
Sonnenkollektor
→Energiegewinnung 59
Sonnensystem 220,
→Raumfahrt 190
→Weltall 259
Sopran →Musik 299

Register

→Stimme 226
Sorgerecht →Scheidung 203
Spaceshuttle →Flugzeug 76
   →Raumfahrt 190
Spannung
   →Transformator 242
Spargel →Gemüse 84
Sparkonto →Bank 30
Sparta →griechische
   Kultur 96
Specht 220, →Nest 172
Speerwerfen
   →Leichtathletik 140
Speiseröhre →Magen 146
Spektrum →Farbe 69
Sperber →Greifvogel 96
Sperling →Singvogel 217
Sperma →Kondom 125
   →Samen 200
Spiegel 220, →Teleskop 234
Spinat →Gemüse 84
Spinne 221, →Skelett 218
   →Terrarium 235
   →Tier 237
Spinnentier 286,
   →Skorpion 218
Spital →Krankenhaus 129
Spitzmaus →Maus 149
   →Nagetier 168
   →Säugetier 201
Spitzwegerich
   →Wildpflanze 262
Spore →Farn 70
   →Moos 161
   →Pflanze 182
   →Pilz 182
   →Sachunterricht 284
   →Steinpilz 223
Sport 221, →Gesundheit 90
Sprache 221, →Alphabet 16
   →Grammatik 95
   →Literatur 143
   →Mensch 154
   →Tradition 239
   →Wissenschaft 263
Sprachlehre →Grammatik 95
Springkraut
   →Sachunterricht 285
   →Wildpflanze 262
Spur 222
Sputnik →Raumfahrt 190
Staat 222, →Flagge 73
   →Gemeinde 84
   →Militär 156
   →Politik 184

→Sachunterricht 292–293
→Steuern 226
Staatsanwalt →Gericht 85
Stabhochsprung
   →Leichtathletik 141
Stachelbeere →Obst 174
Stadt 223,
   →Bürgermeister 45
   →Dorf 52
   →Gemeinde 84
   →Haus 99
   →Landkarte 134
   →Mittelalter 157
   →Rathaus 189
Stadtplan →Landkarte 134
Stadtrat →Bürgermeister 45
Stadtverwaltung
   →Bürgermeister 45
Stahl →Metall 155
Stalagmit →Höhle 106
Stalaktit →Höhle 106
Stamm →Baum 32
   →Holz 106
Ständerat →Bundesrat 44
   →Parlament 180
Stärke →Kartoffel 117
Stau →Verkehrsmittel 252
Staubblatt →Blüte 40
Staumauer 223
Steckling →Pflanze 182
   →Sachunterricht 284
Stein →Gestein 89
Steinadler →Greifvogel 96
Steinbock
   →Hochgebirge 105
Steinfrucht →Frucht 80
   →Nuss 173
Steinkohle →Kohle 124
Steinobst →Kirsche 119
   →Obst 174
Steinpilz 223, →Pilz 183
Steinzeit 224, →Feuer 71
   →Geld 86
   →Geschichte 88
   →Haus 99, 100–101
   →Kunst 132
   →Leder 140
   →Rad 187
   →Religion 192
   →Technik 232
   →Weizen 258
   →Werkzeug 260
   →Zahl 268
Stellwerk →Bahnhof 29
Steppe 224

Sterbehilfe →Tod 238
Stern 224, →Horoskop 107
   →Licht 142
   →Milchstraße 156
   →Navigationsgerät 171
   →Sonnensystem 220
   →Sternwarte 225
Sternbild 225,
   →Horoskop 107
Sternwarte 225
Steuern 226,
   →Ägyptisches Reich 15
   →Geld 86
Stickstoff →Gas 81
   →Luft 144
Stier →Kuh 132
Stimmbruch →Pubertät 185
   →Stimme 226
Stimme 226,
   →Musik 164, 299
Stockente →Ente 60
Stoffwechsel 226,
   →Überwinterung 244
   →Virus 253
Storch 226,
   →Sachunterricht 287
Störtebeker, Klaus
   →Pirat 183
Strafvollzug →Gefängnis 82
Straßenbahn
   →Verkehrsmittel 252
Strauch 227, →Garten 81
   →Holz 106
   →Steppe 224
   →Wiese 261
Strauß 227
Streichholz →Feuer 71
Streik 227
Streit →Gewalt 90
Stress 228, →Lärm 135
Streuobstwiese
   →Obstbaum 174
   →Wiese 261
Strom 228, →Dynamo 53
   →Elektrizität 58
   →Elektronik 58
   →Energiegewinnung 59
   →Generator 85
   →Heizung 104
   →Motor 162
   →Staumauer 223
   →Transformator 242
   →Turbine 243
Strophe →Gedicht 82
Stunde →Zeit 270

Sturm 228,
   →Klimawandel 120
Sturmflut →Deich 48
Stute →Pferd 181
Subjekt →Deutsch 277
   →Grammatik 95
Subtraktion
   →Mathematik 280–281
Suchmaschine →Internet 112
Sucht 229, →Tabak 230
Südamerika →Amerika 17
   →Kontinent 126
Süden
   →Himmelsrichtung 104
Südhalbkugel
   →Jahreszeiten 113
Südpol 229, →Eiszeit 57
   →Entdecker 59
   →Jahreszeiten 113
   →Klima 120
   →Klimawandel 120
   →Kompass 125
Supernova →Stern 225
surfen →Internet 112
Süßwasserfisch →Fisch 73
   →Forelle 78
   →Hecht 103
Symbiose →Flechte 74
Symbol →Landkarte 134
Symmetrie
   →Mathematik 283
Symptom →Fieber 72
Synagoge 229
Synthesizer →Musik 164
Syrinx →Singvogel 217

T

Tabak 230,
   →Luftverschmutzung 144
   →Lunge 145
Tachometer 230
Tag und Nacht 230,
   →Kalender 115
   →Nordpol 173
   →Südpol 229
   →Zeit 270
   →Zeitzone 271
Tagpfauenauge 230
Taifun →Sturm 228
Tal 231, →Gebirge 81
   →Lawine 139
   →Nebel 171
   →See 214
   →Staumauer 223

Register

Talmud →Judentum 113
Tanach →Bibel 36
Tanne →Baum 32
   →Fichte 72
   →Nadelbaum 168
Tannenhonig →Laus 138
Tannenzapfen →Fichte 72
Tante →Verwandtschaft 252
Tanz 231
Tarnung 232, →Hase 99
Tasteninstrument
   →Musikinstrument 165
Taube 232
Taufe →Kirche 119
Tauschhandel →Geld 86
   →Handel 98
Tausendfüßer 232
Taxi →Verkehrsmittel 252
Taxiway →Flughafen 76
Technik 232,
   →Geschichte 88
   →Kultur 132
   →Laser 135
   →Natur 170
Tee 233, →Droge 52
Teich 233, →Biotop 38
   →Frosch 80
   →Ringelnatter 196
Teichfrosch →Frosch 80
   →Lurch 145
Teilbarkeitsregeln
   →Mathematik 281
Teilung →Sachunterricht 284
Telefon 234, →Elektronik 58
   →Laser 135
   →Medien 150
Teleskop 234,
   →Milchstraße 156
   →Sternwarte 225
Tempel 234,
   →Ägyptisches Reich 15
   →Maya 149
   →Pyramide 185
   →Religiöse Feste 194–195
   →Römisches Reich 198
Temperatur 234, →Blut 40
   →Klimawandel 120
   →Lurch 145
Tenor →Musik 299
   →Stimme 226
Termite →Nest 172
Terrarium 235, →Zoo 272
terrestrisch →Planet 183
Terror 235
Textilie 235

TGV →Verkehr 251
Theater 236,
   →Abonnement 12
   →griechische Kultur 96
   →Literatur 143
   →Orchester 177
Therapie →Krankheit 129
Thermometer 236,
   →Fieber 72
Thora →Synagoge 229
Thunfisch →Fisch 73
Tief →Wetter 261
Tiefdruck →Druckerei 52
Tiefsee 236, →Meer 151
Tier 237, 286–287,
   →Biologie 38
   →Fortpflanzung 78
   →Instinkt 111
   →Intelligenz 112
   →Landwirtschaft 134
   →Leder 140
   →lernen 141
   →Nahrungskette 169
   →Natur 170
   →Naturschutz 171
   →Zoo 272
Tierkreiszeichen
   →Horoskop 107
Tierpark →Zoo 272
Tiger 237, →Katze 118
   →Raubtier 189
   →Tarnung 232
Tintenfisch 238,
   →Intelligenz 112
   →Meer 151
   →Sachunterricht 286
Tod 238, 240–241,
   →Krankheit 129
   →Mumie 164
Toleranz 238
Tollkirsche →Beere 32
   →Kirsche 119
Tollwut 238
Tomate 239
Ton →Gestein 89
   →Lehm 140
   →Musik 164
   →Musikinstrument 165
Tonleiter →Musik 298
Torf →Moor 161
Tourismus 239
Tower →Flughafen 76
Tradition 239
Tragfläche
   →Hubschrauber 107

Tragödie →Literatur 143
Trampeltier →Kamel 115
Transformator 242
Transistor →Elektronik 58
Transplantation →Herz 104
Trauer →Tod 240–241
Traum 242, →Schlaf 204
Treibhauseffekt
   →Klimawandel 120
   →Luftverschmutzung 144
   →Umweltschutz 245
Triebwerk 242,
   →Rakete 188
   →Turbine 243
Trinkwasser →Brunnen 42
   →Klima 122
   →Quelle 186
   →Wasser 257
Trockendock →Hafen 97
Trommel
   →Musikinstrument 165
Trommelfell →Ohr 175
Trompete
   →Musikinstrument 165
Tropen →tropischer
   Regenwald 242
Tropfstein →Höhle 106
tropischer Regenwald 242,
   →Haus 122
   →Kriechtier 130
   →Maya 149
   →Tier 237
   →Wald 256
Truthahn →Haustier 102
Tsetsefliege →Fliege 75
Tsunami →Erdbeben 61
   →Welle 258
Tugend →Ritter 197
Tulpe →Blume 40
   →Wurzel 265
   →Zwiebel 271
Tumor →Krebs 129
Tümpel →See 214
Tunnel 243
Tunwort/Tuwort
   →Deutsch 277
   →Grammatik 95
Turbine 243,
   →Kraftwerk 127
   →Maschine 148
   →Staumauer 223

U

U-Bahn →Eisenbahn 56
   →Verkehrsmittel 252
Überfischung →Fisch 73
Übergewicht
   →Gesundheit 90
Überschwemmung
   →Deich 48
   →Hochwasser 105
Überwinterung 244
U-Boot →Unterseeboot 245
Uhr 244, 246–247,
   →Zeit 270
Ultraschall
   →Sinnesorgan 217
ultraviolett →Sonne 219
Umlaufbahn →Satellit 200
Umlenkrolle
   →Flaschenzug 74
Umweltschutz 245,
   →Eis 56
   →Energiegewinnung 59
   →Feuerwehr 71
   →Mensch 154
   →Naturschutz 170
   →Ökosystem 175
UN/UNO →Vereinte
   Nationen 249
Unfall →Erste Hilfe 63
Universität 245,
   →Ausbildung 27
   →Beruf 33
   →Schule 207
Universum →Weltall 259
Unterernährung
   →Hunger 108
Unterlauf →Fluss 77
Unterseeboot 245
Uran →Atomenergie 26
   →Radioaktivität 188
Uranus →Planet 183
   →Sonnensystem 220
Urin →Niere 173
Urknall →Weltall 259
USA →Amerika 17

V

Vakuum →Glühbirne 94
Vakuumröhre
   →Elektronik 58
Vater →Verwandtschaft 252
Veganer →Vegetarier 248
Vegetarier 248,
   →Gemüse 84

Register

Vene →Ader 13
　→Herz 104
Ventil 248, →Pumpe 185
Venus →Planet 183
　→Sonnensystem 220
Verantwortung →Freiheit 79
Verb →Deutsch 277
　→Englisch 279
　→Grammatik 95
Verbrennungsmotor
　→Auto 28
　→Motor 162
　→Motorrad 163
Verdauung 248,
　→Ernährung 63
　→Gehirn 83
　→Leber 139
　→Organ 178
Verdi, Giuseppe →Oper 176
Vereinte Nationen 249
Vererbung 249,
　→Biologie 38
　→Gen 84
　→Intelligenz 112
　→Krankheit 129
Verfassung →Demokratie 49
　→Gesetz 89
Vergewaltigung
　→Sexualität 216
Vergiftung →Gift 92
Verkehr 249, 250–251,
　296–297
Verkehrsmittel 252,
　250–251,
　→Eisenbahn 56
　→Verkehr 249
Verkehrszeichen 297
Verliebtheit →Liebe 142
Vermehrung
　→Sachunterricht 284
Vers →Gedicht 82
Versicherung →Rente 193
Versteinerung →Fossil 78
Vertrag 252,
　→Abonnement 12
　→Berufe 34
　→Gericht 85
Verwandtschaft 252,
　→Familie 69
　→Waise 255
Vesak-Fest
　→Religiöse Feste 195
Vetter →Verwandtschaft 252
Video →Medien 150
Videokamera 252

Videorekorder
　→Videokamera 252
Vieleck →Mathematik 283
Viereck →Mathematik 283
Vinci, Leonardo da
　→Flugzeug 76
　→Kunst 133
　→Malerei 146
　→Zeichnung 270
Virus 253, →Biologie 38
　→Entzündung 60
　→Impfung 109
　→Leber 139
　→Tollwut 238
Visum →Pass 181
Vitamin 253, →Apfel 20
　→Hunger 108
　→Kartoffel 117
　→Milch 156
　→Obst 174
　→Tomate 239
Vogel 254, 287,
　→Intelligenz 112
　→Kriechtier 130
　→Sinnesorgan 217
　→Tier 237
　→Überwinterung 244
Vokal →Deutsch 277
　→Grammatik 95
Völkermord
　→Nationalsozialismus 170
Volksvertretung
　→Bundestag 44
Vorfahr
　→Verwandtschaft 252
Vorfahrtsregel
　→Sachunterricht 297
Vorurteil 254,
　→Rassismus 188
Vulkan 254, →Erdbeben 60
　→Gebirge 81
　→Geysir 91
　→Insel 111
　→See 214

W

Waage 255
Wagner, Richard →Oper 176
Wahl 255, →Demokratie 49
　→Partei 181
　→Republik 193
Wahrscheinlichkeits-
　rechnung
　→Mathematik 149

Waise 255
Wal 256, →Arktis 23
　→Erde 61
　→Meer 151
　→Sachunterricht 287
　→Sinnesorgan 217
Wald 256, →Biotop 38
　→Natur 170
　→Umweltschutz 245
　→Wildpflanze 262
Waldkauz →Eule 63
Waldsterben
　→Umweltschutz 245
　→Wald 256
Wallaby →Känguru 117
Wallach →Pferd 181
Walnuss →Laubbaum 138
　→Nuss 173
Walnussbaum
　→Obstbaum 174
Walross →Raubtier 189
　→Robbe 197
Wanderfisch →Lachs 134
Wanderratte →Nagetier 168
Waran →Echse 54
Warmblüter
　→Überwinterung 244
Wärmekraftwerk
　→Kraftwerk 127
　→Turbine 243
Warmfront →Wetter 261
Warmluft →Gewitter 91
Waschmaschine
　→Elektronik 58
　→Motor 162
Wasser 257,
　→Dampfmaschine 48
　→Energie 58
　→Energiegewinnung 59
　→Flüssigkeit 77
　→Geysir 91
　→Kläranlage 120
　→Klima 122
　→Niederschlag 172
　→Quelle 186
　→Wasserkreislauf 257
　→Wolke 264
Wasseramsel →Bach 29
Wasserfloh →Krebs 130
Wasserfrosch →Frosch 80
　→Lurch 145
Wasserkraft
　→Energiegewinnung 59
　→Kraftwerk 127
　→Turbine 243

Wasserkreislauf 257,
　→Erde 61
　→Niederschlag 172
Watt 257,
　→Ebbe und Flut 54
　→Meer 151
Watt, James
　→Dampfmaschine 48
Watvogel →Möwe 163
　→Watt 257
Webstuhl →Maschine 148
Wechselstrom
　→Generator 85
　→Strom 228
wechselwarm
　→Kriechtier 130
　→Lurch 145
　→Überwinterung 244
Wehen →Geburt 82
Weichtier 258, 286
Weide →Laubbaum 138
　→Wiese 261
Weiher →Biotop 38
　→See 214
　→Teich 233
Weihnachten →Bibel 36
Weinbeere →Samen 200
Weinbergschnecke 258
Weißer Zwerg →Stern 225
weitsichtig →Brille 41
　→Linse 143
Weitsprung
　→Leichtathletik 140
Weizen 258, →Getreide 90
Welle 258
Wellenlänge →Welle 258
Wellensittich →Haustier 102
Welpe →Hund 108
Weltall 259,
　→Atmosphäre 25
　→Rakete 188
　→Raumfahrt 190
　→Schwerkraft 213
　→Sternwarte 225
　→Teleskop 234
Weltgesundheits-
　organisation
　→Vereinte Nationen 249
Weltkarte
　→Sachunterricht 295
Weltkrieg 259, →Krieg 131
　→Mode und Kleidung 158
　→Nationalsozialismus 170
　→Wiedervereinigung 261
Weltliteratur →Literatur 143

317

Register

Weltreligion
   →Buddhismus 43
   →Christentum 46
   →Hinduismus 105
   →Islam 112
   →Judentum 113
   →Religion 192, 194–195
Weltwunder
   →sieben Weltwunder 216
Werbung 259
Werkzeug 260,
   →Mensch 154
Wespe 260,
   →Sachunterricht 286
Westen
   →Himmelsrichtung 104
Wetter 260,
   →Barometer 30
   →Erdkunde 62
   →Heißluftballon 103
   →Klima 120
   →Klimawandel 120
   →Luft 144
   →Natur 170
Wiedergeburt
   →Hinduismus 105
Wiederkäuer →Kuh 132
Wiedervereinigung 261
Wiese 261, →Natur 170
   →Wildpflanze 262
Wiesensalbei →Wiese 261
Wiewort →Deutsch 277
   →Grammatik 95
Wikinger 262,
   →Entdecker 59
   →Haus 101
   →Verkehr 250
Wildkaninchen →Hase 99
Wildpflanze 262,
   →Brennnessel 41
   →Getreide 90
Wind 263, →Dürre 53
   →Heißluftballon 103
   →Klima 120
   →Laubbaum 138
   →Samen 200
   →Sturm 228
Windenergie
   →Energiegewinnung 59
Windpocken
   →Kinderkrankheit 119
Windstärke →Sturm 228
   →Wind 263
Winter →Jahreszeiten 113

Winterschlaf →Nest 172
   →Überwinterung 244
Wirbellose 286, →Tier 237
Wirbelsäule
   →Sachunterricht 287
   →Skelett 218
   →Tier 237
Wirbelsturm →Sturm 228
Wirbeltier 287, →Fisch 73
   →Knochen 121
   →Kriechtier 130
   →Skelett 218
   →Tier 237
Wirtschaft 263,
   →Gleichberechtigung 93
   →Globalisierung 94
   →Rathaus 189
Wissenschaft 263,
   →Geschichte 88
   →Intelligenz 112
   →Kultur 132
   →Medizin 150
   →Schlaf 204
   →Vererbung 249
   →Weltall 259
Woche →Kalender 115
Wolf 264, →Hund 108
   →Mammut 147
   →Raubtier 189
Wolke 264, →Gewitter 91
   →Klima 120
   →Meer 151
   →Regenbogen 191
   →Satellit 201
   →Wasserkreislauf 257
Wolkenkratzer →Haus 99
Wolle 265,
   →Landwirtschaft 134
   →Textilie 235
Wright, Brüder
   →Flugzeug 76
Wurm →Regenwurm 191
   →Watt 257
Wurmfortsatz →Darm 48
Wurzel 265, →Ernährung 63
   →Flechte 74
   →Gemüse 84
   →Laubbaum 138
   →Moos 161
   →Pilz 182
Wurzelknolle
   →Sachunterricht 284
   →Wurzel 265
Wurzelstock →Kräuter 129

   →Sachunterricht 284
   →Wurzel 265
Wüste 265, →Biotop 38
   →Kaktus 115
   →Klima 122
   →Kriechtier 130
   →Ökosystem 175
WWF →Naturschutz 170
www →Internet 112

X

X-Chromosom 266
Xenophobie 266
Xylofon 266

Y

Yak 267, →Haustier 102
   →Wolle 265
Y-Chromosom 267
Yeti 267
Yoga 267

Z

Zahl 268, →Englisch 279
   →Mathematik 148, 280
Zahn 268, →Hai 97
   →Knochen 121
   →Verdauung 248
Zahnrad 269,
   →Uhr 244, 246–247
Zange →Hebel 103
Zapfen →Fichte 72
   →Nadelbaum 168
Zauneidechse
   →Blindschleiche 39
   →Eidechse 56
Zebra 269
Zecke 269
Zehnkampf
   →Leichtathletik 140
Zeichensetzung
   →Deutsch 276
Zeichentrickfilm →Comic 47
   →Film 72
Zeichnung 270, →Grafik 95
Zeit 270, →Mathematik 282
Zeitschrift →Werbung 259
Zeitung 270
   →Abonnement 12
   →Druckerei 52
   →Medien 150

   →Werbung 259
Zeitzone 271, →Zeit 270
Zelle 271, →Blut 40
   →Fortpflanzung 78
   →Holz 106
   →Krebs 129
   →Radioaktivität 188
   →Vererbung 249
   →Virus 253
   →Zwilling 273
Zeppelin →Flugzeug 76
   →Heißluftballon 103
Zeus →griechische Kultur 96
   →sieben Weltwunder 216
Ziege →Haustier 102
   →Milch 156
Ziegel →Lehm 140
Zierpflanze
   →Wildpflanze 262
Zins →Bank 30
Zitrone →Beere 32
   →Obst 174
Zivildienst →Militär 156
Zoll →Grenze 96
Zoo 272
Zucker →Baum 32
   →Blatt 39
   →Gesundheit 90
   →Milch 156
Zuckerfest
   →Religiöse Feste 195
Zuckerkrankheit
   →Diabetes 51
Zug →Bahnhof 29
   →Eisenbahn 56
   →Verkehr 251
Zugspitze →Gebirge 81
Zugvogel 272,
   →Kuckuck 132
   →Ökosystem 175
   →Überwinterung 244
   →Vogel 254
Zunge 272, →Körper 127
   →Schlange 204
Zwerg →Sage 199
Zwergplanet
   →Sonnensystem 220
Zwetschge →Obst 174
Zwiebel 273, →Wurzel 265
Zwilling 273
Zylinder →Auto 28
   →Dampfmaschine 48
   →Motor 162

Bildquellenverzeichnis:
AGCO, Marktoberdorf 31, 135
Archäologischer Dienst des Kantons Bern 224
Archäologisches Landesmuseum Mecklenburg-Vorpommern, Schwerin 233
M. Auliya, M. Schmidbauer, Bonn 131
Bayer, Leverkusen 33
Technische Universität Bergakademie Freiberg, Sachsen/M. Knopfe 155
Bibliographisches Institut, Berlin 12–25, 27, 28, 30–32, 36–42, 48–52, 54, 57, 59, 61, 65–67, 69, 72–76, 78, 80, 83, 84, 86, 87, 90–92, 99–103, 105, 108, 109, 111, 113–120, 122, 123, 126, 129, 130, 132, 135, 137–140, 142, 148, 149, 151–154, 159–166, 170–176, 178, 179, 182, 185, 188–194, 197–199, 203–206, 209, 211, 212, 218–220, 222–225, 227, 230–233, 237, 239, 241–243, 245, 247, 249, 250, 256–258, 260, 262, 264, 265, 268, 269, 272, 286–290, 292–294, 297–299
Bibliographisches Institut, Berlin/Archiv Waldmann 80, 174, 253, 258
Bibliographisches Institut, Berlin/Bildarchiv Paturi 120, 148
Bibliographisches Institut, Berlin/Bild und Wort, Literatur- und Medienagentur, Hans-Joachim Rech 161, 196, 261
Bibliographisches Institut, Berlin/Erwin Böhm 35, 101
Bibliographisches Institut, Berlin/Alexander Burkatovski 34, 37, 133, 184, 210
Bibliographisches Institut, Berlin/Prof. Dr. Heinz Gaube 207
Bibliographisches Institut, Berlin/Michael Gropp 149
Bibliographisches Institut, Berlin/Annette Heunemann 154
Bibliographisches Institut, Berlin/Wolfhard Keimer 185
Bibliographisches Institut, Berlin/Prof. Dr. Horst Klengel 20
Bibliographisches Institut, Berlin/Dr. Hartmut Knittel 252
Bibliographisches Institut, Berlin/Prof. Dr. Erwin Schmidt 85
Bibliographisches Institut, Berlin/Richard Scholz 199
Bibliographisches Institut, Berlin/Dr. Hans-Christian Schuppe 200
Bibliographisches Institut, Berlin/Dr. Claudia Theune-Vogt, Dr. Uwe Vogt 34, 101, 210
Bibliographisches Institut, Berlin/Prof. Dr. H. Wilhelmy (†) 105, 240, 250
Big Dutchman Int., Vechta-Calveslage 31
Bildarchiv Paturi, Rodenbach/Ford 28
Bildarchiv Th. Ebersberg, Gundelfingen 159
Centrale Marketinggesellschaft der deutschen Agrarwirtschaft mbH, Bonn 117
© CORBIS/Royalty-Free 17, 19, 22, 32, 41, 43, 53, 58, 59, 73, 77, 84, 91, 96, 97, 103, 107, 116, 124, 127, 131, 140, 141, 152, 163, 171, 176, 183, 200, 201, 213, 232, 234, 235, 238, 239, 243, 245, 254, 258, 259, 260, 267, 269
Daimler AG Konzernarchiv, Stuttgart 110
Dänisches Fremdenverkehrsamt, Hamburg/ C. van Roeden 59
DB Archiv/Mantel 56
Deutsche BP, Hamburg 62
Deutsche Lebensrettungsgesellschaft, Bad Nenndorf 61
Deutsche Post, Bonn 87
Deutsches Zweirad- und NSU-Museum, Neckarsulm 69
Diener/Gluszak 284
ESA/ESOC, Darmstadt 124, 213

ESO – European Southern Observatory, Garching bei München 225
Europäische Zentralbank, Frankfurt am Main 67, 208
Finnische Zentrale für Tourismus, Frankfurt am Main 67
Floramedia 52, 80, 130, 148, 218, 231, 253, 269, 271
© Stefan Baum – Fotolia.com 180
© berlin2020 – Fotolia.com 271
© Michael BICHE – Fotolia.com 55
© dv76 – Fotolia.com 101
© hotshotsworldwide – Fotolia.com 70
© Eric Isselée – Fotolia.com 144
© Konstantin Kalishko – Fotolia.com 202
© Oleg Kozlov – Fotolia.com 189
© ktsdesign – Fotolia.com 226
© Lore05 – Fotolia.com 111
© Alexander Mandl – Fotolia.com 15
© Günter Menzl – Fotolia.com 76
© Robert Pernell – Fotolia.com 221
© The physicist – Fotolia.com 102
© Martina Topf – Fotolia.com 105
© Jan Will – Fotolia.com 23
© WoGi – Fotolia.com 92
© yousaf FAYYAZ – Fotolia.com 100
Michael Franzen, Oberneuching 145
Fraport, Frankfurt am Main 76
Prof. W. Fritz, Köln 64, 114, 136, 158, 166, 167, 194, 236, 252
GEOSPACE; Austria, 2005, Original Data: NASA 184
Gesellschaft zur Förderung der Partnerschaft mit der Dritten Welt, Wuppertal 28
Christiane Gottschlich, Berlin 20, 32, 39, 55, 70, 108, 109, 114, 131, 144, 161, 168, 173, 200, 206, 233, 261, 262, 265, 284, 285–287
Griechische Zentrale für Fremdenverkehr, Frankfurt am Main 236
HOCHTIEF, Essen 42
Hoechst, Frankfurt am Main 40
Image Source, Köln 234
© iStockphoto.com 35, 206, 227, 250
Dr. V. Janicke, München 87, 98, 112, 132, 137, 241
Dr. Gerhard Jarms 186
Jet Propulsion Laboratory, Pasadena, CA 135
Dr. G. Joppig/W. Pulfer, München 167
H. Kahnt, Naunhof 86, 208
Kessler-Medien, Saarbrücken 42, 178, 213
Kleber PR Network/Repr. McCluskey & Ass., Kronberg 25
Dr. Jörn Köhler, Bonn 92
Dr. R. König, Preetz 28, 29, 56, 86, 94, 134, 138, 150, 151, 167, 168, 191, 196, 201, 214, 215, 217, 221, 232, 236, 237, 254, 257, 265
Kwesi Rainer Denkyem-Naa 113
Landesamt für Denkmalpflege Hessen, Wiesbaden 22, 118
Dr. W. Lieber, Heidelberg 156
Boris Mahler, Berlin 125
Heinz Mahler, Berlin 58, 68
Dr. T. Martens, Museum der Natur, Gotha 78, 222
R. Messner, Meran 229
MEV Verlag, Augsburg 12, 14, 17, 27, 29, 30, 32–34, 40, 44, 52, 60, 65, 71, 72, 78–80, 84, 87, 90, 91, 93, 94, 96, 98, 100, 102, 112, 121–125, 128, 129, 136, 142, 158, 159, 168, 174, 180, 183, 189, 198, 201, 203, 205, 229, 230, 233, 234, 237, 242, 246, 247, 249, 251, 254, 263, 266, 267, 270, 272, 273, 282, 296, 297
mgo/in-effigie.de 162
Heike Möller, Rödental 63, 81, 96, 99, 111, 217, 233, 264, 282, 287
I. Mühlhaus, München 47, 63, 210
Musée Antoine Vivenel, Compiègne 96
Museum Burg Linn, Krefeld 88

NASA, Washington D. C. 160, 190, 220, 225
NASA, ESA and The Hubble Heritage Team (AURA/STScI) 259
NASA/GSFC 179
NASA/JPL/RPIF/DLR 183, 190
NASA/JPL-Caltech 156
NASA/Maas Digital LLC 183
NASA Marshall Space Flight Center (NASA/MSFC) 239
National Oceanic & Atmospheric Administration, Washington, D. C. 228
Naturpix, B. Mühr und G. Müller, Karlsruhe 264
Oberösterreichisches Landesmuseum, Linz 246
ORF, ÖNB, Wien 153
Panini Verlag, Stuttgart 47
Photo Digital, München 44, 89, 175, 192
Physikalisch-Technische Bundesanstalt, Braunschweig und Berlin 270
Polnisches Fremdenverkehrsamt, Berlin 164, 181
Popakademie Baden-Württemberg/A. Reeg 299
Presse- und Informationsamt des Landes Berlin/Landesbildstelle, Berlin 88
Dr. H. Sauerbier, Lauchringen 66, 74, 142, 145, 254
Schwarzer, München 82
Forschungsinstitut und Naturmuseum Senckenberg, Frankfurt am Main 54, 130, 258
shutterstock.com/AGCuesta 240
shutterstock.com/Bogdan Vasilescu 98
shutterstock.com/Elzbieta Sekowska 64
shutterstock.com/Ferenc Szelepcsenyi 299
shutterstock.com/Goodluz 94
shutterstock.com/highviews 195
shutterstock.com/Leonid Andronov 251
shutterstock.com/Lukas Hlavac 241
shutterstock.com/Natalia Deriabina 195
shutterstock.com/Natursports 22
shutterstock.com/Nikonaft 88
shutterstock.com/Oleksiy Mark 98
shutterstock.com/Pavel L Photo and Video 47
shutterstock.com/PavelSvoboda 123
shutterstock.com/pcruciatti 176
shutterstock.com/Pipop Boosarakumwadi 195
shutterstock.com/Poznyakov 176
shutterstock.com/Pressmaster 153
shutterstock.com/Stacey Ann Alberts 172
shutterstock.com/Vietrov Dmytro 235
shutterstock.com/vovan 47
shutterstock.com/360b 44
Siemens-Pressebild 30
Christiane von Solodkoff, Dr. Michael von Solodkoff, Neckargemünd 104, 172
South African Tourism, Frankfurt am Main 192, 227
Spektrum Akademischer Verlag, Heidelberg 59, 191, 219
Spiegel-Verlag, Hamburg 12
Staatliches Lindenau-Museum, Altenburg/ B. Sinterhauf, Berlin 146
Stadtarchiv, Weißenburg in Bayern 88
Stadtwerke Saarbrücken 252
R. A. Steinberg 234
Tourismus Region Celle 202
Vattenfall Europe AG 242
Verkehrsverein Bad Aachen/A. Hermann 119
H. Vögele, Ilvesheim 229
Volkswagenwerk, Wolfsburg 251
Warner Bros. Film, Hamburg 72
WHO/P. Virot 65
Wintershall, Kassel 62
Wyllie I., Monks Head Experimental Station, Huntingdon, England 132
The Yorck Project, Berlin 35, 198, 270
Zentralstelle für radioaktive Abfälle des Landes Berlin (ZRA), Hahn-Meitner-Institut, Berlin 188
T. Ziegler, Bonn 46, 145, 235

Von Anfang an gut in Deutsch!

Die schlauen Wörterbücher mit passenden Übungsbänden und Übungsblöcken für die Grundschule

Das Grundschulwörterbuch
- 11 500 Begriffe, jetzt neu mit türkisch-deutschem Bildwörterbuchteil zusätzlich zu Englisch und Französisch
ISBN 978-3-411-06067-2

Das Grundschulwörterbuch – Trainingspaket zum Downloaden
- Arbeitsblätter, Lernspiele und Co
ISBN 978-3-411-91102-8

Das Grundschulwörterbuch Fremdwörter
- Über 2 500 Fremdwörter aus rund 40 Sprachen, einfach und kindgerecht erklärt
ISBN 978-3-411-74192-2

Das Grundschulwörterbuch Synonyme
- Über 500 Begriffe aus dem schulischen Grundwortschatz mit den wichtigsten sinn- und sachverwandten Begriffen
ISBN 978-3-411-72054-5

Die Grundschulgrammatik
- Zuverlässige Darstellung der wichtigen Grammatikthemen: Wortarten, Wortbildung und Satzbildung
ISBN 978-3-411-71882-5

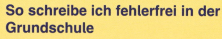

So schreibe ich fehlerfrei in der Grundschule
ISBN 978-3-411-73773-4

So verstehe ich Grammatik in der Grundschule
ISBN 978-3-411-73434-4

So schreibe ich spannende Aufsätze in der Grundschule
ISBN 978-3-411-73893-9

So lese ich in der Grundschule
ISBN 978-3-411-73902-8

So schreibe ich fehlerfrei – Übungsblöcke
- Mit den Rechtschreibstrategien zum Üben der richtigen Schreibung für zwischendurch und unterwegs

2. Klasse: ISBN 978-3-411-75281-2
3. Klasse: ISBN 978-3-411-75291-1
4. Klasse: ISBN 978-3-411-75301-7